Direito da ASSISTÊNCIA SOCIAL

NA MEDIDA CERTA PARA CONCURSOS

FREDERICO AMADO

Direito da ASSISTÊNCIA SOCIAL

NA MEDIDA CERTA PARA CONCURSOS

2025

EDITORA JusPODIVM
www.editorajuspodivm.com.br

EDITORA
JusPODIVM
www.editorajuspodivm.com.br

Rua Canuto Saraiva, 131 – Mooca – CEP: 03113-010 – São Paulo – São Paulo
Tel: (11) 3582.5757
• Contato: https://www.editorajuspodivm.com.br/central-de-relacionamento

Copyright: Edições *Jus*PODIVM

Diagramação: Luiz Fernando Romeu *(lfnando_38@hotmail.com)*

Capa: Ana Caquetti

A481d Amado, Frederico
Direito da Assistência Social na Medida Certa para Concursos / Frederico Amado – São Paulo: Editora JusPodivm, 2025.
296 p.

ISBN: 978-85-442-6282-5.

1. Direito Previdenciário. 2. Assistência Social. I. Amado, Frederico. II. Título.

CDD 341.6

BIBLIOTECÁRIA RESPONSÁVEL

Ana Carolina Ribeiro Mois – CRB7 – RJ 007348/0

APRESENTAÇÃO

Esta obra visa a uma preparação rápida e eficaz para os concursos públicos, por meio da abordagem do Direito da Assistência Social, sempre instruída com a jurisprudência do STF e do STJ.

Foram contemplados os seguintes temas:

- **Regras constitucionais sobre a seguridade social (composição e princípios);**
- **Regras constitucionais da assistência social;**
- **Lei Orgânica da Assistência Social, com especial verticalização sobre o BPC/LOAS e o auxílio-inclusão;**
- **Política Nacional da Assistência Social (PNAS);**
- **Apêndice contendo a Norma Operacional Básica do SUAS (NOB/SUAS).**

Desta forma, a obra é focada em concursos básicos que cobrem o estudo do Direito da Assistência Social, a exemplo do Concurso Nacional Unificado, bloco 5, eixo temático 3 e dos concursos do INSS, em especial para Analista do Seguro Social com formação em serviço social.

Ademais, diversos concursos da área jurídica cobram o Direito da Assistência Social dentro da Disciplina da Seguridade Social ou mesmo (impropriamente) no programa de Direito Previdenciário.

A obra já ingressa em 2025, desde a 1ª edição, na COLEÇÃO NA MEDIDA CERTA PARA CONCURSOS da Editora Juspodivm, pois atende ao perfil de ser uma obra objetiva e especializada para a preparação para concursos públicos.

Bons estudos a todos!

Frederico Amado

www.fredericoamado.com.br

AUTOR

FREDERICO AMADO

- Procurador Federal/Procuradoria-Geral do INSS em Brasília-DF com atuação perante o STF, STJ e TNU.
- Professor de Direito Previdenciário e Ambiental do Especcial Jus (www.especcialjus.com.br).
- Coordenador da Pós-graduação EAD em Prática Previdenciária da Faculdade Verbo em parceria com o Especcial Jus.
- Coordenador da Pós-graduação AO VIVO pelo MEET em Prática Previdenciária da FBB em parceria com o Especcial Jus.
- Coordenador da Pós-graduação em Direito Ambiental EAD da Faculdade Verbo em parceria com o Especcial Jus.
- Instrutor da Escola da AGU.
- Mestre em Planejamento Ambiental pela UCSAL.
- Especialista em Direito do Estado pela Unyahna.
- Palestrante.
  - Página de contato: www.especcialjus.com.br
  - E-mail: professorfredericoamado@gmail.com
  - Twitter: @FredericoAmado
  - Facebook: Frederico Amado
  - Instagram: @fredericoamado

SUMÁRIO

CAPÍTULO 1

DA SEGURIDADE SOCIAL

1. INTRODUÇÃO

É preciso que o Estado proteja o seu povo contra eventos previsíveis, ou não, aptos a causar a sua miséria e intranquilidade social, providenciando recursos para manter, ao menos, o seu mínimo existencial e, por conseguinte, a dignidade humana, instituindo um eficaz sistema de proteção social.

Eventos como o desemprego, a velhice, a morte, a prisão, a infância, a doença, a maternidade e a invalidez poderão impedir temporária ou definitivamente que as pessoas laborem para angariar recursos financeiros visando atender às suas necessidades básicas e de seus dependentes, sendo dever do Estado Social de Direito intervir quando se fizer necessário.

Mas nem sempre foi assim no Brasil e no mundo. No estado absolutista, ou mesmo no liberal, eram tímidas as medidas governamentais de providências positivas, porquanto, no primeiro, sequer exista um Estado de Direito, enquanto no segundo vigorava a doutrina da mínima intervenção estatal, sendo o Poder Público apenas garantidor das liberdades negativas (direitos civis e políticos), o que agravou a concentração de riquezas e a disseminação da miséria, pois, como brilhantemente já afirmou o Padre Lacordaire, "entre o fraco e o forte a liberdade escraviza e a lei liberta"[1].

Nessa evolução natural entrou em crise o estado liberal, notadamente com as guerras mundiais, a Revolução Soviética de 1917 e a crise econômica mundial de 1929, ante a sua inércia em solucionar os dilemas básicos da população, como o trabalho, a saúde, a moradia e a educação, haja vista a inexistência de interesse regulatório da suposta mão livre do mercado, que de fato apenas visava agregar lucros cada vez maiores em suas operações mercantis.

Deveras, com o nascimento progressivo do Estado Social, o Poder Público se viu obrigado a sair da sua tradicional contumácia, passando a assumir

---

[1] Lacordaire apud Herkenhoff, João Batista. Justiça, Direito do Povo. 2ª ed. Rio de Janeiro: Thex, 2002, p. 71.

gradativamente a responsabilidade pela efetivação das prestações positivas econômicas e sociais (direitos fundamentais de segunda dimensão), valendo destacar em nosso tema os direitos relativos à saúde, à assistência e à previdência social.

De efeito, a Constituição Federal de 1988 foi a primeira a instituir no Brasil o sistema da seguridade social[2], que engloba as ações na área da previdência social, da assistência social e da saúde pública, estando prevista no Capítulo II, do Título VIII, nos artigos 194 a 204, que contará com um orçamento específico na lei orçamentária anual[3].

De efeito, conquanto não haja previsão expressa na Constituição Cidadã, é certo que a seguridade social forma um Sistema Nacional, pois regulada por um conjunto normativo harmônico e por órgãos e entidades estatais que objetivam concretizar os direitos fundamentais à saúde, à previdência e à assistência social.

Nesse sentido, dispõe o artigo 5º, da Lei 8.212/91, que "as ações nas áreas de Saúde, Previdência Social e Assistência Social, conforme o disposto no Capítulo II do Título VIII da Constituição Federal, serão organizadas em Sistema Nacional de Seguridade Social, na forma desta Lei".

Entre os direitos sociais expressamente previstos no artigo 6º, da Lei Maior, encontram-se consignados a saúde, a previdência social, a proteção à maternidade e à infância, bem como a assistência aos desamparados, reafirmando a sua natureza de fundamentais.

Convém de logo advertir que juridicamente as expressões "seguridade social" e "seguro social" têm acepções diversas, pois esta última se refere a uma relação de cobertura previdenciária, sendo mais restrita por se limitar à previdência social, enquanto a seguridade deve ser interpretada como segurança social.

Dentro da seguridade social coexistem dois subsistemas: de um lado o subsistema contributivo, composto apenas pela previdência social, que pressupõe o pagamento (real ou presumido) de contribuições previdenciárias dos segurados para a sua cobertura e dos seus dependentes.

Do outro, o subsistema não contributivo, integrado pela saúde pública e pela assistência social, pois ambas são custeadas pelos tributos em geral (especialmente as contribuições destinadas ao custeio da seguridade social) e disponíveis

2 A expressão seguridade social foi utilizada oficialmente pela primeira vez pelo "Social Security Act" (1935), editado pelos EUA como política do "New Deal" (idealizada pelo Presidente Roosevelt), que abarcava Previdência e a Assistência Social naquele país.

3 Artigo 165, §3º, III, da CRFB.

a todas as pessoas que delas necessitarem, inexistindo a exigência de pagamento de contribuições específicas dos usuários para o gozo dessas atividades públicas.

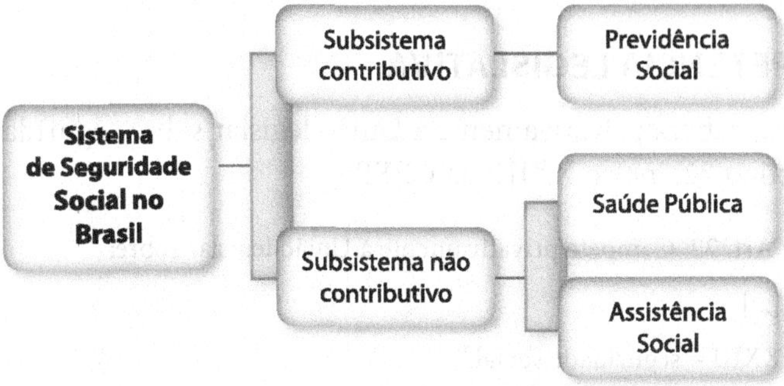

Em síntese, é preciso contribuir para ter uma cobertura pela previdência social, o que não ocorre na assistência social e na saúde pública.

Essa classificação do Sistema Nacional de Seguridade Social em subsistema contributivo (previdência social) e subsistema não contributivo (assistência social e saúde pública) é bastante importante na definição do regime jurídico de cada campo da seguridade social, inclusive na interpretação dos princípios e objetivos do sistema, refletindo efeitos que serão debatidos ao longo desta obra.

É possível afirmar que o objetivo genérico do sistema brasileiro de seguridade social é preservar a dignidade da pessoa humana, mediante a realização do bem-estar e da justiça social, tendo em vista ser integrante do Título VIII, da Constituição Federal, que regula a Ordem Social.

2. DEFINIÇÃO E NATUREZA JURÍDICA DA SEGURIDADE SOCIAL

A seguridade social no Brasil consiste no conjunto integrado de ações que visam a assegurar os direitos fundamentais à saúde, à assistência e à previdência social, de iniciativa do Poder Público e de toda a sociedade.

Destarte, não apenas a União, os estados, o Distrito Federal e os municípios atuarão para a efetivação dos direitos fundamentais à seguridade social, pois também contarão com a colaboração das pessoas naturais e das pessoas jurídicas de direito privado.

Nesse sentido, são exemplos dessa participação da iniciativa privada na seguridade social a atuação das entidades de previdência privada, dos hospitais particulares que atendem pelo Sistema Único de Saúde e as doações feitas pelas pessoas físicas em favor das pessoas em situação de miséria.

Atualmente, a seguridade social ostenta simultaneamente a natureza jurídica de direito fundamental de 2ª e 3ª dimensão ou geração, vez que tem natureza prestacional positiva (direito social – 2ª geração) e possui caráter universal (natureza coletiva – 3ª geração).

3. COMPETÊNCIA LEGISLATIVA

Em regra, caberá privativamente à União legislar sobre seguridade social, na forma do artigo 22, inciso XXIII, da CRFB:

> "Art. 22. Compete privativamente à União legislar sobre:
>
> [...]
>
> XXIII – seguridade social;"

Contudo, será competência concorrente entre as entidades políticas legislar sobre previdência social, proteção e defesa da saúde, dos portadores de deficiência, da infância e juventude, na forma do artigo 24, incisos XII, XIV e XV, da CRFB:

> "Art. 24. Compete à União, aos Estados e ao Distrito Federal legislar concorrentemente sobre:
>
> [...]
>
> XII – previdência social, proteção e defesa da saúde;
>
> [...]
>
> XIV – proteção e integração social das pessoas portadoras de deficiência;
>
> XV – proteção à infância e à juventude;"

Note-se que os municípios também entrarão na repartição dessas competências, pois aos mesmos caberá legislar sobre assuntos de interesse local, assim como suplementar a legislação estadual e federal no que couber[4].

Há uma aparente antinomia de dispositivos constitucionais, pois a seguridade social foi tema legiferante reservado à União pelo artigo 22, inciso XXIII, enquanto a previdência social, a saúde e temas assistenciais (todos inclusos na seguridade social) foram repartidos entre todas as pessoas políticas.

Essa aparente antinomia é solucionada da seguinte maneira: apenas a União poderá legislar sobre previdência social, exceto no que concerne ao regime de previdência dos servidores públicos efetivos dos estados, do Distrito Federal e dos municípios, que poderão editar normas jurídicas para instituí-los e

4 Artigo 30, incisos I e II, da CRFB.

disciplina-los, observadas as normas gerais editadas pela União e as já postas pela própria Constituição.

Outrossim, os estados, o Distrito Federal e os municípios também poderão editar normas jurídicas acerca da previdência complementar dos seus servidores públicos, a teor do artigo 40, §14, da Constituição Federal.

Contudo, entende-se que apenas a União possui competência para legislar sobre a previdência complementar privada, pois o tema deve ser regulado por lei complementar federal, conforme se interpreta do artigo 202, da Constituição Federal, tendo sido promulgada pela União as Leis Complementares 108 e 109/2001.

De modo equivocado, o STF vem pronunciando a **competência privativa da União para legislar sobre assistência social** (ADI 6.559, de 08/10/2021):

> *"Insta salientar que o art. 24, II, da Constituição da República, prevê a hipótese de competência concorrente dos entes federativos para legislar apenas sobre "previdência social, proteção e defesa da saúde", não tratando, portanto, da assistência social.*
>
> *Quanto à competência privativa, Marcelo Novelino assinala que: "Inspirada no modelo germânico, a Constituição permitiu que a União, por lei complementar, autorize os Estados a legislar sobre questões específicas das matérias de sua competência privativa (CF, art. 22, parágrafo único). Nada obstante isso, caso inexista a lei complementar por parte da União autorizando os Estados-membros e o Distrito Federal a legislar sobre questões específicas, a Suprema Corte declara a inconstitucionalidade da norma estadual ou distrital, ao fundamento de usurpação de competência da União (inconstitucionalidade formal orgânica)."*
>
> *Portanto, **inexistindo lei complementar delegando a competência para o Estado de Goiás legislar sobre seguridade social - mais precisamente, sobre assistência social -, as normas estaduais vergastadas são inconstitucionais, por usurpar a competência privativa da União para legislar sobre o tema**".*

A Constituição não pode ser interpretada em tiras. Evidente que, dentro da sua atribuição de membro do SUAS, a teor do artigo 204 da Constituição, os estados da federação possuirão competência para legislar sobre assistência social, sob pena de inconstitucionalidade formal das leis estaduais sobre o Direito Assistencial.

IMPORTANTE:

Por força da **Emenda 103/2019**, a competência para legislar sobre regras gerais de **inatividade remunerada** de policiais militares e bombeiros dos **estados e Distrito Federal** passou a ser **privativa da União**, tendo sido alterado o inciso XXI do artigo 22 da Constituição.

Dessa forma, analisando do ponto de vista previdenciário, busca-se uniformizar por lei federal as regras gerais da inativação remunerada e pensões por morte dos policiais militares e bombeiros dos estados da federação, a fim de que haja um único regramento a ser editado pelo ente central, deixando aos estados somente a suplementação de acordo com as peculiaridades locais.

Assim, caberá à União reger os requisitos gerais das inatividades remuneradas e pensões por morte das polícias militares e dos corpos de bombeiros militares, o que acarretará a ulterior suspensão das normas locais no que for contrário.

Entende-se que as regras locais permanecerão em vigor até a edição de lei geral por parte da União.

No que concerne à saúde e à assistência social, a competência acaba sendo concorrente, cabendo à União editar normas gerais a serem complementadas pelos demais entes políticos, conforme as suas peculiaridades regionais e locais, tendo em conta que todas as pessoas políticas devem atuar para realizar os direitos fundamentais na área da saúde e da assistência social.

Nesse sentido, as normas gerais sobre a saúde foram editadas pela União através da Lei 8.080/90, que dispõe sobre as condições para a promoção, proteção e recuperação da saúde, a organização e o funcionamento dos serviços correspondentes, e da assistência social pela Lei 8.742/93, que dispõe sobre a organização da assistência social no Brasil.

4. PRINCÍPIOS INFORMADORES DA SEGURIDADE SOCIAL

Com o advento do constitucionalismo pós-positivista, os princípios passaram à categoria de normas jurídicas ao lado das regras, não tendo mais apenas a função de integrar o sistema quando ausentes as regras regulatórias, sendo agora dotados de coercibilidade e servindo de alicerce para o ordenamento jurídico, pois axiologicamente inspiram a elaboração das normas-regras.

É possível definir os princípios como espécie de normas jurídicas com maior carga de abstração, generalidade e indeterminação que as regras, haja vista não disciplinarem por via direta as condutas humanas, dependendo de uma intermediação valorativa do exegeta para a sua aplicação.

Com propriedade, é prevalente que no atual patamar do constitucionalismo o conflito entre princípios não se resolve com o sacrifício abstrato de um deles, devendo ser equacionada a tensão de acordo com o caso concreto, observadas as suas peculiaridades, manejando-se o Princípio da Proporcionalidade.

Outrossim, é preciso destacar que muitas vezes o próprio legislador já operou a ponderação entre princípios ao elaborar as regras, não cabendo ao intérprete (juiz, administrador público e particulares) contrariar a decisão legislativa, salvo quando atentar contra a Constituição Federal.

De sua vez, a maioria dos princípios informadores da seguridade social encontra-se arrolada no artigo 194 da CRFB, sendo tratados como objetivos do sistema pelo constituinte, destacando-se que a sua interpretação e grau de aplicação variará dentro da seguridade social, a depender do campo de incidência, se no subsistema contributivo (previdência) ou no subsistema não contributivo (assistência social e saúde pública).

Princípios da Seguridade Social

- **Universalidade da Cobertura e do Atendimento;**
- **Uniformidade e Equivalência dos Benefícios e Serviços às Populações Urbanas e Rurais;**
- **Seletividade e Distributividade;**
- **Irredutibilidade do Valor dos Benefícios;**
- **Equidade de Participação no Custeio;**
- **Diversidade da Base de Financiamento;**
- **Gestão Quadripartite;**
- **Solidariedade;**
- **Precedência da Fonte de Custeio;**
- **Orçamento Diferenciado.**

4.1. Universalidade da cobertura e do atendimento

A seguridade social deverá atender a todos os necessitados, especialmente através da assistência social e da saúde pública, que são gratuitas, pois independem do pagamento de contribuições diretas dos usuários (subsistema não contributivo da seguridade social).

Ao revés, a previdência terá a sua universalidade limitada por sua necessária contributividade, vez que o gozo das prestações previdenciárias apenas será devido aos segurados (em regra, aqueles que exercem atividade laborativa remunerada) e aos seus dependentes, pois no Brasil o sistema previdenciário é contributivo direto.

Logo, embora exista, a universalidade previdenciária é mitigada por sua necessária contributividade, haja vista limitar-se aos beneficiários do seguro, não atingindo toda a população.

O artigo 13, da Lei 8.213/91, faculta a toda pessoa maior de 14 anos que não trabalhe a possibilidade de filiação ao Regime Geral de Previdência Social, na qualidade de segurado facultativo, desde que verta contribuições ao sistema previdenciário, a fim de realizar ao máximo a universalidade do sistema.

Este princípio busca conferir a maior abrangência possível às ações da seguridade social no Brasil, de modo a englobar não apenas os nacionais, mas também os estrangeiros residentes, ou até mesmo os não residentes, a depender da situação concreta, a exemplo das ações indispensáveis de saúde, revelando a sua natureza de direito fundamental de efetivação coletiva.

Todavia, é preciso advertir que a universalidade de cobertura e do atendimento da seguridade social não tem condições de ser absoluta, vez que inexistem recursos financeiros disponíveis para o atendimento de todos os riscos sociais existentes, devendo se perpetrar a escolha dos mais relevantes, de acordo com o interesse público, observada a reserva do possível[5].

Segundo Marcelo Leonardo Tavares[6], "a universalidade, além do aspecto subjetivo, também possui um viés objetivo e serve como princípio: a organização das prestações de seguridade deve procurar, na medida do possível, abranger ao máximo os riscos sociais".

Em síntese, a vertente subjetiva deste princípio determina que a seguridade social alcance o maior número possível de pessoas que necessitem de cobertura, ao passo que a objetiva compele o legislador e o administrador a adotarem as medidas possíveis para cobrir o maior número de riscos sociais.

É possível cindir este princípio a fim de ligar a Universalidade da Cobertura aos riscos sociais abarcados pelo Sistema Nacional de Seguridade Social (aspecto objetivo), enquanto a Universalidade do Atendimento se refere às pessoas destinatárias das prestações securitárias (aspecto subjetivo).

É exemplo de aplicação da acepção subjetiva do Princípio da Universalidade da Cobertura e do Atendimento no campo da Previdência Social, a progressiva celebração de tratados internacionais pelo Brasil, visando o reconhecimento do tempo de contribuição prestado por brasileiros no exterior para o pagamento de benefícios previdenciários por totalização, existindo tratados celebrados com países do MERCOSUL, Grécia, Itália, Portugal e Japão, dentre outras nações.

Outrossim, os §§12[7] e 13[8], do artigo 201, da Constituição Federal, insertos pela Emenda 47/2005 e com redação dada pela EC 103/2019, tratam do sistema

---

5 A reserva do possível (expressão cunhada por J. J. Gomes Canotilho) tem berço doutrinário e jurisprudencial na Alemanha, pregando que a efetividade dos direitos sociais condiciona-se a efetiva disponibilidade de recursos públicos, sendo que essa decisão cabia ao Parlamento e ao Governo na formulação do orçamento público.

6 Direito Previdenciário, 11ª edição, Impetus, p. 3.

7 § 12. Lei instituirá sistema especial de inclusão previdenciária, com alíquotas diferenciadas, para atender aos trabalhadores de baixa renda, inclusive os que se encontram em situação de informalidade, e àqueles sem renda própria que se dediquem exclusivamente ao trabalho doméstico no âmbito de sua residência, desde que pertencentes a famílias de baixa renda. (Redação dada pela Emenda Constitucional nº 103, de 2019).

8 § 13. A aposentadoria concedida ao segurado de que trata o § 12 terá valor de 1 (um) salário-mínimo. (Redação dada pela Emenda Constitucional nº 103, de 2019).

especial de inclusão previdenciária dos trabalhadores de baixa renda, dos que se encontram em situação de informalidade e dos que exercem trabalho doméstico sem renda própria, também decorrem de concretização do Princípio da Universalidade da Cobertura e do Atendimento na esfera previdenciária, pois a aposentadoria concedida ao segurado de que trata o § 12 terá valor de 1 (um) salário-mínimo, para fomentar a inclusão previdenciária, sendo atualmente regula mentos pelo artigo 21, da Lei 8.212/91, com redação dada pela Lei 12.470/2011.

4.2. Uniformidade e equivalência dos benefícios e serviços às populações urbanas e rurais

Cuida-se de corolário do Princípio da Isonomia no sistema de seguridade social, que objetiva o tratamento isonômico entre povos urbanos e rurais na concessão das prestações da seguridade social.

Enquanto os benefícios são obrigações de pagar quantia certa, os serviços são obrigações de fazer prestados no âmbito do sistema securitário.

Com efeito, não é mais possível a discriminação negativa em desfavor das populações rurais como ocorreu no passado, pois agora os benefícios e serviços da seguridade social deverão tratar isonomicamente os povos urbanos e rurais.

Isso não quer dizer que não possa existir tratamento diferenciado, desde que haja um fator de discrímen justificável diante de uma situação concreta, conforme ocorre em benefício das populações rurais por força do artigo 195, §8º, da CRFB, que prevê uma forma especial de contribuição previdenciária baseada na produção comercializada, porquanto são consabidas as dificuldades e oscilações que assolam especialmente a vida dos rurícolas que labutam em regime de economia familiar para a subsistência.

Logo, em regra, os eventos cobertos pela seguridade social em favor dos povos urbanos e rurais deverão ser os mesmos, salvo algum tratamento diferenciado razoável, sob pena de discriminação negativa injustificável e consequente inconstitucionalidade material.

Nesse sentido, como política de ação afirmativa previdenciária, vez que o trabalho no campo é desgastante em razão da exposição aos fatores climáticos, os trabalhadores rurais terão direito à redução de cinco anos na aposentadoria por idade, não havendo qualquer violação a este princípio.

4.3. Seletividade e distributividade na prestação dos benefícios e serviços

A seletividade deverá lastrear a escolha feita pelo legislador dos benefícios e serviços integrantes da seguridade social, bem como os requisitos para a sua concessão, conforme as necessidades sociais e a disponibilidade de recursos orçamentários, funcionando como limitadora da universalidade da seguridade social.

Deveras, como não há possibilidade financeira de se cobrir todos os eventos desejados, deverão ser selecionados para a cobertura os riscos sociais mais relevantes, visando à melhor otimização administrativa dos recursos, conforme o interesse público.

Na medida em que se operar o desenvolvimento econômico do país, deverá o Poder Público expandir proporcionalmente a cobertura da seguridade social, observado o orçamento público, notadamente nas áreas da saúde e da assistência social.

Demais disso, como base no Princípio da Seletividade, o legislador ainda irá escolher as pessoas destinatárias das prestações da seguridade social, consoante o interesse público, sempre observando as necessidades sociais.

Dessarte, se determinada pessoa necessite de uma prótese para suprir a carência de um membro inferior, existindo disponíveis no mercado um produto nacional de boa qualidade que custe R$ 1.000,00, e uma importada de excelente qualidade no importe de R$ 10.000,00, o sistema de saúde pública apenas deverá custear a nacional, pois é certo que inexiste dinheiro público em excesso, sendo a melhor opção beneficiar dez pessoas com a prótese nacional do que apenas uma com a importada.

Outro exemplo de aplicação do Princípio da Seletividade ocorreu na Emenda 20/1998, que restringiu a concessão do salário-família e do auxílio-reclusão para os dependentes dos segurados de baixa renda, conforme a atual redação do artigo 201, inciso IV, da Constituição Federal.

Ademais, se uma pessoa apenas se encontra temporariamente incapaz para o trabalho habitual, ela não será selecionada para o benefício previdenciário da aposentadoria por invalidez (atual aposentadoria por incapacidade permanente – EC 103/2019), mas apenas do auxílio-doença (atual auxílio por incapacidade temporária), pois não está inválida permanentemente.

Por seu turno, a distributividade coloca a seguridade social como sistema realizador da justiça social, consectário do Princípio da Isonomia, sendo instrumento de desconcentração de riquezas, pois devem ser agraciados com as prestações da seguridade social especialmente os mais necessitados.

Assim, como exemplo, apenas farão jus ao benefício do amparo assistencial os idosos e os deficientes físicos que demonstrem estar em condição de miserabilidade, não sendo uma prestação devida aos demais que não se encontrem em situação de penúria.

Como muito bem afirmado por Sergio Pinto Martins, "seleciona para poder distribuir"[9]. Considerando que a assistência social apenas irá amparar aos necessitados, nos termos do artigo 203 da Constituição, entende-se que é neste campo que o Princípio da Distributividade ganha a sua dimensão máxima, e não na saúde e na previdência social, pois redistribui as riquezas da nação apenas em favor dos miseráveis.

É que a saúde pública é gratuita para todos, podendo uma pessoa abastada se valer de atendimento pelo sistema único de saúde. Já a previdência social apenas protegerá os segurados e seus dependentes, não bastando ter necessidade de proteção social para fazer jus às prestações previdenciárias.

4.4. Irredutibilidade do valor dos benefícios

Por este princípio, decorrente da segurança jurídica, não será possível a redução do valor nominal de benefício da seguridade social, vedando-se o retrocesso securitário.

Com propriedade, não seria possível que o Poder Público reduzisse o valor das prestações mesmo durante períodos de crise econômica, como a enfrentada pelo mundo em 2008/2009, ao contrário do que poderia ocorrer com os salários dos trabalhadores, que excepcionalmente podem reduzidos se houver acordo coletivo permissivo[10].

No que concerne especificamente aos benefícios previdenciários, ainda é garantido constitucionalmente o reajustamento para manter o seu valor real, conforme os índices definidos em lei[11], o que reflete uma irredutibilidade material.

Esta disposição é atualmente regulamentada pelo artigo 41-A da Lei 8.213/91, que garante a manutenção do valor real dos benefícios pagos pelo INSS através da incidência anual de correção monetária pelo INPC, na mesma data de reajuste do salário mínimo.

Ou seja, esta norma principiológica atinge a sua máxima efetividade na previdência social (em razão do seu caráter contributivo), vez que, além de não poder reduzir o valor nominal do benefício previdenciário, o Poder Público ainda é obrigado a conceder um reajuste anual para manter o seu poder aquisitivo.

Logo, v.g., se um benefício da saúde pública ou da assistência social por pago no valor de R$ 200,00 por largo período, não haverá violação constitucional, pois

---

[9] Direito da Seguridade Social, 29ª edição, Atlas, p. 55.

[10] Artigo 7º, inciso VI, da CRFB.

[11] Artigo 201, §4º, da CRFB.

apenas o seu valor nominal não poderá ser diminuído, inexistindo determinação para o seu reajustamento periódico visando manter o poder real de compra, certamente em razão do seu caráter não contributivo.

Contudo, no caso de um benefício previdenciário, além de não poder reduzir o seu valor nominal, o Poder Público ainda deverá garantir o seu reajustamento periódico, a teor da ordem insculpida no artigo 201, §4º, da Constituição, em função do caráter contributivo que marca a previdência social no Brasil.

Irredutibilidade pelo valor nominal	Saúde pública e assistência social
Irredutibilidade pelo valor nominal e real	Previdência social

Impende salientar que a jurisprudência do STJ não vinha admitindo a aplicação de índice negativo de correção monetária no período de deflação para os benefícios previdenciários. De acordo com a Corte Superior, "considerando a garantia constitucional de irredutibilidade do valor dos benefícios (art. 194, parágrafo único, IV, da CF) e o fim social das normas previdenciárias, não há como se admitir a redução do valor nominal do benefício previdenciário pago em atraso, motivo pelo qual o índice negativo de correção para os períodos em que ocorre deflação deve ser substituído pelo fator de correção igual a zero, a fim de manter o valor do benefício da competência anterior (período mensal)"[12].

Contudo, no ano de 2012, a jurisprudência do STJ se firmou em sentido contrário. Com base em precedente da Corte Especial, a 3ª Seção passou a admitir a aplicação de índices negativos de inflação na atualização dos benefícios previdenciários, desde que respeitada à irredutibilidade do valor total a ser pago a título de parcelas atrasadas:

> "EDcl no AgRg no RECURSO ESPECIAL Nº 1.142.014 – RS
>
> Publicado em 11/10/2012
>
> **"PREVIDENCIÁRIO. EMBARGOS DE DECLARAÇÃO NO AGRAVO REGIMENTAL NO RECURSO ESPECIAL. POSSIBILIDADE DE APLICAÇÃO DE ÍNDICE INFLACIONÁRIO NEGATIVO SOBRE A CORREÇÃO MONETÁRIA, DESDE QUE PRESERVADO O VALOR NOMINAL DO MONTANTE PRINCIPAL.**
>
> **1. A Corte Especial deste Tribunal no julgamento do REsp nº 1.265.580/RS, Relator o Ministro Teori Albino Zavascki, DJe de 18/4/2012, modificou a compreensão então vigente, passando a adotar o entendimento segundo o**

12 Passagem do julgamento do REsp 1.144.656, de 26.10.2010.

qual desde que preservado o valor nominal do montante principal, é possível a aplicação de índice inflacionário negativo sobre a correção monetária de débitos previdenciários, porquanto os índices deflacionados acabam se compensando com supervenientes índices positivos de inflação.

2.Embargos de declaração acolhidos com excepcionais efeitos modificativos."

Processo

REsp 1765765 / SP

RECURSO ESPECIAL

2018/0236402-4

Relator(a)

Ministro HERMAN BENJAMIN (1132)

Órgão Julgador

T2 - SEGUNDA TURMA

Data do Julgamento

11/04/2019

Data da Publicação/Fonte

DJe 30/05/2019

Ementa

PROCESSUAL CIVIL E PREVIDENCIÁRIO. AUXÍLIO-DOENÇA. REVISÃO DA RMI. CORREÇÃO MONETÁRIA PELO IGP-M. ÍNDICES DE DEFLAÇÃO. APLICABILIDADE, PRESERVANDO-SE O VALOR NOMINAL DA OBRIGAÇÃO.

1. Hipótese em que o Tribunal de origem consignou que "No que tange aos índices de atualização dos salários-de- contribuição, considerados a garantia constitucional de irredutibilidade do valor dos benefícios (art. 194, parágrafo único, inciso IV, da CF) e o fim social das normas previdenciárias, não há como se admitir a redução dos valores utilizados no período de cálculo do salário-de-benefício em função de deflação, motivo pelo qual o índice negativo de correção deve ser substituído pelo fator de correção igual a zero" (fl. 291, e-STJ).

2. A Corte Especial do STJ, ao apreciar o Recurso Especial 1.265.580/CE, relatado pelo em. Min. Teori Albino Zavascki, DJe de 18/4/2012, consolidou o entendimento de que os índices negativos de correção monetária devem ser considerados no cálculo de atualização de débito judicialmente apurado, preservando-se, contudo, o valor nominal do montante principal.

3. Dessa forma, consoante orientação consolidada no âmbito do STJ, no cálculo dos débitos previdenciários, devem ser levados em consideração os índices negativos de inflação, desde que preservado o valor nominal da execução.

4.5. Equidade na forma de participação no custeio

O custeio da seguridade social deverá ser o mais amplo possível, mas precisa ser isonômico, devendo contribuir de maneira mais acentuada aqueles que dispuserem de mais recursos financeiros, bem como os que mais provocarem a cobertura da seguridade social.

Além de ser corolário do Princípio da Isonomia, é possível concluir que esta norma principiológica também decorre do Princípio da Capacidade Contributiva, pois a exigência do pagamento das contribuições para a seguridade social deverá ser proporcional à riqueza manifestada pelos contribuintes desses tributos.

Por conseguinte, a título de exemplo, algumas contribuições para a seguridade social devidas pelas instituições financeiras sofrerão o acréscimo de 2,5%[13], justamente porque a lucratividade e mecanização do setor é muito grande, tendo mais condições de contribuir para o sistema.

De seu turno, as empresas que desenvolvam atividade de risco contribuirão mais, pois haverá uma maior probabilidade de concessão de benefícios acidentários; já as pequenas e microempresas terão uma contribuição simplificada e de menor vulto.

Outrossim, realizando o Princípio da Equidade, é plenamente válida a progressividade das alíquotas das contribuições previdenciárias dos trabalhadores, proporcionalmente à sua remuneração, sendo 5%, 11% ou 20% do salário de contribuição, no caso de contribuintes individuais autônomos e segurados facultativos, nos termos do artigo 21 da Lei 8.212/91, devendo o segurado que receber acima de 1 salário mínimo recolher na alíquota de 20% necessariamente.

No mesmo sentido, nos termos do artigo 28 da EC 103/2019, desde março de 2020, adotou-se a progressividade por faixas de acordo com o valor do salário de contribuição do segurado empregado, empregado doméstico e trabalhador avulso: 7,5%, 9%, 12% e 14%.

As contribuições para a seguridade social a serem pagas pelas empresas também poderão ser progressivas em suas alíquotas, conforme autoriza o artigo 195, §9º, da Constituição Federal, em razão da atividade econômica, da utilização intensiva de mão de obra, do porte da empresa ou da condição estrutural do mercado de trabalho, sendo outro consectário do Princípio da Equidade no Custeio.

---

[13] Esse acréscimo incidirá sobre a contribuição previdenciária, sobre o faturamento e sobre o lucro das empresas, nos termos do artigo 22, §1º, da Lei 8.212/91.

Por sua vez, a redação do artigo 10 da Lei 10.666/03[14], claramente decorre da aplicação deste princípio, pois as empresas que têm um desempenho desfavorável nos índices de frequência, gravidade e custo nos acidentes de trabalho poderão pagar o dobro de contribuição SAT (seguro de acidente de trabalho), ao passo que o bom desempenho poderá reduzir em até 50% essa contribuição.

4.6. Diversidade da base de financiamento

O financiamento da seguridade social deverá ter múltiplas fontes, a fim de garantir a solvibilidade do sistema, para se evitar que a crise em determinados setores comprometa demasiadamente a arrecadação, com a participação de toda a sociedade, de forma direta e indireta.

Além do custeio da seguridade social com recursos de todas as entidades políticas, já há previsão das seguintes fontes no artigo 195, incisos I/IV, da Constituição Federal:

a) do empregador, da empresa e da entidade a ela equiparada na forma da lei;

b) do trabalhador e dos demais segurados da previdência social;

c) apostadores (receita de concursos de prognósticos);

d) importador de bens ou serviços do exterior, ou equiparados.

Em termos de previdência social, é tradicional no Brasil o tríplice custeio desde regimes constitucionais pretéritos (a partir da Constituição Federal de 1934), com a participação do Poder Público, das empresas/empregadores/equiparados e dos trabalhadores em geral.

Outrossim, é permitida a criação de novas fontes de custeio para a seguridade social, mas há exigência constitucional expressa de que seja feita por lei complementar[15], que exige um quórum qualificado para a sua aprovação (maioria absoluta).

---

[14] Art. 10. A alíquota de contribuição de um, dois ou três por cento, destinada ao financiamento do benefício de aposentadoria especial ou daqueles concedidos em razão do grau de incidência de incapacidade laborativa decorrente dos riscos ambientais do trabalho, poderá ser reduzida, em até cinqüenta por cento, ou aumentada, em até cem por cento, conforme dispuser o regulamento, em razão do desempenho da empresa em relação à respectiva atividade econômica, apurado em conformidade com os resultados obtidos a partir dos índices de freqüência, gravidade e custo, calculados segundo metodologia aprovada pelo Conselho Nacional de Previdência.

[15] Artigo 195, §4º, da CRFB.

Assim, se uma mera lei ordinária (não exige quórum qualificado para a sua aprovação) instituir uma nova fonte de custeio não prevista constitucionalmente para o pagamento de contribuição para a seguridade social, certamente será pronunciada formalmente inconstitucional, pois apenas a lei complementar poderá fazê-lo.

IMPORTANTE:

Por força da Emenda 103/2019, o artigo 194, parágrafo único, inciso VI da Constituição passou a prever a diversidade da base de financiamento, identificando-se, em rubricas contábeis específicas para cada área, as receitas e as despesas vinculadas a ações de saúde, previdência e assistência social, preservado o caráter contributivo da previdência social.

A inovação busca organizar o orçamento da seguridade social, pois agora há determinação constitucional para que as três áreas identifiquem rubricas de despesas e receitas contábeis no orçamento, lembrando que as contribuições previdenciárias são afetadas a esta área (artigo 167, XI, da Constituição).

4.7. Gestão quadripartite

A gestão da seguridade social será quadripartite, de índole democrática e descentralizada, envolvendo os trabalhadores, os empregadores, os aposentados e o Poder Público, seguindo a tendência da moderna administração pública na inserção de membros do corpo social nos seus órgãos colegiados, a teor do artigo 194, parágrafo único, inciso VII, da Constituição Federal.

Na verdade, este princípio é decorrência da determinação contida no artigo 10, da Constituição, que assegura a participação dos trabalhadores e empregadores nos colegiados dos órgãos públicos em que seus interesses profissionais ou previdenciários sejam objeto de discussão e deliberação.

Como exemplo, pode-se citar a composição do CNPS – Conselho Nacional de Previdência Social, do Conselho Nacional da Assistência Social e do Conselho Nacional da Saúde, pois em sua composição todos possuem representantes do Governo e das demais categoriais referidas.

Com o advento da Lei 13.341/2016, o Conselho Nacional de Previdência Social passou a se chamar de Conselho Nacional de Previdência, o que se afigura em indício de retirada do caráter social da Previdência, lastimável retrocesso.

Entretanto, nota-se que a referência aos aposentados é específica para a previdência social, tanto que na composição do Conselho Nacional da Saúde e do Conselho Nacional da Assistência Social não há assentos específicos para os aposentados.

Vale frisar também que não existe previsão constitucional de representantes dos pensionistas nos órgãos colegiados da seguridade social, conquanto estes possuam assentos juntamente com os aposentados no Conselho Nacional da Previdência Social, conforme será estudado no momento oportuno.

Até o advento da MP 2.166-37/2001, existia o Conselho Nacional da Seguridade Social, com composição democrática, vez que havia representantes do governo, dos trabalhadores, dos aposentados e dos empresários, a quem competia estabelecer as diretrizes gerais e políticas de integração entre a previdência, a assistência social e a saúde pública.

Lamentavelmente o CNSS foi extinto, deixando uma lacuna na integração dos subsistemas componentes da seguridade social, vez que a atuação dos Conselhos Nacionais da Saúde, da Previdência e da Assistência Social precisa ser harmonizada[16].

4.8. Solidariedade

É um princípio fundamental[17] que tem enorme aplicabilidade no âmbito da seguridade social, sendo objetivo da República Federativa do Brasil construir uma sociedade livre, justa e solidária.

Essencialmente a seguridade social é solidária, pois visa a agasalhar as pessoas em momentos de necessidade, seja pela concessão de um benefício previdenciário ao segurado impossibilitado de trabalhar (previdência), seja pela disponibilização de um medicamento a uma pessoa enferma (saúde) ou pela doação de alimentos a uma pessoa em estado famélico (assistência).

Há uma verdadeira socialização dos riscos com toda a sociedade, pois os recursos mantenedores do sistema provêm dos orçamentos públicos e das contribuições sociais, onde aqueles que pagam tributos que auxiliam no custeio da seguridade social, mas hoje ainda não gozam dos seus benefícios e serviços, poderão no amanhã ser mais um dos agraciados, o que traz uma enorme estabilidade jurídica no seio da sociedade.

Essa norma principiológica fundamenta a criação de um fundo único de previdência social, socializando-se os riscos, com contribuições compulsórias, mesmo daquele que já se aposentou, mas persiste trabalhando, embora este egoisticamente normalmente faça queixas da previdência por continuar pagando as contribuições.

---

16 Tramita no Senado o projeto de lei 178/2007, com o objetivo de recriar o Conselho Nacional da Seguridade Social.

17 Artigo 3º, inciso I, da CRFB.

Por outro lado, o Princípio da Solidariedade justifica o fato jurígeno de um segurado que começou a trabalhar poder se aposentar no mesmo dia, mesmo sem ter vertido ainda nenhuma contribuição ao sistema, desde que após a filiação seja acometido de infortúnio que o torne inválido de maneira definitiva para o trabalho em geral.

Outrossim, a garantia de saúde pública gratuita a todos e de medidas assistenciais a quem delas necessitar também decorre diretamente deste princípio.

De acordo com as lições de Wladimir Novaes Martinez, "solidariedade quer dizer cooperação da maioria em favor da minoria, em certos casos, da totalidade em direção à individualidade. Dinâmica a sociedade, subsiste constante alteração dessas parcelas e, assim, num dado momento, todos contribuem, e, noutro, muitos se beneficiam da participação da coletividade. Nessa ideia simples, cada um também se apropria do seu aporte. Financeiramente, o valor não utilizado por uns é canalizado por outros. Significa a cotização de certas pessoas, com capacidade contributiva, em favor dos despossuídos. Socialmente considerada, é ajuda marcadamente anônima, traduzindo mútuo auxílio, mesmo obrigatório, dos indivíduos"[18].

No âmbito do Regime Próprio de Previdência Social (previdência dos servidores públicos efetivos e militares), há expressa previsão do Princípio da Solidariedade no *caput* do artigo 40, da Constituição, ao prever que "o regime próprio de previdência social dos servidores titulares de cargos efetivos terá caráter contributivo e solidário, mediante contribuição do respectivo ente federativo, de servidores ativos, de aposentados e de pensionistas, observados critérios que preservem o equilíbrio financeiro e atuarial".

4.9. Precedência da Fonte de Custeio ou Contrapartida

Por esse princípio, "nenhum benefício ou serviço da seguridade social poderá ser criado, majorado ou estendido sem a correspondente fonte de custeio total"[19]. É também conhecido como Princípio da Preexistência ou Antecedência da Fonte de Custeio ou ainda Princípio da Contrapartida.

Este princípio surgiu no Brasil através da Emenda 11/1965, que alterou a Constituição de 1946, sendo aplicável naquela época aos benefícios da previdência e da assistência social.

De fato, o que essa norma busca é uma gestão responsável da seguridade social, pois a criação de prestações no âmbito da previdência, da assistência ou da

[18] Curso de Direito Previdenciário. 3ª edição, LTR, São Paulo, pg. 121.

[19] Artigo 195, §5º, da CRFB.

saúde pressupõe a prévia existência de recursos públicos, sob pena de ser colocado em perigo todo o sistema com medidas irresponsáveis.

Por conseguinte, antes de criar um novo benefício da seguridade social ou majorar/estender os já existentes, deverá o ato de criação apontar expressamente a fonte de custeio respectiva, através da indicação da dotação orçamentária, a fim de se manter o equilíbrio entre as despesas e as receitas públicas.

Vale frisar que nem mesmo os casos fortuitos ou de força maior terão o condão de excepcionar esta norma principiológica.

A regulamentação da regra de contrapartida consta da Lei de Responsabilidade Fiscal (LC 101/2000 - LRF) nos artigos 17 e 24, se aplicável a benefício ou serviço de saúde, previdência e assistência social, inclusive os destinados aos servidores públicos e militares, ativos e inativos, e aos pensionistas.

De efeito, de acordo com a LRF, nenhum benefício ou serviço relativo à seguridade social poderá ser criado, majorado ou estendido sem a indicação da fonte de custeio total, nos termos do § 5º do art. 195 da Constituição, atendidas ainda as exigências do seu artigo 17, que exige:

a) os atos que criarem ou aumentarem despesa deverão ser instruídos com a estimativa e demonstrar a origem dos recursos para seu custeio;

b) para efeito do atendimento acima, o ato será acompanhado de comprovação de que a despesa criada ou aumentada não afetará as metas de resultados fiscais previstas no anexo de metas fiscais, devendo seus efeitos financeiros, nos períodos seguintes, ser compensados pelo aumento permanente de receita ou pela redução permanente de despesa[20];

c) considera-se aumento permanente de receita o proveniente da elevação de alíquotas, ampliação da base de cálculo, majoração ou criação de tributo ou contribuição;

d) a despesa não será executada antes da implementação das medidas referidas acima, as quais integrarão o instrumento que a criar ou aumentar.

Por outro lado, a exigências acima (art. 17 da LRF) arroladas são **dispensadas nas seguintes hipóteses:**

> I – concessão de benefício a quem satisfaça as condições de habilitação prevista na legislação pertinente;

[20] A comprovação, apresentada pelo proponente, conterá as premissas e metodologia de cálculo utilizadas, sem prejuízo do exame de compatibilidade da despesa com as demais normas do plano plurianual e da lei de diretrizes orçamentárias.

II – expansão quantitativa do atendimento e dos serviços prestados;

III – reajustamento de valor do benefício ou serviço, a fim de preservar o seu valor real.

O Princípio da Precedência da Fonte de Custeio foi um dos fundamentos utilizados pela Suprema Corte para impedir a majoração das pensões por morte concedidas anteriormente à edição da Lei 9.032/95. Colaciona-se abaixo passagem do RE 415.454, de 08.02.2007:

> [...] "12. Ausência de violação ao princípio da isonomia (CF, art. 5º, *caput*) porque, na espécie, **a exigência constitucional de prévia estipulação da fonte de custeio total consiste em exigência operacional do sistema previdenciário que, dada a realidade atuarial disponível, não pode ser simplesmente ignorada.**
>
> 13. O cumprimento das políticas públicas previdenciárias, exatamente por estar calcado no princípio da solidariedade (CF, art. 3º, I), deve ter como fundamento o fato de que **não é possível dissociar as bases contributivas de arrecadação da prévia indicação legislativa da dotação orçamentária exigida** (CF, art. 195, § 5º) [...]". (g.n.)

É possível citar como exemplo de concretização do Princípio da Precedência da Fonte de Custeio a extensão da aposentadoria especial em favor dos contribuintes individuais filiados à cooperativa de trabalho ou de produção.

Apenas com o advento da Lei 10.666/2003, que criou a contribuição previdenciária respectiva, esses segurados passaram a ter direito ao benefício da aposentadoria especial, que passou a contar com fonte de custeio específica.

Ou seja, o artigo 1º[21], da Lei 10.666/03, estendeu o citado benefício e imediatamente criou uma nova contribuição previdenciária para fazer frente às novas despesas.

[21] Art. 1º As disposições legais sobre aposentadoria especial do segurado filiado ao Regime Geral de Previdência Social aplicam-se, também, ao cooperado filiado à cooperativa de trabalho e de produção que trabalha sujeito a condições especiais que prejudiquem a sua saúde ou a sua integridade física.
§ 1º Será devida contribuição adicional de nove, sete ou cinco pontos percentuais, a cargo da empresa tomadora de serviços de cooperado filiado a cooperativa de trabalho, incidente sobre o valor bruto da nota fiscal ou fatura de prestação de serviços, conforme a atividade exercida pelo cooperado permita a concessão de aposentadoria especial após quinze, vinte ou vinte e cinco anos de contribuição, respectivamente.
§ 2º Será devida contribuição adicional de doze, nove ou seis pontos percentuais, a cargo da cooperativa de produção, incidente sobre a remuneração paga, devida ou creditada ao cooperado filiado, na hipótese de exercício de atividade que autorize a concessão de aposentadoria especial após quinze, vinte ou vinte e cinco anos de contribuição, respectivamente.

Conquanto a previdência privada integre a previdência social, lhe sendo aplicável, no que couber, os princípios informadores da seguridade social, lamentavelmente o STF vem negando a incidência do Princípio da Precedência da Fonte de Custeio ao regime previdenciário privado, argumentando com fragilidade que o referido princípio "somente diz respeito à seguridade social financiada por toda a sociedade, sendo alheio às entidades de previdência privada" (RE 583687 AgR, de 29.03.2011, 2ª Turma).

O mesmo entendimento foi tomado pela 1ª Turma do STF, no julgamento do AI 714.000 AgR, de 01.06.2010:

> "EMENTA: AGRAVO REGIMENTAL EM AGRAVO DE INSTRUMENTO. PLANO DE PREVIDÊNCIA PRIVADA. RESTITUIÇÃO DE JÓIA. CONTROVÉRSIA DECIDIDA À LUZ DA LEGISLAÇÃO INFRACONSTITUCIONAL E DE CLÁUSULAS CONTRATUAIS. INCIDÊNCIA DA SÚMULA 454 DO STF. ALEGAÇÃO DE VIOLAÇÃO AO § 5º DO ART. 195 DA CONSTITUIÇÃO FEDERAL. IMPERTINÊNCIA. 1. Para chegar a conclusão diversa da adotada pela Instância Judicante de origem, são necessários o reexame da legislação infraconstitucional pertinente e a análise de cláusulas contratuais. Incidência da Súmula 454 do Supremo Tribunal Federal. 2. **É impertinente, para o deslinde da controvérsia, a alegação de afronta ao § 5º do art. 195 do Magno Texto. Isso porque o mencionado dispositivo, nas palavras do ministro Sepúlveda Pertence, "diz respeito apenas à seguridade social financiada por toda a sociedade" (AI 530.944-AgR)**. 3. Agravo regimental desprovido".

Ora, conquanto o custeio dos planos de benefícios da previdência privada não seja de responsabilidade do Poder Público, é certo que é imprescindível à reserva dos recursos financeiros para a garantia do benefício contratado, nos termos do artigo 202, da Constituição, razão pela qual se discorda do entendimento do Supremo Tribunal Federal.

Por sua vez, para o STF, se o benefício da seguridade social for instituído pela própria Constituição, não terá aplicação o Princípio da Precedência da Fonte de Custeio:

> "EMENTA: - Pensão por morte do servidor público. Aplicação do artigo 40, § 5º, da Constituição Federal. 2. Esta Corte já firmou entendimento segundo o qual esse dispositivo, que é auto-aplicável, determina a fixação da pensão por morte do servidor público no valor correspondente à totalidade dos vencimentos ou proventos que ele percebia. Precedentes. 3. **Inexigibilidade, por outro lado, da observância do artigo 195, § 5º, da Constituição Federal, quando o**

---

§ 3º Considera-se cooperativa de produção aquela em que seus associados contribuem com serviços laborativos ou profissionais para a produção em comum de bens, quando a cooperativa detenha por qualquer forma os meios de produção.

> **benefício é criado diretamente pela Constituição.** 4. Recurso extraordinário conhecido e provido" (RE 220.742, de 03.03.1998).
>
> "Considerada a redação do artigo 40 da Constituição Federal antes da EC 20/98, em vigor na data do falecimento da servidora, que não faz remissão ao regime geral da previdência social, **impossível a invocação tanto do texto do artigo 195, § 5º - exigência de fonte de custeio para a instituição de benefício –, quanto o do art. 201, V**" (RE 385.397 AgR, de 29.06.2007).

A regra de contrapartida tem se mostrado uma regra de conveniência política. Quando o Poder Executivo adere ao Legislativo ou ao Judiciário, passa em branco a elevação de despesas previdenciárias sem a respectiva prévia fonte de custeio.

Cita-se como exemplo, conquanto conquistas justas de empregados domésticos e pessoas com deficiência, a LC 150/2015 e 142/2013, em que houve ampliação de gastos previdenciários sem a contrapartida fiscal.

Aliás, no caso de empregados domésticos, a contribuição destinada à previdência foi reduzida de 12% para 8,8% do salário de contribuição com o advento da LC 150/2015.

Por outro lado, quando o Poder Executivo discorda da elevação de despesa feita pelo Legislativo ou por decisão judicial do STJ ou instâncias inferiores, recorre ao STF para a reversão da decisão, a exemplo da revisão de pensão por morte e desaposentação, em que um dos pilares do provimento pela Suprema Corte foi a regra de contrapartida.

Enfim, é preciso que os Poderes da República levem mais a sério a regra de contrapartida, pois o equilíbrio das contas da seguridade social é que manterá a sua proteção.

4.10. Orçamento Diferenciado

A partir da 3ª edição desta obra optou-se pela inserção de mais um princípio informador da seguridade social no Brasil, com base no artigo 165, §5º, inciso III, da Constituição Federal de 1988.

De efeito, o Sistema Nacional de Seguridade Social é um instrumento tão importante de realização da justiça social que o legislador constitucional criou uma peça orçamentária exclusiva para fazer frente às despesas no pagamento de benefícios e na prestação de serviços.

É que a lei orçamentária anual da União compreende, além do orçamento fiscal e o de investimento nas empresas estatais federais, o orçamento da seguridade social, abrangendo todas as entidades e órgãos a ela vinculados, da administração direta ou indireta, bem como os fundos e fundações instituídos e mantidos pelo Poder Público.

Assim, os recursos do orçamento da seguridade social são afetados ao custeio do referido Sistema Nacional, não podendo ser utilizados para outras despesas da União, em regra.

Contudo, de acordo com o artigo 167, inciso VIII, da Constituição Federal, em situações deveras excepcionais, para a utilização de recursos dos orçamentos fiscal e da seguridade social para suprir necessidade ou cobrir déficit de empresas, fundações e fundos, é necessária autorização legislativa específica.

4.11. Tabela dos princípios da seguridade social

Com o propósito de sintetizar o aprendizado mínimo dos princípios informadores da seguridade social, abaixo se colaciona tabela com o seu conteúdo jurídico básico:

Princípios da seguridade social	Conteúdo
Universalidade da Cobertura e do Atendimento	Este princípio busca conferir a maior abrangência possível às ações da seguridade social no Brasil, na medida dos recursos disponíveis. É possível cindi-lo a fim de ligar a Universalidade da Cobertura aos riscos sociais abarcados pelo Sistema Nacional de Seguridade Social (aspecto objetivo), enquanto a Universalidade do Atendimento se refere às pessoas destinatárias das prestações securitárias (aspecto subjetivo).
Uniformidade e equivalência dos benefícios e serviços às populações urbanas e rurais	Este princípio veda a discriminação negativa em desfavor das populações urbanas ou rurais, como ocorreu com os povos rurais no passado, pois agora os benefícios e serviços da seguridade social deverão tratar isonomicamente ambos os povos.
Seletividade	A seletividade deverá lastrear a escolha feita pelo legislador dos benefícios e serviços integrantes da seguridade social, bem como os requisitos para a sua concessão, conforme as necessidades sociais e a disponibilidade de recursos orçamentários, de acordo com o interesse público. Também deverá o legislador escolher os destinatários das prestações de acordo com as necessidades sociais.
Distributividade	A distributividade coloca a seguridade social como sistema realizador da justiça social, consectário do Princípio da Isonomia, sendo instrumento de desconcentração de riquezas.
Irredutibilidade do valor dos benefícios	Por este princípio, decorrente da segurança jurídica, não será possível a redução do valor nominal de benefício da seguridade social. No caso específico da previdência social, ainda é garantido constitucionalmente o reajustamento para manter o seu valor real.

Princípios da seguridade social	Conteúdo
Equidade no custeio	O custeio da seguridade social deverá ser o mais amplo possível, mas precisa ser isonômico, devendo contribuir de maneira mais acentuada aqueles que dispuserem de mais recursos financeiros, bem como os que mais provocarem a cobertura da seguridade social.
Diversidade da base de financiamento	O financiamento da seguridade social deverá ter múltiplas fontes, a fim de garantir a solvibilidade do sistema, para se evitar que a crise em determinados setores comprometa demasiadamente a arrecadação, com a participação de toda a sociedade, de forma direta e indireta.
Gestão quadripartite	A gestão da seguridade social será quadripartite, de índole democrática e descentralizada, envolvendo representantes dos trabalhadores, dos empregadores, dos aposentados e do Poder Público nos seus órgãos colegiados.
Solidariedade	Essencialmente a seguridade social é solidária, pois visa a agasalhar as pessoas em momentos de necessidade. Há uma verdadeira socialização dos riscos com toda a sociedade, pois os recursos mantenedores do sistema provêm dos orçamentos públicos e das contribuições sociais.
Precedência da fonte de custeio	Por esse princípio, nenhum benefício ou serviço da seguridade social poderá ser criado, majorado ou estendido sem a correspondente fonte de custeio total.
Orçamento diferenciado	Existe uma peça orçamentária exclusiva para a seguridade social.

CAPÍTULO 2

DA ASSISTÊNCIA SOCIAL

1. INTRODUÇÃO

No Brasil, assim como na maioria dos países, o assistencialismo é anterior à criação da previdência social, sendo esta consequência da transição do estado absolutista ao social, passando pelo liberal, até chegar à seguridade social, com o advento da Constituição Federal de 1988, sistema tripartite que engloba a assistência, a previdência social e a saúde pública.

Nos estados liberais, a proteção estatal se dava especialmente através de tímidas medidas assistencialistas aos pobres, que figuravam mais como liberalidades governamentais do que como direito subjetivo do povo[1], uma postura típica do absenteísmo da época (liberdades negativas - direitos fundamentais de primeira dimensão).

Mas com o advento do estado providência, de meras liberalidades estatais, as medidas de assistência social passaram à categoria de mais um dever governamental, pois o Poder Público passou a obrigar-se a prestá-las a quem delas necessitasse.

Na Constituição Federal de 1988, a assistência social vem disciplinada nos artigos 203 e 204, destacando-se, em termos infraconstitucionais, a Lei 8.742/93 (LOAS - Lei Orgânica da Assistência Social).

Importante tentativa de incrementar as medidas assistencialistas foi dada pela Emenda 42/2003[2], que facultou aos estados e ao Distrito Federal vincular a programa de apoio à inclusão e promoção social até 0,5% de sua receita tributária líquida, vedada a aplicação desses recursos no pagamento despesas com pessoal, serviço da dívida ou outra despesa corrente não vinculada diretamente aos investimentos ou ações apoiados, mas que depende da vontade política legiferante desses entes federados.

---

1 A Lei dos Pobres, na Inglaterra, em 1601, trouxe a primeira disciplina jurídica da assistência social ao criar o dever estatal aos necessitados.

2 Inseriu o parágrafo único, no artigo 204 da CRFB.

Vale advertir que as medidas assistenciais devem ser aplicadas na medida certa pelo Estado, de acordo com os recursos públicos disponíveis e as necessidades sociais de época, sob pena de prejuízo ao interesse público primário, na hipótese de exagero ou timidez na atuação do Poder Público.

Realmente, se os benefícios e serviços assistenciais não forem suficientes para suprir as necessidades básicas dos carentes, é sinal de que urgem reformas nas políticas públicas, pois a crescente legião de desamparados sem dignidade humana porá em risco a paz social.

Ao revés, o pagamento prolongado e excessivo de prestações assistenciais poderá gerar a acomodação dos beneficiários, pois recebem recursos sem qualquer contraprestação à sociedade, em que muitos não sentem necessidade de se integrar ao mercado de trabalho.

Por tudo isso, é preciso bom senso dos Poderes da República na instituição, revisão e efetivação das políticas assistenciais, para não se pecar pelo excesso ou pela negligência governamental.

2. DEFINIÇÃO

É possível definir a assistência social como as medidas públicas (dever estatal) ou privadas a serem prestadas a quem delas precisar, para o atendimento das necessidades humanas essenciais, de índole não contributiva direta, normalmente funcionando como um complemento ao regime de previdência social, quando este não puder ser aplicado ou se mostrar insuficiente para a consecução da dignidade humana.

De acordo com o artigo 1º da Lei 8.742/93, "a assistência social, direito do cidadão e dever do Estado, é Política de Seguridade Social não contributiva, que provê os mínimos sociais, realizada através de um conjunto integrado de ações de iniciativa pública e da sociedade, para garantir o atendimento às necessidades básicas".

Em nosso país, um dos traços característicos da assistência social é o seu caráter não contributivo, bem como a sua função de suprir as necessidades básicas das pessoas, como alimentação, moradia básica e vestuário.

Em regra, apenas as pessoas não cobertas por um regime previdenciário ou pela família farão jus às medidas assistencialistas, justamente porque já gozam de uma proteção que ensejará o pagamento de prestações previdenciárias ou alimentares, salvo se também preencherem os requisitos para as benesses assistenciais, a exemplo do Programa Bolsa-família, que auxilia vários segurados da previdência com baixa renda.

3. OBJETIVOS

A assistência social tem por objetivos, conforme previsão constitucional[3]:

- proteger a família, a maternidade, a infância, a adolescência e a velhice;
- amparar as crianças e os adolescentes carentes;
- promover a integração do mercado de trabalho;
- habilitar/reabilitar as pessoas portadoras de deficiência e promover sua integração à vida comunitária;
- a redução da vulnerabilidade socioeconômica de famílias em situação de pobreza ou de extrema pobreza.

Da mesma forma, visa a garantir um salário mínimo de benefício mensal à pessoa portadora de deficiência e a pessoa idosa que comprovem não possuir meios de prover a própria manutenção ou de tê-la provida por sua família, conforme regulamentação legal[4].

Por sua vez, o artigo 2º, incisos I e II, da Lei 8.742/93, inseridos pela Lei 12.435/2011, ainda arrola como objetivo da assistência social no Brasil a vigilância socioassistencial, que visa a analisar territorialmente a capacidade protetiva das famílias e nela a ocorrência de vulnerabilidades, de ameaças, de vitimizações e danos e a defesa de direitos, que visa a garantir o pleno acesso aos direitos no conjunto das provisões socioassistenciais.

4. PRINCÍPIOS

De acordo com o artigo 4º da Lei 8.742/93, a assistência social deverá observar os seguintes princípios, que mais se parecem com objetivos:

> "I – supremacia do atendimento às necessidades sociais sobre as exigências de rentabilidade econômica;
>
> II – universalização dos direitos sociais, a fim de tornar o destinatário da ação assistencial alcançável pelas demais políticas públicas;
>
> III – respeito à dignidade do cidadão, à sua autonomia e ao seu direito a benefícios e serviços de qualidade, bem como à convivência familiar e comunitária, vedando-se qualquer comprovação vexatória de necessidade;
>
> IV – igualdade de direitos no acesso ao atendimento, sem discriminação de qualquer natureza, garantindo-se equivalência às populações urbanas e rurais;

---

3 Artigo 203, incisos I, II, III e IV, da CRFB.

4 Artigo 203, inciso V, da CRFB.

> V – divulgação ampla dos benefícios, serviços, programas e projetos assistenciais, bem como dos recursos oferecidos pelo Poder Público e dos critérios para sua concessão".

Com propriedade, os princípios informadores da assistência social brasileira revelam o seu espírito, pois este subsistema da seguridade social objetiva realizar as necessidades básicas das pessoas em situação de vulnerabilidade social, buscando restaurar ou preservar a sua dignidade, e não obter rentabilidade econômica, mesmo porque as prestações assistenciais independem de contribuição dos beneficiários.

Demais disso, em decorrência do Princípio da Universalidade da Cobertura e do Atendimento, busca o assistencialismo a inclusão social dos necessitados, através do maior alcance dos direitos sociais, o que poderá ser atingido através da publicidade das medidas a serem prestadas.

Aliás, não é porque uma pessoa precisa de um benefício ou serviço da assistência social que o Estado ou a sociedade poderá colocá-lo em situação vexatória, devendo ser preservada a sua dignidade, sendo vedada qualquer discriminação negativa no atendimento dos povos urbanos e/ou rurais.

5. DIRETRIZES

As diretrizes da assistência social brasileira foram traçadas pelo artigo 5º da Lei 8.742/93:

> "I – descentralização político-administrativa para os Estados, o Distrito Federal e os Municípios, e comando único das ações em cada esfera de governo;
>
> II – participação da população, por meio de organizações representativas, na formulação das políticas e no controle das ações em todos os níveis;
>
> III – primazia da responsabilidade do Estado na condução da política de assistência social em cada esfera de governo".

A realização dos direitos fundamentais no campo da assistência social é tarefa comum entre a União, os estados, o Distrito Federal e os municípios, existindo apenas um único órgão de cúpula na área em cada esfera de governo.

Por sua vez, a sociedade também participa da assistência social no Brasil, especialmente através de pessoas jurídicas de direito privado sem fins lucrativos (entidades filantrópicas) e de pessoas naturais que ajudam os carentes, mas a responsabilidade principal é do Poder Público.

6. ORGANIZAÇÃO E GESTÃO

A coordenação da Política Nacional de Assistência Social competirá ao Ministério do Desenvolvimento e Assistência Social, Família e Combate à Fome (reforma ministerial de 2023), cabendo ao Conselho Nacional de Assistência Social (CNAS) - órgão superior de deliberação colegiada, vinculado à estrutura do referido órgão da Administração Pública federal, composto por 18 membros, sendo nove representantes do Poder Público e outros nove da sociedade civil - aprovar a Política Nacional de Assistência Social.

Competirá ao CNAS, dentre outras competências previstas no artigo 18 da Lei 8.742/93, normatizar as ações e regular a prestação de serviços de natureza pública e privada no campo da assistência social, acompanhar e fiscalizar o processo de certificação das entidades e organizações de assistência social no Ministério do Desenvolvimento e Assistência Social, Família e Combate à Fome e apreciar e aprovar a proposta orçamentária da Assistência Social a ser encaminhada pelo órgão da Administração Pública Federal responsável pela coordenação da Política Nacional de Assistência Social.

Também é da competência do CNAS apreciar relatório anual que conterá a relação de entidades e organizações de assistência social certificadas como beneficentes e encaminhá-lo para conhecimento dos Conselhos de Assistência Social dos Estados, Municípios e do Distrito Federal e aprovar critérios de transferência de recursos para os Estados, Municípios e Distrito Federal, considerando, para tanto, indicadores que informem sua regionalização mais equitativa, tais como: população, renda per capita, mortalidade infantil e concentração de renda, além de disciplinar os procedimentos de repasse de recursos para as entidades e organizações de assistência social, sem prejuízo das disposições da Lei de Diretrizes Orçamentárias.

Um importante passo para a melhoria da assistência social no Brasil foi o nascimento do Sistema Único de Assistência Social - SUAS, que ocorreu com a edição da Resolução 130, de 15.07.2005, do Conselho Nacional de Assistência Social, que aprovou a Norma Operacional Básica do SUAS.

Com o advento da Lei 12.435/2011, que alterou vários artigos da Lei 8.742/93, o SUAS passou a ter previsão legal na Lei Orgânica da Assistência Social, tendo por objetivo a proteção à família, à maternidade, à infância, à adolescência e à velhice e, como base de organização, o território, integrado pelos entes federativos, pelos respectivos conselhos de assistência social e pelas entidades e organizações de assistência social.

O CNAS é presidido por um de seus integrantes, eleito dentre seus membros, para mandato de um ano, permitida uma única recondução por igual período, contando com a seguinte composição:

> I - 9 (nove) representantes governamentais, incluindo 1 (um) representante dos Estados e 1 (um) dos Municípios;

> II – 9 (nove) representantes da sociedade civil, dentre representantes dos usuários ou de organizações de usuários, das entidades e organizações de assistência social e dos trabalhadores do setor, escolhidos em foro próprio sob fiscalização do Ministério Público Federal.

Ainda competirá ao CNAS, a partir da realização da II Conferência Nacional de Assistência Social em 1997, convocar ordinariamente a cada quatro anos a Conferência Nacional de Assistência Social, que terá a atribuição de avaliar a situação da assistência social e propor diretrizes para o aperfeiçoamento do sistema.

As proteções sociais, básica e especial, serão ofertadas precipuamente no **Centro de Referência de Assistência Social (Cras)** e no **Centro de Referência Especializado de Assistência Social (Creas)**, respectivamente, e pelas entidades sem fins lucrativos de assistência social.

O **Cras** é a unidade pública municipal, de base territorial, localizada em áreas com maiores índices de vulnerabilidade e risco social, destinada à articulação dos serviços socioassistenciais no seu território de abrangência e à prestação de serviços, programas e projetos socioassistenciais de proteção social básica às famílias.

Já o **Creas** é a unidade pública de abrangência e gestão municipal, estadual ou regional, destinada à prestação de serviços a indivíduos e famílias que se encontram em situação de risco pessoal ou social, por violação de direitos ou contingência, que demandam intervenções especializadas da proteção social especial.

Os Cras e os Creas são unidades públicas estatais instituídas no âmbito do Suas que possuem interface com as demais políticas públicas e articulam, coordenam e ofertam os serviços, programas, projetos e benefícios da assistência social, devendo possuir instalações compatíveis com os serviços neles ofertados, com espaços para trabalhos em grupo e ambientes específicos para recepção e atendimento reservado das famílias e indivíduos, assegurada a acessibilidade às pessoas idosas e com deficiência.

Nos termos do artigo 6º da Lei 8.742/93, com redação dada pela Lei 12.435/2011, são objetivos do SUAS:

> I – consolidar a gestão compartilhada, o cofinanciamento e a cooperação técnica entre os entes federativos que, de modo articulado, operam a proteção social não contributiva;
>
> II – integrar a rede pública e privada de serviços, programas, projetos e benefícios de assistência social, na forma do art. 6º-C;
>
> III – estabelecer as responsabilidades dos entes federativos na organização, regulação, manutenção e expansão das ações de assistência social;
>
> IV – definir os níveis de gestão, respeitadas as diversidades regionais e municipais;

V – implementar a gestão do trabalho e a educação permanente na assistência social;

VI – estabelecer a gestão integrada de serviços e benefícios; e

VII – afiançar a vigilância socioassistencial e a garantia de direitos.

De acordo com o Ministério do Desenvolvimento e Assistência Social, Família e Combate à Fome, o Sistema Único de Assistência Social (SUAS), cujo modelo de gestão é descentralizado e participativo, constitui-se na regulação e organização em todo território nacional dos serviços, programas, projetos e benefícios socioassistenciais, de caráter continuado ou eventual, executados e providos por pessoas jurídicas de direito público sob critério universal e lógica de ação em rede hierarquizada e em articulação com iniciativas da sociedade civil.

Além disso, o SUAS define e organiza os elementos essenciais e imprescindíveis à execução da política pública de assistência social, possibilitando a normatização dos padrões nos serviços, qualidade no atendimento aos usuários, indicadores de avaliação e resultado, nomenclatura dos serviços e da rede prestadora de serviços socioassistenciais[5].

O SUAS será composto pela Proteção Social Especial, destinada a famílias e indivíduos que se encontram em situação de risco pessoal e social, por ocorrência de abandono, maus tratos físicos e/ou psíquicos, abuso sexual, uso de substâncias psicoativas, cumprimento de medidas socioeducativas, situação de rua, situação de trabalho infantil, entre outras situações de violação dos direitos[6].

Ainda haverá a Proteção Social Básica, que se destina à população que vive em situação de vulnerabilidade social decorrente da pobreza, privação (ausência de renda, precário ou nulo acesso aos serviços públicos, dentre outros) e/ou fragilização de vínculos afetivos – relacionais e de pertencimento social (discriminações etárias, étnicas, de gênero ou por deficiências, dentre outras)[7].

A Proteção Social Especial[8] e a Proteção Social Básica[9] passaram a integrar o texto da Lei 8.742/93, com a inserção do artigo 6º-A, por intermédio da Lei

[5] http://www.mds.gov.br/programas/rede-suas.

[6] http://www.mds.gov.br/programas/rede-suas/protecao-social-especial.

[7] http://www.mds.gov.br/programas/rede-suas/protecao-social-basica.

[8] II – proteção social especial: conjunto de serviços, programas e projetos que tem por objetivo contribuir para a reconstrução de vínculos familiares e comunitários, a defesa de direito, o fortalecimento das potencialidades e aquisições e a proteção de famílias e indivíduos para o enfrentamento das situações de violação de direitos.

[9] I – proteção social básica: conjunto de serviços, programas, projetos e benefícios da assistência social que visa a prevenir situações de vulnerabilidade e risco social por meio do desenvolvimento de potencialidades e aquisições e do fortalecimento de vínculos familiares e comunitários.

12.435/2011, sendo criados o Serviço de Proteção e Atendimento Integral à Família (PAIS)[10] e o Serviço de Proteção e Atendimento Especializado a Famílias e Indivíduos (PAEFI)[11].

Ainda foi criado pela Lei 12.345/2011 o Programa de Erradicação do Trabalho Infantil (PETI), de caráter intersetorial, integrante da Política Nacional de Assistência Social, que, no âmbito do SUAS, compreende transferências de renda, trabalho social com famílias e oferta de serviços socioeducativos para crianças e adolescentes que se encontrem em situação de trabalho.

Competirá à União, aos estados, ao Distrito Federal e aos municípios fixar as suas respectivas Políticas de Assistência Social, devendo ser observado o regramento geral traçado pela Lei 8.742/93.

Os estados, o Distrito Federal e os municípios deverão instituir Conselhos de Assistência Social, que formarão as instâncias deliberativas do sistema descentralizado e participativo de assistência social juntamente com o Conselho Nacional de Assistência Social.

Por seu turno, a fiscalização e o funcionamento das entidades e organizações de assistência social dependerá de prévia inscrição no respectivo Conselho Municipal de Assistência Social, ou no Conselho de Assistência Social do Distrito Federal, conforme o caso.

De acordo com o artigo 3º da Lei 8.742/93, "consideram-se entidades e organizações de assistência social aquelas sem fins lucrativos que, isolada ou cumulativamente, prestam atendimento e assessoramento aos beneficiários abrangidos por esta Lei, bem como as que atuam na defesa e garantia de direitos".

Assim, as entidades e organizações assistenciais foram divididas em três categorias, definidas pela Lei 12.435/2011:

- **De atendimento** – São aquelas entidades que, de forma continuada, permanente e planejada, prestam serviços, executam programas ou projetos

[10] Art. 24-A. Fica instituído o Serviço de Proteção e Atendimento Integral à Família (Paif), que integra a proteção social básica e consiste na oferta de ações e serviços socioassistenciais de prestação continuada, nos Cras, por meio do trabalho social com famílias em situação de vulnerabilidade social, com o objetivo de prevenir o rompimento dos vínculos familiares e a violência no âmbito de suas relações, garantindo o direito à convivência familiar e comunitária.

[11] Art. 24-B. Fica instituído o Serviço de Proteção e Atendimento Especializado a Famílias e Indivíduos (Paefi), que integra a proteção social especial e consiste no apoio, orientação e acompanhamento a famílias e indivíduos em situação de ameaça ou violação de direitos, articulando os serviços socioassistenciais com as diversas políticas públicas e com órgãos do sistema de garantia de direitos.

e concedem benefícios de prestação social básica ou especial, dirigidos às famílias e indivíduos em situações de vulnerabilidade ou risco social e pessoal, nos termos desta Lei, e respeitadas as deliberações do Conselho Nacional de Assistência Social (CNAS);

- **De assessoramento** – São aquelas que, de forma continuada, permanente e planejada, prestam serviços e executam programas ou projetos voltados prioritariamente para o fortalecimento dos movimentos sociais e das organizações de usuários, formação e capacitação de lideranças, dirigidos ao público da política de assistência social, nos termos desta Lei, e respeitadas as deliberações do CNAS;
- **De defesa e garantia de direitos** – São aquelas que, de forma continuada, permanente e planejada, prestam serviços e executam programas e projetos voltados prioritariamente para a defesa e efetivação dos direitos socioassistenciais, construção de novos direitos, promoção da cidadania, enfrentamento das desigualdades sociais, articulação com órgãos públicos de defesa de direitos, dirigidos ao público da política de assistência social, nos termos desta Lei, e respeitadas as deliberações do CNAS.

Para se vincularem ao SUAS, as entidades e organizações de assistência social precisarão ser reconhecidas pelo Ministério do Desenvolvimento e Assistência Social, Família e Combate à Fome de que a entidade de assistência social integra a rede socioassistencial, devendo cumprir as exigências do artigo 6º-B da Lei 8.742/93.

Para a efetivação da Política Nacional de Assistência Social, é competência da União:

> I – responder pela concessão e manutenção dos benefícios de prestação continuada definidos no art. 203 da Constituição Federal;
>
> II – cofinanciar, por meio de transferência automática, o aprimoramento da gestão, os serviços, os programas e os projetos de assistência social em âmbito nacional;
>
> III – atender, em conjunto com os Estados, o Distrito Federal e os Municípios, às ações assistenciais de caráter de emergência;
>
> IV – realizar o monitoramento e a avaliação da política de assistência social e assessorar Estados, Distrito Federal e Municípios para seu desenvolvimento.

Competirá aos estados:

> I – destinar recursos financeiros aos Municípios, a título de participação no custeio do pagamento dos benefícios eventuais, mediante critérios estabelecidos pelos Conselhos Estaduais de Assistência Social;

II – cofinanciar, por meio de transferência automática, o aprimoramento da gestão, os serviços, os programas e os projetos de assistência social em âmbito regional ou local;

III – atender, em conjunto com os Municípios, às ações assistenciais de caráter de emergência;

IV – estimular e apoiar técnica e financeiramente as associações e consórcios municipais na prestação de serviços de assistência social;

V – prestar os serviços assistenciais cujos custos ou ausência de demanda municipal justifiquem uma rede regional de serviços, desconcentrada, no âmbito do respectivo Estado.

Competirá ao Distrito Federal:

I – destinar recursos financeiros para custeio do pagamento dos benefícios eventuais, mediante critérios estabelecidos pelos Conselhos de Assistência Social do Distrito Federal;

II – efetuar o pagamento dos auxílios natalidade e funeral;

III – executar os projetos de enfrentamento da pobreza, incluindo a parceria com organizações da sociedade civil;

IV – atender às ações assistenciais de caráter de emergência;

V – prestar os serviços assistenciais consistentes nas atividades continuadas que visem à melhoria de vida da população e cujas ações, voltadas para as necessidades básicas, observem os objetivos, princípios e diretrizes estabelecidas nesta lei;

VI – cofinanciar o aprimoramento da gestão, os serviços, os programas e os projetos de assistência social em âmbito local;

VII – realizar o monitoramento e a avaliação da política de assistência social em seu âmbito.

Competirá aos municípios:

I – destinar recursos financeiros para custeio do pagamento dos benefícios eventuais, mediante critérios estabelecidos pelos Conselhos Municipais de Assistência Social;

II – efetuar o pagamento dos auxílios natalidade e funeral;

III – executar os projetos de enfrentamento da pobreza, incluindo a parceria com organizações da sociedade civil;

IV – atender às ações assistenciais de caráter de emergência;

V – prestar os serviços assistenciais consistentes nas atividades continuadas que visem à melhoria de vida da população e cujas ações, voltadas para as necessidades básicas, observem os objetivos, princípios e diretrizes estabelecidas nesta lei;

VI – cofinanciar o aprimoramento da gestão, os serviços, os programas e os projetos de assistência social em âmbito local;

VII – realizar o monitoramento e a avaliação da política de assistência social em seu âmbito.

A Lei 8.742/93 ainda prevê os projetos de enfrentamento da pobreza, que compreendem a instituição de investimento econômico-social nos grupos populares, buscando subsidiar, financeira e tecnicamente, iniciativas que lhes garantam meios, capacidade produtiva e de gestão para melhoria das condições gerais de subsistência, elevação do padrão da qualidade de vida, a preservação do meio-ambiente e sua organização social.

Foi instituído pela Lei 8.742/93 o Fundo Nacional de Assistência Social, mediante transformação do Fundo Nacional de Ação Comunitária, sendo administrado pelo Ministério do Desenvolvimento e Assistência Social, Família e Combate à Fome, sob orientação e controle do Conselho Nacional de Assistência Social.

O referido Fundo tem por objetivo proporcionar recursos e meios para financiar o benefício de prestação continuada e apoiar os serviços, programas e projetos de assistência social, sendo composto por recursos da União destinados à assistência social.

Para que os estados, o Distrito Federal e os municípios recebam repasses da União destinados aos benefícios e serviços assistenciais, é indispensável à prévia criação de um Conselho de Assistência Social, de composição paritária entre governo e sociedade civil; de um Fundo de Assistência Social, com orientação e controle dos respectivos Conselhos de Assistência Social e de um Plano de Assistência Social.

7. BENEFÍCIO DO AMPARO ASSISTENCIAL DA PESSOA IDOSA OU PESSOA COM DEFICIÊNCIA CARENTE (BPC/LOAS)

7.1. Aspectos iniciais

Código de concessão: 87 – Amparo assistencial ao portador de deficiência (Lei nº 8.742/93) É conhecido como o benefício de prestação continuada da Lei Orgânica de Assistência Social (BPC/LOAS) da pessoa com deficiência.

O artigo 203, inciso V, da Constituição, garante ao idoso ou portador de deficiência um benefício assistencial no valor de um salário mínimo[12], desde que comprovem não possuir meios de prover a própria manutenção ou de tê-la provida por sua família, conforme dispuser a lei.

[12] Esse benefício é popularmente conhecido no foro federal como "LOAS".

O Benefício de Prestação Continuada integra a proteção social básica no âmbito do Sistema Único de Assistência Social, instituído pelo Ministério do Desenvolvimento e Assistência Social, Família e Combate à Fome, em consonância com o estabelecido pela Política Nacional de Assistência Social.

Competirá ao Ministério do Desenvolvimento e Assistência Social, Família e Combate à Fome a implementação, a coordenação-geral, a regulação, o financiamento, o monitoramento e a avaliação da prestação deste benefício, sem prejuízo das iniciativas compartilhadas com Estados, Distrito Federal e Municípios, em consonância com as diretrizes do SUAS e da descentralização político-administrativa, cabendo ao INSS a processamento e concessão administrativa.

A regulamentação foi promovida pelos artigos 20, 20-B, 21, 21-A e 21-B, todos da Lei 8.742/93, bem como pelo artigo 34 da Lei 10.741/2003 (Estatuto da Pessoa Idosa), tendo este dispositivo reduzido a idade mínima para a concessão para 65 anos[13], sendo objeto de regulamentação presidencial por intermédio do Decreto 6.214/2007.

Por sua vez, havia um maior detalhamento deste benefício assistencial pela Portaria Conjunta SNAS/SPPS/INSS nº 2, de 19 de setembro de 2014. No entanto, este ato foi revogado e substituído pela **Portaria Conjunta MDSA/INSS nº 1 de 03/01/2017**. Posteriormente, a citada portaria restou substituída pela **Portaria Conjunta MDS nº 3 DE 21/09/2018, que atualmente rege o benefício.**

7.2. Inscrição no cadastro de pessoas físicas e no cadastro único para programas sociais do Governo Federal

Por força do Decreto 8.805/2016, são requisitos para a concessão, a manutenção e a revisão do benefício as inscrições no Cadastro de Pessoas Físicas - CPF e no Cadastro Único para Programas Sociais do Governo Federal – CadÚnico, sendo que o beneficiário que não realizar a inscrição ou a atualização no CadÚnico, no prazo estabelecido em convocação a ser realizada pelo Ministério do Desenvolvimento e Assistência Social, Família e Combate à Fome, terá o seu benefício suspenso.

Por força da **Portaria DIRBEN/INSS 1.200, de 10/04/2024,** a identificação dos usuários menores de 16 (dezesseis) anos no BPC/LOAS da pessoa com deficiência poderá ser realizada por meio da **Certidão de Nascimento**, no que foi ratificado pela Portaria DIRBEN/INSS 1.224/2024.

---

13 A idade mínima era inicialmente de 70 anos, tendo sido reduzida para 67 anos de 1998 para, finalmente, chegar aos 65 anos com o advento do Estatuto da Pessoa Idosa.

Nos termos da **Portaria Conjunta MDS 3, de 21/9/2018**, a inscrição do requerente no CadÚnico é requisito a ser observado nas etapas da operacionalização do BPC, devendo estar atualizado, ressalvado o momento do agendamento, que constitui a primeira fase do requerimento.

Constituem etapas de operacionalização do BPC:

I – requerimento;

II – concessão;

III – manutenção; e

IV – revisão.

O Responsável pela Unidade Familiar (RF) deverá informar o número do Cadastro de Pessoa Física - CPF do requerente e de todos os membros da família no momento da inclusão e/ou atualização do Cadastro Único.

O benefício de prestação continuada poderá ser requerido junto aos canais de atendimento da Previdência Social ou em outros locais acordados com os entes federados que possuam parceria com o INSS, nos termos da Portaria Interministerial nº 02, de 7 novembro de 2016.

A exigência de inscrição do idoso e do deficiente no CadÚnico se justifica para aumentar a fiscalização a fim de permitir o cruzamento de dados, a prevenção e repressão de fraudes, sendo que benefício só será concedido ou mantido para inscrições no CadÚnico que tenham sido realizadas ou atualizadas nos últimos dois anos.

O Governo Federal havia fixado como data máxima de inscrição ou regularização do CadÚnico de idosos e deficientes beneficiários do BPC/LOAS o dia 31 de dezembro de 2018, sob pena de suspensão do benefício.

No entanto, por força de tutela provisória concedida em dezembro de 2018, essa exigência foi suspensa por liminar proferida nos autos da ACP 5031291-14.2018.4.03.6100/SP, de âmbito nacional:

> "*Diante de todo o exposto, DEFIRO a liminar, inaudita altera pars, determinando que a União Federal se abstenha de interromper o pagamento dos benefícios assistenciais de prestação continuada aos seus beneficiários por falta de cadastro no CadÚnico até 31/12/2018, com efeitos em todo o território nacional,* ***até que se desincumba de elaborar e implementar plano efetivo de publicidade e informação, que leve em conta as peculiaridades dos beneficiários, bem como que fiscalize seus efetivo cumprimento pelos Municípios***".

Por outro lado, no Agravo de Instrumento nº 5004417-22.2019.4.03.0000, em tramitação no Tribunal Regional Federal da 3ª Região, foi concedido efeito suspensivo ao recurso interposto e deferiu à União Federal a possibilidade de suspensão do pagamento dos benefícios assistenciais de prestação continuada aos beneficiários cujo nome não esteja cadastrado no Cadastro Único até o dia 31 de dezembro de 2018.

Posteriormente, para respeitar o Princípio da Legalidade, coube à Lei 13.846/2019 inserir essa regra no artigo 20 da Lei 8.742/93: "§ 12. São requisitos para a concessão, a manutenção e a revisão do benefício as inscrições no Cadastro de Pessoas Físicas – CPF e no Cadastro Único para Programas Sociais do Governo Federal – Cadastro Único, conforme previsto em regulamento".

Em seguida foi publicado o **Decreto 11.016/2022**, que regulamenta o Cadastro Único para Programas Sociais do Governo Federal, instituído pelo art. 6º-F da Lei nº 8.742, de 7 de dezembro de 1993.

Como inovação, a **MP 1.164/2023** (convertida na Lei 14.601/2023) trouxe a possibilidade, nos termos de Regulamento, de o registro no CadÚnico não ser obrigatório para o acesso à programas assistenciais do Governo federal.

O CadÚnico é **definido** como o instrumento de coleta, processamento, sistematização e disseminação de informações, com a finalidade de realizar a identificação e a caracterização socioeconômica das famílias de baixa renda que residem no território nacional, tendo a seguinte constituição:

> I - base de dados;
>
> II - instrumentos;
>
> III - procedimentos;
>
> IV - rede de atendimento;
>
> V - rede de programas usuários; e
>
> VI - sistemas.

São **diretrizes** do CadÚnico:

> I - a responsabilidade do responsável pela unidade familiar pela declaração dos dados referentes a todos os membros da sua família;
>
> II - a utilização, pelo Poder Público, de dados sobre a identificação da pessoa e a situação socioeconômica da família, por meio da integração do CadÚnico com outros registros administrativos;
>
> III - o uso para a articulação e a integração de políticas públicas, em todas as esferas de Governo;
>
> IV - o uso de tecnologia e inovação para alcance de seus objetivos;

V - a proteção de dados pessoais, observado o disposto na Lei nº 13.709, de 14 de agosto de 2018;

VI - o zelo pela segurança da informação; e

VII - o georreferenciamento dos dados.

São **objetivos** do CadÚnico:

I - reunir, armazenar e processar os registros administrativos dos indivíduos e das famílias de baixa renda;

II - servir como base de dados para o acesso a programas sociais do Governo federal; e

III - ser utilizado como repositório de dados para a realização de estudos sobre seu público, com vistas à análise de alternativas de políticas públicas para a superação da situação de vulnerabilidade econômica e social.

Devem ser considerados os seguintes conceitos:

I - **família** - a unidade composta por um ou mais indivíduos que contribuam para o rendimento ou tenham suas despesas atendidas pela unidade familiar e que sejam moradores em um mesmo domicílio;

II - família de baixa renda - família com renda familiar mensal per capita de até meio salário mínimo;

III - domicílio - local que serve de moradia à família;

IV - responsável pela unidade familiar - pessoa responsável por prestar as informações ao CadÚnico em nome da família, que pode ser:

a) responsável familiar - indivíduo membro da família, morador do domicílio, com idade mínima de dezesseis anos e, preferencialmente, do sexo feminino; ou

b) representante legal - indivíduo não membro da família e que não seja morador do domicílio, legalmente responsável por pessoas menores de dezesseis anos ou incapazes e responsável por prestar as informações ao CadÚnico, quando não houver morador caracterizado como responsável familiar;

V - grupos populacionais tradicionais e específicos - grupos, organizados ou não, identificados pelas características socioculturais, econômicas ou conjunturais particulares e que demandam estratégias diferenciadas de cadastramento no CadÚnico;

VI - renda familiar mensal - soma dos rendimentos brutos auferidos por todos os membros da família, **exceto:**

a) benefícios e auxílios assistenciais de natureza eventual e temporária;

b) valores oriundos de programas assistenciais de transferência de renda, com exceção do Benefício de Prestação Continuada de que trata o art. 20 da Lei nº 8.742, de 1993;

c) rendas de natureza eventual ou sazonal, na forma a ser estabelecida em ato do Ministro de Estado da Cidadania; e

d) outros rendimentos, na forma a ser estabelecida em ato do Ministro de Estado da Cidadania; e

VII - renda familiar per capita- razão entre a renda familiar mensal e o total de indivíduos da família.

De sua vez, as famílias com renda familiar mensal per capita superior a ½ do salário mínimo poderão ser incluídas no CadÚnico, desde que:

I - a inclusão esteja vinculada à seleção de programas sociais implementados por quaisquer das esferas de Governo; e

II - o órgão ou a entidade executora do programa tenha firmado o termo de uso do CadÚnico.

O **cadastramento das famílias** será realizado pelos Municípios que tenham aderido ao CadÚnico ou pelas famílias, por meio eletrônico, na forma a ser estabelecida em ato do Ministro de Estado da Cidadania, observados os seguintes critérios:

I - preenchimento de formulário;

II - cadastramento de cada cidadão em somente uma família;

III - cadastramento de cada família vinculado a seu domicílio e ao responsável pela unidade familiar; e

IV - registro das informações declaradas pelo responsável pela unidade familiar no ato de cadastramento, por meio do formulário a que se refere o inciso I, preferencialmente em meio eletrônico, com as seguintes informações, sem prejuízo de outras a serem estabelecidas em ato do Ministro de Estado da Cidadania:

a) identificação e caracterização do domicílio;

b) identificação e documentação civil de cada membro da família; e

c) escolaridade, participação no mercado de trabalho e rendimento de cada membro da família.

O **cadastramento** no CadÚnico é uma **atividade contínua**, que engloba:

I - a identificação das famílias a serem cadastradas;

II - a inclusão e a exclusão das famílias no CadÚnico; e

III - a atualização dos registros cadastrais.

As informações constantes do CadÚnico devem ser atualizadas ou revalidadas pela família a cada dois anos, contados da data de inclusão ou da última atualização ou revalidação, na forma estabelecida em ato do Ministro de Estado da Cidadania.

Os dados de identificação das famílias do CadÚnico são sigilosos, de acordo com a definição estabelecida pela Lei nº 12.527, de 18 de novembro de 2011, e pela Lei nº 13.709, de 2018, e de compartilhamento específico, nos termos do disposto no Decreto nº 10.046, de 2019, e somente poderão ser utilizados para a gestão de políticas públicas e realização de estudos e pesquisas, podendo ser utilizados pela União, Estados, Municípios e Distrito Federal para as finalidades no âmbito de sua competência.

Eis o procedimento atual:

> Ofício-Circular nº 29 /DIRBEN/INSS – Brasília, 27 de maio de 2019.
>
> 1. Considerando a Portaria MC nº 631/2019 (Anexo I –"Portaria MC 631/2019), a partir da competência 05/2019, os beneficiários do Benefício de Prestação Continuada ao Idoso e à Pessoa com Deficiência, não incluídos no Cadastro Único, terão o pagamento bloqueado com a finalidade de notificação desta obrigatoriedade.
>
> 2. Deste modo, os beneficiários alcançados pelo bloqueio do pagamento, terão o crédito desbloqueado quando:
>
> 2.1. Entrarem em contato com a Central 135 cujo atendente irá notificá-lo da necessidade da inclusão no Cadastro Único e selecionar o benefício para desbloqueio do crédito; ou 2.2. Comparecerem na Agência da Previdência Social – APS. No atendimento o servidor deverá: 2.2.1. Preencher a notificação constante no Anexo II; 2.2.2. Colher a ciência do beneficiário; 2.2.3. Digitalizar e incluir no Gerenciador de Tarefas – GET com a descrição "Notificação BPC LOAS não incluído no Cadastro Único – Portaria MC nº 631/2019"; e 2.2.4. Promover o desbloqueio do crédito.
>
> 3. Salienta-se que esses beneficiários vêm sendo comunicados da necessidade de inclusão no Cadastro Único, por meio do Demonstrativo de Crédito Bancário, desde a competência abril/2018. Aliado a isto, estão sendo emitidas notificações pelos Correios com Aviso de Recebimento – AR de acordo com cada lote constante no anexo da Portaria MC nº 631/2019.
>
> 4. Os beneficiários que forem notificados e não realizarem a inclusão no Cadastro Único, após o final do prazo de seus respectivos lotes, terão o benefício suspenso.
>
> 5. A reativação desses benefícios será requerida na Agência da previdência Social – APS que a realizará, após verificada a respectiva inclusão. 6. Solicitamos ampla divulgação aos servidores.

Com base na **Portaria Interministerial MDS/MPS 27/07/2024,** os beneficiários do Benefício de Prestação Continuada da Assistência Social – BPC quando não estiverem inscritos no Cadastro Único para Programas Sociais do Governo

Federal – Cadastro Único ou quando estiverem com o cadastro desatualizado há mais de 48 meses deverão regularizar a situação nos seguintes prazos contados a partir da efetiva notificação bancária ou por outros canais de atendimento:

> I - 45 dias para municípios de pequeno porte; e
>
> II - 90 dias para municípios de médio e grande porte ou metrópole, com população acima de 50 mil habitantes.

Na falta da ciência inequívoca da notificação bancária ou por outros canais de atendimento, o crédito do benefício será bloqueado em 30 dias após o envio da notificação, devendo ser observada a publicação prévia de edital nos termos do artigo 69 da Lei 8.212/91.

Por força da **Lei 15.077/2024,** para os programas ou os benefícios federais de transferência de renda que utilizem o Cadastro Único para Programas Sociais do Governo Federal (CadÚnico), **deverá ser observado o prazo máximo de 24 (vinte e quatro) meses de atualização cadastral**, para fins de concessão ou manutenção do pagamento às famílias, nos termos estabelecidos em ato do Poder Executivo federal. O **prazo anterior era de 48 meses por força da Lei 14.973/2024.**

Nas localidades de difícil acesso, ou em razão de dificuldades de deslocamento do requerente, por motivo de idade avançada, estado de saúde ou outras situações excepcionais previstas em ato do Poder Executivo federal, não será exigida a atualização em comento enquanto o poder público não fornecer condições para sua realização, inclusive por meios tecnológicos ou atendimento itinerante.

Os órgãos responsáveis pela gestão do BPC/LOAS deverão notificar as famílias atendidas, **com antecedência mínima de 90 (noventa) dias, prorrogáveis 1 (uma) vez**, por igual período, a respeito da atualização cadastral a cada 24 meses, sob pena de suspensão do benefício.

Para fins de concessão ou manutenção do BPC/LOAS, as famílias compostas de 1 (uma) só pessoa ou a indivíduos que residem sem parentes, **a inscrição ou a atualização do CadÚnico deverá ser feita no domicílio de residência da pessoa**, conforme prazos e exceções estabelecidos em ato do Poder Executivo federal.

Outrossim, para atendimento ao **Princípio da Legalidade**, este procedimento foi inserido na Lei 8.742/93 pela **Lei 14.973/2024:**

> *"Art. 21-B. Os beneficiários do benefício de prestação continuada, quando não estiverem inscritos no Cadastro Único para Programas Sociais (CadÚnico) ou quando estiverem com o cadastro desatualizado há mais de 48 (quarenta e oito) meses,*

deverão regularizar a situação nos seguintes prazos, contados a partir da efetiva notificação bancária ou por outros canais de atendimento:

I – 45 (quarenta e cinco) dias para Municípios de pequeno porte;

II – 90 (noventa) dias para Municípios de médio e grande porte ou metrópole, com população acima de 50.000 (cinquenta mil) habitantes.

§ 1º Na falta da ciência da notificação bancária ou por outros canais de atendimento, o crédito do benefício será bloqueado em 30 (trinta) dias após o envio da notificação.

§ 2º O não cumprimento do disposto no caput implicará a suspensão do benefício, desde que comprovada a ciência da notificação.

§ 3º O beneficiário poderá realizar a inclusão ou a atualização no CadÚnico até o final do prazo de suspensão, sem que haja prejuízo no pagamento do benefício."

Eis o dispositivo modificado pela **Lei 15.077/2024**:

*"Art. 21-B. Os beneficiários do benefício de prestação continuada, quando não estiverem inscritos no CadÚnico ou quando estiverem com o cadastro desatualizado há mais de **24 (vinte e quatro) meses**, deverão regularizar a situação nos seguintes prazos, contados a partir da efetiva notificação bancária ou por outros canais de atendimento:* (Redação dada pela Lei nº 15.077, de 2024)"

Na análise do requerimento do benefício, o INSS confrontará as informações do CadÚnico, referentes à renda, com outros cadastros ou bases de dados de órgãos da administração pública disponíveis, prevalecendo as informações que indiquem maior renda se comparadas àquelas declaradas no CadÚnico.

Na hipótese de as informações do CadÚnico serem insuficientes para a análise conclusiva do benefício, o INSS:

I – comunicará o interessado, o qual deverá atualizar seu cadastro junto ao órgão local responsável pelo CadÚnico no prazo de trinta dias;

II – concluirá a análise após decorrido o prazo de que trata o inciso I; e

III – no caso de o cadastro não ser atualizado no prazo de que trata o inciso I, indeferirá a solicitação para receber o benefício.

Ademais, o procurador, o tutor ou o curador do beneficiário deverá firmar, perante o INSS ou outros órgãos autorizados pelo Ministério do Desenvolvimento e Assistência Social, Família e Combate à Fome, termo de responsabilidade mediante o qual se comprometa a comunicar qualquer evento que possa anular a procuração, a tutela ou a curatela, principalmente o óbito do outorgante, sob pena de incorrer nas sanções criminais e civis cabíveis.

O Decreto 8.805/2016 ainda constituiu o Programa Nacional de Monitoramento e Avaliação do Benefício de Prestação Continuada da Assistência Social, que será mantido e coordenado pelo Ministério do Desenvolvimento e Assistência Social, Família e Combate à Fome, em parceria com o INSS, os Estados, o Distrito Federal e os Municípios, como parte da dinâmica do SUAS.

7.3. Registro biométrico

A Portaria Conjunta MDS/INSS nº 3, de 21 de setembro de 2018, foi alterada pela Portaria Conjunta MDS/INSS nº 28, de 25 de julho de 2024, prevendo que ao requerente ou ao responsável legal será solicitado **registro biométrico**, a partir de 1º de setembro de 2024, nos cadastros da Carteira de Identidade Nacional – CIN, do título eleitoral ou da Carteira Nacional de Habilitação – CNH. Na impossibilidade do registro biométrico do requerente, ele será **obrigatório ao responsável legal**.

Por força da **Portaria INSS/PRES 1.744/2024**, para requerimentos de BPC/LOAS apresentados a partir de 1º de setembro de 2024, será solicitado ao requerente, ou ao responsável legal, registro biométrico nos cadastros da Carteira de Identidade Nacional – CIN, do título eleitoral ou da Carteira Nacional de Habilitação – CNH.

A existência de registro biométrico será verificada **por meio do batimento** dos registros existentes nas respectivas bases governamentais. As crianças e os adolescentes menores de 16 (dezesseis) anos poderão apresentar apenas a certidão de nascimento para fins da identificação.

Nas situações de impossibilidade do registro biométrico do requerente, ele será obrigatório ao responsável legal. Somente se o requerente e o representante legal não possuírem registro biométrico, **fica estabelecido o prazo de 120 (cento e vinte) dias para o cumprimento da *exigência* a fim de que o documento com registro biométrico seja apresentado.**

Para atendimento ao **Princípio da Legalidade**, a exigência de **biometria** para o deferimento do BPC/LOAS foi inserida na Lei 8.742/93 (art. 20) pela **Lei 14.973/2024**:

> *"§ 12-A. Ao requerente do benefício de prestação continuada, ou ao responsável legal, será solicitado **registro biométrico** nos cadastros da Carteira de Identidade Nacional (CIN), do título eleitoral ou da Carteira Nacional de Habilitação (CNH), nos termos de ato conjunto dos órgãos competentes.*
>
> *§ 12-B. Na impossibilidade de registro biométrico do requerente, ele será obrigatório ao responsável legal. (Incluído pela Lei nº 15.077, de 2024)*

PROCEDIMENTO – REGISTRO BIOMÉTRICO

O registro biométrico do requerente e/ou do representante legal será verificado de forma automática na base digital dos órgãos responsáveis pela emissão dos seguintes documentos:

a) Carteira de Identidade Nacional (CIN);

b) Título Eleitoral; ou

c) Carteira Nacional de Habilitação (CNH).

O resultado da verificação da biometria será registrado na tarefa, no campo adicional "Biometria coletada", com um dos seguintes valores:

a) Interessado: quando localizada a biometria do requerente;

b) RL: quando localizada a biometria do representante legal informado no requerimento;

c) Sem biometria: quando a biometria não for localizada nas bases cadastrais; ou

d) Erro: quando ocorrer erro sistêmico na verificação da biometria.

Caso não seja localizado o registro biométrico, o sistema emitirá exigência automática solicitando que o interessado providencie o cadastramento de sua biometria junto aos órgãos responsáveis pela emissão dos documentos citados.

O requerente pode cumprir a exigência por meio de declaração comunicando que realizou o cadastro da biometria ou por meio de comprovante de registro.

Até o final do prazo definido para o cumprimento da exigência, o sistema realizará de forma automática e periódica a busca pelo registro biométrico nas respectivas bases governamentais.

Transcorrido o prazo para cumprimento da exigência e, caso não seja localizado o registro biométrico, o pedido será encerrado automaticamente por desistência do interessado por falta de formalização do pedido de benefício.

Tratando-se de requerimento de benefício assistencial para **estrangeiro**, caso não seja identificado o registro biométrico ou do requerente ou do seu representante legal, a análise do pedido de benefício assistencial deverá ser **sobrestada** até que sejam expedidas novas orientações.

Registre-se que o INSS já consulta os dados biográficos na base do Tribunal Superior Eleitoral (TSE), realizada por meio do Painel do Portal CNIS, em Bases Governamentais.

O estrangeiro requerente do LOAS não possui CIN, título eleitoral ou CNH, devendo a legislação ser alterada para aceitar a biometria colhida na Polícia Federal no RNE – Registro Nacional de Estrangeiros.

O Registro Nacional de Estrangeiros (RNE) é um documento que atesta a identidade de indivíduos estrangeiros com residência temporária ou permanente no Brasil. Eis os documentos necessários para a sua emissão na Polícia Federal:

- Documento de viagem válido (pode ser carteira de identidade para Argentina, Uruguai, Paraguai, Chile, Bolívia, Peru, Colômbia e Equador), original e fotocópia das páginas utilizadas do passaporte as quais poderão ser autenticadas pelo Cartório ou funcionário do DPF;

- Visto consular obtido e formulário original do pedido de visto ou, no caso de permanência obtida no Brasil, cópia do Diário Oficial da União – D.O.U, onde foi publicado o deferimento da permanência (no caso de permanência deverá ser apresentado documento pessoal onde conste a filiação, como por exemplo, inscrição Consular);
- Duas fotos 3x4 recentes, coloridas, com fundo branco.

7.4. Composição familiar e critério legal de miserabilidade

Para fazer jus ao amparo, o idoso ou deficiente deverão comprovar o seu estado de miserabilidade. Pelo **critério legal originário**, considera-se incapaz de prover a sua própria manutenção a pessoa portadora de deficiência ou idosa, em que a renda mensal per capita familiar seja inferior a 1/4 (um quarto) de salário mínimo.

Logo, a norma instituiu um critério objetivo para a aferição do estado de carência do idoso ou do deficiente: renda per capita familiar inferior a ¼ de salário mínimo, ressaltando-se que se entendia como família o conjunto de pessoas elencadas no artigo 16 da Lei nº 8.213/91[14], desde que vivessem sob o mesmo teto.

Aliás, de acordo com a TNU, "o benefício assistencial de prestação continuada pode ser indeferido se ficar demonstrado que os devedores legais podem prestar alimentos civis sem prejuízo de sua manutenção, em obediência ao princípio da subsidiariedade"[15].

A despeito de fazer sentido, pois na assistência social a proteção do Estado será supletiva à familiar, esse posicionamento não está previsto na Lei 8.742/93, não sendo exigência legal de miserabilidade a impossibilidade de os familiares verterem o pagamento de alimentos de família.

Por sua vez, formou-se forte corrente jurisprudencial que vinha flexibilizando o rol do artigo 16 da Lei 8.213/91, a fim de incluir outras pessoas na composição da família para fins de aferição da renda. Nesse sentido, colaciona-se decisão da lavra da Turma Nacional de Uniformização de Jurisprudência dos Juizados Federais[16]:

[14] I – o cônjuge, a companheira, o companheiro e o filho não emancipado, de qualquer condição, menor de 21 (vinte e um) anos ou inválido; II – os pais; III – o irmão não emancipado, de qualquer condição, menor de 21 (vinte e um) anos ou inválido.

[15] Processo n. 0517397-48.2012.4.05.8300 – Informativo 13, de 23/2/2017.

[16] PEDILEF 2007.70.95.006.492-8, de 26.09.2008.

"EMENTA PROCESSO CIVIL – ASSISTÊNCIA SOCIAL. BENEFÍCIO DA PRESTAÇÃO CONTINUADA. REQUISITOS LEGAIS. CONCEITO DE FAMÍLIA. **1. Ao apurar o grupo familiar do requerente, o juiz não está adstrito ao rol do art. 16 da Lei n. 8.213/91, que, neste caso, é meramente exemplificativo, podendo, diante do caso concreto, ser alargado ou diminuído, de acordo com a sua eqüitativa apreciação, e tendo em visto o art. 5º da Lei n. 11.340/2006**. 2. Caso de retorno dos autos ao juízo de origem para, diante do caso concreto, fazer a adequação do julgado. 3. Recurso conhecido e provido em parte".

No entanto, o atual posicionamento da TNU é de que o rol de família fixado em lei é **taxativo**:

Processo 0141368-93.2015.4.02.5168 – 03/04/2018 – "Somente após a data da publicação da Lei nº. 12.435/2011 (7.7.2011), o conceito de família a que se refere o *caput* do art. 20 da Lei nº. 8.742/93 passou a compreender o requerente, o cônjuge ou companheiro, os pais e, na ausência de um deles, a madrasta ou o padrasto, os irmãos solteiros, os filhos e enteados solteiros e os menores tutelados, desde que vivam sob o mesmo teto. O mesmo se diga com relação a nova redação conferida ao artigo 16 da Lei 8.213/91 conferida pela Lei 13.146/2015. 6 – Diante do exposto, conheço do incidente e dou parcial provimento para **reiterar a tese consolidada de que o grupo familiar deve ser definido a partir da interpretação restrita do disposto no art. 16 da Lei nº. 8.213/91 e no art. 20 da Lei nº. 8.742/93**, devolvendo os autos à Turma Recursal de origem, a fim de que profira decisão adequada ao entendimento uniformizado. (PEDILEF 00536973820094013400, Relator Juiz Federal Fernando Moreira Gonçalves, TNU, DOU 24.02.2017)".

Veja-se enunciado aprovado na **I Jornada de Direito da Seguridade Social do Conselho da Justiça Federal** sobre o tema:

ENUNCIADO 35: Para fins de interpretação do §1º do art. 20 da Lei n. 8.742/1993, o filho ou o enteado que seja divorciado, viúvo, separado de fato ou convivente em união estável, ainda que viva sob o mesmo teto do requerente, **não compõe o núcleo familiar** (art. 8º da Portaria Conjunta MDS/INSS n. 3/2018).

Todavia, com o advento da Lei 12.435/2011, foi alterado o artigo 20, §1º, da Lei 8.742/93, considerando-se que a família é composta pelo requerente, o cônjuge ou companheiro, os pais e, na ausência de um deles, a madrasta ou o padrasto, os irmãos solteiros, os filhos e enteados solteiros e os menores tutelados, desde que vivam sob o mesmo teto.

Logo, como inovação, foram coerentemente inseridos a madrasta ou o padrasto (na falta dos pais) na composição da família. Da mesma forma, os irmãos solteiros e os filhos de qualquer idade passaram a entrar na formação do grupo familiar, não existindo mais a idade limite de 21 anos, desde que vivam sob o mesmo teto.

Entende-se que a Lei 12.435/2011 poderia ter ido mais longe, a fim de inserir todos os parentes do requerente, desde que vivam sob o mesmo teto, pois nem mesmo o Código Civil teve a ousadia de definir a família, não podendo o legislador desconsiderar a realidade brasileira dos mais pobres.

Um caso peculiar é do morador em situação de rua para a composição do seu núcleo familiar e consequente aferição de sua miserabilidade. Considera-se população em situação de rua um grupo populacional heterogêneo que possui em comum a pobreza extrema, os vínculos familiares interrompidos ou fragilizados e a inexistência de moradia convencional regular, e que utiliza os logradouros públicos e as áreas degradadas como espaço de moradia e de sustento, de forma temporária ou permanente, bem como as unidades de acolhimento para pernoite temporário ou como moradia provisória, conforme definido no Decreto nº 7.053, de 23 de dezembro de 2009[17].

Neste caso, será considerada família do requerente do benefício em situação de rua as pessoas acima elencadas, desde que convivam com o requerente na mesma situação, devendo, neste caso, ser relacionadas na Declaração da Composição e Renda Familiar.

A grande polêmica que persistiu durante anos foi saber se o critério da renda individual dos membros da família poderia ser flexibilizado em situações concretas, com o manejo de outros critérios a serem considerados mais adequados pelo julgador, a exemplo do abatimento da renda familiar das despesas com medicamentos não disponibilizados pelo SUS.

A questão foi parcialmente levada ao STF através da ADI 1.232, julgada em 27.08.1998, tendo o STF inicialmente validado o critério de ¼ de salário mínimo:

> "EMENTA: CONSTITUCIONAL. IMPUGNA DISPOSITIVO DE LEI FEDERAL QUE ESTABELECE O CRITÉRIO PARA RECEBER O BENEFÍCIO DO INCISO V DO ART. 203, DA CF. **INEXISTE A RESTRIÇÃO ALEGADA EM FACE AO PRÓPRIO DISPOSITIVO CONSTITUCIONAL QUE REPORTA À LEI PARA FIXAR OS CRITÉRIOS DE GARANTIA DO BENEFÍCIO DE SALÁRIO MÍNIMO À PESSOA PORTADORA DE DEFICIÊNCIA FÍSICA E AO IDOSO. ESTA LEI TRAZ HIPÓTESE OBJETIVA DE PRESTAÇÃO ASSISTENCIAL DO ESTADO. AÇÃO JULGADA IMPROCEDENTE"** (g.n.).

Conquanto a Suprema Corte tenha na época pronunciado a constitucionalidade do referido critério objetivo, não houve manifestação expressa sobre a

17 Art. 2º, inciso VII, da Portaria Conjunta SNAS/SPPS/INSS nº 2/2014.

possibilidade da utilização de outros critérios, conforme narrado em esclarecedora decisão monocrática da lavra do Ministro Gilmar Mendes, na Reclamação 4.374, de 01.02.2007:

> "(...) Os inúmeros casos concretos que são objeto do conhecimento dos juízes e tribunais por todo o país, e chegam a este Tribunal pela via da reclamação ou do recurso extraordinário, têm demonstrado que os critérios objetivos estabelecidos pela Lei nº 8.742/93 são insuficientes para atestar que o idoso ou o deficiente não possuem meios de prover à própria manutenção ou de tê-la provida por sua família. Constatada tal insuficiência, os juízes e tribunais nada mais têm feito do que comprovar a condição de miserabilidade do indivíduo que pleiteia o benefício por outros meios de prova. Não se declara a inconstitucionalidade do art. 20, § 3º, da Lei nº 8.742/93, mas apenas se reconhece a possibilidade de que esse parâmetro objetivo seja conjugado, no caso concreto, com outros fatores indicativos do estado de penúria do cidadão. Em alguns casos, procede-se à interpretação sistemática da legislação superveniente que estabelece critérios mais elásticos para a concessão de outros benefícios assistenciais. Tudo indica que – como parecem ter anunciado as recentes decisões proferidas neste Tribunal (acima citadas) – tais julgados poderiam perfeitamente se compatibilizar com o conteúdo decisório da ADI nº 1.232. Em verdade, como ressaltou a Ministra Cármen Lúcia, "a constitucionalidade da norma legal, assim, não significa a inconstitucionalidade dos comportamentos judiciais que, para atender, nos casos concretos, à Constituição, garantidora do princípio da dignidade humana e do direito à saúde, e à obrigação estatal de prestar a assistência social 'a quem dela necessitar, independentemente da contribuição à seguridade social', tenham de definir aquele pagamento diante da constatação da necessidade da pessoa portadora de deficiência ou do idoso que não possa prover a própria manutenção ou de tê-la provida por sua família." (**Rcl** nº 3.805/SP, DJ 18.10.2006). Portanto, mantendo-se firme o posicionamento do Tribunal em relação à constitucionalidade do § 3º do art. 20 da Lei nº 8.742/93, tal como esposado no julgamento da ADI 1.232, o mesmo não se poderia afirmar em relação ao que decidido na **Rcl** – AgR 2.303/RS, Rel. Min. Ellen Gracie (DJ 1.4.2005). **O Tribunal parece caminhar no sentido de se admitir que o critério de 1/4 do salário mínimo pode ser conjugado com outros fatores indicativos do estado de miserabilidade do indivíduo e de sua família para concessão do benefício assistencial de que trata o art. 203, inciso V, da Constituição**. Entendimento contrário, ou seja, no sentido da manutenção da decisão proferida na **Rcl** 2.303/RS, ressaltaria ao menos a inconstitucionalidade por omissão do § 3º do art. 20 da Lei nº 8.742/93, diante da insuficiência de critérios para se aferir se o deficiente ou o idoso não possuem meios de prover a própria manutenção ou de tê-la provida por sua família, como exige o art. 203, inciso V, da Constituição. A meu ver, toda essa reinterpretação do art. 203 da Constituição, que vem sendo realizada tanto pelo legislador como por esta Corte, pode ser reveladora de um processo de inconstitucionalização do § 3º do art. 20 da Lei nº 8.742/93. Diante de todas essas perplexidades sobre o tema, é certo que o Plenário do Tribunal terá que enfrentá-lo novamente. Ademais, o próprio caráter alimentar do benefício em referência torna injustificada a alegada urgência da pretensão cautelar em casos como este. Ante o exposto, indefiro o pedido de medida liminar" (g.n.).

Contudo, no âmbito do STF, haviam precedentes contrários, a exemplo da decisão tomada na reclamação 4.427, de 06.06.2007:

> "EMENTA: PREVIDÊNCIA SOCIAL. Benefício assistencial. Lei nº 8.742/93. Necessitado. Deficiente físico. Renda familiar mensal per capita. Valor superior a ¼ (um quarto) do salário mínimo. Concessão da verba. Inadmissibilidade. Ofensa à autoridade da decisão proferida na ADI nº 1.232. Liminar deferida em reclamação. Agravo improvido. **Ofende a autoridade do acórdão do Supremo na ADI nº 1.232, a decisão que concede benefício assistencial a necessitado, cuja renda mensal familiar per capita supere o limite estabelecido pelo § 3º do art. 20 da Lei federal nº 8.742/93"** (g.n.).

A questão foi finalmente decidida pela Suprema Corte no julgamento dos Recursos Extraordinários 567.985 e 580.963, julgados conjuntamente em 17 e 18 de abril de 2013. Por maioria de votos, o STF pronunciou a inconstitucionalidade material incidental do §3º, do artigo 20, da Lei 8.742/93, que prevê o critério legal da renda per capita familiar inferior a ¼ do salário mínimo para a caracterização da miserabilidade.

De acordo com o STF, verificou-se um processo de inconstitucionalização do critério legal da renda per capita menor que um ¼ do salário mínimo, que havia sido fixado há 20 anos (1993), especialmente pela adoção superveniente de outros critérios mais favoráveis aos necessitados em leis assistenciais posteriores, como no Programa Bolsa-Família.

Assim, caberia ao Poder Legislativo da União deliberar acerca de um novo critério legal aferidor da miserabilidade do idoso ou deficiente considerando a realidade atual, tendo em conta as mutações sociais dos últimos vinte anos, mormente as melhorias econômicas do país.

Eis a decisão:

> "Benefício assistencial de prestação continuada ao idoso e ao deficiente. Art. 203, V, da Constituição. A Lei de Organização da Assistência Social (LOAS), ao regulamentar o art. 203, V, da Constituição da República, estabeleceu os critérios para que o benefício mensal de um salário mínimo seja concedido aos portadores de deficiência e aos idosos que comprovem não possuir meios de prover a própria manutenção ou de tê-la provida por sua família. 2. Art. 20, § 3º, da Lei 8.742/1993 e a declaração de constitucionalidade da norma pelo Supremo Tribunal Federal na ADI 1.232. Dispõe o art. 20, § 3º, da Lei 8.742/93 que "considera-se incapaz de prover a manutenção da pessoa portadora de deficiência ou idosa a família cuja renda mensal per capita seja inferior a 1/4 (um quarto) do salário mínimo". O requisito financeiro estabelecido pela lei teve sua constitucionalidade contestada, ao fundamento de que permitiria que situações de patente miserabilidade social fossem consideradas fora do alcance do benefício assistencial previsto constitucionalmente. Ao apreciar a Ação Direta de Inconstitucionalidade 1.232-1/DF, o Supremo Tribunal Federal declarou a constitucionalidade do

art. 20, § 3º, da LOAS. **3. Decisões judiciais contrárias aos critérios objetivos preestabelecidos e Processo de inconstitucionalização dos critérios definidos pela Lei 8.742/1993.** A decisão do Supremo Tribunal Federal, entretanto, não pôs termo à controvérsia quanto à aplicação em concreto do critério da renda familiar per capita estabelecido pela LOAS. **Como a lei permaneceu inalterada, elaboraram-se maneiras de se contornar o critério objetivo e único estipulado pela LOAS e de se avaliar o real estado de miserabilidade social das famílias com entes idosos ou deficientes. Paralelamente, foram editadas leis que estabeleceram critérios mais elásticos para a concessão de outros benefícios assistenciais, tais como: a Lei 10.836/2004, que criou o Bolsa Família; a Lei 10.689/2003, que instituiu o Programa Nacional de Acesso à Alimentação; a Lei 10.219/01, que criou o Bolsa Escola; a Lei 9.533/97, que autoriza o Poder Executivo a conceder apoio financeiro a Municípios que instituírem programas de garantia de renda mínima associados a ações socioeducativas.** O Supremo Tribunal Federal, em decisões monocráticas, passou a rever anteriores posicionamentos acerca da intransponibilidade dos critérios objetivos. Verificou-se a ocorrência do processo de inconstitucionalização decorrente de notórias mudanças fáticas (políticas, econômicas e sociais) e jurídicas (sucessivas modificações legislativas dos patamares econômicos utilizados como critérios de concessão de outros benefícios assistenciais por parte do Estado brasileiro). **4. Declaração de inconstitucionalidade parcial, sem pronúncia de nulidade, do art. 20, § 3º, da Lei 8.742/1993.** 5. Recurso extraordinário a que se nega provimento" (**STF**, RE 567985, de 18/04/2013).

Conquanto a pronúncia de nulidade do §3º do artigo 20, da Lei 8.742/93 tenha se dado incidentalmente, e não abstratamente, buscou-se no STF a modulação da sua eficácia para 31/12/2015, a fim de conferir prazo ao Congresso Nacional para aprovar nova regra sem o afastamento imediato da anterior. No entanto, não restou alcançado o quórum de 2/3 (oito votos) para aprovar a referida modulação, conforme passagem do Informativo 702:

> "Benefício de prestação continuada: tutela constitucional de hipossuficientes e dignidade humana - 15.
>
> **Por fim, não se alcançou o quórum de 2/3 para modulação dos efeitos da decisão no sentido de que os preceitos impugnados tivessem validade até 31.12.2015, consoante requerido pela Advocacia-Geral da União.** Votaram pela modulação os Ministros Gilmar Mendes, Rosa Weber, Luiz Fux, Cármen Lúcia e Celso de Mello. O Min. Gilmar Mendes rememorou a inconstitucionalidade por omissão relativamente ao art. 203, V, da CF e afirmou a razoabilidade do prazo proposto. Obtemperou que devolver-se-ia ao Legislativo a possibilidade de conformar todo esse sistema, para redefinir a política pública do benefício assistencial de prestação continuada, a suprimir as inconstitucionalidades apontadas. A Min. Rosa Weber adicionou ser salutar que o Supremo, ainda que sem sanção, indicasse um norte temporal. O Min. Luiz Fux ressaltou que o STF, em outras oportunidades, já exortara o legislador para que ele cumprisse a Constituição. O Min. Celso de Mello esclareceu que o objetivo seria preservar uma dada situação, visto que, se declarada, pura e simplesmente, a inconstitucionalidade,

ter-se-ia supressão do ordenamento positivo da própria regra. Criar-se-ia, dessa maneira, vazio legislativo que poderia ser lesivo aos interesses desses grupos vulneráveis referidos no inciso V do art. 203 da CF. Em divergência, votaram contra a modulação os Ministros Teori Zavascki, Ricardo Lewandowski, Joaquim Barbosa (Presidente) e Dias Toffoli. Este último apenas no que se refere ao RE 580963/PR. O Min. Teori Zavascki mencionou que, se o Supremo fixasse prazo, deveria também estabelecer consequência pelo seu descumprimento. O Min. Ricardo Lewandowski observou que o postulado da dignidade humana não poderia ficar suspenso por esse período e o que o STF deveria prestigiar a autonomia do Congresso Nacional para fixar a própria pauta. O Presidente sublinhou que estipular prazo ao legislador abalaria a credibilidade desta Corte, porque, se não respeitado, a problemática retornaria a este Tribunal. O Min. Marco Aurélio abstivera-se de votar sobre esse tópico, pois não concluíra pela inconstitucionalidade dos dispositivos. O Min. Dias Toffoli não se manifestou no RE 567985/MT, porquanto impedido. RE 567985/MT, rel. orig. Min. Marco Aurélio, red. p/ o acórdão Min. Gilmar Mendes, 17 e 18.4.2013. (RE-567985). RE 580963/PR, rel. Min. Gilmar Mendes, 17 e 18.4.2013. (RE-580963)".

Vale registrar que a decisão do STF não é vinculante, vez que não tomada em controle abstrato de constitucionalidade, razão pela qual o INSS continua a adotar na via administrativa o critério da renda *per capita* familiar inferior a ¼ do salário mínimo.

Aliás, se o INSS afastasse o critério legal invalidado pelo STF, não haveria outro a adotar, haja vista a sua não aprovação pelo Congresso Nacional, sendo válida a postura da autarquia previdenciária até que haja novidade legislativa sobre o tema.

Por sua vez, o STJ vem decidindo pela possibilidade da utilização de outros critérios para a aferição do estado de miserabilidade do idoso ou deficiente:

"AGRAVO INTERNO. PREVIDENCIÁRIO. BENEFÍCIO DE PRESTAÇÃO CONTINUADA. ALEGAÇÃO DE OFENSA A DISPOSITIVO CONSTITUCIONAL. INCOMPETÊNCIA DESTA CORTE. INTERPRETAÇÃO DO ART. 20, § 3º, DA LEI Nº 8.742/93. POSSIBILIDADE DE AFERIÇÃO DA MISERABILIDADE POR OUTROS MEIOS. PRECEDENTES.

[...]

2. **O preceito contido no art. 20, § 3º, da Lei nº 8.742/93 não é o único critério válido para comprovar a condição de miserabilidade. A renda familiar per capita inferior a 1/4 do salário-mínimo deve ser considerada como um limite mínimo, um quantum objetivamente considerado insuficiente à subsistência do portador de deficiência e do idoso, o que não impede que o julgador faça uso de outros fatores que tenham o condão de comprovar a condição de miserabilidade do autor**. Precedentes" (AgRg no REsp 946253, de 16.10.2008).

"PROCESSUAL CIVIL. PREVIDENCIÁRIO. AGRAVO REGIMENTAL EM AGRAVO DE INSTRUMENTO. BENEFÍCIO ASSISTENCIAL. AFERIÇÃO

DO ESTADO DE MISERABILIDADE POR OUTROS MEIOS QUE NÃO A RENDA FAMILIAR 'PER CAPITA' INFERIOR A 1/4 DO SALÁRIO MÍNIMO. MATÉRIA DECIDIDA PELO RITO DOS RECURSOS REPETITIVOS. RECURSO INADMISSÍVEL, A ENSEJAR A APLICAÇÃO DA MULTA PREVISTA NO ARTIGO 557, § 2º, DO CPC. **1. A Terceira Seção do Superior Tribunal de Justiça, no regime do Art. 543-C CPC, uniformizou o entendimento de que possível a aferição da condição de hipossuficiência econômica do idoso ou do portador de deficiência, por outros meios que não apenas a comprovação da renda familiar mensal "per capita" inferior a 1/4 do salário mínimo"** (AGA 1.164.852, de 26.10.2010)".

"Consoante Recurso Especial Repetitivo 1.112.557/MG, a limitação do valor da renda per capita familiar não deve ser considerada a única forma de se comprovar que a pessoa não possui outros meios para prover a própria manutenção ou de tê-la provida por sua família, pois é apenas um elemento objetivo para se aferir a necessidade, ou seja, presume-se absolutamente a miserabilidade quando comprovada a renda per capita inferior a 1/4 do salário-mínimo" (AgRg no AREsp 379927, de 15/10/2013).

PROCESSO

REsp 2003425 / SP

RECURSO ESPECIAL

2022/0145812-2

RELATOR

Ministro FRANCISCO FALCÃO (1116)

ÓRGÃO JULGADOR

T2 - SEGUNDA TURMA

DATA DO JULGAMENTO

07/03/2023

DATA DA PUBLICAÇÃO/FONTE

DJe 10/03/2023

EMENTA

PREVIDENCIÁRIO. BENEFÍCIO ASSISTENCIAL DE PRESTAÇÃO CONTINUADA. POSSIBILIDADE DE DEMONSTRAÇÃO DA CONDIÇÃO DE MISERABILIDADE DO BENEFICIÁRIO POR OUTROS MEIOS DE PROVA, QUANDO A RENDA PER CAPITA DO NÚCLEO FAMILIAR FOR SUPERIOR A 1/4 DO SALÁRIO MÍNIMO. RECURSO REPETITIVO. ART. 543-C DO CPC/1973. NÃO COMPROVADA A HIPOSSUFICIÊNCIA ECONÔMICA. REVISÃO. IMPOSSIBILIDADE. REEXAME DE FATOS E PROVAS. SÚMULA N. 7/STJ.

I - Na origem, cuida-se de ação ajuizada em desfavor do Instituto Nacional do Seguro Social - INSS objetivando a concessão do benefício da assistência social de prestação continuada.

> **II - A Terceira Seção do STJ, no julgamento do REsp n. 1.112.557/MG, sob o regime de recursos repetitivos, firmou o entendimento de que o critério objetivo de renda per capita mensal inferior a 1/4 do salário mínimo - previsto no art. 20, § 3º, da Lei n. 8.742/1993 - não é o único parâmetro para aferir hipossuficiência, podendo tal condição ser constatada por outros meios de prova.**
>
> III - No caso dos autos, a negativa de concessão do benefício assistencial não se limitou apenas ao critério objetivo fixado no § 3º do art. 20 da Lei n. 8.742/1993, tendo sido considerado, também, pelo Tribunal de origem, o contexto fático da situação familiar na qual vive a parte autora.
>
> IV - A inversão do julgado, portanto, de modo a acolher a tese recursal, de que teria comprovada a condição de miserabilidade, demandaria necessariamente o revolvimento do conjunto fático-probatório dos autos, o que é vedado na instância especial ante o óbice do enunciado n. 7 da Súmula do STJ: "A pretensão de simples reexame de prova não enseja recurso especial."
>
> V - Recurso especial não conhecido.

De acordo com a TNU, em incidente de uniformização representativo de controvérsia julgado em 14 de abril de 2016, "a renda mensal familiar per capta inferior a ¼ do salário mínimo não exclui a utilização de outros elementos de prova para aferição da condição socioeconômica, em face da inexistência de presunção absoluta de miserabilidade para fins de concessão de benefício assistencial" (processo 5000493-92.2014.4.04.7002), razão pela qual é possível o indeferimento judicial do benefício mesmo que a renda per capita seja abaixo de ¼ do salário mínimo, mas outros elementos de prova produzidos no processo atestem a inexistência de miserabilidade no caso concreto, conquanto o INSS sempre defira na seara administrativa por ainda utilizar como absoluto o critério da renda per capita familiar abaixo de um salário mínimo.

Veja-se outro precedente da Turma Nacional:

> **Processo n. 5000404-66.2014.4.04.7003** "A renda mensal per capita inferior a 1/4 do salário mínimo (art. 20, § 3º, da Lei n. 8.742/1993) não é o único critério para aferir a miserabilidade de quem pleiteia benefício assistencial, gerando apenas uma **presunção relativa de miserabilidade**, que pode ser afastada por outros meios de prova constantes dos autos". (Boletim em 27.04.2017)

Há decisão de **abrangência nacional** na **Ação Civil Pública-ACP nº 5044874-22.2013. 4.04.7100/RS** condenando o INSS a "deduzir do cálculo da renda familiar, para fins de verificação do preenchimento do requisito econômico ao benefício de prestação continuada do art. 20 da Lei nº 8.742/93, as despesas que decorram diretamente da deficiência, incapacidade ou idade avançada, com medicamentos, alimentação especial, fraldas descartáveis e consultas na área de saúde, requeridos e negados pelo Estado" em vigor desde 4/5/2016.

Nos requerimentos de Benefício de Prestação Continuada-BPC protocolados por idosos (B88) e deficientes (B87), cuja renda *per capita* familiar resulte em valor igual ou superior a 1/4 do salário mínimo, o Sistema Integrado de Benefícios--SIBE assumirá automaticamente a exigência interna *"Aguardar entrega de documentação e emissão de parecer social"*, devendo o servidor entregar ao requerente comunicação conforme modelo constante do Anexo I do **Memorando-Circular Conjunto nº 58 /DIRBEN/DIRAT/DIRSAT/PFE/INSS**, com orientações sobre a determinação proferida na ACP, os documentos a serem apresentados e o respectivo prazo para cumprimento da exigência, mantendo cópia da comunicação com ciência do interessado no processo administrativo.

Eis o procedimento administrativo:

A reanálise do requerimento nos termos da ACP dependerá da apresentação de documentos que comprovem as despesas feitas em razão de sua deficiência, incapacidade ou idade avançada, com:

a) medicamentos: comprovação de prescrição médica e comprovação do valor mensal gasto;

b) alimentação especial: comprovação de prescrição médica e comprovação de valor mensal gasto;

c) fraldas descartáveis: comprovação do valor mensal gasto;

d) consultas na área de saúde (com profissionais de toda área de saúde): comprovação do valor mensal gasto.

Além da comprovação das despesas o requerente deverá demonstrar, documentalmente, que requereu e teve a prestação negada por órgão da rede pública de saúde com atribuição para fornecimento dos medicamentos, da alimentação especial, das fraldas descartáveis e das consultas na área de saúde, do seu domicílio.

Para ser aceito, o documento denegatório fornecido por órgão da rede pública de saúde deve estar assinado por servidor público devidamente identificado pelo nome completo, cargo e matrícula.

Quando apresentados os documentos comprobatórios das despesas e da negatória do órgão da rede pública de saúde, o servidor deverá enviar o processo administrativo para avaliação por profissional do serviço social do INSS quanto ao comprometimento ou não da renda do grupo familiar.

O profissional do serviço social do INSS fará análise, por meio de Parecer Social, do comprometimento da renda familiar devido à condição da deficiência, incapacidade ou idade avançada, considerando os impactos das deduções das despesas com medicamentos, alimentação especial, fraldas descartáveis, saúde, dentre outros, nas condições de vida do grupo familiar, nos termos da decisão proferida na Ação Civil Pública nº 5044874- 22.2013.404.7100/RS.

O Parecer Social pelo comprometimento da renda familiar afasta a decisão com fundamento no critério objetivo de renda apurado no requerimento inicial, hipótese na qual o servidor deverá tratar a exigência na forma que será orientada quando da disponibilização da Versão de adequação do SIBE. Em se tratando de benefício da espécie 88, o parecer pelo comprometimento da renda ensejará a concessão do benefício e, em se tratando de benefício da espécie 87, deverá ser feito o agendamento das avaliações social e médica, para verificação da deficiência.

O Parecer Social pelo não comprometimento da renda familiar gera a manutenção da observância do critério objetivo de renda (§ 3º do art. 20 da Lei nº 8.742/1993), apurado no requerimento inicial e determina o indeferimento do benefício, hipótese na qual o servidor deverá tratar a exigência interna na forma que será orientada quando da disponibilização da Versão de Sistema.

O tema da duração razoável do processo administrativo no INSS e o prazo máximo tolerável para uma resposta pela autarquia foi elevado ao STF no Tema em Repercussão Geral 1.066 (RE 1.171.152), que versou sobre ação coletiva proposta pelo MPF contra o INSS:

> *"Recurso extraordinário em que se discute, à luz dos artigos 2º; 5º, inciso II, 37, caput; e 201, caput, da Constituição Federal, bem como dos princípios da eficiência, razoabilidade e dignidade da pessoa humana, a possibilidade de o Poder Judiciário fixar prazo para que o Instituto Nacional do Seguro Social (INSS) realize perícia médica para concessão de benefícios previdenciários, sob pena de, caso ultrapassado o prazo estabelecido, serem eles automaticamente implantados".*

Após longas reuniões, foi celebrado acordo entre as partes que foi homologado pelo Ministro Alexandre de Moraes em 8/12/2020, <u>que acabou adentrando ao mérito da miserabilidade no BPC/LOAS vinculando o INSS:</u>

> "8.1.1 Serão deduzidos da renda mensal bruta familiar exclusivamente os gastos com tratamentos de saúde, inclusive médicos, fraldas, alimentos especiais e medicamentos do idoso ou da pessoa com deficiência requerente, não disponibilizados gratuitamente pelo Sistema único de Saúde (SUS), ou com serviços não prestados pelo Serviço Único de Assistência Social (SUAS), desde que de natureza contínua e comprovadamente necessários à preservação da saúde e da vida.
>
> 8.1.2. O valor referente ao comprometimento do orçamento do núcleo familiar com gastos do idoso ou da pessoa com deficiência requerente, de que trata o item 8.1.1, será definido em ato conjunto do Ministério da Cidadania, da Secretaria Especial de Previdência e Trabalho do Ministério da Economia e do INSS,

a partir de valores médios dos gastos realizados pelas famílias exclusivamente com essas finalidades.

8.1.3 É facultada ao interessado a possibilidade de comprovação de que os gastos efetivos do idoso ou da pessoa com deficiência requerente ultrapassou os valores médios utilizados conforme o 8.1.2, caso em que deverá apresentar os recibos de cada um dos 12 (doze) meses anteriores ao requerimento ou em número igual ao tempo de vida do requerente caso a idade seja inferior a um ano".

Por força da Lei 13.146, publicada em 7 de julho de 2015, que aprovou o Estatuto da Pessoa com Deficiência e entrou em vigor em 180 dias após a sua publicação (3 de janeiro de 2016), a Lei 8.742/93 passou a prever expressamente que para concessão deste benefício poderão ser utilizados outros elementos probatórios da condição de miserabilidade do grupo familiar e da situação de vulnerabilidade, sendo uma flexibilização feita pelo próprio legislador do critério da renda mensal familiar inferior a ¼ do salário mínimo.

Este dispositivo ainda não sofreu regulamentação no âmbito do INSS e do Ministério do Desenvolvimento e Assistência Social, Família e Combate à Fome.

Destarte, nota-se que foi positivada a jurisprudência do STJ, e não a do STF, pois o legislador flexibilizou o critério da renda per capita inferior a ¼ do salário mínimo, sem afastá-lo, em discordância com o entendimento da Suprema Corte.

Já há precedentes jurisprudenciais que afastaram o critério de ¼ e adotaram o de ½ do salário mínimo, aduzindo suposta revogação tácita por leis que criaram outros programas assistenciais do Governo federal:

"Origem: JEF – TRF1, Classe: PEDIDO de Uniformização de Jurisprudência, Processo: 200638007434615 UF: MG Órgão Julgador: **Turma Regional de Uniformização de Jurisprudência da 1ª Região**, Data da decisão: 31/08/2007, PEDIDO de Uniformização Regional de Jurisprudência. DISSÍDIO CARACTERIZADO. JUNTADA da ÍNTEGRA DO ACÓRDÃO. PREVIDENCIÁRIO. BENEFÍCIO ASSISTENCIAL. PROVA da MISERABILIDADE. REVOGAÇÃO PARCIAL DO ART. 20 DA LEI Nº. 8.742/93. RECURSO PROVIDO.

1) Restou demonstrado o dissídio jurisprudencial, porquanto o acórdão apontado como paradigma abordou expressamente a questão da revogação do art. 20 da Lei nº. 8.742/93, tendo sido juntada a sua íntegra nos autos.

2) O art. 20 da Lei nº. 8.742/93 restou tácita e parcialmente revogado pelo advento das Leis nºs. 9.533/97, 10.219/01, 10.689/03 e 10.836/04, as quais trataram respectivamente da adoção de programas de renda mínima por municípios, da criação do "Bolsa Escola", da criação do Programa Nacional de Acesso à Alimentação – PNAA e da criação do "Bolsa Família", todas estipulando como renda mínima para fins de auxílio social o valor de meio salário mínimo per capita.

> 3) O próprio STF vem mitigando a exigência de preenchimento do requisito objetivo da miserabilidade, conforme decisões monocráticas proferidas por diversos Ministros.
>
> 4) Recurso provido, para o fim de restabelecer a sentença de primeiro grau de jurisdição".

Entende-se que essas decisões judiciais não merecem prosperar. Algumas leis elegeram o critério da renda familiar per capita inferior a ½ salário mínimo para a concessão de benefícios assistenciais de menor valor, a exemplo do Programa Bolsa Família, sendo descabido se falar em revogação tácita do critério de ¼. Ademais, há exigência constitucional da prévia fonte de custeio para a extensão de benefícios da seguridade social, o que evidentemente não foi atendido.

IMPORTANTE!

O tema voltou a ser alvo de alterações normativas no ano de 2020 dentro do artigo 20 da Lei 8.742/93:

~~§ 3º Considera-se incapaz de prover a manutenção da pessoa com deficiência ou idosa a família cuja renda mensal per capita seja inferior a 1/2 (meio) salário-mínimo. (Redação dada pela Lei nº 13.981, de 2020)~~ (Vide ADPF 662)

§ 3º Considera-se incapaz de prover a manutenção da pessoa com deficiência ou idosa a família cuja renda mensal **per capita** seja: (Redação dada pela Lei nº 13.982, de 2020)

I - **igual** ou inferior a 1/4 (um quarto) do salário-mínimo, até 31 de dezembro de 2020; (Incluído pela Lei nº 13.982, de 2020)

Inicialmente, a Lei 13.981/2020 alterou o critério de miserabilidade para a renda per capita familiar inferior a ½ do salário mínimo.

No entanto, esse novo critério foi preliminarmente suspenso pelo STF na ADPF 662 através de liminar deferida pelo Ministro Gilmar Mendes:

> "Concedo, em parte, a medida cautelar postulada, *ad referendum* do Plenário, apenas para suspender a eficácia do art. 20, § 3º, da Lei 8.742, na redação dada pela Lei 13.981, de 24 de março de 2020, enquanto não sobrevier a implementação de todas as condições previstas no art. 195, §5º, da CF, art. 113 do ADCT, bem como nos arts. 17 e 24 da LRF e ainda do art. 114 da LDO".

Em seguida, coube à Lei 13.982/2020 alterar novamente o dispositivo para estabelecer até 31/12/2020 o critério da renda per capita familiar igual ou inferior a ¼ do salário mínimo.

O inciso II foi vetado:

> **"MENSAGEM Nº 141, DE 2 DE ABRIL DE 2020**
>
> **Inciso II do art. 20, da Lei nº 8.742, de 7 de dezembro de 1993, alterado pelo art. 1º do projeto de lei**

"II - igual ou inferior a 1/2 (meio) salário-mínimo, a partir de 1º de janeiro de 2021."

Razões do veto

A propositura legislativa, ao manter de forma objetiva o valor do critério para a percepção do Benefício de Prestação Continuada (BPC) no valor de 1/2 salário mínimo, a partir de 1º de janeiro de 2021, viola as regras do art. 113 do ADCT, bem como do arts. 16 e 17 da Lei de Responsabilidade Fiscal e ainda do art. 116 da Lei de Diretrizes Orçamentárias para 2020 (Lei nº 13.898, de 2019). Ademais, o dispositivo contraria o interesse público ao não se permitir a determinação de critérios para a adequada focalização do benefício."

Dessa forma, o atual critério legal passa a ser a renda per capita familiar de até ¼ do salário mínimo, e não mais inferior a ¼ do salário mínimo.

A Lei 13.982/2020 limitou a vigência do critério da renda *per capita* familiar de **ATÉ** ¼ do salário mínimo até 31/12/2020. Daí adviria uma lacuna normativa a contar de 01/01/2021, diante do veto presidencial ao inciso II, pois inexistiria critério objetivo a contar de 2021.

IMPORTANTE!

Nesse sentido, foi publicada em **31/12/2020** a **MP 1.023**, fixando como critério permanente de miserabilidade a contar de 2021 a renda *per capita* familiar **INFERIOR** a ¼ do salário mínimo, impedindo a concretização da citada lacuna normativa.

Houve um injustificável retrocesso em comparação ao critério anterior, pois a MP 1.023/2020 deveria ter conservado por segurança jurídica o mesmo critério anterior (**até** ¼ do salário mínimo) e não retrocedido (**inferior** a ¼ do salário mínimo), mesmo porque este último parâmetro objetivo de aferição de miserabilidade já havia sido pronunciado inconstitucional pelo STF em controle difuso de constitucionalidade.

IMPORTANTE!

Com o advento da **Lei 14.176, em vigor desde 23 de junho de 2021**, o legislador restabeleceu o critério de miserabilidade para o BPC/LOAS que voltou a ser a renda familiar mensal *per capita* **igual** ou inferior a 1/4 (um quarto) do salário-mínimo.

A grande inovação foi a previsão legal de que o Regulamento (decreto presidencial, em cuja edição deverá ser comprovado o atendimento aos requisitos fiscais) **poderá** ampliar o limite de renda mensal familiar *per capita* **para até 1/2 (meio) salário-mínimo**, para fins de regulamentação da regra do §11 do artigo 20 da Lei 8.742/93, introduzido pelo Estatuto da Pessoa com Deficiência, que previu que poderão ser utilizados **outros elementos probatórios** da condição de miserabilidade do grupo familiar e da situação de vulnerabilidade. Mas esta regra somente tem **vigência** para **1/1/2022**.

Dessa forma, conquanto a citada ampliação seja uma faculdade do Presidente da República, é possível que seja ampliado o acesso social ao BPC/LOAS, a exemplo da adoção do critério de 1/3 ou de ½ do salário mínimo para a renda mensal familiar *per capita*.

Nesse sentido, serão considerados os seguintes aspectos para ampliação do critério de aferição da renda familiar mensal *per capita*, que, se realizada deverá ser progressiva (por causa dos cursos bilionários):

> I – o grau da deficiência; (pessoas com deficiência e idosos)
>
> II – a dependência de terceiros para o desempenho de atividades básicas da vida diária; e (idosos)
>
> III – o comprometimento do orçamento do núcleo familiar exclusivamente com gastos médicos, com tratamentos de saúde, com fraldas, com alimentos especiais e com medicamentos do idoso ou da pessoa com deficiência não disponibilizados gratuitamente pelo SUS, ou com serviços não prestados pelo SUAS, desde que comprovadamente necessários à preservação da saúde e da vida. (pessoas com deficiência e idosos).

O valor referente ao **comprometimento do orçamento do núcleo familiar** com gastos citados no inciso III foi definido pela Portaria Conjunta MC/MTP/INSS 14, de 07 de outubro de 2021, a partir de valores médios dos gastos realizados pelas famílias exclusivamente com essas finalidades, facultada ao interessado a possibilidade de comprovação, conforme critérios definidos em regulamento, de que os gastos efetivos ultrapassam os valores médios.

De efeito, os descontos citados ficarão condicionados à apresentação, no ato do requerimento, de documentação médica que afirme a natureza contínua do tratamento e a comprovação de sua não disponibilização gratuita ou de sua negativa de disponibilização, no caso de desconto referente a tratamento não disponibilizado pelo SUS.

Serão observados, em regra, os seguintes valores médios:

Categoria de gasto dedutível (SUS)	Valor dedutível por categoria (em R$)
Medicamentos	40
Consultas e tratamentos médicos	81
Fraldas	89
Alimentação especial	109

Trata-se dos valores médios de referência para dedução máxima por categoria, ressalvada a possibilidade de dedução de valores superiores, sendo facultado ao interessado a comprovação de que os gastos efetivos ultrapassam os valores médios utilizados, caso em que deverá apresentar os recibos de cada um dos 12 (doze) meses anteriores ao requerimento ou em número igual ao tempo de vida do requerente caso a idade seja inferior a um ano.

Outrossim, os descontos citados ficarão condicionados à apresentação, no ato do requerimento, da documentação que demonstre a necessidade do requerente de utilização do Serviço de Proteção Especial para idosos, Pessoas com Deficiência e suas famílias (Centro-Dia) e de sua não disponibilização, no caso de desconto referente a serviço não prestado pelo SUAS, observada a seguinte tabela:

Categoria de gasto dedutível (SUAS)	Valor dedutível (em R$)
Centro-Dia	29

Com a publicação da Portaria Conjunta MC/MTP/INSS 22, de 30.12.2022 foram acrescidos **dois novos formulários inerentes aos gastos no SUAS**:

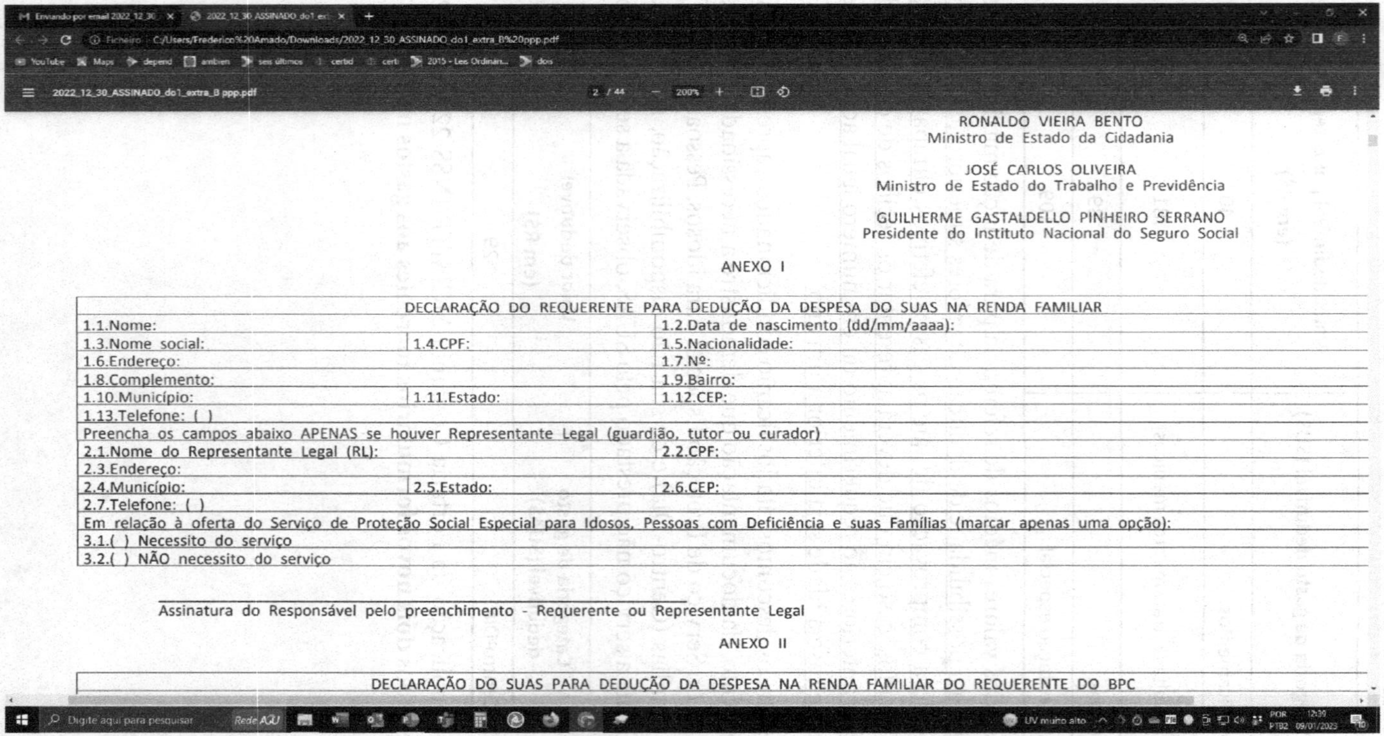

RONALDO VIEIRA BENTO
Ministro de Estado da Cidadania

JOSÉ CARLOS OLIVEIRA
Ministro de Estado do Trabalho e Previdência

GUILHERME GASTALDELLO PINHEIRO SERRANO
Presidente do Instituto Nacional do Seguro Social

ANEXO I

DECLARAÇÃO DO REQUERENTE PARA DEDUÇÃO DA DESPESA DO SUAS NA RENDA FAMILIAR		
1.1.Nome:		1.2.Data de nascimento (dd/mm/aaaa):
1.3.Nome social:	1.4.CPF:	1.5.Nacionalidade:
1.6.Endereço:		1.7.Nº:
1.8.Complemento:		1.9.Bairro:
1.10.Município:	1.11.Estado:	1.12.CEP:
1.13.Telefone: ( )		
Preencha os campos abaixo APENAS se houver Representante Legal (guardião, tutor ou curador)		
2.1.Nome do Representante Legal (RL):		2.2.CPF:
2.3.Endereço:		
2.4.Município:	2.5.Estado:	2.6.CEP:
2.7.Telefone: ( )		
Em relação à oferta do Serviço de Proteção Social Especial para Idosos, Pessoas com Deficiência e suas Famílias (marcar apenas uma opção):		
3.1.( ) Necessito do serviço		
3.2.( ) NÃO necessito do serviço		

____
Assinatura do Responsável pelo preenchimento - Requerente ou Representante Legal

ANEXO II

DECLARAÇÃO DO SUAS PARA DEDUÇÃO DA DESPESA NA RENDA FAMILIAR DO REQUERENTE DO BPC

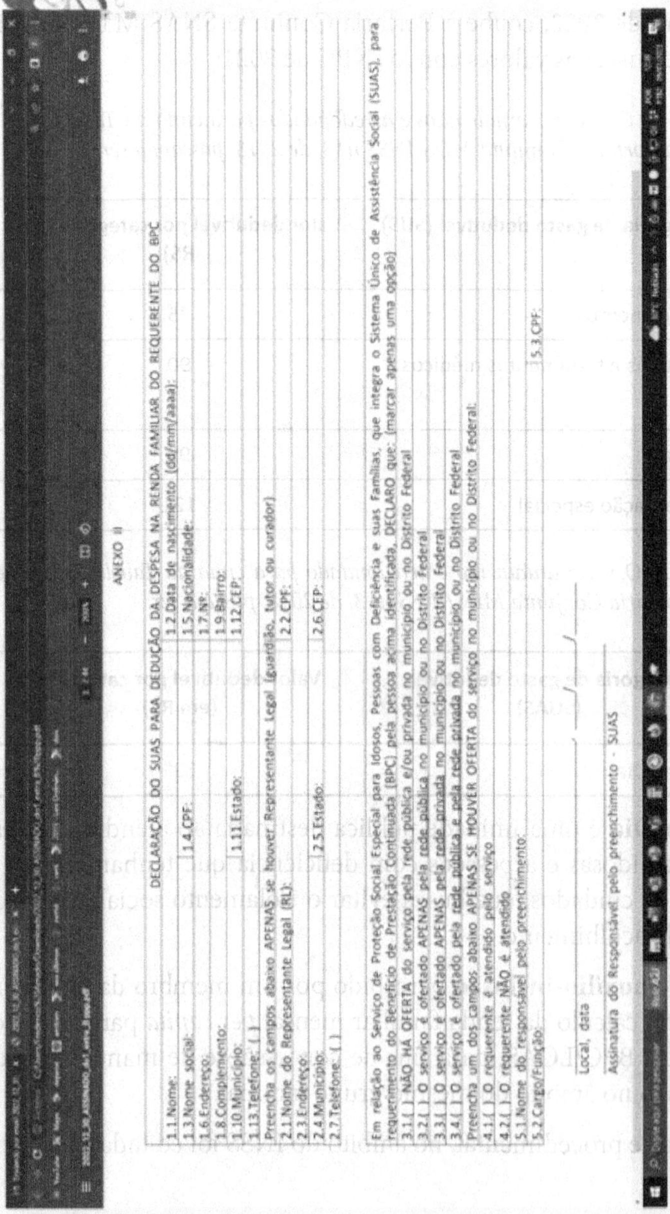

ANEXO II

DECLARAÇÃO DO SUAS PARA DEDUÇÃO DA DESPESA NA RENDA FAMILIAR DO REQUERENTE DO BPC		
1.1.Nome:		1.2.Data de nascimento (dd/mm/aaaa):
1.3.Nome social:	1.4.CPF:	1.5.Nacionalidade:
1.6.Endereço:		1.7.Nº:
1.8.Complemento:		1.9.Bairro:
1.10.Município:	1.11.Estado:	1.12.CEP:
1.13.Telefone: ( )		
Preencha os campos abaixo APENAS se houver Representante Legal (guardião, tutor ou curador)		
2.1.Nome do Representante Legal (RL):		2.2.CPF:
2.3.Endereço:		
2.4.Município:	2.5.Estado:	2.6.CEP:
2.7.Telefone: ( )		

Em relação ao Serviço de Proteção Social Especial para Idosos, Pessoas com Deficiência e suas Famílias, que integra o Sistema Único de Assistência Social (SUAS), para requerimento do Benefício de Prestação Continuada (BPC) pela pessoa acima identificada, DECLARO que: (marcar apenas uma opção)	
3.1.( ) NÃO HÁ OFERTA do serviço pela rede pública e/ou privada no município ou no Distrito Federal	
3.2.( ) O serviço é ofertado APENAS pela rede pública no município ou no Distrito Federal	
3.3.( ) O serviço é ofertado APENAS pela rede privada no município ou no Distrito Federal	
3.4.( ) O serviço é ofertado pela rede pública e pela rede privada no município ou no Distrito Federal	
Preencha um dos campos abaixo APENAS SE HOUVER OFERTA do serviço no município ou no Distrito Federal:	
4.1.( ) O requerente é atendido pelo serviço	
4.2.( ) O requerente NÃO é atendido	
5.1.Nome do responsável pelo preenchimento:	
5.2.Cargo/Função:	5.3.CPF:

_______________________________, ____/____/______

Local, data

____

Assinatura do Responsável pelo preenchimento - SUAS

O valor dedutível foi apurado a partir do cofinanciamento federal per capita destinado para o Serviço de Proteção Social Especial para Pessoas com Deficiência, Idosas e suas Famílias (Centro-Dia) prestado pelo SUAS.

Para o ano de 2022, coube à Portaria Conjunta SNAS/MTP/INSS Nº 1 DE 16/02/2022 reajustar os valores com o INPC de 2021:

"§ 1º Os valores atualizados e arredondados para cima da Tabela 1 do Anexo III da Portaria Conjunta MDS/INSS nº 3, de 2018, passam a ser:

Categoria de gasto dedutível (SUS)	Valor dedutível por categoria (em R$)
Medicamentos	45
Consultas e tratamentos médicos	90
Fraldas	99
Alimentação especial	121

§ 2º O valor atualizado e arredondado para cima da Tabela 2 do Anexo III da Portaria Conjunta MDS/INSS nº 3, de 2018, passa a ser:

Categoria de gasto dedutível (SUAS)	Valor dedutível por categoria (em R$)
Centro-Dia	32"

O **Centro Dia** é uma unidade pública destinada ao atendimento especializado a pessoas idosas e a pessoas com deficiência que tenham algum grau de dependência de cuidados, que busca evitar o isolamento social, o abandono e a necessidade de acolhimento.

O valor do **auxílio-inclusão** percebido por um membro da família não será considerado no cálculo da renda familiar mensal *per capita* para aferição de miserabilidade do BPC/LOAS, para fins de concessão e de manutenção de outro auxílio-inclusão no âmbito do mesmo grupo familiar.

Sobre a parte procedimental, no âmbito do INSS foi editada a Portaria 1.380, de 16.11.2021:

"Art. 1º Disciplinar que, para fins de verificação da renda mensal bruta familiar, serão deduzidos os gastos com tratamentos de saúde, médicos, fraldas, alimentos especiais e medicamentos do idoso ou da pessoa com deficiência, de que trata o §

4º do art. 8º da Portaria Conjunta MDS nº 3, de 21 de setembro de 2018, mediante a apresentação de:

I - documentação fornecida por profissional médico onde deverá constar, além da identificação do interessado, informações sobre a natureza contínua do tratamento e sua relação com a deficiência ou a idade avançada; e

II - declaração fornecida pelo órgão responsável pela área da saúde, informando a não disponibilização do tratamento de forma gratuita ou a sua indisponibilidade momentânea, pelo Sistema Único de Saúde - SUS.

Parágrafo único. O desconto de que trata o caput será realizado para cada categoria uma única vez, no valor médio do respectivo gasto previsto na Tabela 1 do Anexo III da Portaria Conjunta MDS nº 3, de 2018.

Art. 2º Será deduzido da renda mensal bruta familiar o desconto previsto na Tabela 2 do Anexo III da Portaria Conjunta MDS nº 3, de 2018, caso fique demonstrada a necessidade do requerente de utilização do Serviço de Proteção Especial para Idosos/Pessoas com Deficiência e suas famílias (Centro-Dia) e de sua não disponibilização, independentemente da dedução prevista no art. 1º, comprovado por meio de documentação fornecida pelo órgão de assistência atestando a sua necessidade e indisponibilidade.

Art. 3º Caso o requerente opte pela comprovação de que os gastos previstos no art. 1º ultrapassam os valores médios de dedução, deverá ser realizada média por meio da soma dos recibos de gastos apresentados, relativos aos 12 (doze) meses anteriores ao requerimento ou em número igual ao tempo de vida do requerente caso a idade seja inferior a um ano.

§ 1º O requerente deverá comprovar que em todos os meses que compõem o período adquiriu ao menos um dos remédios relacionados ao tratamento da deficiência ou idade avançada.

§ 2º Não haverá prejuízo da aplicação do previsto no caput se no período estabelecido para apuração da média de dedução o requerente não dispuser de um recibo mensal para cada um dos medicamentos indicados como sendo de uso contínuo, observado o disposto no § 1º.

§ 3º O disposto no § 1º também se aplica aos demais gastos relacionados a tratamento de saúde, médicos, fraldas e alimentos especiais.

§ 4º A comprovação de gastos por meio de recibos não dispensa a necessidade de apresentação dos documentos previstos no art. 1º.

Art. 4º Para os requerimentos de benefícios assistenciais de que trata o art. 20 da Lei Orgânica de Assistência Social - LOAS, nos casos em que a avaliação da deficiência anteceder às demais avaliações, ou seja, a avaliação realizada pelo Serviço Social e a avaliação da renda, quando a conclusão da avaliação médica for pela inexistência de impedimento de longo prazo, caberá o indeferimento do pedido, sem necessidade da efetivação das demais etapas previstas".

Por força do artigo 34, parágrafo único, do Estatuto da Pessoa Idosa, "o benefício já concedido a qualquer membro da família nos termos do *caput* não será computado para os fins do cálculo da renda familiar *per capita* a que se refere a LOAS".

Logo, se um casal de idosos carentes reside sozinho, o benefício assistencial percebido por um deles será desconsiderado como renda familiar, o que permite a concessão de dois amparos, ante a expressa determinação legal. Caso contrário, a renda *per capita* seria de ½ salário mínimo, o que impediria a concessão da segunda prestação.

Por Isonomia, existem precedentes jurisprudenciais estendendo analogicamente a excepcional disposição do Estatuto da Pessoa Idosa a qualquer benefício previdenciário no valor de um salário mínimo percebido por pessoa do grupo familiar[18], conquanto não haja qualquer prévia fonte de custeio.

Contudo, identificou-se precedente do STJ contrário a essa aplicação analógica:

> "PROCESSUAL CIVIL E PREVIDENCIÁRIO. AGRAVO REGIMENTAL. ASSISTÊNCIA SOCIAL. BENEFÍCIO DE PRESTAÇÃO CONTINUADA. REQUISITOS LEGAIS. ART. 20, § 3º, DA LEI Nº 8.742/93. REEXAME DO CONJUNTO PROBATÓRIO. SÚMULA Nº 7 DO STJ. ART. 34, PARÁGRAFO ÚNICO, DO ESTATUTO DO IDOSO. NÃO INCIDÊNCIA. ANÁLISE DE DISPOSITIVO CONSTITUCIONAL. IMPOSSIBILIDADE EM SEDE DE RECURSO ESPECIAL. I – Se o v. acórdão hostilizado, com base no material cognitivo constante dos autos, consignou que a autora não faz jus ao benefício assistencial pleiteado, rever tal decisão implicaria reexame de prova, o que não é possível na instância incomum (Súmula 7-STJ). **II – O cônjuge da autora não recebe benefício da assistência social, não se aplicando o parágrafo único do art. 34 do Estatuto do Idoso.** III – Não cabe o exame de matéria constitucional em sede de recurso especial, conquanto se admite apenas a apreciação de questões referentes à interpretação de normas infraconstitucionais. Agravo regimental desprovido"[19].

No dia 09.02.2010, no julgamento do AgRg no Ag 1.140.015, decidiu a 5ª Turma do STJ que "tratando-se de pessoa deficiente e havendo regra legal específica,

[18] TRF da 1ª Região, AC 2006.01.99.018316-9, 2ª Turma, de 30.08.2006: "...3. Os tribunais pátrios têm admitido a aplicação analógica do parágrafo único do art. 34 da Lei 10.741/2003 (Estatuto do Idoso), de modo que o benefício mensal de valor mínimo recebido por qualquer membro da família, como única fonte de recursos, não afasta, por si só, a condição de miserabilidade do núcleo familiar".
TRF 3ª Região, AC 13461004, 9ª Turma, de 22.06.2009: "... 4 – Aplicável o disposto no parágrafo único do artigo 34 da Lei 10.741/03 (Estatuto do Idoso). 5 – Por simétrica coerência, incide a disposição contida no referido parágrafo único, em relação a todos os idosos que recebam benefício previdenciário ou assistencial para efeito de aferição da renda familiar, excluindo-se o benefício no valor de um salário-mínimo do respectivo cálculo.

[19] AGRESP 20060153710, de 28.11.2006.

é dizer a Lei 8.742/93, inexistindo, portanto, vácuo normativo, não se justifica o pleito de aplicação, por analogia, do art. 34 do Estatuto da Pessoa Idosa ao caso concreto".

Entretanto, no dia 10 de agosto de 2011, no julgamento da petição 7.203, a 3ª Seção do STJ firmou entendimento diverso, admitindo que também o benefício previdenciário no valor de um salário mínimo recebido por maior de 65 anos deve ser afastado para fins de apuração da renda mensal per capita objetivando a concessão de benefício de prestação continuada:

> "INCIDENTE DE UNIFORMIZAÇÃO DE JURISPRUDÊNCIA. BENEFÍCIO ASSISTENCIAL. RENDA MENSAL PER CAPITA FAMILIAR. EXCLUSÃO DE BENEFÍCIO DE VALOR MÍNIMO PERCEBIDO POR MAIOR DE 65 ANOS. ART. 34, PARÁGRAFO ÚNICO, LEI Nº 10.741/2003. APLICAÇÃO ANALÓGICA.
>
> 1. A finalidade da Lei nº 10.741/2003 (Estatuto do Idoso), ao excluir da renda do núcleo familiar o valor do benefício assistencial percebido pelo idoso, foi protegê-lo, destinando essa verba exclusivamente à sua subsistência.
>
> 2. Nessa linha de raciocínio, também o benefício previdenciário no valor de um salário mínimo recebido por maior de 65 anos deve ser afastado para fins de apuração da renda mensal *per capita* objetivando a concessão de benefício de prestação continuada.
>
> 3. O entendimento de que somente o benefício assistencial não é considerado no cômputo da renda mensal *per capita* desprestigia o segurado que contribuiu para a Previdência Social e, por isso, faz jus a uma aposentadoria de valor mínimo, na medida em que este tem de compartilhar esse valor com seu grupo familiar.
>
> 4. Em respeito aos princípios da igualdade e da razoabilidade, deve ser excluído do cálculo da renda familiar *per capita* qualquer benefício de valor mínimo recebido por maior de 65 anos, independentemente se assistencial ou previdenciário, aplicando-se, analogicamente, o disposto no parágrafo único do art. 34 do Estatuto do Idoso.
>
> 5. Incidente de uniformização a que se nega provimento".

Outrossim, em 25 de fevereiro de 2015, no julgamento do REsp 1.355.052, decidiu em repetitivo a 1ª Seção do STJ que aplica-se o parágrafo único do art. 34 do Estatuto da Pessoa Idosa (Lei nº 10.741/2003), por analogia, a pedido de benefício assistencial feito por pessoa com deficiência a fim de que benefício previdenciário recebido por idoso, no valor de um salário mínimo, não seja computado no cálculo da renda *per capita* prevista no art. 20, § 3º, da Lei nº 8.742/1993.

No entanto, no julgamento do Recurso Extraordinário 580.963, de 17 de 18/04/2013, o parágrafo único do artigo 34 do Estatuto da Pessoa Idosa foi declarado incidentalmente inconstitucional pelo STF por violação ao Princípio da Isonomia:

"4. **A inconstitucionalidade por omissão parcial do art. 34, parágrafo único, da Lei 10.741/2003.** O Estatuto do Idoso dispõe, no art. 34, parágrafo único, que o benefício assistencial já concedido a qualquer membro da família não será computado para fins do cálculo da renda familiar per capita a que se refere a LOAS. Não exclusão dos benefícios assistenciais recebidos por deficientes e de previdenciários, no valor de até um salário mínimo, percebido por idosos. Inexistência de justificativa plausível para discriminação dos portadores de deficiência em relação aos idosos, bem como dos idosos beneficiários da assistência social em relação aos idosos titulares de benefícios previdenciários no valor de até um salário mínimo. Omissão parcial inconstitucional. 5. Declaração de inconstitucionalidade parcial, sem pronúncia de nulidade, do art. 34, parágrafo único, da Lei 10.741/2003".

Após refletir sobre o julgado, em aplicação do Princípio da Isonomia, conclui-se que a intenção do STF neste ponto da decisão foi estender o parágrafo único do artigo 34 do Estatuto da Pessoa Idosa aos deficientes que recebem o amparo assistencial e aos segurados que recebem benefício previdenciário com renda de um salário mínimo ao pronunciar a sua inconstitucionalidade parcial, sem pronúncia de nulidade.

Nesse sentido, a Advocacia-Geral da União editou a Instrução Normativa 02/2014 com o seguinte conteúdo:

"**Art. 1º Fica autorizada a desistência e a não interposição de recursos das decisões judiciais que, conferindo interpretação extensiva ao parágrafo único do art. 34 da Lei nº 10.741/2003, determinem a concessão do benefício previsto no art. 20 da Lei nº 8.742/93**, nos seguintes casos:

I) quando requerido por idoso com 65 (sessenta e cinco) anos ou mais, não for considerado na aferição da renda per capita prevista no artigo 20, § 3º, da Lei n. 8.742/93:

a) o benefício assistencial, no valor de um salário mínimo, recebido por outro idoso com 65 anos ou mais, que faça parte do mesmo núcleo familiar;

b) o benefício assistencial, no valor de um salário mínimo, recebido por pessoa com deficiência, que faça parte do mesmo núcleo familiar;

c) o benefício previdenciário consistente em aposentadoria ou pensão por morte instituída por idoso, no valor de um salário mínimo, recebido por outro idoso com 65 anos ou mais, que faça parte do mesmo núcleo familiar;

II) quando requerido por pessoa com deficiência, não for considerado na aferição da renda per capita prevista no artigo 20, §3º, da Lei n. 8.742/93 o benefício assistencial:

a) o benefício assistencial, no valor de um salário mínimo, recebido por idoso com 65 anos ou mais, que faça parte do mesmo núcleo familiar;

b) o benefício assistencial, no valor de um salário mínimo, recebido por pessoa com deficiência, que faça parte do mesmo núcleo familiar".

Posteriormente, o artigo 20 da Lei 8.742/93 foi alterado pela Lei 13.982/2020:

> **§ 3º Considera-se incapaz de prover a manutenção da pessoa com deficiência ou idosa a família cuja renda mensal per capita seja: (Redação dada pela Lei nº 13.982, de 2020)**
>
> **I - igual ou inferior a 1/4 (um quarto) do salário-mínimo, até 31 de dezembro de 2020; (Incluído pela Lei nº 13.982, de 2020)**
>
> **§ 14. O benefício de prestação continuada ou o benefício previdenciário no valor de até 1 (um) salário-mínimo concedido a idoso acima de 65 (sessenta e cinco) anos de idade ou pessoa com deficiência não será computado, para fins de concessão do benefício de prestação continuada a outro idoso ou pessoa com deficiência da mesma família, no cálculo da renda a que se refere o § 3º deste artigo. (Incluído pela Lei nº 13.982, de 2020)**
>
> § 15. O benefício de prestação continuada será devido a mais de um membro da mesma família enquanto atendidos os requisitos exigidos nesta Lei. (Incluído pela Lei nº 13.982, de 2020)

Dessa forma, restou legalmente excluída da renda *per capita* familiar qualquer benefício previdenciário recebido por idoso maior de 65 anos ou pessoa com deficiência desde que com renda de 1 salário mínimo, aderindo o legislador ao posicionamento do STF e STJ.

Em razão da Lei 13.982/2020, na visão do INSS todos os benefícios de até um salário mínimo percebidos por idoso acima de 65 anos de idade ou pessoa com deficiência deveriam ser excluídos da renda familiar para fins de aferição de miserabilidade para fins de concessão do BPC/LOAS.

A Lei 10.741/2003 determinou no artigo 34, parágrafo único, que o BPC/LOAS IDOSO fosse desconsiderado da renda familiar para fins de miserabilidade quando outro idoso fosse postular o benefício assistencial:

> *Art. 34. Aos idosos, a partir de 65 (sessenta e cinco) anos, que não possuam meios para prover sua subsistência, nem de tê-la provida por sua família, é assegurado o benefício mensal de 1 (um) salário-mínimo, nos termos da Lei Orgânica da Assistência Social – Loas.* (Vide Decreto nº 6.214, de 2007)
>
> *Parágrafo único. O benefício já concedido a qualquer membro da família nos termos do caput não será computado para os fins do cálculo da renda familiar per capita a que se refere a Loas.*

Em 18/04/2013, em sede de Repercussão Geral no RE 580963 (Tema 312), aplicando o Princípio da Isonomia, o STF estendeu essa regra em favor da pessoa com deficiência que recebe benefício de até um salário mínimo e ao idoso a partir de 65 anos que recebe benefício previdenciário de até um salário mínimo:

RE 580963 / PR - PARANÁ

RECURSO EXTRAORDINÁRIO

Relator(a): Min. GILMAR MENDES

Julgamento: 18/04/2013

Publicação: 14/11/2013

Órgão julgador: Tribunal Pleno

Repercussão Geral – Mérito

Publicação

PROCESSO ELETRÔNICO REPERCUSSÃO GERAL - MÉRITO DJe-225 DIVULG 13-11-2013 PUBLIC 14-11-2013

Partes

RECTE.(S): INSTITUTO NACIONAL DE SEGURO SOCIAL - INSS PROC.(A/S)(ES) : PROCURADOR-GERAL FEDERAL RECDO.(A/S) : BLANDINA PEREIRA DIAS ADV.(A/S) : HÉLDER MASQUETE CALIXTI E OUTRO(A/S) INTDO.(A/S) : UNIÃO ADV.(A/S) : ADVOGADO-GERAL DA UNIÃO AM. CURIAE. : DEFENSOR PÚBLICO-GERAL FEDERAL

Ementa

Benefício assistencial de prestação continuada ao idoso e ao deficiente. 1. Art. 203, V, da Constituição. A Lei de Organização da Assistência Social (LOAS), ao regulamentar o art. 203, V, da Constituição da República, estabeleceu os critérios para que o benefício mensal de um salário mínimo seja concedido aos portadores de deficiência e aos idosos que comprovem não possuir meios de prover a própria manutenção ou de tê-la provida por sua família. 2. Art. 20, § 3º, da Lei 8.742/1993 e a declaração de constitucionalidade da norma pelo Supremo Tribunal Federal na ADI 1.232. Dispõe o art. 20, § 3º, da Lei 8.742/93 que: "considera-se incapaz de prover a manutenção da pessoa portadora de deficiência ou idosa a família cuja renda mensal per capita seja inferior a 1/4 (um quarto) do salário mínimo". O requisito financeiro estabelecido pela Lei teve sua constitucionalidade contestada, ao fundamento de que permitiria que situações de patente miserabilidade social fossem consideradas fora do alcance do benefício assistencial previsto constitucionalmente. Ao apreciar a Ação Direta de Inconstitucionalidade 1.232-1/DF, o Supremo Tribunal Federal declarou a constitucionalidade do art. 20, § 3º, da LOAS. 3. Decisões judiciais contrárias aos critérios objetivos preestabelecidos e processo de inconstitucionalização dos critérios definidos pela Lei 8.742/1993. A decisão do Supremo Tribunal Federal, entretanto, não pôs termo à controvérsia quanto à aplicação em concreto do critério da renda familiar per capita estabelecido pela LOAS. Como a Lei permaneceu inalterada, elaboraram-se maneiras de contornar o critério objetivo e único estipulado pela LOAS e de avaliar o real estado de miserabilidade social das famílias com entes idosos ou deficientes. Paralelamente, foram editadas leis que estabeleceram critérios mais elásticos para concessão de outros benefícios assistenciais, tais como: a Lei 10.836/2004, que criou o Bolsa Família; a Lei 10.689/2003, que instituiu o Programa Nacional de Acesso à Alimentação; a Lei 10.219/01, que criou o Bolsa Escola; a Lei 9.533/97, que autoriza o Poder Executivo a conceder apoio financeiro a municípios que instituírem programas de garantia de renda mínima associados a ações socioeducativas. O Supremo Tribunal Federal, em decisões monocráticas, passou a rever anteriores posicionamentos acerca da intransponibilidade dos critérios objetivos. Verificou-se a ocorrência do processo de inconstitucionalização decorrente de notórias mudanças fáticas (políticas, econômicas e sociais) e jurídicas (sucessivas modificações legislativas dos patamares econômicos utilizados como critérios de concessão de outros benefícios assistenciais por parte do Estado brasileiro). **4. A inconstitucionalidade por omissão parcial do art. 34, parágrafo único, da Lei 10.741/2003. O Estatuto do Idoso dispõe, no art. 34, parágrafo único, que o benefício assistencial já concedido a qualquer membro da família não será computado para fins do cálculo da renda familiar per capita a que se refere a LOAS. Não exclusão dos benefícios assistenciais recebidos por deficientes e de previdenciários, no valor de até um salário mínimo, percebido por idosos.** Inexistência de justificativa plausível para discriminação dos portadores de deficiência em relação aos idosos, bem como dos idosos beneficiários da assistência social em relação aos idosos titulares de benefícios previdenciários no valor de até um salário mínimo. Omissão parcial inconstitucional. 5. Declaração de inconstitucionalidade parcial, sem pronúncia de nulidade, do art. 34, parágrafo único, da Lei 10.741/2003. 6. Recurso extraordinário a que se nega provimento.

Prevaleceu a posição do relator, Ministro Gilmar Mendes, em que destacamos duas passagens do seu voto:

PLENÁRIO RECURSO EXTRAORDINÁRIO 580.963 PARANÁ

MINISTRO GILMAR MENDES - *Então, aqui o legislador abriu uma exceção para dois benefícios recebidos pelo casal em relação à LOAS. Qual é a argumentação trazida da tribuna? Bom, isto vale para benefício da LOAS mas, se for qualquer outro benefício previdenciário, não, ou, **se for um benefício**, por exemplo, de idoso e deficiente, também não. Veja, aqui o legislador incorreu em grave equívoco: ou é possível, quer dizer, em situação absolutamente idêntica, fazer a exclusão, pouco importa a origem do benefício, se nós estivermos nesse plano de salário mínimo, ou nós vamos, realmente, para uma situação insustentável, conferindo ao legislador não um poder discricionário, mas um arbítrio, porque, vejam, em situações, do ponto de vista numérico, absolutamente idênticas, nós vamos chegar a resultado díspar.*

...

SENHOR MINISTRO GILMAR MENDES - *Exatamente. Medicamentos de que essas pessoas precisam. Em suma, situações muito especiais, que agravam a situação determinada. Agora, o problema que se coloca neste outro caso que nós estaríamos a julgar é o critério adotado pelo Estatuto do Idoso, que aumentou, então, a insegurança jurídica, porque, ao excluir, no caso dos idosos, apenas em relação ao recebimento e percepção de benefício da LOAS, por uma das partes do casal, ele acabou por agravar uma discussão sobre isonomia, porque, como eu disse: e se alguém, na mesma conformação, recebe **um benefício da Previdência Social, por contribuição, no valor de um salário mínimo**, e o outro pretende LOAS? Vai haver ou não a possibilidade de exclusão. Ele vai argumentar que é inconstitucional. E, aí, a discussão é a seguinte: esse modelo ...*

Note-se que os exemplos dados contemplam um idoso acima de 65 anos de idade ou uma pessoa com deficiência que recebe um benefício previdenciário ou assistencial do valor de até um salário mínimo, **e não mais de um benefício**, a exemplo da acumulação de uma aposentadoria com uma pensão por morte.

Isso porque a decisão do STF apenas estendeu a regra do no artigo 34, parágrafo único, do Estatuto da Pessoa Idosa em favor de uma pessoa com deficiência que recebe benefício de até um salário mínimo ou de um idoso a partir de 65 anos que recebe benefício previdenciário de até um salário mínimo, posto que **o titular do BPC/LOAS não poderá acumular este benefício com uma pensão por morte**, pois legalmente vedado na Lei 8.742/93, de modo que **a posição do INSS explicitada pela DIRBEN transborda a extensão analógica da Lei 10.741/2003 e da decisão do STF**.

No mesmo sentido o posicionamento do STJ no Tema Repetitivo 640:

> *"Desse modo, à luz dos princípios da isonomia e da dignidade humana, faz-se necessário aplicar, por analogia, o parágrafo único do artigo 34 da Lei n. 10.741/03 a pedido de benefício assistencial feito por pessoa com deficiência,* ***a fim de afastar do cálculo da renda per capita a que alude o § 3º do artigo 20 da Lei n. 8.742/93, o benefício previdenciário auferido por idoso, no importe de um salário mínimo****, o que traduz inegável garantia à manutenção da subsistência da pessoa com deficiência e da pessoa idosa que faça parte do núcleo familiar"* ***(Tema Repetitivo 640 STJ, passagem do voto do relator).***

Assim como o fez o STF e o STJ, conforme acima demonstrado, a exclusão será dará apenas de "*benefício de prestação continuada* ***ou*** *o benefício previdenciário no valor de até 1 (um) salário-mínimo concedido a idoso acima de 65 (sessenta e cinco) anos de idade* ***ou*** *pessoa com deficiência*".

Em nenhum momento o legislador buscou transbordar a posição da Suprema Corte, e sim positivá-la com o objetivo de pacificar o tema. Nesse sentido, o texto legal consigna que o BPC **OU** o benefício previdenciário no valor de até 1 (um) salário-mínimo concedido a idoso acima de 65 (sessenta e cinco) anos de idade **OU** pessoa com deficiência será excluído, **o que não implica em adição**. Com o advento da **Portaria INSS/PRES 1635, de 14/12/2023**, este posicionamento foi incorporado pelo INSS, sendo previsto que "em caso de acumulação de benefícios por um mesmo titular, para fins de aplicação do disposto no § 14 do art. 20 da Lei nº 8.742, de 7 de dezembro de 1993, deverá ser desconsiderado no cálculo da renda familiar mensal per capita a renda proveniente de um único benefício de prestação continuada de natureza assistencial ou previdenciária, cujo valor não ultrapasse o salário mínimo".

Ademais, **a expressão foi conjugada no singular**, e não do plural, de modo que a lei deixa clara que teremos apenas a exclusão de um benefício de renda mínima recebido por idoso ou pessoa com deficiência.

Nesse sentido o TRF da 3ª Região:

Tipo

Acórdão

Número

0000503-79.2017.4.03.9999 ..PROCESSO_ANTIGO: ..PROCESSO_ANTIGO_FORMATADO:

00005037920174039999

Classe

APELAÇÃO / REMESSA NECESSÁRIA ..SIGLA_CLASSE: ApelRemNec

Relator(a)

Desembargador Federal CARLOS EDUARDO DELGADO

Relator para Acórdão

..RELATORC:

Origem

TRF - TERCEIRA REGIÃO

Órgão julgador

7ª Turma

Data

30/09/2020

Data da publicação

06/10/2020

Fonte da publicação

e - DJF3 Judicial 1 DATA: 06/10/2020 ..FONTE_PUBLICACAO1: ..FONTE_PUBLICACAO2: ..FONTE_PUBLICACAO3:

Ementa

EMENTA EMBARGOS DE DECLARAÇÃO. PROCESSUAL CIVIL. PREVIDENCIÁRIO. OBSCURIDADE, CONTRADIÇÃO E OMISSÃO. INOCORRÊNCIA. EVIDENTE NATUREZA INFRINGENTE. IMPOSSIBILIDADE. RECURSO DESPROVIDO. 1 - Inexistência de obscuridade, contradição ou omissão na decisão embargada, nos moldes do art. 1.022, I e II, CPC. 2 - Inadmissibilidade de reexame da causa, por meio de embargos de declaração, para conformar o julgado ao entendimento da parte embargante. Natureza nitidamente infringente. 3 - Embargos de declaração da parte autora não providos.

Decisão

APELAÇÃO / REMESSA NECESSÁRIA (1728) Nº 0000503-79.2017.4.03.9999 RELATOR: Gab. 25 - DES. FED. CARLOS DELGADO APELANTE: IRACI

JARDIM DE SOUZA LIMA, INSTITUTO NACIONAL DO SEGURO SOCIAL - INSS Advogado do(a) APELANTE: JOSE ANTONIO SOARES NETO - MS-8984-A APELADO: IRACI JARDIM DE SOUZA LIMA, INSTITUTO NACIONAL DO SEGURO SOCIAL - INSS Advogado do(a) APELADO: JOSE ANTONIO SOARES NETO - MS8984-A OUTROS PARTICIPANTES: APELAÇÃO / REMESSA NECESSÁRIA (1728) Nº 0000503-79.2017.4.03.9999 RELATOR: Gab. 25 - DES. FED. CARLOS DELGADO APELANTE: IRACI JARDIM DE SOUZA LIMA, INSTITUTO NACIONAL DO SEGURO SOCIAL - INSS Advogado do(a) APELANTE: JOSE ANTONIO SOARES NETO - MS8984-A APELADO: IRACI JARDIM DE SOUZA LIMA, INSTITUTO NACIONAL DO SEGURO SOCIAL - INSS Advogado do(a) APELADO: JOSE ANTONIO SOARES NETO - MS8984-A OUTROS PARTICIPANTES: R E L A T Ó R I O O EXMO. SENHOR DESEMBARGADOR FEDERAL CARLOS DELGADO (RELATOR): Trata-se de embargos de declaração opostos por IRACI JARDIM DE SOUZA LIMA, contra o v. acórdão, proferido pela 7ª Turma, que, por unanimidade, não conheceu da remessa necessária, deu provimento à apelação autárquica para julgar improcedente o pedido, restando prejudicada a análise da sua apelação (ID 107538403, p. 283-286, e ID 107538404, p. 01-16). Em razões recursais, a embargante sustenta a ocorrência de contradição no julgado, uma vez que este destaca a necessidade de exclusão do computo na renda familiar dos valores percebidos, a título de benefício previdenciário no importe de um salário mínimo, por pessoas com mais de 65 (sessenta e cinco) anos e, ainda assim considera os valores de uma das benesses recebidas por sua irmã, que se enquadra na situação de exclusão supra. Alega, ainda, que o quadro fático apurado pelo estudo social em meados de 2013 se modificou, devendo ser realizado nova prova técnica. Requer, por conseguinte, o reconhecimento da sua hipossuficiência econômica, para fins de concessão de benefício assistencial (ID 123786234). Por fim, prequestiona a matéria. É o relatório. APELAÇÃO / REMESSA NECESSÁRIA (1728) Nº 0000503-79.2017.4.03.9999 RELATOR: Gab. 25 - DES. FED. CARLOS DELGADO APELANTE: IRACI JARDIM DE SOUZA LIMA, INSTITUTO NACIONAL DO SEGURO SOCIAL - INSS Advogado do(a) APELANTE: JOSE ANTONIO SOARES NETO - MS8984-A APELADO: IRACI JARDIM DE SOUZA LIMA, INSTITUTO NACIONAL DO SEGURO SOCIAL - INSS Advogado do(a) APELADO: JOSE ANTONIO SOARES NETO - MS8984-A OUTROS PARTICIPANTES: V O T O O EXMO. SENHOR DESEMBARGADOR FEDERAL CARLOS DELGADO (RELATOR): O julgado embargado não apresenta qualquer obscuridade, contradição ou omissão, nos moldes disciplinados pelo art. 1.022, I e II, do Código de Processo Civil, tendo a Turma Julgadora enfrentado regularmente a matéria de acordo com o entendimento então adotado. Com efeito, o v. acórdão expressamente consignou (ID 107538404, p. 01-08): "(...) Já no que diz respeito ao limite de ¼ do salário mínimo per capita como critério objetivo para comprovar a condição de miserabilidade, anoto que o Plenário do Supremo Tribunal Federal, no julgamento da Reclamação nº 4374/PE, reapreciou a decisão proferida em sede de controle concentrado de constitucionalidade (ADI nº 1.232-1/DF), declarando a inconstitucionalidade parcial, sem pronúncia de nulidade, do art. 20, § 3º, da Lei nº 8.742/93. (...) Entretanto, interpretando tal decisão, chega-se à conclusão de que a Lei Assistencial, ao fixar a renda per capita, estabeleceu uma presunção da condição de miserabilidade, não sendo vedado comprovar a insuficiência de recursos para prover a manutenção do deficiente ou idoso por outros meios de prova. Tal entendimento descortina a possibilidade do exame do requisito atinente à hipossuficiência econômica pelos já referidos "outros meios de prova". A questão, inclusive, levou o Colendo Superior Tribunal de Justiça a sacramentar a discussão por meio da apreciação da matéria em âmbito de recurso representativo de controvérsia repetitiva assim ementado: "RECURSO ESPECIAL REPETITIVO. ART. 105, III, ALÍNEA C DA CF. DIREITO PREVIDENCIÁRIO. BENEFÍCIO ASSISTENCIAL. POSSIBILIDADE DE DEMONSTRAÇÃO DA CONDIÇÃO DE MISERABILIDADE DO BENEFICIÁRIO POR OUTROS MEIOS DE PROVA, QUANDO A RENDA PER CAPITA DO NÚCLEO FAMILIAR FOR SUPERIOR A 1/4 DO SALÁRIO MÍNIMO. RECURSO ESPECIAL PROVIDO. 1. A CF/88 prevê em seu art. 203, caput e inciso V a garantia de um salário mínimo de benefício mensal, independente de contribuição à Seguridade Social, à pessoa portadora de deficiência e ao idoso que comprovem não possuir meios de prover à própria manutenção ou de tê-la provida por sua família, conforme dispuser a lei. 2. Regulamentando o comando constitucional, a Lei 8.742/93, alterada pela Lei 9.720/98, dispõe que será devida a concessão de benefício assistencial aos idosos e às pessoas portadoras de deficiência que não possuam meios de prover à própria manutenção, ou cuja família possua renda mensal per capita inferior a 1/4 (um quarto) do salário mínimo. (...) 5. A limitação do valor da renda per capita familiar não deve ser considerada a única forma de se comprovar que a pessoa não possui outros meios para prover a própria manutenção ou de tê-la provida por sua família, pois é apenas um elemento objetivo para se aferir a necessidade, ou seja, presume-se absolutamente a miserabilidade quando comprovada a renda per capita inferior a 1/4 do salário mínimo. 6. Além disso, em âmbito judicial vige o princípio do livre convencimento motivado do Juiz (art. 131 do CPC) e não o sistema de tarifação legal de provas, motivo pelo qual essa delimitação do valor da renda familiar per capita não deve ser tida como único meio de prova da condição de miserabilidade do beneficiado. De fato, não se pode admitir a vinculação do Magistrado a determinado elemento probatório, sob pena de cercear o seu direito de julgar. 7. Recurso Especial provido." (REsp nº 1.112.557/MG, Relator Ministro Napoleão Nunes Maia Filho, Terceira Seção, DJ 20/11/2009). (grifos nossos). (...) Pleiteia a autora a concessão de benefício assistencial, uma vez que, segundo alega, é incapaz e não possui condições de manter seu próprio sustento ou de tê-lo provido por sua família. A requerente encontra-se interditada civilmente, conforme cópia da sentença acostada às fls. 23/23-verso dos autos, de modo que incontroverso seu impedimento de longo prazo. Todavia, não restou demonstrada a hipossuficiência econômica. O estudo social, elaborado com base em visita realizada na residência da demandante, em 09 de maio 2013 (fls. 124/128), informou que o núcleo familiar é formado por esta e sua irmã. Residem em casa própria, em estado de conservação ruim, e "composta por 03 quartos, sala, cozinha e banheiro. Para ampliação da residência, onde foram construídos a cozinha, um quarto e a varanda, foi preciso realizar um empréstimo, o qual ainda está sendo quitado. Assim como a mobília, os eletrodomésticos também são escassos e simples: 01 geladeira, 01 televisão, 01 fogão, 01 televisão 14 polegadas e 01 máquina de lavar roupas (tankinho)". A renda do núcleo familiar decorria, na época do estudo, da pensão por morte percebida pela irmã da requerente, NEUSA JARDIM DE SOUZA, no valor de um salário mínimo. Todavia, informações extraídas do Cadastro Nacional de Informações Sociais - CNIS e do Sistema Único de Benefícios/DATAPREV, as quais ora faço anexar aos autos, dão conta que a irmã da autora, percebe outro benefício previdenciário, qual seja, de aposentadoria por idade, também no mínimo legal. As despesas, envolvendo gastos com alimentação, gás, energia elétrica, água, fármacos, vestuário, plano de assistência familiar e parcelas de financiamento, cingiam a aproximadamente R$895,00. Portanto, a renda per capita familiar na época do estudo era de 1 salário mínimo, superior ao parâmetro jurisprudencial de miserabilidade (1/2 do salário mínimo), além de, na sua integralidade (R$1.356,00), ser suficiente para com todos os gastos. Alie-se, como elemento de convicção, a afastar a vulnerabilidade alegada, o fato de que despendem valores com plano de assistência familiar. Quando da cessação do beneplácito da autora, na via administrativa, consta que esta residia, naquele momento (23/10/2006), com mais 3 (três) irmãos (fl. 31). Embora estes, de fato, não fazem mais parte do núcleo familiar daquela, destaco que o benefício assistencial de prestação continuada existe para auxiliar a sobrevivência das pessoas portadoras de incapacidade, por idade avançada, ou outras restrições físicas ou psíquicas para o trabalho e que não possuam parentes próximos em condições de lhes prover o sustento. O dever, portanto, é, em primeiro lugar, da família. Por fim, repisa-se que o imóvel em que a família reside, a despeito de não estar nas melhores condições de conservação, é próprio e foi ampliado pelos seus integrantes. Por todo o exposto, em minuciosa análise do conjunto fático probatório, verifico que o núcleo familiar não se enquadra na concepção legal de hipossuficiência econômica, não fazendo, portanto, a autora, jus ao beneplácito assistencial. É preciso que reste claro ao jurisdicionado que o benefício assistencial da prestação continuada é auxílio que deve ser prestado pelo Estado, portanto, por toda a sociedade, in extremis, ou seja, nas específicas situações que preencham os requisitos legais estritos, bem como se e quando a situação de quem o pleiteia efetivamente o recomende, no que se refere ao pouco deixado pelo legislador para a livre interpretação do Poder Judiciário. Ainda que o magistrado sensibilize-se com a situação apresentada pela parte autora e compadeça-se com a horripilante realidade a que são submetidos os trabalhadores em geral, não pode determinar à Seguridade a obrigação de pagamento de benefício, que independe de contribuição, ou seja, cujo custeio sairá da receita do órgão pagador - contribuições previdenciárias e sociais - e cujos requisitos mínimos não foram preenchidos, sob pena de criar perigoso precedente que poderia causar de vez a falência do já cambaleado Instituto Securitário. Repito que o benefício em questão, que independe de custeio, não se destina à complementação da renda familiar baixa e a sua concessão exige do julgador exerça a ingrata tarefa de distinguir faticamente entre as situações de pobreza e de miserabilidade, eis que tem por finalidade precípua prover a subsistência daquele que o requer. Ante o exposto, não conheço da remessa necessária e dou provimento à apelação do INSS para reformar a r. sentença de 1º grau de jurisdição e, com isso, julgar improcedente o pedido deduzido na inicial, restando prejudicado o apelo da parte autora (...)" (grifos nossos). Saliento, porque de todo oportuno, que eventual alegação de agravamento do quadro socioeconômico e concessão de nova benesse, por se tratar de situação fática diversa, deve ser objeto de novo pedido administrativo ou judicial, sob pena de eternização desta lide. **Saliento, ainda, que o fato de a irmã da autora perceber duas benesses no valor de um salário mínimo faz com que seus rendimentos sejam, por óbvio, de dois salários mínimos, a ela não se aplicando o disposto no**

parágrafo único do art. 34, do Estatuto do Idoso, nem a interpretação analógica realizada pelos Tribunais Superiores do dispositivo. Por outro lado, verifica-se que o presente recurso pretende rediscutir matéria já decidida por este Tribunal, emprestando-lhe indevida natureza infringente, o que não é possível em sede de declaratórios. Precedentes: 3ª Seção, EDcl em EDcl em EInf nº 0006055-03.2012.4.03.6183, Rel. Des. Fed. Tânia Marangoni, j. 28/05/2015, DJe 11/06/2015; TRF3, 7ª Turma, APELREEX 0001070-88.2012.4.03.6183, Rel. Des. Fed. Fausto de Sanctis, j. 30/11/2015, DJe 03/12/2015. Cumpre observar que os embargos de declaração têm a finalidade de esclarecer obscuridades, contradições e omissões da decisão, acaso existentes. Não é instrumento processual viável à manifestação de inconformismo, rediscussão do julgado ou, ainda, prequestionar matéria para interposição de recursos especial ou extraordinário, ausentes as hipóteses delineadas no art. 1.022, I e II, do Código de Processo Civil. Precedentes: STJ, EDcl no AgRg no RMS 45707, Rel. Min. Felix Fischer, j. 09/06/2015 e EDcl no Ag 1104774/RS, Rel. Min. Nefi Cordeiro, j. 07/08/2014, DJe 22/08/2014. Ante o exposto, nego provimento aos embargos de declaração da parte autora. É como voto. E M E N T A EMBARGOS DE DECLARAÇÃO. PROCESSUAL CIVIL. PREVIDENCIÁRIO. OBSCURIDADE, CONTRADIÇÃO E OMISSÃO. INOCORRÊNCIA. EVIDENTE NATUREZA INFRINGENTE. IMPOSSIBILIDADE. RECURSO DESPROVIDO. 1 - Inexistência de obscuridade, contradição ou omissão na decisão embargada, nos moldes do art. 1.022, I e II, CPC. 2 - Inadmissibilidade de reexame da causa, por meio de embargos de declaração, para conformar o julgado ao entendimento da parte embargante. Natureza nitidamente infringente. 3 - Embargos de declaração da parte autora não providos. ACÓRDÃO Vistos e relatados estes autos em que são partes as acima indicadas, a Sétima Turma, por unanimidade, decidiu negar provimento aos embargos de declaração da parte autora, nos termos do relatório e voto que ficam fazendo parte integrante do presente julgado.

Tipo

Acórdão

Número

0023146-94.2018.4.03.9999 ..PROCESSO_ANTIGO: ..PROCESSO_ANTIGO_FORMATADO: 00231469420184039999

Classe

APELAÇÃO CÍVEL ..SIGLA_CLASSE: ApCiv

Relator(a)

Desembargador Federal CARLOS EDUARDO DELGADO

Relator para Acórdão

RELATORC:

Origem

TRF - TERCEIRA REGIÃO

Órgão julgador

7ª Turma

Data

13/05/2021

Data da publicação

20/05/2021

Fonte da publicação

Intimação via sistema DATA: 20/05/2021 ..FONTE_PUBLICACAO1: ..FONTE_PUBLICACAO2: ..FONTE_PUBLICACAO3:

Ementa

APELAÇÃO CÍVEL (198) Nº 0023146-94.2018.4.03.9999 RELATOR: Gab. 25 - DES. FED. CARLOS DELGADO APELANTE: VALDIR CORREA DE ALBUQUERQUE, INSTITUTO NACIONAL DO SEGURO SOCIAL - INSS Advogado do(a) APELANTE: SERGIO ALVES LEITE - SP225113-N APELADO: INSTITUTO NACIONAL DO SEGURO SOCIAL - INSS, VALDIR CORREA DE ALBUQUERQUE Advogado do(a) APELADO: SERGIO ALVES LEITE - SP225113-N OUTROS PARTICIPANTES: TERCEIRO INTERESSADO: MAURO CORREA DE ALBUQUERQUE ADVOGADO do(a) TERCEIRO INTERESSADO: SERGIO ALVES LEITE - SP225113-N V O T O PROCESSUAL CIVIL. CONSTITUCIONAL. ASSISTÊNCIA SOCIAL. BENEFÍCIO DE PRESTAÇÃO CONTINUADA AO IDOSO E À PESSOA COM DEFICIÊNCIA. ART. 203, V, DA CONSTITUIÇÃO FEDERAL. BENEFÍCIO DE VALOR MÍNIMO PAGO AO IDOSO. EXCLUSÃO. ART. 34, PARÁGRAFO ÚNICO, DA LEI Nº 10.741/03. APLICAÇÃO POR ANALOGIA. PRECEDENTES JURISPRUDENCIAIS DO STJ (REPRESENTATIVO DE CONTROVÉRSIA). STF. DECLARAÇÃO DE INCONSTITUCIONALIDADE DO § 3º DO ART. 20 DA LEI Nº 8.472/93, SEM PRONÚNCIA DE NULIDADE. IMPOSSIBILIDADE DE APLICAÇÃO ISOLADA. ANÁLISE DA MISERABILIDADE EM CONJUNTO COM DEMAIS FATORES. IMPEDIMENTO DE LONGO PRAZO INCONTROVERSO. HIPOSSUFICIÊNCIA ECONÔMICA DEMONSTRADA. RENDA PER CAPITA FAMILIAR DE METADE DO SALÁRIO MÍNIMO. LIMITE DO PARÂMETRO JURISPRUDENCIAL DE MISERABILIDADE. DIFICULDADES FINANCEIRAS EVIDENCIADAS COM ALIMENTAÇÃO E GASTOS COM SAÚDE. BENEFÍCIO CONCEDIDO ATÉ ÓBITO DO GENITOR. PENSÃO. MODIFICAÇÃO DA RENDA DA FAMÍLIA. DIB. DATA DA CITAÇÃO. HONORÁRIOS ADVOCATÍCIOS. APELAÇÃO DO INSS PARCIALMENTE PROVIDA E APELAÇÃO DA PARTE AUTORA DESPROVIDA. 1 - O art. 203, V, da Constituição Federal instituiu o benefício de amparo social, assegurando o pagamento de um salário mínimo mensal à pessoa com deficiência e ao idoso que comprovem não possuir meios de prover à própria manutenção ou de tê-la provida por sua família. 2 - A Lei nº 8.742/93 e seus decretos regulamentares estabeleceram os requisitos para a concessão do benefício, a saber: pessoa deficiente ou idoso com 65 anos ou mais e que comprove possuir renda familiar per capita inferior a ¼ do salário mínimo. 3 - Pessoa com deficiência é aquela incapacitada para a vida independente e para o trabalho, em decorrência de impedimentos de longo prazo de natureza física, mental, intelectual ou sensorial, os quais, em interação com uma ou mais barreiras, podem obstruir sua participação plena e efetiva na sociedade em igualdade de condições com as demais pessoas, na dicção do art. 20, §2º, com a redação dada pela Lei nº 13.146, de 06 de julho de 2015. 4 - A Lei Assistencial, ao fixar a renda per capita, estabeleceu uma presunção da condição de miserabilidade, não sendo vedado comprovar a insuficiência de recursos para prover a manutenção do deficiente ou idoso por outros meios de prova. Precedente jurisprudencial do Superior Tribunal de Justiça em sede de recurso representativo de controvérsia. 5 - No que diz respeito ao limite de ¼ do salário mínimo per capita como critério objetivo para comprovar a condição de miserabilidade, o Plenário do Supremo Tribunal Federal, no julgamento da Reclamação nº 4374/PE, reapreciou a decisão proferida em sede de controle concentrado de constitucionalidade (ADI nº 1.232-1/DF), declarando a inconstitucionalidade parcial, sem pronúncia de nulidade, do art. 20, § 3º, da Lei nº 8.742/93. 6 - Todavia, a mera aplicação do referido dispositivo não enseja, automaticamente, a concessão do benefício, uma vez que o requisito da miserabilidade não pode ser analisado tão somente levando-se em conta o valor per capita, sob pena de nos depararmos com decisões completamente apartadas da realidade. Destarte, a ausência, ou presença, desta condição econômica deve ser aferida por meio da análise de todo o conjunto probatório. 7 - Pleiteia a parte autora a concessão de benefício assistencial, uma vez que, segundo alega, é incapaz e não possui condições de manter seu próprio sustento ou de tê-lo provido por sua família. 8 - O requisito impedimento de longo prazo restou incontroverso nos autos, na medida em que o INSS não impugnou o capítulo da sentença que o reconheceu. 9 - O estudo social, elaborado com base em visita realizada na casa do demandante, em 30 de janeiro de 2014 (ID 103325142, p.55/65), informou que o núcleo familiar era formado por este, seus genitores e o seu irmão. 10 - Residem em casa própria, de alvenaria, na zona rural de Ibiúna, distante 15Km do centro. A moradia é "constituída de uma varanda, uma cozinha, uma sala, um banheiro, área de serviço externa. Não tem forro, o piso é revestido de lajota." 11 - A renda da família, segundo informado à assistente social, decorria dos proventos de aposentadoria recebidos pelos genitores do requerente, no valor de um salário mínimo cada (R$ 724,00), totalizando o valor de R$ 1.448,00. O irmão apenas trabalhava quando havia serviço disponível, na função de tratorista, sendo citado que naquele mês "não havia conseguido nenhum trabalho eventual". 12 - Nota-se, portanto, que a renda per capita familiar estaria no limite do parâmetro jurisprudencial de miserabilidade, de metade de um salário mínimo. 13 - Apurou-se que não recebiam nenhuma espécie de auxílio assistencial federal, estadual ou municipal, tampouco o auxílio financeiro de terceiros. 14 - Por ocasião da visita, constatou-se que "a família dispõe apenas do mínimo necessário para a alimentação: arroz, feijão, banana, leite. Não foi observada a presença de variedades na alimentação do dia a dia da família". As compras são realizadas na cidade, uma vez por mês, por meio de ajuda de um parente, que empresta o carro para o irmão do requerente. 15 - Segundo a mãe do autor, "em função da miserabilidade não consegue adquirir os medicamentos de uso contínuo de seu marido Laurentino", sendo que "os medicamentos sempre estão em falta na farmácia do SUS, levando o casal a adquiri-los em farmácia particular". 16 - Alie-se, como elemento de convicção, a corroborar a vulnerabilidade social da família, o fato de que os pais do autor contavam com 76 (setenta e seis) e 74 (setenta e quatro) anos de idade à época do estudo, já apresentando problemas crônicos de saúde, sendo inclusive expressamente registrado na visita que o genitor do autor "é o que apresenta pior condição física: está confuso e não consegue verbalizar com clareza os seus pensamentos". 17 - **Ocorre que, antes mesmo da prolação da sentença, consoante demonstrado nos autos, o pai do autor veio a óbito, em 08/01/2016 (ID 103325142 - p. 130), passando a mãe do postulante a receber, além de sua aposentadoria, pensão por morte previdenciária, mantida, portando, a renda de dois salários mínimos. 18 - Tal situação acaba por alterar o retrato do contexto familiar que vinha sendo traçado até então, já que os rendimentos per capta passam a 2/3 do salário mínimo, sem contabilizar eventual ganho adicional auferido pelo irmão do requerente, afastando a partir de tal data a miserabilidade.** 19 - Por todo o exposto, em minuciosa análise do conjunto fático probatório, verifica-se que o núcleo familiar se enquadra na concepção legal de hipossuficiência econômica, fazendo, portanto, a parte autora, jus ao benefício assistencial até a data do óbito do genitor do demandante. 20 - Acerca do termo inicial do benefício, firmou-se consenso na jurisprudência que este se dá na data do requerimento administrativo, se houver, ou na data da citação, na sua inexistência. (AgRg no REsp 1532015/SP, Rel. Ministro HUMBERTO MARTINS, SEGUNDA TURMA, julgado em 04/08/2015, DJe 14/08/2015)." No caso em exame, a discussão não está restrita simplesmente à existência do requerimento administrativo para a fixação da DIB. Isto porque a cessação do benefício, no ano de 2008, trouxe por justificativa a concessão de aposentadoria pelo pai do requerente, como informado na inicial, trazendo novo cenário fático à época. Na ocasião, a renda da família passou para 2 (dois) salários mínimos para a subsistência de três pessoas, consoante se observa do julgamento do recurso na esfera administrativa (ID 103325142 - p. 23), o que também não se enquadraria na concepção de miserabilidade econômica. Sem provas adicionais que afastam tal constatação, desta feita, de rigor a manutenção da DIB na data da citação. 21 - O benefício assistencial de prestação continuada é auxílio que deve ser prestado pelo Estado, portanto, por toda a sociedade, in extremis, ou seja, nas específicas situações que preencham os requisitos legais estritos, bem como se e quando a situação de quem o pleiteia efetivamente o recomende, no que se refere ao pouco deixado pelo legislador para a livre interpretação do Poder Judiciário. 22 - Ainda que o magistrado sensibilize-se com a situação apresentada pela parte autora e compadeça-se com a horripilante realidade a que são submetidos os trabalhadores em geral, não pode determinar à Seguridade a obrigação de pagamento de benefício, que independe de contribuição, ou seja, cujo custeio sairá da receita do órgão pagador - contribuições previdenciárias e sociais - e cujos requisitos mínimos não foram preenchidos, sob pena de criar perigoso precedente que poderia causar de vez a falência do já cambaleado Instituto Securitário. 23 - O legislador não criou programa de renda mínima. Até porque a realidade econômico--orçamentária nacional não suportaria o ônus financeiro disto. Frisa-se que o dever de prestar a assistência social, por meio do pagamento pelo Estado de benefício no valor de um salário mínimo, encontra-se circunspecto àqueles que se encontram em situação de miserabilidade, ou seja, de absoluta carência, situação essa que evidencia que a sobrevivência de quem o requer, mesmo com o auxílio de outros programas sociais, como fornecimento gratuito de medicamentos e tratamentos de saúde pela rede pública, não são suficientes a garantir o mínimo existencial. 24 - O benefício em questão, que independe de custeio, não se destina à complementação da renda familiar baixa e a sua concessão exige do julgador exerça a ingrata tarefa de distinguir faticamente entre as situações de pobreza e de miserabilidade, eis que tem por finalidade precípua prover a subsistência daquele que o requer. 25 - Quanto aos honorários advocatícios, é inegável que as condenações pecuniárias da autarquia previdenciária são suportadas por toda a sociedade, razão pela qual a referida verba deve, por imposição legal (art. 85, §§2° e 3°, CPC), ser fixada moderadamente, o que restou perfeitamente atendido com o percentual de 10% (dez por cento) estabelecido na sentença, devendo o mesmo incidir sobre o valor das parcelas vencidas até a data da prolação da sentença, consoante o verbete da Súmula 111 do Superior Tribunal de Justiça. 26 - O termo ad quem a ser considerado continua sendo a data da prolação da sentença, ainda que reformada. E isso se justifica pelo princípio constitucional da isonomia. Explica-se. Na hipótese de procedência do pleito em 1° grau de jurisdição e sucumbência da autarquia previdenciária, o trabalho do patrono, da mesma forma que no caso de improcedência, perdura enquanto não transitada em julgado a decisão final. O que altera são, tão somente, os papéis exercidos pelos atores judiciais que, dependendo da sorte do julgamento, ocuparão polos distintos em relação ao que foi decidido. Portanto, não se considera lógico e razoável referido discrímen, a ponto de justificar o pleiteado tratamento diferenciado, agraciando com maior remuneração profissionais que exercem suas funções em 1° e 2° graus com o mesmo empenho e dedicação. 27 - Apelação do INSS parcialmente provida e apelação da parte autora desprovida.

Destarte, se a pessoa idosa ou com deficiência for titular de uma aposentadoria e de uma pensão por morte, ambas no valor de um salário mínimo, o INSS deverá excluir da renda familiar apenas um dos benefícios, e não os dois.

Por esse motivo, a posição administrativa foi alterada em outubro de 2021 com lastro em manifestação da Procuradoria Federal Especializada do INSS (Nota 127/2021) e da Consultoria do Ministério da Cidadania (Parecer 752/2021), devendo haver a exclusão de apenas um benefício de renda mínima.

A Lei 13.982/2020 limitou a vigência do critério da renda *per capita* familiar de **ATÉ** ¼ do salário mínimo até 31/12/2020. Daí adviria uma lacuna normativa a contar de 01/01/2021, diante do veto presidencial ao inciso II, pois inexistiria critério objetivo a contar de 2021.

IMPORTANTE!

Nesse sentido, foi publicada em 31/12/2020 a MP 1.023, fixando como critério permanente de miserabilidade a contar de 2021 a renda *per capita* familiar **INFERIOR** a ¼ do salário mínimo, impedindo a concretização da citada lacuna normativa.

Houve um injustificável retrocesso em comparação ao critério anterior, pois a MP 1.023/2020 deveria ter conservado por segurança jurídica o mesmo critério anterior (**até** ¼ do salário mínimo) e não retrocedido (**inferior** a ¼ do salário mínimo), mesmo porque este último parâmetro objetivo de aferição de miserabilidade já havia sido pronunciado inconstitucional pelo STF em controle difuso de constitucionalidade.

Ademais, o critério legal de miserabilidade foi fixado na renda familiar per capita de até ¼ do salário mínimo até 31/12/2020, deixando uma lacuna legal para os anos subsequentes.

O tema foi regulamentado pela **Portaria INSS/DIRBEN 374/2020**:

PORTARIA Nº 374, DE 5 DE MAIO DE 2020

Dispõe sobre os procedimentos a serem aplicados com a alteração da Lei Orgânica da Assistência Social pela Lei nº 13.982, de 2020, e cumprimento de Ação Civil Pública

O DIRETOR DE BENEFÍCIOS DO INSTITUTO NACIONAL DO SEGURO SOCIAL - INSS, no uso das atribuições que lhe confere o Decreto nº 9.746, de 8 de abril de 2019, e considerando o constante no Processo SEI nº 35014.100241/2020-35, resolve:

Art. 1º Disciplinar os procedimentos aplicados ao reconhecimento do direito ao Benefício de Prestação Continuada (BPC/LOAS) em decorrência das alterações promovidas pela Lei nº 13.982, de 02 de abril de 2020, bem como compatibilizá-los com as Ações Civis Públicas (ACP) em vigor.

§ 1º As alterações promovidas pela Lei nº 13.982/2020 aplicam-se aos pedidos de benefício com Data de Entrada do Requerimento - DER a partir da data de sua publicação.

§ 2º Para os benefícios pendentes de análise, com DER anterior a 02 de abril de 2020, deve ser garantida a reafirmação da DER, se mais vantajosa.

Art. 2º A partir de 2 de abril de 2020, os valores recebidos por componentes do grupo familiar, idoso, acima de 65 (sessenta e cinco) anos de idade, ou pessoa com deficiência, de BPC/LOAS ou de benefício previdenciário de até um salário-mínimo, ficam excluídos da aferição da renda familiar mensal per capita para fins de análise do direito ao BPC/LOAS.

§ 1º A aplicação do *caput* dispensa a operacionalização no sistema de benefício (PRISMA) para aplicação das ações civis públicas com o mesmo objeto.

§ 2º Na hipótese em que, mesmo aplicada a desconsideração prevista no *caput*, da renda familiar mensal per capita permanecer em valor igual ou superior a um quarto (1/4) do salário-mínimo, ainda caberá a aplicação de ACP que possua regras com maior extensão que as definidas no § 3º deste artigo.

§ 3º Para fins do disposto no *caput*, até que haja regulamentação da alteração na Lei nº 8.742/1990, considera-se o benefício assistencial à pessoa com deficiência (Espécie 87), a aposentadoria por idade e a por tempo de contribuição prevista pela Lei Complementar nº 142/2013 (Espécies 41 e 42).

§ 4º Nas hipóteses de incidência de ACP, cujo escopo foi apenas parcialmente atendido pela previsão do *caput*, devem ser observados os demais elementos que compõem a determinação judicial.

Art. 3º As demais ACP, cujo escopo não se relacionam com a previsão do *caput* do art. 2º, permanecem vigentes, com aplicação inalterada.

Art. 4º Excetuados os elementos previstos nas ACP, em todos os casos, é necessário verificar os demais requisitos para a concessão de BPC/LOAS.

Art. 5º A aplicação do art. 20-A da Lei Orgânica de Assistência Social - LOAS, que trata da extensão da renda per capita para meio (1/2) salário-mínimo, dependerá de regulamentação para sua aplicação, conforme disposto na própria Lei.

Art. 6º Os sistemas de benefício serão adaptados à aplicação do contido nesta Portaria.

§ 1º Os benefícios com DER a partir de 2 de abril de 2020, que dependam exclusivamente da aplicação do previsto pelo art. 2º desta Portaria para o reconhecimento do direitos (*sic*), deverão ficar sobrestados até a adequação.

§ 2º Quando houver o enquadramento do requerimento em uma ACP, que trate sobre a apuração da renda per capita, na qual se dispense a necessidade de aplicação do art. 2º desta Portaria para o reconhecimento do direito, as análises poderão ser concluídas.

Art. 7º Esta Portaria entra em vigor na data de sua publicação.

Inicialmente, a Lei 13.982/2020 optou por adotar critério de miserabilidade quando a *"renda mensal per capita seja:* ***igual*** *ou inferior a 1/4 (um quarto) do salário-mínimo, até 31 de dezembro de 2020"*.

Houve, portanto, **a substituição do critério de ½ introduzido pela Lei 13.981/2020, que já havia sido suspenso pelo STF na ADPF 662 até a adoção das exigências para cumprimento da regra de contrapartida**.

A inovação é que o critério originário previa a renda per capita familiar **inferior** a ¼ do salário mínimo e agora o novel critério é para a renda familiar *per capita* **igual ou inferior** a ¼ do salário mínimo.

Desta forma, o requerente idoso ou deficiente de longo prazo com renda *per capita* familiar com valor equivalente a ¼ do salário mínimo passou a fazer jus ao BPC/LOAS.

A Lei 13.982/2020 limitou a vigência do critério da renda *per capita* familiar de **ATÉ** ¼ do salário mínimo até 31/12/2020. Daí adviria uma lacuna normativa a contar de 01/01/2021, diante do veto presidencial ao inciso II, pois inexistiria critério objetivo a contar de 2021.

Nesse sentido, foi publicada em **31/12/2020** a **MP 1.023**, fixando como critério permanente de miserabilidade a contar de 2021 a renda *per capita* familiar **INFERIOR** a ¼ do salário mínimo, impedindo a concretização da citada lacuna normativa.

Após cerca de sete anos, esse novel dispositivo veio a atender a pronúncia de inconstitucionalidade sem redução de texto do parágrafo único do artigo 34 do Estatuto da Pessoa Idosa, proferida pelo STF em controle difuso no julgamento do **RE 580.963**, de 18/04/2013, com **publicação em 14/11/2013**.

Isso porque já existia previsão similar em favor do idoso titular do BPC no Estatuto da Pessoa Idosa (Lei 10.741/2003).

Logo, a Lei 13.982/2020 apenas veio suprir uma omissão parcial do legislador declarada incompatível com a Constituição de 1988 pelo STF, estendendo a regra já existente no Estatuto da Pessoa Idosa em favor de deficientes titulares de BPC e pessoas idosas acima de 65 anos com benefício previdenciário com renda de até um salário mínimo.

Pelo texto da Lei 13.982/2020, note-se que o BPC/LOAS percebido por pessoa idosa **ou qualquer benefício previdenciário percebido por segurado idoso a partir de 65 anos de idade no valor de até um salário mínimo** não será computado na renda *per capita* da família para fins de concessão de um BPC para idoso ou pessoa com deficiência.

Ademais, **qualquer benefício previdenciário concedido a pessoa com deficiência de longo prazo com renda de até um salário mínimo deve ser desconsiderado da renda *per capita* familiar**, pois o dispositivo claramente não traz limitação de benefícios pagos à pessoa com deficiência.

A regra é clara e indiscutível, devendo abarcar qualquer benefício previdenciário percebido por idoso acima de 65 anos de idade ou pessoa com deficiência, quer do RGPS, RPPS, previdência militar ou mesmo oriundo da previdência complementar.

Desta forma, **forçoso concluir que o texto originário do artigo 2º, §3º, Portaria DIRBEN 374/2020 é manifestamente restritivo e ilegal:**

> *"Art. 2º A partir de 2 de abril de 2020, os valores recebidos por componentes do grupo familiar, idoso, acima de 65 (sessenta e cinco) anos de idade, ou pessoa com deficiência, de BPC/LOAS ou de benefício previdenciário de até um salário-mínimo, ficam excluídos da aferição da renda familiar mensal per capita para fins de análise do direito ao BPC/LOAS.*
>
> *§ 1º A aplicação do caput dispensa a operacionalização no sistema de benefício (PRISMA) para aplicação das ações civis públicas com o mesmo objeto.*
>
> *§ 2º Na hipótese em que, mesmo aplicada a desconsideração prevista no caput, da renda familiar mensal per capita permanecer em valor igual ou superior a um quarto (1/4) do salário-mínimo, ainda caberá a aplicação de ACP que possua regras com maior extensão que as definidas no § 3º deste artigo.*
>
> ***§ 3º Para fins do disposto no caput, até que haja regulamentação da alteração na Lei nº 8.742/1990, considera-se o benefício assistencial à pessoa com deficiência (Espécie 87), a aposentadoria por idade e a por tempo de contribuição prevista pela Lei Complementar nº 142/2013 (Espécies 41 e 42).***
>
> *§ 4º Nas hipóteses de incidência de ACP, cujo escopo foi apenas parcialmente atendido pela previsão do caput, devem ser observados os demais elementos que compõem a determinação judicial".*

A alteração proposta continua com vício de legalidade no §3º, conquanto o §2º tenha sido corrigido para renda *per capita* em valor superior a ¼ do salário mínimo:

"Art. 2º A partir de 2 de abril de 2020, os valores recebidos de BPC/LOAS e de benefício previdenciário de até um salário-mínimo por componentes do grupo familiar idoso, acima de 65 (sessenta e cinco) anos de idade, ou pessoa com deficiência, ficam excluídos da aferição da renda familiar mensal per capita para fins de análise do direito ao BPC/LOAS." (NR) ....

"§ 2º Na hipótese em que, mesmo aplicada a desconsideração da renda familiar mensal per capita permanecer em valor superior a um quarto (1/4) do salário--mínimo, prevista no *caput*, ainda caberá a aplicação de ACP que possua regras com maior extensão que as definidas no § 3º deste argo.

§ 3º Para fins do disposto no caput, até que haja regulamentação da alteração na Lei nº 8.742/1993, considera-se benefício concedido à pessoa com deficiência, o benefício assistencial à pessoa com deficiência (Espécie 87), a aposentadoria por idade e a por tempo de contribuição previstas pela Lei Complementar nº 142/2013 (espécies 41 e 42)." *(NR)*

Desta forma, em nenhum momento a Lei 13.982/2020 limitou os benefícios previdenciários de até um salário mínimo percebidos pela pessoa com deficiência às aposentadorias regulamentadas na Lei Complementar 142/2013.

Suponha que um segurado com deficiência de longo prazo esteja em gozo de auxílio-doença/auxílio por incapacidade temporária no valor de um salário mínimo. Neste caso, a Portaria DIRBEN 374/2020 considera esse benefício na renda familiar em manifesta ilegalidade, atentando contra a Lei 13.982/2020.

Vale registrar que mesmo uma regulamentação provisória da lavra da Administração Pública de uma nova lei não tem o condão de restringi-la indevidamente gerando enorme e indevida judicialização fruto de indeferimentos administrativos ilícitos.

Outra questão que merece enfrentamento é o artigo 1º da Portaria DIRBEN 374/2020:

"Art. 1º Disciplinar os procedimentos aplicados ao reconhecimento do direito ao Benefício de Prestação Continuada (BPC/LOAS) em decorrência das alterações promovidas pela Lei nº 13.982, de 02 de abril de 2020, bem como compatibilizá-los com as Ações Civis Públicas (ACP) em vigor.

§ 1º As alterações promovidas pela Lei nº 13.982/2020 aplicam-se aos pedidos de benefício com Data de Entrada do Requerimento - DER a partir da data de sua publicação.

§ 2º Para os benefícios pendentes de análise, com DER anterior a 02 de abril de 2020, deve ser garantida a reafirmação da DER, se mais vantajosa".

Desde o julgamento do **RE 580.963**, de 18/04/2013, com **publicação em 14/11/2013,** é tema pacificado judicialmente e alvo de enormes demandas judiciais até hoje que o BPC deficiente e benefícios previdenciários de idosos acima de 65 anos de idade de até 1 salário mínimo devem ser retirados do cálculo da renda *per capita* familiar.

Nesse sentido, a Advocacia-Geral da União editou a Instrução Normativa 02/2014 com o seguinte conteúdo:

> ***"Art. 1º Fica autorizada a desistência e a não interposição de recursos das decisões judiciais que, conferindo interpretação extensiva ao parágrafo único do art. 34 da Lei nº 10.741/2003, determinem a concessão do benefício previsto no art. 20 da Lei nº 8.742/93,*** *nos seguintes casos:*
>
> *I) quando requerido por idoso com 65 (sessenta e cinco) anos ou mais, não for considerado na aferição da renda per capita prevista no artigo 20, § 3º, da Lei n. 8.742/93:*
>
> *a) o benefício assistencial, no valor de um salário mínimo, recebido por outro idoso com 65 anos ou mais, que faça parte do mesmo núcleo familiar;*
>
> *b) o benefício assistencial, no valor de um salário mínimo, recebido por pessoa com deficiência, que faça parte do mesmo núcleo familiar;*
>
> *c) o benefício previdenciário consistente em aposentadoria ou pensão por morte instituída por idoso, no valor de um salário mínimo, recebido por outro idoso com 65 anos ou mais, que faça parte do mesmo núcleo familiar;*
>
> *II) quando requerido por pessoa com deficiência, não for considerado na aferição da renda per capita prevista no artigo 20, §3º, da Lei n. 8.742/93 o benefício assistencial:*
>
> *a) o benefício assistencial, no valor de um salário mínimo, recebido por idoso com 65 anos ou mais, que faça parte do mesmo núcleo familiar;*
>
> *b) o benefício assistencial, no valor de um salário mínimo, recebido por pessoa com deficiência, que faça parte do mesmo núcleo familiar".*

Dessa forma, ao menos desde 14/11/2013, data de publicação da pronúncia de inconstitucionalidade *retro* referida no julgamento do RE 580.963, já se reconheceu a omissão legiferante inconstitucional, cabendo apenas à Lei 13.982/2020 suprir a lacuna legal.

Destarte, creio que há suporte para aplicar o regramento declaratório da Lei 13.982/2020 para os requerimentos administrativos pendentes oferecidos desde 14/11/2013, pois se trata de tema pacificado e que gera forte judicialização que deve ser evitada com demandas com derrotas certas para o INSS mesmo antes do advento da Lei 13.982/2020, sufocando a PGF e o Poder Judiciário.

Em relação aos impactos da Lei 13.982/2020 sobre as tutelas em vigor em ações coletivas ajuizadas contra o INSS, será necessário avaliar caso a caso, pois, por certo, algumas perderão o objeto.

Por outro lado, por serem mais abrangentes, existirão ações coletivas que manterão os efeitos mesmo após a vigência da Lei 13.982/2020, sendo uma atribuição da Coordenação de Ações Prioritárias desta PFE/INSS essa apuração.

Logo, neste ponto o texto aberto inaugurado pela Portaria DIRBEN 374/2020 preservará a aplicabilidade das tutelas coletivas não abarcadas pela Lei 13.982/2020, sendo válido.

IMPORTANTE!

Por força da **Lei 15.077/2024,** o cálculo da renda familiar considerará a soma dos rendimentos auferidos mensalmente pelos membros da família que vivam sob o mesmo teto, ressalvadas as hipóteses previstas no § 14 do artigo 20 da Lei 8.742/93, nos termos estabelecidos em ato do Poder Executivo federal, **vedadas deduções não previstas em lei.**

O objetivo da Lei 15.077/2024 não é o processo administrativo, pois o INSS só deduz da renda familiar as hipóteses já previstas em lei. A nova legislação busca frear as decisões judiciais que criam novas situações de despesas para deduzir da renda familiar, a exemplo do pagamento de aluguel, despesas de energia elétrica e com água.

Surgiu uma tese jurídica ainda minoritária a respeito da aplicação do §14 do artigo 20 da Lei 8.742/1993 para benefícios superiores a um salário mínimo consistente na desconsideração do valor de um salário mínimo e na consideração para a renda familiar do valor excedente a um salário mínimo.

A questão será julgada pela TNU no âmbito do tema representativo **369**:

<table>
<tr><td>Tema</td><td>369</td><td>Situação do tema</td><td colspan="2">Em Julgamento</td><td>Ramo do direito</td><td>DIREITO PREVIDENCIÁRIO</td></tr>
<tr><td colspan="2">Questão submetida a julgamento</td><td colspan="5">Quando o integrante do núcleo familiar auferir benefício de valor superior ao salário-mínimo, é possível, para fins de aplicação do parágrafo único do art. 34 da Lei 10.741/03 e do § 14 do art. 20 da Lei 8.742/93, que a renda familiar per capita seja calculada com a exclusão do valor equivalente ao salário-mínimo, considerando-se, na divisão pelo número de membros do grupo familiar, apenas o que exceder o valor do salário-mínimo?</td></tr>
<tr><td colspan="2">Tese firmada</td><td colspan="5"></td></tr>
<tr><td colspan="2">Processo</td><td>Decisão de afetação</td><td>Relator (a)</td><td>Julgado em</td><td>Acórdão publicado em</td><td>Trânsito em julgado</td></tr>
<tr><td colspan="2"><u>PEDILEF 0001882-94.2021.4.05.8500/SE</u></td><td>16/10/2024</td><td>Juiz Federal Fábio de Souza Silva</td><td></td><td></td><td></td></tr>
</table>

A tese não tem base legal, sendo que o §14 do artigo 20 da LOAS já decorreu de positivação da jurisprudência do STF, que não a adotou, implicando de forte aumento de concessão do BPC/LOAS sem amparo legal.

Coube também à Lei 13.982/2020 introduzir o seguinte artigo na Lei 8.742/93:

> *"Art. 20-A. Em razão do estado de calamidade pública reconhecido pelo Decreto Legislativo nº 6, de 20 de março de 2020, e da emergência de saúde pública de importância internacional decorrente do coronavírus (Covid-19), o critério de aferição da renda familiar mensal per capita previsto no inciso I do § 3º do art. 20* ***poderá ser ampliado para até 1/2 (meio) salário-mínimo****.*
>
> *§ 1º A ampliação de que trata o caput ocorrerá na forma de escalas graduais,* ***definidas em regulamento****, de acordo com os seguintes fatores, combinados entre si ou isoladamente:*
>
> *I - o grau da deficiência;*
>
> *II - a dependência de terceiros para o desempenho de atividades básicas da vida diária;*
>
> *III - as circunstâncias pessoais e ambientais e os fatores socioeconômicos e familiares que podem reduzir a funcionalidade e a plena participação social da pessoa com deficiência candidata ou do idoso;*
>
> *IV - o comprometimento do orçamento do núcleo familiar de que trata o § 3º do art. 20 exclusivamente com gastos com tratamentos de saúde, médicos, fraldas, alimentos especiais e medicamentos do idoso ou da pessoa com deficiência não disponibilizados gratuitamente pelo Sistema Único de Saúde (SUS), ou com serviços não prestados pelo Serviço Único de Assistência Social (Suas), desde que comprovadamente necessários à preservação da saúde e da vida.*
>
> *§ 2º O grau da deficiência e o nível de perda de autonomia, representado pela dependência de terceiros para o desempenho de atividades básicas da vida diária, de que tratam, respectivamente, os incisos I e II do § 1º deste artigo, serão aferidos, para a pessoa com deficiência, por meio de índices e instrumentos de avaliação funcional a serem desenvolvidos e adaptados para a realidade brasileira, observados os termos dos §§ 1º e 2º do art. 2º da Lei nº 13.146, de 6 de julho de 2015.*
>
> *§ 3º As circunstâncias pessoais e ambientais e os fatores socioeconômicos de que trata o inciso III do § 1º deste artigo levarão em consideração, observado o disposto nos §§ 1º e 2º do art. 2º da Lei nº 13.146, de 2015, entre outros aspectos:*
>
> *I - o grau de instrução e o nível educacional e cultural do candidato ao benefício;*
>
> *II - a acessibilidade e a adequação do local de residência à limitação funcional, as condições de moradia e habitabilidade, o saneamento básico e o entorno familiar e domiciliar;*
>
> *III - a existência e a disponibilidade de transporte público e de serviços públicos de saúde e de assistência social no local de residência do candidato ao benefício;*
>
> *IV - a dependência do candidato ao benefício em relação ao uso de tecnologias assistivas; e*

V - o número de pessoas que convivem com o candidato ao benefício e a coabitação com outro idoso ou pessoa com deficiência dependente de terceiros para o desempenho de atividades básicas da vida diária.

§ 4º O valor referente ao comprometimento do orçamento do núcleo familiar com gastos com tratamentos de saúde, médicos, fraldas, alimentos especiais e medicamentos do idoso ou da pessoa com deficiência, de que trata o inciso IV do § 1º deste artigo, será definido pelo Instituto Nacional do Seguro Social, a partir de valores médios dos gastos realizados pelas famílias exclusivamente com essas finalidades, conforme critérios definidos em regulamento, facultada ao interessado a possibilidade de comprovação, nos termos do referido regulamento, de que os gastos efetivos ultrapassam os valores médios."

Tratava-se de regra temporária para a pandemia da COVID-19 e que dependia de regulamentação presidencial, a meu ver, ainda não editada.

Ademais, não se cuidava de determinação normativa, sendo uma faculdade legal que deve passar pelo crivo presidencial de conveniência e oportunidade.

Logo, o texto é claro sobre a sua natureza transitória e discricionária. Dessa forma, é válido o artigo 5º da Portaria DIRBEN 374/2020:

"Art. 5º A aplicação do art. 20-A da Lei Orgânica de Assistência Social - LOAS, que trata da extensão da renda per capita para meio (1/2) salário-mínimo, dependerá de regulamentação para sua aplicação, conforme disposto na própria Lei".

Nunca foi regulamentado, tendo o citado artigo 20-A da LOAS sido expressamente revogado pela Lei 14.176/2021.

Vale frisar que no cálculo da renda familiar o INSS não considerará o valor recebido pela família em decorrência do Programa Bolsa Família, nos termos da Portaria MPAS/SEAS nº 1.524/2002, de 05/12/2002.

Por sua vez, com o advento da Lei 12.470, de 31.08.2011, foi inserido o §9º, no artigo 20, da Lei 8.742/93, que prevê que a remuneração da pessoa com deficiência na condição de aprendiz não será considerada para fins do cálculo da renda per capita familiar.

Por força da Lei 13.146, publicada em 7 de julho de 2015, que aprovou o Estatuto da Pessoa com Deficiência e entrou em vigor em 180 dias após a sua publicação (3 de janeiro de 2016), os rendimentos decorrentes de estágio supervisionado também serão desconsiderados.

Consoante previsto pelo Decreto 7.617/2011, no cálculo da renda familiar não serão considerados os seguintes rendimentos:

a) benefícios e auxílios assistenciais de natureza eventual e temporária;

b) valores oriundos de programas sociais de transferência de renda;

c) bolsas de estágio curricular;

d) pensão especial de natureza indenizatória e benefícios de assistência médica;

e) rendas de natureza eventual ou sazonal, a serem regulamentadas em ato conjunto do Ministério da Cidadania e do INSS;

f) remuneração da pessoa com deficiência na condição de aprendiz.

Por força da **Lei 14.809**, em vigor desde 15/01/2024, restou modificado o §9º do artigo 20 da Lei 8.742/1993:

> ~~*"§ 9º Os rendimentos decorrentes de estágio supervisionado e de aprendizagem não serão computados para os fins de cálculo da renda familiar **per capita** a que se refere o § 3º deste artigo. (Redação dada pela Lei nº 13.146, de 2015)*~~
>
> *§ 9º Os valores recebidos a título de **auxílio financeiro temporário ou de indenização por danos sofridos em decorrência de rompimento e colapso de barragens**, bem como os rendimentos decorrentes de estágio supervisionado e de aprendizagem, não serão computados para fins de cálculo da renda familiar **per capita** a que se refere o § 3º deste artigo.* (Redação dada pela Lei nº 14.809, de 2024)"

Logo, para fins de aferição da renda familiar, serão **excluídos** os valores recebidos a título de **auxílio financeiro temporário ou de indenização por danos sofridos em decorrência de rompimento e colapso de barragens**, considerando que se trata de regra sazonal.

Ademais, nos termos do **artigo 1º da Lei 14.809/2024**, *"os valores recebidos a título de indenização por danos sofridos em decorrência de rompimento e colapso de barragens **não serão considerados renda para fins de permanência no Cadastro Único para Programas Sociais do Governo Federal (CadÚnico)**, ou em instrumento de identificação e caracterização socioeconômica de famílias de baixa renda que venha a sucedê-lo, nem serão computados no cálculo da renda para fins de recebimento do benefício de prestação continuada"*, regramento também aplicável ao **Auxílio Emergencial Pecuniário de que tratou a Medida Provisória nº 875, de 12 de março de 2019.**

Note-se que o artigo 1º da Lei 14.809/2024 teve **efeitos retroativos** à MP 875/2019, de **modo que também a alteração no §9º do artigo 20 da Lei 8.742/1993 deverá retroceder por ser a intenção do legislador**, mesmo porque, desde a Lei 13.146/2015, a Lei 8.742/93 prevê que "poderão ser utilizados outros elementos probatórios da condição de miserabilidade do grupo familiar e da situação de vulnerabilidade".

Outrossim, a contratação de pessoa com deficiência como aprendiz não acarretará a suspensão do benefício de prestação continuada, limitado a 2 (dois) anos o recebimento concomitante da remuneração e do benefício.

Logo, após o biênio, será possível que o deficiente aprendiz tenha a suspensão do amparo assistencial, pois a remuneração percebida como aprendiz será considerada no cálculo da renda per capita familiar.

Contudo, o Benefício de Prestação Continuada será suspenso em caráter especial quando a pessoa com deficiência exercer atividade remunerada, inclusive na condição de microempreendedor individual, mediante comprovação da relação trabalhista ou da atividade empreendedora, sendo restabelecido após a cessação do vínculo de trabalho, a teor artigo 47-A, do Decreto 6.214/2007, inserido pelo Decreto 7.617, de 17.11.2011.

De seu turno, conforme previsto no artigo 21-A, da Lei 8.742/93, inserido pela Lei 12.470/2011, o benefício de prestação continuada será suspenso pelo órgão concedente quando a pessoa com deficiência exercer atividade remunerada, inclusive na condição de microempreendedor individual.

Contudo, uma vez extinta a relação trabalhista ou a atividade empreendedora referida e, quando for o caso, encerrado o prazo de pagamento do seguro-desemprego e não tendo o beneficiário adquirido direito a qualquer benefício previdenciário, poderá ser requerida a continuidade do pagamento do benefício suspenso, sem necessidade de realização de perícia médica ou reavaliação da deficiência e do grau de incapacidade para esse fim, desde que respeitado o prazo da revisão bienal.

Com o advento da Portaria Conjunta MC/MTP/INSS 22, de 30.12.2022, para impedir o indeferimento automático indevido, foi previsto que **a informação sobre o exercício de atividade remunerada declarada no Cadastro Único pelo requerente não será considerada, de forma isolada, para o indeferimento ou suspensão do BPC** na situação de que trata o artigo 21-A da Lei nº 8.742, de 1993 (exercício de atividade remunerada), devendo os valores eventualmente declarados no Cadastro Único como recebidos pelo requerente deverão compor o cálculo da renda familiar mensal *per capita.*

Nos termos do artigo 4º, inciso VI, do Decreto 6.214/2007, com redação dada pelo Decreto 7.617, de 17.11.2011, considera-se como renda mensal bruta familiar a soma dos rendimentos brutos auferidos mensalmente pelos membros da família composta por salários, proventos, pensões, pensões alimentícias, benefícios de previdência pública ou privada, seguro-desemprego, comissões, pró-labore, outros rendimentos do trabalho não assalariado, rendimentos do mercado informal ou autônomo, rendimentos auferidos do patrimônio, renda mensal vitalícia e benefício de prestação continuada (salvo se percebido por outro idoso).

De acordo com o Regulamento, o cumprimento de pena em regime semiaberto ou aberto, na forma da legislação específica, não prejudicam o direito da pessoa com deficiência ou do idoso ao BPC, bem como fazem jus ao benefício os adolescentes com deficiência em cumprimento de medida socioeducativa, desde que estejam em regime de semiliberdade, liberdade assistida, ou outra medida em meio aberto, e atendam aos requisitos do BPC[20].

No entanto, **o Regulamento prevê que o recluso em regime fechado, tendo sido proferida sentença ou não, não faz jus ao BPC,** enquanto estiver nesta condição.[21]

Muito embora a Lei 8.742/1993 não preveja expressamente o cumprimento de pena em regime fechado, mesmo que ainda sem condenação final, como causa de cancelamento do benefício assistencial, entende-se pela sua razoabilidade e previsão legal implícita, vez que o Estado assume a obrigação de prover a necessidades básicas do detento.

Nesse sentido, o TRF da 3ª Região acolheu tacitamente o entendimento regulamentar, pois limitou o pagamento do benefício assistencial à data da segregação prisional:

> "ASSISTENCIAL E CONSTITUCIONAL. AGRAVO LEGAL. ART. 557, § 1º, DO CPC. BENEFÍCIO DE ASSISTÊNCIA SOCIAL. ART. 203, V, DA CF. RENDA FAMILIAR PER CAPITA. ART. 20, §3º, DA LEI N.º 8.742/93. REQUISITOS LEGAIS PREENCHIDOS ATÉ A DATA EM QUE O AUTOR FOI RECOLHIDO À PRISÃO. 1. Para a concessão do benefício de assistência social (LOAS) faz-se necessário o preenchimento dos seguintes requisitos: 1) ser pessoa portadora de deficiência ou idoso com 65 (sessenta e cinco) anos ou mais (art. 34 do Estatuto do Idoso - Lei n.º 10.741 de 01.10.2003); 2) não possuir meios de subsistência próprios ou de tê-la provida por sua família, cuja renda mensal per capita seja inferior a ¼ do salário mínimo (art. 203, V, da CF; art. 20, § 3º, e art. 38 da Lei n.º 8.742 de 07.12.1993). **2. Reconhecido o direito ao benefício assistencial postulado desde a data da citação (03.05.2004 - fl. 26 vº) até a data em que o Autor foi recolhido à prisão (25.11.2005),** consoante informação fornecida pela Secretaria de Administração Penitenciária- fls. 169/170. 3. Agravo Legal a que se nega provimento" (AC 1205842, de 13/02/2012).

7.5. Deficiência e perícia biopsicossocial

No que concerne à pessoa com deficiência, era assim considerada a pessoa incapacitada para a vida independente e para o trabalho[22]. Por sua vez, a jurisprudência vinha interpretando de maneira flexível esse dispositivo: "Para os efeitos

---

[20] Art. 12, da Portaria Conjunta MDS nº 3 de 21/09/2018.

[21] Art. 12, §1º, da Portaria Conjunta 1/2017.

[22] Artigo 20, §2º, da Lei 8.742/93, em sua redação original.

do art. 20, § 2°, da Lei n. 8.742, de 1993, incapacidade para a vida independente não é só aquela que impede as atividades mais elementares da pessoa, mas também a impossibilita de prover ao próprio sustento"[23].

No mesmo caminho pontificava a Súmula 30, da Advocacia-Geral da União, de 30.06.2008: "A incapacidade para prover a própria subsistência por meio do trabalho é suficiente para a caracterização da incapacidade para a vida independente, conforme estabelecido no art. 203, V, da Constituição Federal, e art. 20, II, da Lei nº 8.742, de 7 de dezembro de 1993."

Entretanto, com o advento da Convenção sobre os Direitos das Pessoas com Deficiência, ratificada pelo Brasil pelo Decreto-legislativo 186/2008, tendo sido promulgada pelo Decreto presidencial 6.949/2009, o INSS vem trabalhando administrativamente com a definição de deficiência desse tratado, que considerada que as "pessoas com deficiência são aquelas que têm impedimentos de natureza física, intelectual ou sensorial, os quais, em interação com diversas barreiras, podem obstruir sua participação plena e efetiva na sociedade com as demais pessoas".

Frise-se que a citada Convenção foi inspirada na nova classificação internacional da Organização Mundial da Saúde: CIF – Classificação Internacional de Incapacidade, Funcionalidade e Saúde. Ademais, esse tratado tem força de norma constitucional, pois ratificado nos termos do artigo 5°, §3°, da Constituição Federal, pois seguiu o rito de aprovação das emendas constitucionais.

Nesse caminho, já observando a nova classificação, dispõe o artigo 16, do Decreto 6.214/2007:

> "Art. 16. A concessão do benefício à pessoa com deficiência ficará sujeita à avaliação da deficiência e do grau de incapacidade, com base nos princípios da Classificação Internacional de Funcionalidades, Incapacidade e Saúde – CIF, estabelecida pela Resolução da Organização Mundial da Saúde nº 54.21, aprovada pela 54ª Assembléia Mundial da Saúde, em 22 de maio de 2001.
>
> §1° – A avaliação da deficiência e do grau de incapacidade será composta de avaliação médica e social.
>
> **§2°– A avaliação médica da deficiência e do grau de incapacidade considerará as deficiências nas *funções e nas estruturas do corpo*, e a avaliação social considerará os *fatores ambientais, sociais e pessoais*, e ambas considerarão a *limitação do desempenho de atividades e a restrição da participação social*, segundo suas especificidades"** (g.n.).

---

[23] Súmula 29 da Turma Nacional de Uniformização de Jurisprudência dos Juizados Especiais Federais.

Logo, houve uma mudança de paradigma dentro do INSS para a concessão do amparo assistencial ao deficiente, pois apreciadas as deficiências corporais, os fatores ambientais, sociais e corporais, bem como a limitação no desenvolvimento de atividades e o patamar de restrição social.

Por conseguinte, a AGU acabou revogando a sua Súmula 30, por intermédio do Ato de 31 de janeiro de 2011, publicado no DOU, Seção I, de 03, 04 e 07 de fevereiro de 2011.

No dia 24 de maio de 2011, foi publicada a Portaria Conjunta 01, da lavra do extinto Ministério de Desenvolvimento Social e do INSS, que estabelece os critérios, procedimentos e instrumentos para a avaliação social e médico-pericial da deficiência e do grau de incapacidade das pessoas com deficiência requerentes do Benefício de Prestação Continuada da Assistência Social, que goza de aplicação imediata, inclusive às avaliações realizadas nas instâncias administrativa e recursal. Posteriormente, esta Portaria foi substituída pela Portaria Conjunta 02 MDS/INSS, de 30 de março de 2015.[24]

Finalmente, no dia 07/07/2011, foi publicada a Lei 12.435, que alterou a redação do artigo 20, da Lei 8.742/93, que sofreu leves modificações pela Lei 12.470, de 31/08/2011, passando a considerar a pessoa com deficiência como aquela que tem impedimentos de longo prazo de natureza física, mental, intelectual ou sensorial, os quais, em interação com diversas barreiras, podem obstruir sua participação plena e efetiva na sociedade em igualdade de condições com as demais pessoas, assim como impedimentos de longo prazo como aqueles que produzam os efeitos referidos pelo prazo mínimo de 02 anos.

Por força da Lei 13.146, publicada em 7 de julho de 2015, que aprovou o Estatuto da Pessoa com Deficiência e entrou em vigor em 180 dias após a sua publicação (3 de janeiro de 2016), a definição de deficiente foi sutilmente alterada, considerando-se a partir de janeiro de 2016 "pessoa com deficiência aquela que tem impedimento de longo prazo de natureza física, mental, intelectual ou sensorial, o qual, em interação com uma ou mais barreiras, pode obstruir sua participação plena e efetiva na sociedade em igualdade de condições com as demais pessoas", bastando a partir da sua vigência uma barreira para obstruir a participação social, e não apenas diversas barreiras.

Logo, não será mais necessária a interação do impedimento de longo prazo com diversas barreiras, bastando apenas uma barreira para o enquadramento

24 Esta norma inseriu a natureza mental nos impedimentos de longo prazo para fins de caracterização da deficiência, assim como fez incluir a expressão "em igualdade de condições". Outrossim, com a Lei 12.470/2011, não mais se exige que o impedimento de longo prazo gere a incapacidade para o trabalho e a vida independente pelo prazo mínimo de 02 anos, ao contrário do que foi exigido pela Lei 12.435/2011.

do deficiente, desde que obstrua sua participação na sociedade em igualdade de condições.

Vale registrar que **o leitor não pode confundir os conceitos de deficiência e incapacidade**. De acordo com a obra de Cláudio Trezub e Keti Patsis[25], **deficiência** é a perda da função fisiológica ou de estrutura anatômica, ao passo que **incapacidade** é a aptidão reduzida de atingir exigências ocupacionais como resultado de debilidade e outros fatores associados.

Desta forma, a deficiência poderá ou não conduzir a uma incapacidade laborativa, a exemplo de pequena perda auditiva ou de visão que não impacte de modo significativo a capacidade do segurado para o trabalho habitual, não gerando a concessão de benefício por incapacidade laborativa.

Outras vezes, mesmo que configurada a incapacidade para o trabalho habitual por mais de quinze dias, não é cerca a concessão de auxílio-doença, pois poderá ser fixada (DII) anteriormente à filiação previdenciária ou antes do cumprimento do período de carência, se exigido (doença não ocupacional e não grave).

Registre-se que tanto a concessão do benefício de salário mínimo assistencial do deficiente carente (BPC/LOAS) quanto à aposentadoria por tempo de contribuição do segurado deficiente exigem a configuração de **deficiência de longo prazo**, com duração mínima de **dois anos** para a concessão dos citados benefícios, tomando como lastro a CIF.

De acordo com o artigo 2º, §1º, da Lei 13.146/2015, a **avaliação da deficiência**, quando necessária, será **biopsicossocial**, realizada por **equipe multiprofissional e interdisciplinar** e considerará:

> I - os impedimentos nas funções e nas estruturas do corpo;
>
> II - os fatores socioambientais, psicológicos e pessoais;
>
> III - a limitação no desempenho de atividades; e
>
> IV - a restrição de participação.

Nos termos da **Lei 14.176/2021**, enquanto não estiver regulamentado o instrumento de avaliação de que tratam os §§ 1º e 2º do art. 2º da Lei nº 13.146, de 6 de julho de 2015 (Estatuto da Pessoa com Deficiência), a concessão do benefício de prestação continuada à pessoa com deficiência ficará sujeita à avaliação do grau da deficiência e do impedimento de que trata o § 2º do art. 20 da Lei 8.742/93, composta por avaliação médica e avaliação social realizadas, respectivamente,

[25] Perícia Médica Previdenciária, p. 32, Ed. Juspodivm, 2017.

pela Perícia Médica Federal e pelo serviço social do INSS, com a utilização de instrumentos desenvolvidos especificamente para esse fim.

Por força da **Lei 15.077/2024**, será **obrigatório o registro**, nos sistemas informacionais utilizados para a concessão do benefício, do código da Classificação Internacional de Doenças **(CID)**, garantida a preservação do sigilo:

> *"Art. 40-B. Enquanto não estiver regulamentado o instrumento de avaliação de que tratam os §§ 1º e 2º* do art. 2º da Lei nº 13.146, de 6 de julho de 2015 *(Estatuto da Pessoa com Deficiência), a concessão do benefício de prestação continuada a pessoa com deficiência ficará sujeita à avaliação do grau da deficiência e do impedimento de que trata o § 2º do art. 20 desta Lei, composta de avaliação médica e avaliação social realizadas, respectivamente, pela perícia médica federal e pelo serviço social do INSS, com a utilização de instrumentos desenvolvidos especificamente para esse fim,* ***e será obrigatório o registro, nos sistemas informacionais utilizados para a concessão do benefício, do código da Classificação Internacional de Doenças (CID), garantida a preservação do sigilo. (Redação dada pela Lei nº 15.077, de 2024)***
>
> *§ 1º O INSS poderá celebrar parcerias para a realização da avaliação social, sob a supervisão do serviço social da autarquia.* (Incluído pela Lei nº 14.724, de 2023)
>
> *§ 2º A avaliação médica prevista no* ***caput*** *deste artigo poderá ser realizada com o uso de tecnologia de telemedicina ou por análise documental conforme situações e requisitos definidos em regulamento.* (Incluído pela Lei nº 14.724, de 2023)"

A Lei 14.441/2022 previu que o INSS poderá celebrar **parcerias para a realização da avaliação social**, sob a supervisão do serviço social da autarquia.

Ademais, ainda com fulcro na CIF, acaso existência a deficiência de longo prazo, na aposentadoria do deficiente ainda deverá ser graduado o grau de deficiência para identificar o tempo de contribuição pertinente para concessão do benefício: deficiência leve, média (ou moderada) e grave.

Veja-se enunciado aprovado na **I Jornada de Direito da Seguridade Social do Conselho da Justiça Federal** sobre o tema:

ENUNCIADO 32: Nos processos que têm por objetivo a concessão de benefício de prestação continuada da Assistência Social à pessoa com deficiência, a prova pericial deve ser produzida levando-se em consideração a definição do art. 2º da Lei n. 13.146/2015 e do art. 40-B da Lei n. 8.742/1993, com os critérios definidos na Portaria Conjunta MDS/INSS n. 2/2015 (critério biopsicossocial) ou outro instrumento que o substitua, a qual não se confunde com incapacidade laborativa previdenciária.

Para fins do BPC/LOAS, diferentemente da aposentadoria por tempo de contribuição da pessoa com deficiência em que esta é graduada em leve, moderada ou grave, a Lei 8.742/93 não promoveu para o benefício assistencial a citada graduação, bastando que a deficiência seja caracterizada em perícia biopsicossocial e seja de longo prazo.

Veja-se o STJ:

> **PROCESSO**
>
> REsp 1962868 / SP
>
> RECURSO ESPECIAL
>
> 2021/0310043-3
>
> **RELATORA**
>
> Ministra ASSUSETE MAGALHÃES (1151)
>
> **ÓRGÃO JULGADOR**
>
> T2 - SEGUNDA TURMA
>
> **DATA DO JULGAMENTO**
>
> 21/03/2023
>
> **DATA DA PUBLICAÇÃO/FONTE**
>
> DJe 28/03/2023
>
> **EMENTA**
>
> PREVIDENCIÁRIO. RECURSO ESPECIAL. ALEGADA NEGATIVA DE PRESTAÇÃO JURISDICIONAL. DEFICIÊNCIA DE FUNDAMENTAÇÃO. SÚMULA 284/STF. BENEFÍCIO DE PRESTAÇÃO CONTINUADA A PESSOA DEFICIENTE. ART. 20, §§ 2º E 3º, DA LEI 8.742/93. **DISTINÇÃO QUANTO AO GRAU DA DEFICIÊNCIA. IMPOSSIBILIDADE DE O INTÉRPRETE ACRESCER REQUISITOS NÃO PREVISTOS EM LEI, PARA A CONCESSÃO DO BENEFÍCIO.** PRECEDENTES DO STJ. RECURSO ESPECIAL CONHECIDO E PARCIALMENTE PROVIDO.
>
> I. Recurso Especial interposto contra acórdão publicado na vigência do CPC/2015. Incidência do Enunciado Administrativo 3/2016, do STJ ("Aos recursos interpostos com fundamento no CPC/2015 (relativos a decisões publicadas a partir de 18 de março de 2016) serão exigidos os requisitos de admissibilidade recursal na forma do novo CPC").
>
> II. Trata-se, na origem, de ação ajuizada por Cleide dos Santos em face do Instituto Nacional do Seguro Social - INSS, objetivando a concessão do benefício de prestação continuada, previsto no art. 20 da Lei 8.742/93, a pessoa com deficiência. O Juízo de 1º Grau julgou o pedido procedente, para determinar a implantação, em favor da parte autora, do benefício assistencial requerido, concluindo que, "segundo o laudo de fls.154, a autora é portadora de desenvolvimento mental retardado em grau leve (Olifogrenia leve), concluindo que sua incapacidade é parcial e permanente. Ocorre que o caso da autora implica grave

barreira à participação social, apesar de ter algum acesso a tratamento médico e uso de medicamentos para sua doença". O Tribunal a quo, dando provimento ao recurso de Apelação do INSS, decidiu pela improcedência do pedido, por considerar não preenchido o requisito da deficiência, para fins de concessão do benefício pleiteado, em virtude de ausência de incapacidade absoluta da autora, tendo em vista ser ela portadora de desenvolvimento mental retardado em grau leve, possuindo limitação apenas para atividades que demandam habilidades acadêmicas.

III. Quanto à alegação de negativa de prestação jurisdicional, verifica-se que, apesar de apontar como violados os arts. 489 e 1.022 do CPC/2015, a parte recorrente não evidencia qualquer vício, no acórdão recorrido, deixando de demonstrar no que consistiu a alegada ofensa ao citado dispositivo, atraindo, por analogia, a incidência da Súmula 284 do Supremo Tribunal Federal ("É inadmissível o recurso extraordinário, quando a deficiência na sua fundamentação não permitir a exata compreensão da controvérsia"). Nesse sentido: STJ, AgInt no AREsp 1.229.647/MG, Rel. Ministro MOURA RIBEIRO, TERCEIRA TURMA, DJe de 15/06/2018; AgInt no AREsp 1.173.123/MA, Rel. Ministro RICARDO VILLAS BÔAS CUEVA, TERCEIRA TURMA, DJe de 29/06/2018.

IV. No presente Recurso Especial, fundamentado na alínea a do permissivo constitucional, o Ministério Público Federal sustenta ser devida a concessão do benefício de prestação continuada, porquanto demonstrado que a autora possui impedimentos de longo prazo que obstruem sua participação plena e efetiva na sociedade, em igualdade de condições com as demais pessoas, sob pena de violação aos arts. 20, § 2º, da Lei 8.742/93 e 2º, § 1º, I a III, da Lei 13.146/2015.

V. O Constituinte de 1988, no art. 203, caput, e inciso V, previu que a assistência social será prestada a quem dela necessitar, independentemente de contribuição à seguridade social, tendo, como um de seus objetivos, a garantia de um salário-mínimo de benefício mensal à pessoa portadora de deficiência e ao idoso que comprovem não possuir meios de prover à própria manutenção ou de tê-la provida por sua família, conforme dispuser a lei.

VI. A Lei 8.742/93 regulamentou mencionado dispositivo constitucional, garantindo o benefício de prestação continuada, no valor de um salário-mínimo, à pessoa com deficiência e ao idoso com 65 (sessenta e cinco) anos que comprovem não possuir meios de prover a própria manutenção, nem tê-la provida por sua família.

VII. O art. 20, § 2º, da Lei 8.742/93 dispõe que, para efeito de concessão do benefício assistencial de prestação continuada, a pessoa com deficiência é aquela que tem impedimento de longo prazo de natureza física, mental, intelectual ou sensorial, o qual, em interação com uma ou mais barreiras, pode obstruir sua participação plena e efetiva na sociedade, em igualdade de condições com as demais pessoas.

VIII. Embora o acórdão recorrido tenha reconhecido a deficiência e as limitações da parte autora, considerou que a incapacidade era parcial e permanente e que a sua deficiência não impedia o trabalho em atividades que demandam habilidades práticas, ao invés de acadêmica, pelo que não haveria impedimento apto a obstruir sua participação plena e efetiva na sociedade.

IX. **A jurisprudência do STJ firmou entendimento segundo o qual, para efeito de concessão do benefício de prestação continuada, a legislação que disciplina a matéria não elenca o grau de incapacidade para fins de configuração da deficiência, não cabendo ao intérprete da lei a imposição de requisitos mais rígidos do que aqueles previstos para a sua concessão.** Nesse sentido os seguintes precedentes desta Corte: REsp 1.770.876/SP, Rel. Ministro HERMAN BENJAMIN, SEGUNDA TURMA, DJe de 19/12/2018; AgInt no AREsp 1.263.382/SP, Rel. Ministro NAPOLEÃO NUNES MAIA FILHO, PRIMEIRA TURMA, DJe de 19/12/2018; REsp 1.404.019/SP, Rel. Ministro NAPOLEÃO NUNES MAIA FILHO, PRIMEIRA TURMA, DJe de 03/08/2017.

X. Recurso Especial conhecido e parcialmente provido, para reconhecer, nos termos do § 2º do art. 20 da Lei 8.742/93, que a parte autora é portadora de deficiência, para efeito de concessão do benefício de prestação continuada, bem como para determinar o retorno dos autos à instância de origem, para que prossiga no julgamento da Apelação do INSS, como entender de direito, de vez que a autarquia, na Apelação, sustentou inexistente o requisito da hipossuficiência, cujo exame o acórdão recorrido não efetuou, por entendê-lo prejudicado, à míngua de prova da deficiência.

É por isso que se adota o modelo pericial de avaliação **biopsicossocial** e **multidimensional**, não podendo ser mensurado apenas o impacto da doença sobre o segurado, sendo imprescindível ainda avaliar os aspectos externos gerados pela enfermidade.

Veja-se enunciado aprovado na **I Jornada de Direito da Seguridade Social do Conselho da Justiça Federal** sobre o tema:

ENUNCIADO 37: É recomendável a construção de quesitação padronizada para a realização de perícia judicial biopsicossocial nas ações que versam sobre benefício de prestação continuada da Assistência Social.

Há casos ainda em que a perícia médica previdenciária, manejando apenas a avaliação médica, conclui pela inexistência de incapacidade laborativa, a exemplo do portador do vírus HIV que está com a doença totalmente sob controle e com plena capacidade laboral.

No entanto, se demonstrado no caso concreto significativo estigma social, como inúmeras despedidas e vínculos curtos motivados pela descoberta da doença, será possível a concessão de benefício por incapacidade utilizando o critério social.

Essa mesma linha foi seguida pela **TNU** para fins do BPC/LOAS (**tema 70**):

Tema	**70**	**Situação do tema**	**Julgado (Súmula 78 da TNU)**	**Ramo do direito**	**DIREITO PREVIDENCIÁRIO**
Questão submetida a julgamento	Saber se é necessário analisar condições socioculturais do portador de HIV assintomático, para fins de condição de benefício assistencial.				
Tese firmada	**Na concessão do benefício de prestação continuada ao portador do vírus HIV assintomático, devem ser observadas, além da incapacidade de prover a própria subsistência, as condições socioculturais estigmatizantes da doença. Vide Súmula 78 da TNU.**				
Processo	**Relator (a)**		**Julgado em**	**Acórdão publicado em**	**Trânsito em julgado**
PEDILEF 0503863-51.2009.4.05.8103/ CE	**Juiz Federal Alcides Saldanha Lima**		**16/08/2012**	**31/08/2012**	**19/09/2012**

De acordo com o Estatuto da Pessoa com Deficiência, as **barreiras** são definidas como qualquer entrave, obstáculo, atitude ou comportamento que limite ou impeça a participação social da pessoa, bem como o gozo, a fruição e o exercício de seus direitos à acessibilidade, à liberdade de movimento e de expressão, à comunicação, ao acesso à informação, à compreensão, à circulação com segurança, entre outros, classificadas em:

a) *barreiras urbanísticas*: as existentes nas vias e nos espaços públicos e privados abertos ao público ou de uso coletivo;

b) *barreiras arquitetônicas*: as existentes nos edifícios públicos e privados;

c) *barreiras nos transportes*: as existentes nos sistemas e meios de transportes;

d) *barreiras nas comunicações e na informação*: qualquer entrave, obstáculo, atitude ou comportamento que dificulte ou impossibilite a expressão ou o recebimento de mensagens e de informações por intermédio de sistemas de comunicação e de tecnologia da informação;

e) *barreiras atitudinais*: atitudes ou comportamentos que impeçam ou prejudiquem a participação social da pessoa com deficiência em igualdade de condições e oportunidades com as demais pessoas;

f) *barreiras tecnológicas*: as que dificultam ou impedem o acesso da pessoa com deficiência às tecnologias.

Vale ressaltar que o desenvolvimento das capacidades cognitivas, motoras ou educacionais e a realização de atividades não remuneradas de habilitação e reabilitação, entre outras, não constituem motivo de suspensão ou cessação do benefício da pessoa com deficiência.

Ademais, a condição de acolhimento em instituições de longa permanência não prejudica o direito do idoso ou da pessoa com deficiência ao benefício de prestação continuada.

De efeito, a avaliação da pessoa com deficiência é constituída pelos seguintes componentes, baseados na Classificação Internacional de Funcionalidade, Incapacidade e Saúde – CIF:

> I - Fatores Ambientais;
>
> II - Funções e Estruturas do Corpo; e
>
> III - Atividades e Participação.

Ademais, os instrumentos para avaliação da pessoa com deficiência destinam-se à utilização pelo Assistente Social e pelo Perito Médico, do quadro do INSS, com a finalidade de qualificar as barreiras enfrentadas, as alterações de funções e/ou Estruturas do Corpo, as limitações de atividades e restrições à participação social, em igualdade de condições com as demais pessoas, sendo utilizados os seguintes instrumentos para avaliação da pessoa com deficiência:

> I - Avaliação da Pessoa com Deficiência para acesso ao BPC - Espécie 87 - 16 anos ou mais, conforme formulário previsto no Anexo I da Portaria INSS/MDS 2, de 30/3/2015:

ANEXO I

PORTARIA CONJUNTA MDS/INSS nº 2, de 30 de março de 2015.

(Publicada no DOU nº 67, Seção 1, de 9 de abril de 2015 e Retificada no DOU nº 123, Seção 1, de 1º de julho de 2015)

AVALIAÇÃO DA PESSOA COM DEFICIÊNCIA PARA ACESSO AO BENEFÍCIO DE PRESTAÇÃO CONTINUADA DA ASSISTÊNCIA SOCIAL – BPC – ESPÉCIE B87

16 ANOS OU MAIS

GEX: ______ **APS:** ______

Dados pessoais do avaliado

Requerimento:	NB:
Nome do avaliado:	Apelido:
Sexo: M ☐ F ☐ Data de Nascimento: ☐☐☐	Idade: *(anos)*

NIT:	Cart. Identidade:	Órgão Emissor:	Data emissão:
CPF	CTPS nº:	Série:	UF:

Escolaridade:

	Fundamental	Médio	Superior
☐ Não alfabetizado	☐ Completo	☐ Completo	☐ Completo
	☐ Incompleto	☐ Incompleto	☐ Incompleto

Outro. Especifique: ______

Estado Civil:

☐ Solteiro ☐ Casado ☐ União Estável ☐ Divorciado ☐ Separado de fato ☐ Viúvo

Nome do Responsável ou Representante legal:

☐ Mãe / Pai ☐ Tutor ☐ Curador ☐ Procurador Outro. Especifique: ______

Onde o avaliado vive?

☐ Residência ☐ Em situação de rua ☐ Instituição

☐ Instituição carcerária ☐ Instituição para cumprimento de medida socioeducativa

☐ Regime aberto ☐ Regime de semiliberdade

☐ Regime fechado ☐ Regime fechado

Nome da Instituição:			CNPJ ou CEI:
Nome do representante:			
Endereço Residencial ou Institucional: *(citar pontos de referência)*			Bairro:
Cidade:	UF:	CEP:	Tel.:
Endereço para correspondência:			Bairro:
Cidade:	UF:	CEP:	Tel.:

Por força da Portaria Conjunta MC/MTP/INSS 14, de 07 de outubro de 2021 (anexo III), o Anexo I sofreu a seguinte alteração:

ANEXO III

Alterações no Anexo I da Portaria Conjunta MDS/INSS nº 2, de 2015

Estrutura e Prognóstico (terceira pergunta)

CONSIDERANDO OS ASPECTOS AVALIADOS, TRATA-SE DE IMPEDIMENTO DE LONGO PRAZO? *(Considera-se impedimento de longo prazo aquele no qual as alterações em Funções e/ou Estruturas do Corpo produzam efeitos pelo prazo mínimo de 2 (dois) anos.*
Considerar também o tempo pregresso já vivenciado com tal quadro, as possibilidades de acesso ao tratamento necessário e a participação plena e efetiva na sociedade em igualdade de condições com as demais pessoas).
( ) Sim ( ) Não ( ) Não é possível prever, mas os efeitos podem se estender por dois anos ou mais. Neste caso, justifique:

AVALIAÇÃO SOCIAL DA PESSOA COM DEFICIÊNCIA
ESPÉCIE 87 – BPC / LOAS - 16 ANOS OU MAIS

Fase da avaliação

Inicial:		Recursal:		Revisão Administrativa:		Reavaliação Bienal:		Judicial:	

Dados do Avaliado

NIT:		Nome:		CPF:	
NB / Espécie:		Nome da Mãe:		Sexo:	
APS:		Grau de Instrução:		Data Nascimento:	
Data Avaliação Social:			Idade:		(Meses / Anos)

Documento do Avaliado

Tipo:		Número:		Complemento:	

Documento do Acompanhante / Responsável pelas informações

Tipo:		Número:		Complemento:	

Cobertura Previdenciária e/ou da Assistência Social

- [ ] Já foi beneficiário do BPC
- [ ] Teve vínculo empregatício após ter sido beneficiário do BPC
- [ ] Nunca foi segurado
- [ ] Perdeu a qualidade de segurado
- [ ] Tem qualidade de segurado
- [ ] Segurado sem carência
- [ ] Dependente de segurado
- [ ] Outra

Deficiência informada

- [ ] Visual (Sensorial)
- [ ] Auditiva (Sensorial)
- [ ] Intelectual
- [ ] Transtorno Mental
- [ ] Neuromusculoesquelética (Física)
- [ ] Doença Crônica
- [ ] Múltipla
- [ ] Não informada
- [ ] Outra. Especifique:

Responsável pelas informações

- [ ] Avaliado
- [ ] Avaliado não sabe informar
- [ ] Avaliado não tem condições de informar
- [ ] Acompanhante. Identifique:
- [ ] Representante legal. Identifique:
- [ ] Acompanhante ou representante legal não sabe informar

História Social:

Constitui-se na síntese do estudo social, com registro de elementos relevantes que possibilitem conhecer, analisar e interpretar situações vivenciadas pela pessoa em seu cotidiano, para avaliar a participação plena e efetiva da pessoa na sociedade, em igualdade de condições com as demais pessoas, conforme previsto na legislação. Deve conter informações relevantes, que respaldem os qualificadores atribuídos às unidades de classificação e respectivos domínios, subsidiem a avaliação médico-pericial e avaliações subsequentes em fases recursal e judicial.

FATORES AMBIENTAIS

Qualificadores a serem usados: **0** = **N**enhuma barreira (0 a 4%) **1** = Barreira **L**eve (5 a 24%) **2** = Barreira **M**oderada (25 a 49%) **3** = Barreira **G**rave (50 a 95%) **4** = Barreira **C**ompleta (96 a 100%)

Os Fatores Ambientais são externos ao indivíduo e podem ter influência sobre seu desempenho na execução de Atividades e Participação Social, assim como nas Funções e Estruturas do Corpo.

*Considerar na avaliação dos **Fatores Ambientais** as **barreiras** do ambiente físico, social e de atitudes no qual as pessoas vivem e conduzem sua vida, assim como os **Fatores Pessoais** (gênero, etnia, idade, condição física, estilo de vida, hábitos, nível de instrução, profissão e outros).*

***Barreira:** é um qualificador que descreve os obstáculos vivenciados pelo indivíduo (a qualificação deve considerar, inclusive, a frequência e extensão dessas barreiras).*

***Ambiente social:** relações de convívio familiar, comunitário e social, considerando a acessibilidade às políticas públicas, a vulnerabilidade e o risco pessoal e social a que a pessoa com deficiência está submetida.*

***Ambiente físico:** território onde vive e as condições de vida, considerando a acessibilidade, salubridade ou insalubridade.*

I - PRODUTOS E TECNOLOGIA – e1: referem-se a qualquer produto, instrumento, equipamento ou tecnologia, inclusive os adequados ou especialmente projetados para melhorar a funcionalidade da pessoa, bem como bens materiais e não materiais e patrimônio financeiro que a pessoa possa usufruir. Analisar conforme a necessidade do avaliado.

Indicadores = disponibilidade; condições de acesso (despesa, distância geográfica entre o domicílio e local de acesso, qualidade e periodicidade).

(Qualifique de 0 a 4 cada unidade de classificação abaixo)	**0**	**1**	**2**	**3**	**4**
1. Produtos ou substâncias para consumo pessoal (alimentação, dieta especial, medicação prescrita, entre outros) – e110					
2. Produtos e tecnologia para uso pessoal e na vida diária (objetos necessários ou de uso pessoal disponíveis, como: roupas e móveis, inclusive os adequados e especialmente projetados, órtese/prótese, inclusive óculos e lentes de contato ou intraoculares, lupas, bolsa coletora, sonda nasogástrica, nasoenteral ou de gastrostomia, nebulizador, instrumentos e aparelhos/produtos de limpeza, aparelhos e produtos para cuidados e higiene pessoal, fralda descartável, colchão caixa ou casca de ovo, colchão d'água, cama hospitalar, entre outros) – e115					
3. Produtos e tecnologia para mobilidade e transporte pessoal em ambientes internos e externos (objetos necessários para mobilidade, como: cadeira de rodas, cadeira para banho, muletas, andador, bengala e veículos motorizados e não motorizados para transporte de pessoas em terra, água ou ar, inclusive os adequados e especialmente projetados, entre outros) – e120					
4. Produtos e tecnologia para comunicação utilizada pelas pessoas nas atividades de transmissão e recepção de informações (instrumentos disponíveis, como: prótese de voz, aparelhos auditivos e computador, internet, telefone, televisão, rádio, inclusive os adequados e especialmente projetados, entre outros) – e125					
5. Produtos e tecnologia para educação (inclusive aquisição de conhecimento ou habilidade), cultura, lazer e trabalho, inclusive na condição de aprendiz (materiais e produtos, como: livros, brinquedos, materiais educativos, ferramentas, máquinas, equipamentos, mobiliário, *hardwares*, *softwares*, instrumentos musicais, materiais artísticos, recreativos e esportivos, entre outros) – e130 / e135 / e140					
6. Produtos e tecnologia usados em projetos, arquitetura e construção para acesso às instalações de uso público/privado, com segurança física (rampa de acesso, corrimão, piso tátil, elevador sonorizado, placas e sinalizações, inclusive em Braille e de emergência, semáforo sonoro, instalações sanitárias acessíveis, grades, armazenamento seguro de objetos e materiais perigosos, entre outros) – e150 / e155					
7. Produtos ou objetos de intercâmbio econômico (acesso a dinheiro, mercadorias, propriedades e outros valores que o indivíduo ou a família possui ou tem o direito de usar; considerar grau de comprometimento da renda familiar com gastos relacionados à dieta especial, medicação continuada não disponível na rede, tratamento especializado, gastos com cuidadores, entre outros, destinados ao próprio indivíduo ou a outros componentes do grupo familiar) – e165					
Qualificador do domínio e1					

II – CONDIÇÕES DE HABITABILIDADE E MUDANÇAS AMBIENTAIS – e2: Referem-se ao ambiente natural ou físico e aos componentes deste ambiente que foram modificados pelas pessoas, bem como às características das populações humanas desse ambiente. **(*)**

Indicadores = grau de vulnerabilidade e de risco social (acessibilidade, privacidade da moradia, condição de habitabilidade, insalubridade, periculosidade, precarização do ambiente, violência e outros não especificados).

(Qualifique de 0 a 4 cada unidade de classificação abaixo)	**0**	**1**	**2**	**3**	**4**
8. Nível de vulnerabilidade e risco das condições de habitabilidade (quaisquer aspectos climáticos ou evento natural ou de causa humana que configurem barreira para a pessoa com deficiência, tais como: morro, córrego, possível desabamento, inundações ou tempestades, poluição, violência, entre outros) – e210 / e225 / e230 / e235					
9. Situação e condição de habitabilidade (condição de moradia como barreira para a pessoa com deficiência. Considerar se a residência ou instituição é adequada ou de acesso universal, grau de privacidade, se própria, alugada, cedida, de favor, ocupada, acampamento, assentamento, pessoa em situação de rua, se é construção de alvenaria, madeira, taipa, entre outros) – e298 / e299 **(**)**					
Qualificador do domínio e2					

(*) *Domínio da CIF adaptado para atender aos objetivos do instrumento.*

(**) *Unidade de Classificação da CIF adaptada para atender aos objetivos do instrumento.*

III – APOIO E RELACIONAMENTOS – e3: referem-se à disponibilidade das pessoas ou animais domésticos em fornecer proteção, apoio físico ou emocional. Referem-se também aos relacionamentos com outras pessoas, na casa, na comunidade, escola ou apoio em outros aspectos das suas atividades diárias.

Indicadores = Apoio e relacionamentos insatisfatórios ou inexistentes no âmbito das relações familiares, comunitárias, institucionais e sociais, ou em outros aspectos das suas atividades.

(Qualifique de 0 a 4 cada unidade de classificação abaixo)	**0**	**1**	**2**	**3**	**4**
10. Disponibilidade da família em oferecer apoio físico, emocional, afetivo, proteção (segurança) e cuidados – e310/ e315					
11. Disponibilidade de amigos, conhecidos, colegas, vizinhos e membros da comunidade em oferecer apoio físico, emocional, afetivo, proteção (segurança) e cuidados – e320 /e325					
12. Disponibilidade de apoio físico, emocional, afetivo, proteção (segurança) e cuidados de profissionais de saúde, cuidadores e outros profissionais – e340 / e355 / e360					

13. Disponibilidade de animais de estimação que proporcionem apoio físico, emocional, psíquico e terapêutico (cavalos, cachorros, gatos, pássaros, peixes, entre outros) ou animais que auxiliem a mobilidade e transporte pessoal (cão-guia, entre outros) – e350					
14. Condições familiares que interferem na disponibilidade de apoio e relacionamentos (existência de idosos, crianças, pessoas com deficiência, com doença crônica, com dependência química, desempregadas, sobrecarga de cuidadores na família, menor disponibilidade de familiares por residirem distante ou por razões diversas, incluindo compromissos de trabalho) – e398					
Qualificador do domínio e3					

IV – ATITUDES – e4: referem-se às consequências observáveis dos costumes, práticas, ideologias, valores e normas, oriundas de pessoas externas à pessoa cuja situação está sendo avaliada. As atitudes influenciam o comportamento individual e a vida social em todos os níveis, dos relacionamentos interpessoais e sociais, às estruturas políticas, econômicas e legais.

Indicadores = atitudes estigmatizantes, estereotipadas, preconceituosas, discriminatórias, de superproteção e/ou negligentes, que contribuem para segregação da pessoa com deficiência e influenciam no comportamento e nas ações individuais.

(Qualifique de 0 a 4 cada unidade de classificação abaixo)	0	1	2	3	4
15. Situações de preconceito, estigma, estereótipo, discriminação, superproteção, negligência de membros da família – e410 / e415					
16. Situações de preconceito, estigma, estereótipo, discriminação, superproteção, negligência de amigos, conhecidos, colegas, vizinhos, membros ou grupos sociais da comunidade/sociedade – e420 / e425 / e430 / e435 / e440 / e460					
17. Situações de preconceito, estigma, estereótipo, discriminação, superproteção, negligência de cuidadores e assistentes pessoais, profissionais de saúde e de educação, pessoas em posição de autoridade ou subordinadas e outros, inclusive em relação à inserção e permanência no trabalho – e450 / e499					
Qualificador do domínio e4					

V – SERVIÇOS, SISTEMAS E POLÍTICAS – e5: referem-se à rede de serviços, sistemas e políticas garantidoras de proteção social.

Indicadores = Não tem acesso ou o acesso disponível não supre suas necessidades, inclusive pela distância e/ou inexistência do serviço na localidade em que vive.

(Qualifique de 0 a 4 cada unidade de classificação abaixo)	0	1	2	3	4
18. Serviços, sistemas e políticas de habitação (existência e acesso a políticas habitacionais que contemplem moradias e entorno com acessibilidade e proximidade de equipamentos e serviços públicos) – e525					
19. Serviços, sistemas e políticas dos serviços públicos (acesso a serviços de abastecimento de água e esgoto, energia elétrica, coleta de lixo, correios, entre outros) – e530					
20. Serviços, sistemas e políticas de comunicação (acesso à transmissão de informações por meio de vários métodos que incluem telefone, fax, correio postal, correio eletrônico e outros) e comunicação em massa (rádio, televisão, serviços de circuito fechado, serviços de reportagens e imprensa, jornais, serviços em Braille, internet, entre outros) – e535 / e560					
21. Serviços, sistemas e políticas de transporte (acesso a transporte coletivo e/ou adaptado e/ou existência e inclusão em programa de livre acesso ao transporte coletivo, de forma a suprir as necessidades) – e540					
22. Serviços, sistemas e políticas de proteção civil (acesso a serviços de emergência e de ambulância e a serviços e programas voltados à segurança das pessoas e da propriedade, tais como bombeiros, polícia, defesa civil, entre outros) – e545					
23. Serviços, sistemas e políticas legais (acesso a serviços dos órgãos de proteção dos direitos sociais: Fóruns, Tribunais, Ministério Público, Defensoria Pública, Conselho Tutelar, Cartórios, entre outros) – e550					
24. Serviços, sistemas e políticas de associações e organizações (relacionados a grupos de pessoas que se organizam em busca de interesses comuns ou coletivos, sem fins lucrativos) – e555					
25. Serviços, sistemas e políticas de apoio social (fornecimento de suporte específico para aqueles que necessitam de apoio para compras, trabalho doméstico, transporte, cuidados com criança, cuidados temporários, cuidado pessoal, entre outros, para que participem plenamente na sociedade) – e575					
26. Serviços, sistemas e políticas de saúde (acesso a hospitais, postos de saúde, programa de saúde da família, exames simples e complexos, procedimentos cirúrgicos, serviços de habilitação e reabilitação, inclusive terapia reabilitatória e estimulação precoce, entre outros, de forma a suprir as necessidades) – e580					
27. Serviços, sistemas e políticas de educação e treinamento (acesso a escolas com educação inclusiva e/ou especializada na comunidade, equipadas com materiais pedagógicos adequados, equipe técnica especializada, acessibilidade, incluindo áreas de apoio que atendam às necessidades específicas da pessoa com deficiência, entre outros) – e585					
28. Serviços, sistemas e políticas relacionados ao trabalho e emprego (acesso ao trabalho, serviços de habilitação e reabilitação profissional, condições de trabalho adequadas, inclusive na condição de aprendiz, entre outras ações) – e590					
29. Serviços, sistemas e políticas de assistência social (o conjunto integrado de programas, serviços e benefícios de iniciativa pública estatal e da sociedade para garantir proteção social às pessoas em situação de vulnerabilidade e risco social, tais como: ações socioassistenciais promovidas pelo PAIF, CRAS, CREAS e outros, disponíveis para suprir as necessidades) – e598.					
Qualificador do domínio e5					

Fatores Ambientais				
e1	e2	e3	e4	e5

Qualificador Final de Fatores Ambientais				
		Barreira		

ATIVIDADES E PARTICIPAÇÃO

Qualificadores a serem usados: 0 = Nenhuma dificuldade (0 a 4%) 1 = Dificuldade Leve (5 a 24%) 2 = Dificuldade Moderada (25 a 49%) 3 = Dificuldade Grave (50 a 95%) 4 = Dificuldade Completa (96 a 100%)
*Considerar na análise o impacto/influência dos **Fatores Ambientais** (barreiras) e **Pessoais** (gênero, etnia, idade, condição física, estilo de vida, hábitos, nível de instrução, profissão e outros) e na avaliação do **desempenho** para a execução de atividades e participação social, em igualdade de condições com as demais pessoas.*   ***Desempenho:** é um qualificador que descreve o que o indivíduo faz (grau de dificuldade) em seu ambiente de vida habitual, entendido como "envolvimento em uma situação vital" ou "a experiência vivida", no contexto real em que vive (a qualificação deve considerar, sobretudo, a frequência e extensão da dificuldade).*   ***Atividade:** é a execução de uma tarefa ou ação por um indivíduo. Representa a **perspectiva individual** da funcionalidade.*   ***Participação:** é o ato de se envolver em uma situação real de vida. Representa a **perspectiva social** da funcionalidade.*
As **colunas T** e **P**, à direita dos qualificadores de cada domínio, destinam-se à sinalização de **dependência Total ou Parcial de cuidados de terceiros**, sempre que o avaliador julgar pertinente, com vistas a fornecer subsídios para **políticas públicas de cuidados.** Não representam o foco principal da avaliação, que deve estar centrado no desempenho para o exercício de atividades e participação social, conforme o grau de dificuldade estabelecido pelos cortes percentuais acima.

VI – VIDA DOMÉSTICA – d6: refere-se à realização de ações e tarefas domésticas e do dia a dia (limpeza e reparos domésticos, cuidar de objetos pessoais, da casa e ajudar os outros, além de obter um lugar para morar, alimento, vestuário e outras necessidades).

Indicadores = limitação no desempenho para administrar e executar tarefas domésticas, com ou sem auxílio, em igualdade de condições com as demais pessoas.

(Qualifique de 0 a 4 cada unidade de classificação abaixo)	0	1	2	3	4	T	P
30. Dificuldade para obter um lugar para morar (comprar, alugar, tomar emprestado, mobiliar, arrumar, entre outras) – d610							
31. Dificuldade para obter bens e serviços (selecionar, adquirir e transportar bens e produtos para uso doméstico e/ou solicitar instalações e reparos, entre outros serviços) – d620							
32. Dificuldade para preparar e servir refeições simples e complexas para si próprio e para outros (planejar o que será consumido, selecionar ingredientes, preparar, cozinhar e servir o alimento ou bebida) – d630							
33. Dificuldade para planejar, administrar e realizar tarefas domésticas (organizar o trabalho doméstico, limpar e arrumar a casa, lavar e passar roupa, utilizar utensílios domésticos, armazenar alimentos, remover o lixo, entre outras atividades) – d640							
34. Dificuldade para cuidar de objetos da casa, de objetos pessoais, de plantas e animais (manter e consertar objetos da casa-e objetos pessoais, cuidar das plantas, tratar e alimentar animais domésticos, entre outras atividades) – d650							
35. Dificuldade para ajudar os outros (auxiliar os membros da casa e outros no seu aprendizado, na comunicação, no cuidado pessoal e movimento, dentro ou fora da casa; preocupar-se com o bem estar dos membros da casa, entre outros) – d660							
Qualificador do domínio d6							

VII – RELAÇÕES E INTERAÇÕES INTERPESSOAIS – d7: referem-se à realização de ações e condutas necessárias para estabelecer interações pessoais, de maneira contextual e socialmente estabelecida com outras pessoas (estranhos, amigos, familiares e companheiros).

Indicadores = limitação no desempenho para iniciar, manter e terminar relações interpessoais de maneira contextual e socialmente estabelecida, com ou sem auxílio, em igualdade de condições com as demais pessoas.

(Qualifique de 0 a 4 cada unidade de classificação abaixo)	0	1	2	3	4	T	P
36. Dificuldade para estabelecer interações pessoais básicas com os outros (com respeito, discernimento, afeto, tolerância, atitude crítica, reações adequadas, contato físico contextual e apropriado, entre outras) – d710							
37. Dificuldade para estabelecer interações pessoais complexas (iniciar, manter ou terminar relações com outras pessoas, como controlar emoções, impulsos, agressões verbais e/ou físicas e agir de forma independente nas interações sociais e conforme as regras sociais; considerar se a autorrepresentação da deficiência dificulta os relacionamentos) – d720							
38. Dificuldade para estabelecer contatos ou ligações temporárias com estranhos (solicitar algo, fazer um agradecimento, formular indagações, perguntar um caminho) – d730							

39. Dificuldade para criar e manter relações específicas em ambientes formais (com professores, funcionários, profissionais ou prestadores de serviços, entre outros) – d740							
40. Dificuldade para iniciar relações informais com outros, como relações casuais com pessoas que vivem na mesma comunidade ou residência, ou com colaboradores, estudantes, companheiros de lazer (amigos, vizinhos, conhecidos, colegas de moradia) – d750							
41. Dificuldade para criar e manter relações de parentesco com membros do núcleo familiar, família adotiva e de criação e parentes distantes, não consanguíneos ou tutores – d760							
Qualificador do domínio d7							

VIII – ÁREAS PRINCIPAIS DA VIDA – d8: referem-se à realização das tarefas e ações necessárias para participar das atividades de educação e transações econômicas.

Indicadores = limitação no desempenho em participar e realizar tarefas e ações acima mencionadas, com ou sem auxílio, em igualdade de condições com as demais pessoas.

(Qualifique de 0 a 4 cada unidade de classificação abaixo)	0	1	2	3	4	T	P
42. Dificuldade para obter acesso, realizar ou participar de atividades, aprender o conteúdo e cumprir responsabilidades e exigências do ensino fundamental, médio ou educação de adultos, incluindo frequência regular, trabalho em equipe e interação adequada com demais alunos, professores e funcionários – d820							
43. Dificuldade para obter acesso, realizar ou participar de atividades, aprender o conteúdo e cumprir responsabilidades e exigências de curso técnico e/ou profissionalizante, incluindo frequência regular, trabalho em equipe e interação adequada com demais alunos, professores e funcionários – d825							
44. Dificuldade para obter acesso, realizar ou participar de atividades, aprender o conteúdo e cumprir responsabilidades e exigências do ensino superior ou pós-graduação, incluindo frequência regular, trabalho em equipe e interação adequada com demais alunos, professores e funcionários – d830							
45. Dificuldade para realizar transações econômicas básicas e complexas, como comprar, trocar e negociar mercadorias, manter conta bancária, economizar dinheiro, obter acesso a fontes de recursos financeiros, entre outras – d860/d865							
Qualificador do domínio d8							

IX – VIDA COMUNITÁRIA, SOCIAL E CÍVICA – d9: referem-se às ações e tarefas necessárias para participar da vida social organizada fora do âmbito familiar, em áreas da vida comunitária, social e cívica.

Indicadores = limitação no desempenho em participar e realizar atividades relacionadas à vida comunitária, social e cívica, com ou sem auxílio, em igualdade de condições com as demais pessoas.

(Qualifique de 0 a 4 cada unidade de classificação abaixo)	0	1	2	3	4	T	P
46. Dificuldade para participar de reuniões comunitárias, cerimônias sociais, associações e grupos sociais – d910							
47. Dificuldade para participar de atividades recreativas e de lazer (excursões, trabalhos artesanais, jogos, esportes, cinema, museus, tocar instrumentos musicais, demais atividades culturais, entre outras atividades de diversão) – d920							
48. Dificuldade para participar da vida social e política enquanto cidadão, considerando a garantia e ampliação do acesso aos direitos humanos (direitos políticos: liberdade de associação e posição legal de cidadão; direitos civis: liberdade de expressão, de autodeterminação ou autonomia; direitos sociais: satisfação digna de suas necessidades sociais) – d940/d950							
Qualificador do domínio d9							

☐ **Solicitação de Informações Sociais – SIS**

☐ **Solicitação de Visita Técnica**

Atividades e Participação			
d6	d7	d8	d9

Qualificador Parcial de Atividades e Participação			
		Dificuldade	

Risco e Proteção Social

☐ **CASO SEJAM OBSERVADOS INDÍCIOS DE RISCO SOCIAL QUE DEMANDEM ACOMPANHAMENTO PRIORITÁRIO** *(violência física e/ou psicológica, abandono familiar, abusos e/ou exploração sexual, crianças e/ou adolescentes fora da escola, exploração de trabalho infantil, entre outros)*, **ASSINALE E DESCREVA ABAIXO PARA POSTERIOR ENCAMINHAMENTO:**

Descreva:

☐ **NA AUSÊNCIA DE PROTEÇÃO SOCIAL, FAMILIAR E/OU COMUNITÁRIA, ENTRE OUTRAS, ASSINALE E DESCREVA ABAIXO, PARA POSTERIOR ENCAMINHAMENTO:**

Descreva:

Avaliação Social

Fatores Ambientais				
e1	e2	e3	e4	e5

Atividades e Participação			
d6	d7	d8	d9

Resultado Parcial

Fatores Ambientais: ☐ **= Barreira** ☐

Qualificador Parcial de Atividades e Participação: ☐ **= Dificuldade** ☐

Observações do avaliador(a):

Profissional avaliador(a):

Local e data	Assistente Social	CRESS

GEX:	
APS:	

AVALIAÇÃO MÉDICO-PERICIAL DA PESSOA COM DEFICIÊNCIA
ESPÉCIE 87 – BPC / LOAS - 16 ANOS OU MAIS

Fase da avaliação

Inicial:		Recursal:		Revisão Administrativa:		Reavaliação Bienal:		Judicial:	

Dados do Avaliado

NIT:		Nome:		CPF:	
NB / Espécie:		Nome da Mãe:		Sexo:	
APS:		Grau de Instrução:		Data Nascimento:	
Data Avaliação Social:		Data. Avaliação Médico Pericial:		Idade:	(Anos)

Documento do Avaliado

Tipo:		Número:		Complemento:	

Documento do Acompanhante / Responsável pelas informações

Tipo:		Número:		Complemento:	

História Clínica:

Considerar todos os elementos relevantes da história clínica atual e pregressa, que darão subsídios para a avaliação e qualificação dos domínios abaixo relacionados, incluindo relatórios e laudos técnicos, prontuários e resultados de exames complementares, quando houver.

Informações de exames e laudos apresentados:

Exame físico:

Considerar as alterações relevantes observadas ao exame físico, que darão subsídios para a avaliação e qualificação dos domínios abaixo relacionados.

Diagnóstico:

CID PRINCIPAL: (Campo Obrigatório)		**Código:**
CID SECUNDÁRIO(S): (Campo Obrigatório)		**Códigos:**
		Não há:

FUNÇÕES DO CORPO

Qualificadores a serem usados: **0** = **N**enhuma alteração (0 a 4%) **1** = Alteração **L**eve (5 a 24%) **2** = Alteração **M**oderada (25 a 49%) **3** = Alteração **G**rave (50 a 95%) **4** = Alteração **C**ompleta (96 a 100%)

X – FUNÇÕES MENTAIS – b1: referem-se às funções do cérebro, que incluem funções mentais globais, como consciência, energia e impulso, e funções mentais específicas, como memória, linguagem e cálculo.

Indicadores = discriminados nas unidades de classificação abaixo, entre parênteses.

(Qualifique de 0 a 4 as unidades de classificação consideradas para a qualificação final do domínio)	0	1	2	3	4
49. Funções da consciência (vigília, obnubilação, coma, estado vegetativo, estado de alerta, delírio, entre outros, entre outras) – b110					
50. Funções da orientação (conhecimento e determinação da relação da pessoa consigo própria, com outras pessoas, objetos, espaço, tempo e/ou ambiente, entre outras) – b114					
51. Funções intelectuais (várias funções mentais integradas, incluindo as funções cognitivas e seu desenvolvimento ao longo da vida. Verificar: deficiência intelectual, transtorno mental, demência, entre outras) – b117					
52. Funções psicossociais globais (habilidades interpessoais necessárias para o estabelecimento de interações sociais recíprocas, em termos de significado e finalidade, interações interpessoais, entre outras) – b122					
53. Funções do temperamento e personalidade (extroversão, introversão, amabilidade, responsabilidade, estabilidade psíquica e emocional, abertura e busca para novas experiências, otimismo, confiança, confiabilidade, entre outras) – b126					
54. Funções da energia e de impulsos (nível de energia, motivação, apetite, desejo intenso/dependência, controle de impulsos, entre outras) – b130					
55. Funções do sono (início, manutenção, quantidade e qualidade do sono) – b134					
56. Funções da atenção (concentração, distração e distúrbios da atenção) – b140					

57. Funções da memória (distúrbios da memória recente, remota e amnésica) – b144					
58. Funções psicomotoras (atraso psicomotor, controle e coordenação de partes do corpo, marcha, postura, ecolalia, ecopraxia, excitação, agitação, catatonia, negativismo, ambivalência, convulsão epiléptica, entre outras) – b147					
59. Funções da emoção (funções mentais específicas relacionadas com a adequação, regulação e amplitude da emoção, tristeza, medo, raiva, ódio, tensão, ansiedade, apatia afetiva, labilidade emocional, depressão, entre outras) – b152					
60. Funções da percepção (reconhecimento e interpretação de estímulos sensoriais envolvendo a audição, visão, olfato, paladar e/ou tato e posição de objetos em relação a si e ao ambiente, como em alucinações ou ilusões, entre outras) – b156					
61. Funções do pensamento (delírios, obsessões, compulsões, bloqueio, incoerência, fuga de ideias, entre outras) – b160					
62. Funções cognitivas superiores (pensamento abstrato, organização de ideias, tomada de decisão, planejamento e execução, julgamento, flexibilidade mental, autoconhecimento, entre outras) – b164					
63. Funções mentais da linguagem (recepção e expressão de linguagem gestual, decodificação e produção de mensagens de gestos feitos pelas mãos e outros movimentos, entre outras) – b167					
64. Funções de cálculo (funções de operações matemáticas simples - adição, subtração, multiplicação e divisão e complexas, procedimentos aritméticos, com fórmulas matemáticas, entre outras) – b172					
65. Funções da experiência pessoal e de tempo (consciência da própria identidade, representação e consciência do corpo, duração e passagem do tempo, entre outras) – b180					
Qualificador do domínio X-b1					

Justifique, caso seja atribuído qualificador "0" a este domínio.		Não foram observadas alterações ou as alterações no domínio como um todo são mínimas (de 0 a 4%).
		Ausência de elementos de convicção para qualificar.

XI – FUNÇÕES SENSORIAIS DA VISÃO – b2: referem-se à percepção de luz, tamanho e cor de um estímulo visual.

Indicadores = discriminados nas unidades de classificação abaixo, entre parênteses.

(Qualifique de 0 a 4 as unidades de classificação consideradas para a qualificação final do domínio)	0	1	2	3	4
66. Funções da visão (qualidade, acuidade, percepção de luz e cor, visão monocular e binocular, miopia, hipermetropia, astigmatismo, hemianopsia, presbiopia, cegueira de cores, visão em túnel, escotoma central e periférico, diplopia, cegueira noturna e adaptabilidade à luz, entre outras) – b210					
67. Funções das estruturas adjacentes ao olho (funções da acomodação, reflexo pupilar, funções da pálpebra, nistagmo, movimentos voluntários, movimentos de rastreamento, fixação do olho, estrabismo, funções das glândulas e canal lacrimonasal, entre outras) – b215					
68. Sensações associadas ao olho e estruturas adjacentes (pressão, cansaço, ressecamento, prurido, irritação, queimação, entre outras) – b220					
Qualificador do domínio XI-b2					

Justifique, caso seja atribuído qualificador "0" a este domínio.		Não foram observadas alterações ou as alterações no domínio como um todo são mínimas (de 0 a 4%).
		Ausência de elementos de convicção para qualificar.

XII – FUNÇÕES SENSORIAIS DA AUDIÇÃO – b2: referem-se à percepção de sons e discriminação de localização, intensidade, ruído e qualidade.

Indicadores = discriminados nas unidades de classificação abaixo, entre parênteses.

(Qualifique de 0 a 4 as unidades de classificação consideradas para a qualificação final do domínio)	0	1	2	3	4
69. Funções auditivas (detecção, discriminação e localização do som e da fala, insuficiência e perda da audição, entre outras) – b230					
70. Funções vestibulares (determinação da posição, equilíbrio e movimentação do corpo, entre outras) – b235					
71. Sensações associadas à audição e à função vestibular (tontura, sensação de queda, vibração, vertigem, zumbido, irritação e pressão auricular, entre outras) – b240					
Qualificador do domínio XII-b2					

Justifique, caso seja atribuído qualificador "0" a este domínio.		Não foram observadas alterações ou as alterações no domínio como um todo são mínimas (de 0 a 4%).
		Ausência de elementos de convicção para qualificar.

XIII – FUNÇÕES SENSORIAIS ADICIONAIS E DOR – b2: referem-se às funções gustativas, olfativas, proprioceptivas, táteis e a sensações relacionadas à temperatura e outros estímulos e sensação de dor.

Indicadores = discriminados nas unidades de classificação abaixo, entre parênteses.

(Qualifique de 0 a 4 as unidades de classificação consideradas para a qualificação final do domínio)	0	1	2	3	4
72. Funções gustativas e olfativas – b250 / b255					
73. Funções proprioceptivas (percepção da posição relativa de partes do corpo) – b260					
74. Função tátil (anestesia, parestesia, formigamento, hipoestesia, hiperestesia, entre outras) e funções sensoriais relacionadas à temperatura e outros estímulos (sensibilidade à temperatura, vibração, tremor ou oscilação, pressão superficial ou profunda, ardor, entre outras) – b265 / b270					
75. Sensação de dor (dor generalizada ou localizada em uma ou mais parte do corpo, analgesia, hipoalgesia, hiperalgesia, entre outras) – b280					
Qualificador do domínio XIII-b2					

Justifique, caso seja atribuído qualificador "0" a este domínio.		Não foram observadas alterações ou as alterações no domínio como um todo são mínimas (de 0 a 4%).
		Ausência de elementos de convicção para qualificar.

XIV – FUNÇÕES DA VOZ E DA FALA – b3: referem-se à produção de sons e da fala.

Indicadores = discriminados nas unidades de classificação abaixo, entre parênteses.

(Qualifique de 0 a 4 as unidades de classificação consideradas para a qualificação final do domínio)	**0**	**1**	**2**	**3**	**4**
76. Funções da voz (produção e qualidade da voz, disfonia, afonia, rouquidão, hiponasalidade, hipernasalidade, entre outras) – b310					
77. Funções da articulação (produção de sons da fala, disartria, anartria, articulação de fonemas, entre outras) – b320					
78. Funções da fluência e ritmo da fala (alterações na fluência, gagueira, verborreia, dislalia – taquilalia, bradilalia, entre outras) – b330					
Qualificador do domínio XIV-b3					

Justifique, caso seja atribuído qualificador "0" a este domínio.	Não foram observadas alterações ou as alterações no domínio como um todo são mínimas (de 0 a 4%).
	Ausência de elementos de convicção para qualificar.

XV - FUNÇÕES DO SISTEMA CARDIOVASCULAR – b4: referem-se às funções do coração, vasos sanguíneos e pressão sanguínea.

Indicadores = discriminados nas unidades de classificação abaixo, entre parênteses.

(Qualifique de 0 a 4 as unidades de classificação consideradas para a qualificação final do domínio)	**0**	**1**	**2**	**3**	**4**
79. Funções do coração (ritmo, frequência, contratilidade, insuficiência, isquemia, bloqueio, valvulopatias, miocardiopatias) – b410					
80. Funções dos vasos sanguíneos (valvulares, arteriais, venosas e capilares; inclui alterações decorrentes de varizes, aterosclerose, aneurismas, entre outras) – b415					
81. Funções da pressão sanguínea (hipotensão, hipertensão) – b420					
Qualificador do domínio XV-b4					

Justifique, caso seja atribuído qualificador "0" a este domínio.	Não foram observadas alterações ou as alterações no domínio como um todo são mínimas (de 0 a 4%).
	Ausência de elementos de convicção para qualificar.

XVI - FUNÇÕES DO SISTEMA HEMATOLÓGICO – b4: referem-se à produção de sangue, transporte de oxigênio e metabólitos e à coagulação.

Indicadores = discriminados nas unidades de classificação abaixo, entre parênteses.

(Qualifique de 0 a 4 as unidades de classificação consideradas para a qualificação final do domínio)	**0**	**1**	**2**	**3**	**4**
82. Funções da produção de sangue, da medula óssea, do baço, do transporte de oxigênio e metabólitos (anemias, linfomas, leucemias, mielodisplasias, aplasia medular, mieloma múltiplo, trombastenia, hemoglobinúrias, doença falciforme, talassemias, coagulopatias, entre outras) – b430					
Qualificador do domínio XVI-b4					

Justifique, caso seja atribuído qualificador "0" a este domínio.	Não foram observadas alterações ou as alterações no domínio como um todo são mínimas (de 0 a 4%).
	Ausência de elementos de convicção para qualificar.

XVII – FUNÇÕES DO SISTEMA IMUNOLÓGICO – b4: referem-se à imunidade celular e humoral e alterações na função do sistema linfático.

Indicadores = discriminados nas unidades de classificação abaixo, entre parênteses.

(Qualifique de 0 a 4 as unidades de classificação consideradas para a qualificação final do domínio)	**0**	**1**	**2**	**3**	**4**
83. Funções do sistema imunológico (alterações imunológicas mediadas por células ou por anticorpos, doença autoimune, imunossupressão medicamentosa e/ou em decorrência de outras morbidades, incluindo CÂNCER, reações alérgicas, respostas a imunizações, alterações no sistema linfático, linfadenites, linfedema, entre outras) – b435					
Qualificador do domínio XVII-b4					

Justifique, caso seja atribuído qualificador "0" a este domínio.	Não foram observadas alterações ou as alterações no domínio como um todo são mínimas (de 0 a 4%).
	Ausência de elementos de convicção para qualificar.

XVIII – FUNÇÕES DO SISTEMA RESPIRATÓRIO – b4: referem-se à frequência, ritmo e profundidade da respiração e às funções dos músculos respiratórios.

Indicadores = discriminados nas unidades de classificação abaixo, entre parênteses.

(Qualifique de 0 a 4 as unidades de classificação consideradas para a qualificação final do domínio)	**0**	**1**	**2**	**3**	**4**
84. Funções respiratórias - frequência, ritmo, profundidade e dificuldades (dispneia, taquipneia, respiração irregular, espasmo brônquico, enfisema pulmonar, entre outras) – b440					
Qualificador do domínio XVIII-b4					

Justifique, caso seja atribuído qualificador "0" a este domínio.	Não foram observadas alterações ou as alterações no domínio como um todo são mínimas (de 0 a 4%).
	Ausência de elementos de convicção para qualificar.

XIX – FUNÇÕES DO SISTEMA DIGESTIVO – b5: referem-se à ingestão, digestão e eliminação de substâncias líquidas e sólidas.

Indicadores = discriminados nas unidades de classificação abaixo, entre parênteses.

(Qualifique de 0 a 4 as unidades de classificação consideradas para a qualificação final do domínio)	0	1	2	3	4
85. Funções de ingestão (sucção, mordedura, mastigação, mobilização de alimentos na boca, salivação, deglutição, regurgitação, vômito, entre outras) – b510					
86. Funções digestivas (peristalse, degradação dos alimentos, absorção dos nutrientes, tolerância aos alimentos, entre outras) – b515					
87. Funções da defecação (consistência, frequência e continência fecal, flatulência, entre outras) – b525					
88. Funções de manutenção de peso (baixo peso, caquexia, emaciação, obesidade, entre outras) – b530					
Qualificador do domínio XIX-b5					

Justifique, caso seja atribuído qualificador "0" a este domínio.		
		Não foram observadas alterações ou as alterações no domínio como um todo são mínimas (de 0 a 4%).
		Ausência de elementos de convicção para qualificar.

XX – FUNÇÕES DOS SISTEMAS METABÓLICO E ENDÓCRINO – b5: referem-se às funções metabólicas gerais e das glândulas endócrinas, inclusive as associadas à puberdade.

Indicadores = discriminados nas unidades de classificação abaixo, entre parênteses.

(Qualifique de 0 a 4 as unidades de classificação consideradas para a qualificação final do domínio)	0	1	2	3	4
89. Funções metabólicas gerais (metabolismo basal, metabolismo de carboidratos, de proteínas ou gorduras, incluindo lipodistrofia, entre outras) – b540					
90. Funções de equilíbrio hídrico, mineral e eletrolítico – b545					
91. Funções das glândulas endócrinas, inclusive as associadas à puberdade (hipo ou hiperpituitarismo, hipo ou hipertireoidismo, hipo ou hiperparatireoidismo, hipo ou hipergonadismo, nanismo, gigantismo, entre outras) – b555 / b560					
Qualificador do domínio XX-b5					

Justifique, caso seja atribuído qualificador "0" a este domínio.		
		Não foram observadas alterações ou as alterações no domínio como um todo são mínimas (de 0 a 4%).
		Ausência de elementos de convicção para qualificar.

XXI - FUNÇÕES GENITURINÁRIAS E REPRODUTIVAS – b6: referem-se às funções urinárias e reprodutivas, incluindo funções sexuais e de procriação.

Indicadores = discriminados nas unidades de classificação abaixo, entre parênteses.

(Qualifique de 0 a 4 as unidades de classificação consideradas para a qualificação final do domínio)	0	1	2	3	4
92. Funções relacionadas à filtração ou eliminação da urina (insuficiência renal, anúria, oligúria, hidronefrose, bexiga hipotônica, obstrução do ureter, entre outras) – b610					
93. Funções urinárias (frequência de micção, continência, urgência, retenção, fluxo excessivo, poliúria, entre outras) – b620					
94. Função reprodutiva (funções sexuais, funções da menstruação, incluindo endometriose, funções de procriação, entre outras) – b640 / b650 / b660					
Qualificador do domínio XXI-b6					

Justifique, caso seja atribuído qualificador "0" a este domínio.		
		Não foram observadas alterações ou as alterações no domínio como um todo são mínimas (de 0 a 4%).
		Ausência de elementos de convicção para qualificar.

XXII – FUNÇÕES NEUROMUSCULOESQUELÉTICAS E RELACIONADAS AO MOVIMENTO – b7: referem-se à mobilidade, funções das articulações, ossos, reflexos e músculos.

Indicadores = discriminados nas unidades de classificação abaixo, entre parênteses.

(Qualifique de 0 a 4 as unidades de classificação consideradas para a qualificação final do domínio)	0	1	2	3	4
95. Funções das articulações e/ou dos ossos (mobilidade das articulações e dos ossos) – b710 / b715 / b720					
96. Funções musculares (relacionadas à força, ao tônus e à resistência muscular) – b730 / b735 / b740					
97. Funções dos movimentos (relacionadas aos reflexos motores e dos movimentos involuntários, controle voluntário e involuntário) – b750 / b755 / b760 / b765					
98. Funções relacionadas ao padrão da marcha (deficiências como marcha espástica, hemiplégica, paraplégica, entre outras) – b770					
Qualificador do domínio XXII-b7					

Justifique, caso seja atribuído qualificador "0" a este domínio.		
		Não foram observadas alterações ou as alterações no domínio como um todo são mínimas (de 0 a 4%).
		Ausência de elementos de convicção para qualificar.

XXIII – FUNÇÕES DA PELE E ESTRUTURAS RELACIONADAS – b8: referem-se a funções da pele e seus anexos (pelos, cabelos e unhas).

Indicadores = discriminados nas unidades de classificação abaixo, entre parênteses.

(Qualifique de 0 a 4 as unidades de classificação consideradas para a qualificação final do domínio)	0	1	2	3	4
99. Funções protetoras, reparadoras e outras funções da pele e fâneros (pênfigo, psoríase, hanseníase, neurofibromatose, dermatite de contato, albinismo, vitiligo, escalpelamento, queimaduras, entre outras) – b810					

/ b820 / b830 / b840 / b850						
	Qualificador do domínio XXIII-b8					
Justifique, caso seja atribuído qualificador "0" a este domínio.		Não foram observadas alterações ou as alterações no domínio como um todo são mínimas (de 0 a 4%).				
		Ausência de elementos de convicção para qualificar.				

FUNÇÕES DO CORPO													
X-b1	XI-b2	XII-b2	XIII-b2	XIV-b3	XV-b4	XVI-b4	XVII-b4	XVIII-b4	XIX-b5	XX-b5	XXI-b6	XXII-b7	XXIII-b8

b1	b2	b3	b4	b5	b6	b7	b8

Qualificador Final de Funções do Corpo		
	Alteração	

Estrutura e Prognóstico

EXISTEM ALTERAÇÕES NA ESTRUTURA DO CORPO QUE CONFIGURAM MAIORES LIMITAÇÕES E RESTRIÇÕES AO AVALIADO DO QUE AS ALTERAÇÕES OBSERVADAS EM FUNÇÕES DO CORPO?

☐ **Não**

☐ **Sim** *A resposta afirmativa a este quesito implicará a elevação do qualificador final de Funções do Corpo em um nível (de N para L, de L para M, de M para G, de G para C e C permanece como C).*

Assinale abaixo a(s) Estrutura(s) do Corpo que configura(m) tal condição:

Estruturas do sistema nervoso		Estruturas do sistema respiratório	
Estruturas do olho		Estruturas do sistema digestivo	
Estruturas do ouvido		Estruturas do sistema metabólico e endócrino	
Estruturas relacionadas à voz e à fala		Estruturas do sistema geniturinário e reprodutivo	
Estruturas do sistema cardiovascular		Estruturas relacionadas ao movimento	
Estruturas do sistema imunológico		Pele e estruturas relacionadas	

Descreva, caso já não o tenha feito na história clínica ou no exame físico:

AS ALTERAÇÕES OBSERVADAS EM FUNÇÕES E/OU ESTRUTURAS DO CORPO CONFIGURAM PROGNÓSTICO DESFAVORÁVEL?

A resposta afirmativa a este quesito implicará a elevação do qualificador final de Funções do Corpo em um nível (de N para L, de L para M, de M para G, de G para C e C permanece como C), de forma não cumulativa, caso já tenha havido elevação pelo quesito anterior.

☐ **Não**

☐ **Não é possível prognosticar**

☐ **Sim. Descreva, caso já não o tenha feito na história clínica ou no exame físico:**

CONSIDERANDO AS BARREIRAS APONTADAS NA AVALIAÇÃO SOCIAL E OS ASPECTOS CLÍNICOS AVALIADOS, É POSSÍVEL AFIRMAR QUE AS ALTERAÇÕES EM FUNÇÕES E/OU ESTRUTURAS DO CORPO SERÃO RESOLVIDAS EM MENOS DE DOIS ANOS?

(Considerar também o tempo pregresso já vivenciado com tal quadro, as possibilidades de acesso ao tratamento necessário e a participação plena e efetiva na sociedade em igualdade de condições com as demais pessoas).

☐ **Não**

☐ **Não é possível prever, mas os efeitos podem se estender por dois anos ou mais.**

☐ **Sim. Neste caso, justifique:**

ATIVIDADES E PARTICIPAÇÃO

Qualificadores a serem usados: 0 = Nenhuma dificuldade (0 a 4%) 1 = Dificuldade Leve (5 a 24%) 2 = Dificuldade Moderada (25 a 49%) 3 = Dificuldade Grave (50 a 95%) 4 = Dificuldade Completa (96 a 100%)

*Considerar na análise o impacto/influência dos **Fatores Ambientais** (barreiras) e **Pessoais** (gênero, etnia, idade, condição física, estilo de vida, hábitos, nível de instrução, profissão e outros) e na avaliação do **desempenho** para a execução de atividades e participação social, em igualdade de condições com as demais pessoas.*

***Desempenho:** é um qualificador que descreve o que o indivíduo faz (grau de dificuldade) em seu ambiente de vida habitual, entendido como "envolvimento em uma situação vital" ou "a experiência vivida", no contexto real em que vive (a qualificação deve considerar, sobretudo, a frequência e extensão da dificuldade).*

***Atividade:** é a execução de uma tarefa ou ação por um indivíduo. Representa a **perspectiva individual** da funcionalidade.*

***Participação**: é o ato de se envolver em uma situação real de vida. Representa a **perspectiva social** da funcionalidade.*

As **colunas T** e **P**, à direita dos qualificadores de cada domínio, destinam-se à sinalização de **dependência Total ou Parcial de cuidados de terceiros**, sempre que o avaliador julgar pertinente, com vistas a fornecer subsídios para **políticas públicas de cuidados.** Não representam o foco principal da avaliação, que deve estar centrado no desempenho para o exercício de atividades e participação social, conforme o grau de dificuldade estabelecido pelos cortes percentuais acima.

XXVI – APRENDIZAGEM E APLICAÇÃO DE CONHECIMENTO – d1: referem-se ao desempenho em aprender, aplicar o conhecimento aprendido, pensar, resolver problemas e tomar decisões.

Indicadores = limitação no desempenho para aprender e aplicar o conhecimento aprendido, com ou sem auxílio, em igualdade de condições com as demais pessoas.

(Qualifique de 0 a 4 cada unidade de classificação abaixo)	0	1	2	3	4	T	P
100. Dificuldade para utilizar intencionalmente o sentido da visão (seguir objeto visualmente, observar pessoas, assistir a evento esportivo, observar pessoas, entre outras) – d110							
101. Dificuldade para utilizar intencionalmente o sentido da audição (ouvir rádio, música, voz humana, entre outras) – d115							
102. Dificuldade em percepções sensoriais intencionais de tato, paladar e olfato (tocar ou sentir texturas, saborear e sentir cheiros, entre outras) – d120							
103. Dificuldade para imitar ou copiar algo que configure aprendizagem básica (imitar um gesto ou um som, copiar números ou letras do alfabeto, entre outras situações simples) – d130							
104. Dificuldade para aprender a ler e utilizar este conhecimento (ler, compreendendo o significado de vocábulos, frases e textos, inclusive em Braille, quando for o caso) – d140 / d166							
105. Dificuldade para aprender a escrever e utilizar este conhecimento (escrever, compreendendo o significado de vocábulos, frases e textos, inclusive em Braille, quando for o caso) – d145 / d170							
106. Dificuldade para aprender a calcular e aplicar este conhecimento (calcular, compreendendo o significado de símbolos e operações matemáticas) – d150 / d172							
107. Dificuldade para adquirir e executar habilidades básicas (usar talheres, lápis, entre outras) e complexas (jogos, esportes, utilizar ferramentas, relógio, entre outras) – d155							
108. Dificuldade para concentrar a atenção, encontrar solução para problemas simples e complexos e tomar decisões – d160 / d175 / d177							
Qualificador do domínio d1							

XXVII – TAREFAS E DEMANDAS GERAIS – d2: referem-se aos aspectos gerais da execução de uma única tarefa ou de várias tarefas, organização de rotinas e superação do estresse.

Indicadores = limitação no desempenho para a execução de tarefa(s), organização de rotinas e superação do estresse, com ou sem auxílio, em igualdade de condições com as demais pessoas.

(Qualifique de 0 a 4 cada unidade de classificação abaixo)	0	1	2	3	4	T	P
109. Dificuldade para realizar tarefas múltiplas, atender a comandos múltiplos, realizar a rotina diária, de forma independente ou a comando de outros – d220/ d230							
110. Dificuldade para lidar com o estresse e outras demandas psicológicas, tais como lidar com responsabilidades, gerenciar e controlar crises (considerar se a autorrepresentação da deficiência aumenta essa dificuldade) – d240							
Qualificador do domínio d2							

XXVIII – COMUNICAÇÃO – d3: refere-se às características gerais e específicas da comunicação, por meio da linguagem, sinais e símbolos, incluindo a recepção e produção de mensagens, manutenção da conversação e utilização de dispositivos e técnicas de comunicação.

Indicadores = limitação no desempenho para se comunicar (entender e se fazer entender), em igualdade de condições com as demais pessoas.

(Qualifique de 0 a 4 cada unidade de classificação abaixo)	0	1	2	3	4	T	P
111. Dificuldade na recepção de mensagens orais (compreender o significado de uma frase) – d310							
112. Dificuldade na recepção de mensagens não verbais (transmitidas por gestos, símbolos, fotos, desenhos e expressões faciais, leitura labial) – d315							

113. Dificuldade na recepção e compreensão de mensagens na Língua Brasileira de Sinais (LIBRAS) – d320 *							
114. Dificuldade na recepção e compreensão de mensagens escritas <u>ou</u> mensagens em braile (revistas, livros, jornais e outros) – d325							
115. Dificuldade na fala (produção de sílabas, palavras, frases ou mensagens compreensíveis) – d330							
116. Dificuldade na produção de mensagens não verbais (usar gestos, símbolos ou desenhos para se comunicar) – d335							
117. Dificuldade na produção de mensagens na Língua Brasileira de Sinais (LIBRAS) – d340 *							
118. Dificuldade na conversação (iniciar, manter e finalizar uma troca de pensamentos e ideias, usando qualquer forma de linguagem) – d350							
Qualificador do domínio d3							

* *Avaliar nas unidades de classificação de nºs <u>113</u> e <u>117</u> o grau de dificuldade para se comunicar utilizando a Língua Brasileira de Sinais – LIBRAS.*

Para uma pessoa sem surdez, que não domina o idioma, a dificuldade é máxima (4), porém não impacta em nada o qualificador final do domínio "Comunicação", a menos que no seu dia a dia mantenha contato com pessoas com deficiência auditiva, situação que poderá configurar certo grau de dificuldade para comunicação com as mesmas.

Pessoa surda, com total domínio de LIBRAS, terá o qualificador zero (nenhuma dificuldade para receber, compreender e produzir mensagens) nas unidades de classificação correspondentes, mas o qualificador final do domínio "COMUNICAÇÃO" jamais poderá ser zero (0), pois a maioria de seus interlocutores na sociedade não se comunica em LIBRAS, configurando uma dificuldade final moderada ou grave, na dependência dos demais fatores envolvidos na comunicação como um todo.

Intérprete de LIBRAS terá também o qualificador zero (nenhuma dificuldade para receber, compreender e produzir mensagens) nas unidades de classificação correspondentes, mas o qualificador final de "COMUNICAÇÃO" poderá também ser zero, por não depender exclusivamente da LIBRAS para se comunicar com as demais pessoas.

XXIX – MOBILIDADE – d4: refere-se ao movimento de mudar o corpo de posição ou de lugar, carregar, mover ou manipular objetos, ao andar ou deslocar-se.

Indicadores = limitação no desempenho para se mobilizar ou mobilizar objetos, com ou sem auxílio, em igualdade de condições com as demais pessoas.

(Qualifique de 0 a 4 cada unidade de classificação abaixo)	**0**	**1**	**2**	**3**	**4**	**T**	**P**
119. Dificuldade para mudar a posição básica do corpo (levantar, ajoelhar, agachar, deitar e/ou rolar) – d410							
120. Dificuldade para se mover na mesma superfície ou de uma superfície para outra, sem mudar a posição do corpo (ex. de deitado para deitado, de sentado para sentado) – d420							
121. Dificuldade para manusear, mover, deslocar e/ou carregar objetos, realizando movimentos finos – d430 / d435 / d440 / d445							
122. Dificuldade para andar (mover-se a pé, por curtas ou longas distâncias, sem auxílio de pessoas, equipamentos ou dispositivos) – d450							
123. Dificuldade para se deslocar utilizando equipamento ou dispositivo específico para facilitar a movimentação (andador, cadeira de rodas, muletas, bengala e outros) – d465							
Qualificador do domínio d4							

XXX - CUIDADO PESSOAL – d5: refere-se ao cuidado pessoal como lavar-se e secar-se, cuidar do próprio corpo e de parte do corpo, vestir-se, comer, beber e cuidar da própria saúde.

Indicadores = limitação no desempenho para cuidar de si próprio, em igualdade de condições com as demais pessoas.

(Qualifique de 0 a 4 cada unidade de classificação abaixo)	**0**	**1**	**2**	**3**	**4**	**T**	**P**
124. Dificuldade nos cuidados com o próprio corpo (lavar, secar, cuidar das mãos, dentes, unhas, nariz, cabelos e/ou higiene após excreção) – d510/ d520/ d530							
125. Dificuldade para se vestir (colocar, tirar e escolher roupas e calçados apropriados) – d540							
126. Dificuldade para coordenar os gestos para comer, beber alimentos e bebidas servidos, sem auxílio – d550/ d560							
127. Dificuldade para cuidar da própria saúde (conforto físico, dieta, prevenção de doenças e busca de assistência, exposição a riscos ou situações perigosas, incluindo abusos e violência) – d570 / d598							
Qualificador do domínio d5							

☐ **Solicitação de Informações ao Médico Assistente - SIMA**

☐ **Solicitação de Visita Técnica**

Atividades e Participação				
d1	**d2**	**d3**	**d4**	**d5**

Qualificador Parcial de Atividades e Participação			
		Dificuldade	

Causa da Deficiência

☐ **Congênita** ☐ **Complicações no parto** ☐ **Doença** ☐ **Dependência química** ☐ **Violência**

☐ **Acidente de Trabalho / Doença Ocupacional ou Relacionada ao Trabalho**(*)

☐ **Acidente de Trânsito** ☐ **Acidente de outra natureza** ☐ **Ignorada**

☐ **Outra causa.** **Especifique:** ______

(*) *Inclusive na condição de aprendiz ou estagiário.*

Risco e Proteção Social

☐ **CASO SEJAM OBSERVADOS INDÍCIOS DE RISCO SOCIAL QUE DEMANDEM ACOMPANHAMENTO PRIORITÁRIO** *(violência física e/ou psicológica; abandono familiar; abusos e/ou exploração sexual; crianças e/ou adolescentes fora da escola; exploração de trabalho infantil; ausência de proteção social, familiar e/ou comunitária, entre outros)*, **ASSINALE E DESCREVA ABAIXO, PARA POSTERIOR ENCAMINHAMENTO PELO ASSISTENTE SOCIAL:**

Descreva: ______

Avaliação Médico-pericial

Funções do Corpo							
b1	**b2**	**b3**	**b4**	**b5**	**b6**	**b7**	**b8**

Atividades e Participação				
d1	**d2**	**d3**	**d4**	**d5**

Resultado Parcial

Funções do Corpo: ☐ **= Alteração** ______

Qualificador Parcial de Atividades e Participação: ☐ **= Dificuldade** ______

Observações do avaliador(a):

______

Profissional avaliador(a):

Local e data	Perito Médico CRM

GEX:	
APS:	

CONCLUSÃO DA AVALIAÇÃO SOCIAL E MÉDICO-PERICIAL DA PESSOA COM DEFICIÊNCIA
ESPÉCIE 87 – BPC / LOAS - 16 ANOS OU MAIS

Dados do Avaliado

NIT:		Nome:		CPF:			
NB / Espécie:		Nome da Mãe:				Sexo:	
APS:		Grau de Instrução:		Data Nascimento:			
Data Avaliação Social:		Data. Avaliação Médico Pericial:		Idade:		(Meses / Anos)	

Avaliação Social e Médico Pericial

Fatores Ambientais				
e1	e2	e3	e4	e5

Atividades e Participação								
d1	d2	d3	d4	d5	d6	d7	d8	d9

Funções do Corpo							
b1	b2	b3	b4	b5	b6	b7	b8

☐ Resposta afirmativa no quesito sobre Estrutura do Corpo e/ou no quesito sobre Prognóstico Desfavorável.

☐ Resposta afirmativa no quesito sobre possibilidade de resolução das alterações em Funções e/ou Estruturas do Corpo em menos de dois anos.

Resultado Final		
Fatores Ambientais	**Atividades e Participação**	**Funções do Corpo**
☐ Barreira ☐	☐ Dificuldade ☐	☐ Alteração ☐

Decisão da Avaliação Social e Médico-pericial

☐ O avaliado preenche os requisitos estabelecidos pelo Art. 20, §§ 2º e 10, da Lei nº 8.742/1993, que define pessoa com deficiência para fins de acesso ao Benefício de Prestação Continuada da Assistência Social – BPC.

☐ O avaliado não preenche os requisitos estabelecidos pelo Art. 20, §§ 2º e 10, da Lei nº 8.742/1993, que define pessoa com deficiência para fins de acesso ao Benefício de Prestação Continuada da Assistência Social – BPC.

Profissionais avaliadores

Assistente Social	CRESS	Perito Médico	CRM

GEX:
APS:

II - Avaliação da Pessoa com Deficiência para acesso ao BPC - Espécie 87 - menor de 16 anos, conforme formulário previsto no Anexo II da mencionada Portaria:

ANEXO II
PORTARIA CONJUNTA MDS/INSS nº 2, de 30 de março de 2015.
(Publicada no DOU nº 67, Seção 1, de 9 de abril de 2015 e Retificada no DOU nº 123, Seção 1, de 1º de julho de 2015)

AVALIAÇÃO DA PESSOA COM DEFICIÊNCIA PARA ACESSO AO BENEFÍCIO DE PRESTAÇÃO CONTINUADA DA ASSISTÊNCIA SOCIAL – BPC – ESPÉCIE B87
MENOR DE 16 ANOS

GEX: ____________ **APS:** ____________

Dados pessoais do avaliado

Requerimento:	NB:
Nome do avaliado:	Apelido:
Sexo: M ☐ F ☐ Data de Nascimento: ☐☐☐	Idade: *(anos)*

Certidão de Nascimento: Livro: Folhas: Cartório:		
NIT:	Cart. Identidade: Órgão Emissor:	Data emissão: ☐☐☐
CPF:	CTPS nº: Série: UF:	

Escolaridade:

☐ Não alfabetizado

Fundamental: ☐ Completo ☐ Incompleto

Médio: ☐ Completo ☐ Incompleto

Superior: ☐ Incompleto

Outro. Especifique: ☐

Estado Civil:

☐ Solteiro ☐ Casado ☐ União Estável ☐ Divorciado ☐ Separado de fato ☐ Viúvo

Nome do Responsável ou Representante legal:

☐ Mãe / Pai ☐ Tutor ☐ Curador ☐ Procurador Outro. Especifique: ☐

Onde o avaliado vive ?

☐ Residência ☐ Em situação de rua ☐ Instituição

☐ Instituição para cumprimento de medida socioeducativa

☐ Regime de semiliberdade

☐ Regime fechado

Nome da Instituição:			CNPJ ou CEI:
Nome do representante:			
Endereço Residencial ou Institucional: *(citar pontos de referência)*			Bairro:
Cidade:	UF:	CEP:	Tel.:
Endereço para correspondência:			Bairro:
Cidade:	UF:	CEP:	Tel.:

Por força da Portaria Conjunta MC/MTP/INSS 14, de 07 de outubro de 2021 (anexo III), o Anexo II sofreu a seguinte alteração:

Alterações no Anexo II da Portaria Conjunta MDS/INSS nº 2, de 2015

Estrutura e Prognóstico (terceira pergunta)

CONSIDERANDO OS ASPECTOS AVALIADOS, TRATA-SE DE IMPEDIMENTO DE LONGO PRAZO? *(Considera-se impedimento de longo prazo aquele no qual as alterações em Funções e/ou Estruturas do Corpo produzam efeitos pelo prazo mínimo de 2 (dois) anos.*
Considerar também o tempo pregresso já vivenciado com tal quadro, as possibilidades de acesso ao tratamento necessário e a participação plena e efetiva na sociedade em igualdade de condições com as demais pessoas).
( ) Sim ( ) Não ( ) Não é possível prever, mas os efeitos podem se estender por dois anos ou mais. Neste caso, justifique:

AVALIAÇÃO SOCIAL DA PESSOA COM DEFICIÊNCIA
ESPÉCIE 87 – BPC/LOAS - MENOR DE 16 ANOS

Fase da avaliação

Inicial:		Recursal:		Revisão Administrativa:		Reavaliação Bienal:		Judicial:	

Dados do Avaliado

NIT:		Nome:		CPF:	
NB / Espécie:		Nome da Mãe:		Sexo:	
APS:		Grau de Instrução:		Data Nascimento:	
Data Avaliação Social:				Idade:	(Meses / Anos)

Documento do Avaliado

Tipo:		Número:		Complemento:	

Documento do Acompanhante / Responsável pelas informações

Tipo:		Número:		Complemento:	

Cobertura Previdenciária e/ou da Assistência Social

☐ Já foi beneficiário do BPC ☐ Teve vínculo empregatício após ter sido beneficiário do BPC

☐ Nunca foi segurado ☐ Perdeu a qualidade de segurado ☐ Tem qualidade de segurado

☐ Segurado sem carência ☐ Dependente de segurado ☐ Outra

Deficiência informada

☐ Visual (Sensorial) ☐ Neuromusculoesquelética (Física) ☐ Outra. Especifique:

☐ Auditiva (Sensorial) ☐ Doença Crônica

☐ Intelectual ☐ Múltipla

☐ Transtorno Mental ☐ Não informada

Responsável pelas informações

☐ Avaliado ☐ Avaliado não sabe informar ☐ Avaliado não tem condições de informar

☐ Acompanhante. Identifique:

☐ Representante legal. Identifique:

☐ Acompanhante ou representante legal não sabe informar

História Social:

Constitui-se na síntese do estudo social, com registro de elementos relevantes que possibilitem conhecer, analisar e interpretar situações vivenciadas pela pessoa em seu cotidiano, para avaliar a participação plena e efetiva da pessoa na sociedade, em igualdade de condições com as demais pessoas, conforme previsto na legislação. Deve conter informações relevantes, que respaldem os qualificadores atribuídos às unidades de classificação e respectivos domínios, subsidiem a avaliação médico-pericial e avaliações subsequentes em fases recursal e judicial.

FATORES AMBIENTAIS

Qualificadores a serem usados: **0** = **N**enhuma barreira (0 a 4%) **1** = Barreira **L**eve (5 a 24%) **2** = Barreira **M**oderada (25 a 49%) **3** = Barreira **G**rave (50 a 95%) **4** = Barreira **C**ompleta (96 a 100%)

Os Fatores ambientais são externos ao indivíduo e podem ter influência sobre seu desempenho na execução de Atividades e Participação Social, assim como nas Funções e Estruturas do Corpo.

*Considerar na avaliação dos **Fatores Ambientais** as **barreiras** do ambiente físico, social e de atitudes no qual as pessoas vivem e conduzem sua vida, assim como os **Fatores Pessoais** (gênero, etnia, idade, condição física, estilo de vida, hábitos, nível de instrução, profissão e outros).*

***Barreira:** é um qualificador que descreve os obstáculos vivenciados pelo indivíduo (a qualificação deve considerar, inclusive, a frequência e extensão dessas barreiras).*

***Ambiente social:** relações de convívio familiar, comunitário e social, considerando a acessibilidade às políticas públicas, a vulnerabilidade e o risco pessoal e social a que a pessoa com deficiência está submetida.*

***Ambiente físico:** território onde vive e as condições de vida, considerando a acessibilidade, salubridade ou insalubridade.*

I - PRODUTOS E TECNOLOGIA – e1: referem-se a qualquer produto, instrumento, equipamento ou tecnologia, inclusive os adequados ou especialmente projetados para melhorar a funcionalidade da pessoa, bem como bens materiais e não materiais e patrimônio financeiro que a pessoa possa usufruir. Analisar conforme a necessidade do avaliado.

Indicadores = disponibilidade; condições de acesso (despesa, distância geográfica entre o domicílio e local de acesso, qualidade e periodicidade).

(Qualifique de 0 a 4 cada unidade de classificação abaixo)	0	1	2	3	4
1. Produtos ou substâncias para consumo pessoal (alimentação, dieta especial, medicação prescrita, entre outros) – e110					
2. Produtos e tecnologia para uso pessoal e na vida diária (objetos necessários ou de uso pessoal disponíveis, como: roupas e móveis, inclusive os adequados e especialmente projetados, órtese/prótese, inclusive óculos e lentes de contato ou intraoculares, lupas, bolsa coletora, sonda nasogástrica, nasoenteral ou de gastrostomia, nebulizador, instrumentos e aparelhos/produtos de limpeza, aparelhos e produtos para cuidados e higiene pessoal, fralda descartável, colchão caixa ou casca de ovo, colchão d'água, cama hospitalar, produtos e tecnologias para jogos e brincadeiras, entre outros) – e115					
3. Produtos e tecnologia para mobilidade e transporte pessoal em ambientes internos e externos (objetos necessários para mobilidade, como: cadeira de rodas, cadeira para banho, muletas, andador, bengala e veículos motorizados e não motorizados para transporte de pessoas em terra, água ou ar, inclusive os adequados e especialmente projetados, entre outros) – e120					
4. Produtos e tecnologia para comunicação utilizada pelas pessoas nas atividades de transmissão e recepção de informações (instrumentos disponíveis, como: prótese de voz, aparelhos auditivos e computador, internet, telefone, televisão, rádio, inclusive os adequados e especialmente projetados, entre outros) – e125					
5. Produtos e tecnologia para educação (inclusive aquisição de conhecimento ou habilidade), cultura, lazer e trabalho, inclusive na condição de aprendiz (materiais e produtos, como: livros, brinquedos, materiais educativos, ferramentas, máquinas, equipamentos, mobiliário, *hardwares*, *softwares*, instrumentos musicais, materiais artísticos, recreativos e esportivos, entre outros) – e130 / e135 / e140					
6. Produtos e tecnologia usados em projetos, arquitetura e construção para acesso às instalações de uso público/privado, com segurança física (rampa de acesso, corrimão, piso tátil, elevador sonorizado, placas e sinalizações, inclusive em Braille e de emergência, semáforo sonoro, instalações sanitárias acessíveis, grades, armazenamento seguro de objetos e materiais perigosos, entre outros) – e150 / e155					
7. Produtos ou objetos de intercâmbio econômico (acesso a dinheiro, mercadorias, propriedades e outros valores que o indivíduo ou a família possui ou tem o direito de usar; considerar grau de comprometimento da renda familiar com gastos relacionados à dieta especial, medicação continuada não disponível na rede, tratamento especializado, gastos com cuidadores, entre outros, destinados ao próprio indivíduo ou a outros componentes do grupo familiar) – e165					
Qualificador do domínio e1					

II – CONDIÇÕES DE HABITABILIDADE E MUDANÇAS AMBIENTAIS – e2: Referem-se ao ambiente natural ou físico e aos componentes deste ambiente que foram modificados pelas pessoas, bem como às características das populações humanas desse ambiente. **(*)**

Indicadores = grau de vulnerabilidade e de risco social (acessibilidade, privacidade da moradia, condição de habitabilidade, insalubridade, periculosidade, precarização do ambiente, violência e outros não especificados).

(Qualifique de 0 a 4 cada unidade de classificação abaixo)	0	1	2	3	4
8. Nível de vulnerabilidade e risco das condições de habitabilidade (quaisquer aspectos climáticos ou evento natural ou de causa humana que configurem barreira para a pessoa com deficiência, tais como: morro, córrego, possível desabamento, inundações ou tempestades, poluição, violência, entre outros) – e210 / e225 / e230 / e235					
9. Situação e condição de habitabilidade (condição de moradia como barreira para a pessoa com deficiência. Considerar se a residência ou instituição é adequada ou de acesso universal, grau de privacidade, se própria, alugada, cedida, de favor, ocupada, acampamento, assentamento, pessoa em situação de rua, se é construção de alvenaria, madeira, taipa, entre outros) – e298 / e299 **(**)**					
Qualificador do domínio e2					

(*) *Domínio da CIF adaptado para atender aos objetivos do instrumento.*
(**) *Unidade de Classificação da CIF adaptada para atender aos objetivos do instrumento.*

III – APOIO E RELACIONAMENTOS – e3: referem-se à disponibilidade das pessoas ou animais domésticos em fornecer proteção, apoio físico ou emocional. Referem-se também aos relacionamentos com outras pessoas, na casa, na comunidade, escola ou apoio em outros aspectos das suas atividades diárias.

Indicadores = Apoio e relacionamentos insatisfatórios ou inexistentes no âmbito das relações familiares, comunitárias, institucionais e sociais, ou em outros aspectos das suas atividades.

(Qualifique de 0 a 4 cada unidade de classificação abaixo)	0	1	2	3	4
10. Disponibilidade da família em oferecer apoio físico, emocional, afetivo, proteção (segurança) e cuidados – e310/ e315					
11. Disponibilidade de amigos, conhecidos, colegas, vizinhos e membros da comunidade em oferecer apoio físico, emocional, afetivo, proteção (segurança) e cuidados – e320 /e325					

12. Disponibilidade de apoio físico, emocional, afetivo, proteção (segurança) e cuidados de profissionais de saúde, cuidadores e outros profissionais – e340 / e355 / e360					
13. Disponibilidade de animais de estimação que proporcionem apoio físico, emocional, psíquico e terapêutico (cavalos, cachorros, gatos, pássaros, peixes, entre outros) ou animais que auxiliem a mobilidade e transporte pessoal (cão-guia, entre outros) – e350					
14. Condições familiares que interferem na disponibilidade de apoio e relacionamentos (existência de idosos, crianças, pessoas com deficiência, com doença crônica, com dependência química, desempregadas, sobrecarga de cuidadores na família, menor disponibilidade de familiares por residirem distante ou por razões diversas, incluindo compromissos de trabalho) – e398					
Qualificador do domínio e3					

IV – ATITUDES – e4: referem-se às consequências observáveis dos costumes, práticas, ideologias, valores e normas, oriundas de pessoas externas à pessoa cuja situação está sendo avaliada. As atitudes influenciam o comportamento individual e a vida social em todos os níveis, dos relacionamentos interpessoais e sociais, às estruturas políticas, econômicas e legais.

Indicadores = atitudes estigmatizantes, estereotipadas, preconceituosas, discriminatórias, de superproteção e/ou negligentes, que contribuem para segregação da pessoa com deficiência e influenciam no comportamento e nas ações individuais.

(Qualifique de 0 a 4 cada unidade de classificação abaixo)	**0**	**1**	**2**	**3**	**4**
15. Situações de preconceito, estigma, estereótipo, discriminação, superproteção, negligência de membros da família – e410 / e415					
16. Situações de preconceito, estigma, estereótipo, discriminação, superproteção, negligência de amigos, conhecidos, colegas, vizinhos, membros ou grupos sociais da comunidade/sociedade – e420 / e425 / e430 / e435 / e440 / e460					
17. Situações de preconceito, estigma, estereótipo, discriminação, superproteção, negligência de cuidadores e assistentes pessoais, profissionais de saúde e de educação, pessoas em posição de autoridade ou subordinadas e outros, inclusive em relação à inserção e permanência no trabalho (no caso de avaliados com 14 anos ou mais) – e450 / e499					
Qualificador do domínio e4					

V – SERVIÇOS, SISTEMAS E POLÍTICAS – e5: referem-se à rede de serviços, sistemas e políticas garantidoras de proteção social.

Indicadores = Não tem acesso ou o acesso disponível não supre suas necessidades, inclusive pela distância e/ou inexistência do serviço na localidade em que vive.

(Qualifique de 0 a 4 cada unidade de classificação abaixo)	**0**	**1**	**2**	**3**	**4**
18. Serviços, sistemas e políticas de habitação (existência e acesso a políticas habitacionais que contemplem moradias e entorno com acessibilidade e proximidade de equipamentos e serviços públicos) – e525					
19. Serviços, sistemas e políticas dos serviços públicos (acesso a serviços de abastecimento de água e esgoto, energia elétrica, coleta de lixo, correios, entre outros) – e530					
20. Serviços, sistemas e políticas de comunicação (acesso à transmissão de informações por meio de vários métodos que incluem telefone, fax, correio postal, correio eletrônico e outros) e comunicação em massa (rádio, televisão, serviços de circuito fechado, serviços de reportagens e imprensa, jornais, serviços em Braille, internet, entre outros) – e535 / e560					
21. Serviços, sistemas e políticas de transporte (acesso a transporte coletivo e/ou adaptado e/ou existência e inclusão em programa de livre acesso ao transporte coletivo, de forma a suprir as necessidades) – e540					
22. Serviços, sistemas e políticas de proteção civil (acesso a serviços de emergência e de ambulância e a serviços e programas voltados à segurança das pessoas e da propriedade, tais como bombeiros, polícia, defesa civil, entre outros) – e545					
23. Serviços, sistemas e políticas legais (acesso a serviços dos órgãos de proteção dos direitos sociais: Fóruns, Tribunais, Ministério Público, Defensoria Pública, Conselho Tutelar, Cartórios, entre outros) – e550					
24. Serviços, sistemas e políticas de apoio social (fornecimento de suporte específico para aqueles que necessitam de apoio para compras, trabalho doméstico, transporte, cuidados com criança, cuidados temporários, cuidado pessoal, entre outros, para que participem plenamente na sociedade) – e575					
25. Serviços, sistemas e políticas de saúde (acesso a hospitais, postos de saúde, programa de saúde da família, exames simples e complexos, procedimentos cirúrgicos, serviços de habilitação e reabilitação, inclusive terapia reabilitatória e estimulação precoce, entre outros, de forma a suprir as necessidades) – e580					
26. Serviços, sistemas e políticas de educação e treinamento (acesso a escolas com educação inclusiva e/ou especializada na comunidade, equipadas com materiais pedagógicos adequados, equipe técnica especializada, acessibilidade, incluindo áreas de apoio que atendam às necessidades específicas da pessoa com deficiência, entre outros) – e585					
27. Serviços, sistemas e políticas relacionados ao trabalho e emprego (acesso ao trabalho na condição de aprendiz, condições de trabalho adequadas, entre outras ações) – e590 **(*a partir de 14 anos*)**					
28. Serviços, sistemas e políticas de assistência social (o conjunto integrado					

de programas, serviços e benefícios de iniciativa pública estatal e da sociedade para garantir proteção social às pessoas em situação de vulnerabilidade e risco social, tais como: ações socioassistenciais promovidas pelo PAIF, CRAS, CREAS e outros, disponíveis para suprir as necessidades) – e598.					
Qualificador do domínio e5					

Fatores Ambientais				
e1	**e2**	**e3**	**e4**	**e5**

Qualificador Final de Fatores Ambientais				
		Barreira		

ATIVIDADES E PARTICIPAÇÃO

Qualificadores a serem usados: 0 = Nenhuma dificuldade (0 a 4%) **1** = Dificuldade Leve (5 a 24%) **2** = Dificuldade Moderada (25 a 49%) **3** = Dificuldade Grave (50 a 95%) **4** = Dificuldade Completa (96 a 100%)
*Considerar na análise o impacto/influência dos **Fatores Ambientais** (barreiras) e **Pessoais** (gênero, etnia, idade, condição física, estilo de vida, hábitos, nível de instrução, profissão e outros) e na avaliação do **desempenho** para a execução de atividades e participação social, em igualdade de condições com as demais pessoas.* ***Desempenho:** é um qualificador que descreve o que o indivíduo faz (grau de dificuldade) em seu ambiente de vida habitual, entendido como "envolvimento em uma situação vital" ou "a experiência vivida", no contexto real em que vive (a qualificação deve considerar, sobretudo, a frequência e extensão da dificuldade).* ***Atividade:** é a execução de uma tarefa ou ação por um indivíduo. Representa a **perspectiva individual** da funcionalidade.* ***Participação**: é o ato de se envolver em uma situação real de vida. Representa a **perspectiva social** da funcionalidade.*
As **colunas T** e **P**, à direita dos qualificadores de cada domínio, destinam-se à sinalização de **dependência Total ou Parcial de cuidados de terceiros**, sempre que o avaliador julgar pertinente, com vistas a fornecer subsídios para **políticas públicas de cuidados.** Não representam o foco principal da avaliação, que deve estar centrado no desempenho para o exercício de atividades e participação social, conforme o grau de dificuldade estabelecido pelos cortes percentuais acima.

VI – VIDA DOMÉSTICA – d6: refere-se à realização de ações e tarefas domésticas e do dia a dia (limpeza e reparos domésticos, cuidar de objetos pessoais, da casa e ajudar os outros, além de obter um lugar para morar, alimento, vestuário e outras necessidades).

Indicadores = limitação no desempenho para administrar e executar tarefas domésticas, com ou sem auxílio, em igualdade de condições com as demais pessoas.

(Qualifique de 0 a 4 cada unidade de classificação abaixo)	**0**	**1**	**2**	**3**	**4**	**T**	**P**
29. Dificuldade para obter bens e serviços (selecionar, adquirir e transportar bens e produtos para uso doméstico e/ou solicitar instalações e reparos, entre outros serviços), de forma compatível com a faixa etária – d620 (***a partir de 14 anos***)							
30. Dificuldade para preparar e se servir de alimentos e bebidas frias, para si e para os outros (planejar o que será consumido, selecionar ingredientes, preparar e servir o alimento ou bebida), de forma compatível com a faixa etária – d630 (***a partir de 7 anos***)							
31. Dificuldade para planejar, administrar e realizar tarefas domésticas (limpar e arrumar o quarto ou partes da casa, organizar armários e gavetas, utilizar utensílios domésticos, armazenar alimentos, remover o lixo, entre outras atividades), de forma compatível com a faixa etária – d640 (***a partir de 7 anos***)							
32. Dificuldade para cuidar de objetos da casa, de objetos pessoais, de plantas e animais (manter e consertar objetos da casa, objetos pessoais - como roupas e brinquedos, cuidar das plantas, tratar e alimentar animais domésticos, entre outras atividades), de forma compatível com a faixa etária – d650 (***a partir de 12 anos***)							
33. Dificuldade para ajudar os outros (auxiliar os membros da casa e outros na comunicação, no cuidado pessoal, movimento, dentro ou fora da casa; preocupar-se com o bem estar dos membros da casa, entre outros), de forma compatível com a faixa etária – d660 (***a partir de 12 anos***)							
Qualificador do domínio d6							

VII – RELAÇÕES E INTERAÇÕES INTERPESSOAIS – d7: referem-se à realização de ações e condutas necessárias para estabelecer interações pessoais, de maneira contextual e socialmente estabelecida com outras pessoas (estranhos, amigos, familiares e companheiros).

Indicadores = limitação no desempenho para iniciar, manter e terminar relações interpessoais de maneira contextual e socialmente estabelecida, com ou sem auxílio, em igualdade de condições com as demais pessoas.

(Qualifique de 0 a 4 cada unidade de classificação abaixo)	**0**	**1**	**2**	**3**	**4**	**T**	**P**
34. Dificuldade para estabelecer interações pessoais básicas com os outros (com respeito, discernimento, afeto, tolerância, atitude crítica, reações adequadas, contato físico contextual e apropriado; distinguir familiares de estranhos, reagir adequadamente a situações conhecidas e desconhecidas, entre outras), de forma compatível com a faixa etária – d710 (***a partir de 1 ano***)							
35. Dificuldade para estabelecer interações pessoais complexas (iniciar, manter ou terminar relações com outras pessoas, controlando emoções, impulsos, agressões verbais e/ou físicas e agir de forma independente nas interações sociais, conforme as regras sociais; considerar se a autorrepresentação da deficiência dificulta os relacionamentos), de forma compatível com a faixa etária – d720 (***a partir de 7 anos***)							
36. Dificuldade para estabelecer contatos ou ligações temporárias com estranhos (solicitar algo, fazer um agradecimento, formular indagações, perguntar um caminho), de forma compatível com a faixa etária – d730 (***a partir de 3 anos***)							
37. Dificuldade para criar e manter relações específicas em ambientes formais (com professores, funcionários, profissionais ou prestadores de serviços, entre outros), de forma compatível com a faixa etária – d740 (***a partir de 7 anos***)							
38. Dificuldade para iniciar relações informais, como relações casuais com pessoas que vivem na mesma comunidade ou residência, ou com colaboradores, estudantes, companheiros de lazer (amigos, vizinhos, conhecidos, colegas de moradia), de forma compatível com a faixa etária – d750 (***a partir de 3 anos***)							
39. Dificuldade para criar e manter relações de parentesco com membros do núcleo familiar, família adotiva e de criação e parentes distantes, não consanguíneos ou tutores, de forma compatível com a faixa etária – d760 (***a partir de 3 anos***)							
Qualificador do domínio d7							

VIII – ÁREAS PRINCIPAIS DA VIDA – d8: referem-se à realização das tarefas e ações necessárias para participar das atividades de educação e transações econômicas.

Indicadores = limitação no desempenho em participar e realizar tarefas e ações acima mencionadas, com ou sem auxílio, em igualdade de condições com as demais pessoas.

(Qualifique de 0 a 4 cada unidade de classificação abaixo)	**0**	**1**	**2**	**3**	**4**	**T**	**P**
40. Dificuldade para obter acesso e participar da educação pré-escolar (no lar, maternal, creche, centro educacional infantil), interagindo com demais alunos, professores e funcionários, de forma compatível com a faixa etária. Inclui ir à escola regularmente e interagir com alunos, professores e funcionários – d815 / d816 (***de 6 meses a menor de 6 anos***)							
41. Dificuldade para obter acesso, realizar ou participar de atividades, aprender o conteúdo e cumprir as responsabilidades e exigências do ensino fundamental e médio, de forma compatível com a faixa etária. Inclui ir à escola regularmente, progredir para outros níveis de educação, trabalhar em cooperação com outros alunos e interagir com professores e funcionários – d820 (***a partir de 6 anos***)							
42. Dificuldade para obter acesso, realizar ou participar de atividades, aprender o conteúdo e cumprir responsabilidades e exigências de curso técnico e/ou profissionalizante, de forma compatível com a faixa etária. Inclui ir à escola regularmente, progredir para outros níveis de formação profissional, trabalhar em cooperação com outros alunos e interagir com professores e funcionários – d825 (***a partir de 14 anos***)							
43. Dificuldade para realizar transações econômicas básicas, para efetuar compras, trocar mercadorias ou economizar dinheiro, entre outras, de forma compatível com a faixa etária – d860 (***a partir de 10 anos***)							
44. Dificuldade para se envolver, de forma deliberada e continuada, sozinho ou com outros, em brincadeiras utilizando objetos, brinquedos, materiais ou jogos, recreativos ou pedagógicos, de forma compatível com a faixa etária – d880 (***a partir de 6 meses***)							
Qualificador do domínio d8							

IX – VIDA COMUNITÁRIA, SOCIAL E CÍVICA – d9: referem-se às ações e tarefas necessárias para participar da vida social organizada fora do âmbito familiar, em áreas da vida comunitária, social e cívica.

Indicadores = limitação no desempenho em participar e realizar atividades relacionadas à vida comunitária, social e cívica, com ou sem auxílio, em igualdade de condições com as demais pessoas.

(Qualifique de 0 a 4 cada unidade de classificação abaixo)	0	1	2	3	4	T	P
45. Dificuldade para participar de reuniões comunitárias, cerimônias sociais, associações e grupos sociais em espaços públicos na vizinhança e comunidade (parque, praças e áreas públicas), de forma compatível com a faixa etária – d910 (***a partir de 3 anos***)							
46. Dificuldade para participar de atividades recreativas e de lazer (excursões, trabalhos artesanais, jogos, esportes, cinema, museus, tocar instrumentos musicais, entre outras atividades culturais e de diversão), de forma compatível com a faixa etária – d920 (***a partir de 7 anos***)							
Qualificador do domínio d9							

☐ **Solicitação de Informações Sociais – SIS**

☐ **Solicitação de Visita Técnica**

Atividades e Participação			
d6	d7	d8	d9

Qualificador Parcial de Atividades e Participação		
	Dificuldade	

Risco e Proteção Social

☐ **CASO SEJAM OBSERVADOS INDÍCIOS DE RISCO SOCIAL QUE DEMANDEM ACOMPANHAMENTO PRIORITÁRIO** *(violência física e/ou psicológica, abandono familiar, abusos e/ou exploração sexual, crianças e/ou adolescentes fora da escola, exploração de trabalho infantil, entre outros)*, **ASSINALE E DESCREVA ABAIXO PARA POSTERIOR ENCAMINHAMENTO:**

Descreva:

☐ **NA AUSÊNCIA DE PROTEÇÃO SOCIAL, FAMILIAR E/OU COMUNITÁRIA, ENTRE OUTRAS, ASSINALE E DESCREVA ABAIXO, PARA POSTERIOR ENCAMINHAMENTO:**

Descreva:

Avaliação Social

Fatores Ambientais				
e1	e2	e3	e4	e5

Atividades e Participação			
d6	d7	d8	d9

Resultado Parcial

Fatores Ambientais: ☐ **= Barreira**

Qualificador Parcial de Atividades e Participação: ☐ **= Dificuldade**

Observações do avaliador(a):

Profissional avaliador(a):

Local e data	Assistente Social	CRESS

GEX:	
APS:	

AVALIAÇÃO MÉDICO-PERICIAL DA PESSOA COM DEFICIÊNCIA
ESPÉCIE 87 – BPC / LOAS – MENOR DE 16 ANOS

Fase da avaliação

Inicial:		Recursal:		Revisão Administrativa:		Reavaliação Bienal:		Judicial:	

Dados do Avaliado

NIT:		Nome:		CPF:	
NB / Espécie:		Nome da Mãe:		Sexo:	
APS:		Grau de Instrução:		Data Nascimento:	
Data Avaliação Social:		Data. Avaliação Médico Pericial:		Idade:	(Meses / Anos)

Documento do Avaliado

Tipo:		Número:		Complemento:	

Documento do Acompanhante / Responsável pelas informações

Tipo:		Número:		Complemento:	

História Clínica:

Considerar todos os elementos relevantes da história clínica atual e pregressa, que darão subsídios para a avaliação e qualificação dos domínios abaixo relacionados, incluindo relatórios e laudos técnicos, prontuários e resultados de exames complementares, quando houver.

Informações de exames e laudos apresentados:

Exame físico:

Considerar as alterações relevantes observadas ao exame físico, que darão subsídios para a avaliação e qualificação dos domínios abaixo relacionados.

Diagnóstico:

CID PRINCIPAL: (Campo Obrigatório)		**Código:**	
CID SECUNDÁRIO(S): (Campo Obrigatório)		**Códigos:**	
		Não há:	

FUNÇÕES DO CORPO

Qualificadores a serem usados: **0** = **N**enhuma alteração (0 a 4%) **1** = Alteração **L**eve (5 a 24%) **2** = Alteração **M**oderada (25 a 49%) **3** = Alteração **G**rave (50 a 95%) **4** = Alteração **C**ompleta (96 a 100%)

X – FUNÇÕES MENTAIS – b1: referem-se às funções do cérebro, que incluem funções mentais globais, como consciência, energia e impulso, e funções mentais específicas, como memória, linguagem e cálculo.

Indicadores = discriminados nas unidades de classificação abaixo, entre parênteses.

(Qualifique de 0 a 4 as unidades de classificação consideradas para a qualificação final do domínio)	**0**	**1**	**2**	**3**	**4**
47. Funções da consciência (vigília, obnubilação, coma, estado vegetativo, estado de alerta, delírio, entre outras), de forma compatível com a faixa etária – b110					
48. Funções de orientação (conhecimento e determinação da relação da pessoa consigo própria, com outras pessoas, objetos, espaço, tempo e/ou ambiente, entre outras), de forma compatível com a faixa etária – b114 (***a partir de 6 meses***)					
49. Funções intelectuais (várias funções mentais integradas, incluindo as funções cognitivas e seu desenvolvimento ao longo da vida. Verificar: deficiência intelectual, transtorno mental, demência, entre outras), de forma compatível com a faixa etária – b117 (***a partir de 6 meses***)					
50. Funções psicossociais globais (habilidades interpessoais necessárias para o estabelecimento de interações sociais recíprocas, em termos de significado e finalidade, adaptabilidade, responsividade, previsibilidade, persistência e acessibilidade, interações interpessoais, entre outras), de forma compatível com a faixa etária – b122, b125 (***a partir de 1 ano***)					

51. Funções do temperamento e personalidade (extroversão, introversão, amabilidade, responsabilidade, estabilidade psíquica e emocional, abertura e busca para novas experiências, otimismo, confiança, confiabilidade, entre outras), de forma compatível com a faixa etária – b126 (***a partir de 5 anos***)					
52. Funções da energia e de impulsos (nível de energia, motivação, apetite, desejo intenso/dependência, controle de impulsos, entre outras), de forma compatível com a faixa etária – b130 (***a partir de 5 anos***)					
53. Funções do sono (início, manutenção, quantidade e qualidade do sono), de forma compatível com a faixa etária – b134					
54. Funções da atenção (concentração, distração e distúrbios da atenção), de forma compatível com a faixa etária – b140 (***a partir de 6 meses***)					
55. Funções da memória (distúrbios da memória recente, remota e amnésica), de forma compatível com a faixa etária – b144 (***a partir de 3 anos***)					
56. Funções psicomotoras (atraso psicomotor, controle e coordenação de partes do corpo, marcha, postura, ecolalia, ecopraxia, excitação, agitação, catatonia, negativismo, ambivalência, convulsão epiléptica, entre outras), de forma compatível com a faixa etária – b147 (***a partir de 3 meses***)					
57. Funções da emoção (funções mentais específicas relacionadas com a adequação, regulação e amplitude da emoção, tristeza, medo, raiva, ódio, tensão, ansiedade, apatia afetiva, labilidade emocional, depressão, entre outras), de forma compatível com a faixa etária – b152 (***a partir de 7 anos***)					
58. Funções da percepção (reconhecimento e interpretação de estímulos sensoriais envolvendo audição, visão, olfato, paladar e/ou tato e posição de objetos em relação a si e ao ambiente, como em alucinações ou ilusões, entre outras), de forma compatível com a faixa etária – b156 (***a partir de 3 meses***)					
59. Funções do pensamento (delírios, obsessões e compulsões, bloqueio, incoerência, fuga de ideias, entre outras), de forma compatível com a faixa etária – b160 (***a partir de 7 anos***)					
60. Funções cognitivas básicas (conhecimento sobre objetos, eventos e experiências, entre outras, e organização/aplicação deste conhecimento em tarefas que requerem atividade mental), de forma compatível com a faixa etária – b163 (***a partir de 3 anos***)					
61. Funções cognitivas superiores (pensamento abstrato, organização de ideias, tomada de decisão, planejamento e execução, julgamento, flexibilidade mental, autoconhecimento, entre outras), de forma compatível com a faixa etária – b164 (***a partir de 10 anos***)					
62. Funções mentais da linguagem (recepção e expressão de linguagem gestual, decodificação e produção de mensagens de gestos feitos pelas mãos e outros movimentos, entre outras), de forma compatível com a faixa etária – b167 (***a partir de 2 anos***)					
63. Funções de cálculo (funções de operações matemáticas simples - adição, subtração, multiplicação e divisão e complexas - procedimentos aritméticos, com fórmulas matemáticas, entre outras), de forma compatível com a faixa etária – b172 (***a partir de 7 anos***)					
64. Funções da experiência pessoal e de tempo (consciência da própria identidade, representação e consciência do corpo, duração e passagem do tempo, entre outras), de forma compatível com a faixa etária – b180 (***a partir de 3 anos***)					
Qualificador do domínio X-b1					

Justifique, caso seja atribuído qualificador "0" a este domínio.		Não foram observadas alterações ou as alterações no domínio como um todo são mínimas (de 0 a 4%).
		Ausência de elementos de convicção para qualificar.

XI – FUNÇÕES SENSORIAIS DA VISÃO – b2: referem-se à percepção de luz, tamanho e cor de um estímulo visual.

Indicadores = discriminados nas unidades de classificação abaixo, entre parênteses.

(Qualifique de 0 a 4 as unidades de classificação consideradas para a qualificação final do domínio)	0	1	2	3	4
65. Funções da visão (qualidade, acuidade, percepção de luz e cor, visão monocular e binocular, miopia, hipermetropia, astigmatismo, hemianopsia, presbiopia, cegueira de cores, visão em túnel, escotoma central e periférico, diplopia, cegueira noturna e adaptabilidade à luz, entre outras), de forma compatível com a faixa etária – b210					
66. Funções das estruturas adjacentes ao olho (funções da acomodação, reflexo pupilar, funções da pálpebra, nistagmo, movimentos voluntários, movimentos de rastreamento, fixação do olho, estrabismo, funções das glândulas e canal lacrimonasal, entre outras), de forma compatível com a faixa etária – b215					
67. Sensações associadas ao olho e estruturas adjacentes (pressão, cansaço, ressecamento, prurido, irritação, queimação, entre outras), de forma compatível com a faixa etária – b220					
Qualificador do domínio XII-b2					

Justifique, caso seja atribuído qualificador "0" a este domínio.		Não foram observadas alterações ou as alterações no domínio como um todo são mínimas (de 0 a 4%).
		Ausência de elementos de convicção para qualificar.

XII – FUNÇÕES SENSORIAIS DA AUDIÇÃO – b2: referem-se à percepção de sons e discriminação de localização, intensidade, ruído e qualidade.

Indicadores = discriminados nas unidades de classificação abaixo, entre parênteses.

(Qualifique de 0 a 4 as unidades de classificação consideradas para a qualificação final do domínio)	0	1	2	3	4
68. Funções auditivas (detecção, discriminação e localização do som e da fala, insuficiência e perda da audição, entre outras) de forma compatível com a faixa etária – b230					
69. Funções vestibulares (determinação da posição, equilíbrio e movimentação do corpo, entre outras), de forma compatível com a faixa etária – b235					
70. Sensações associadas à audição e à função vestibular (tontura, sensação de queda, vibração, vertigem, zumbido, irritação e pressão auricular, entre outras), de forma compatível com a faixa etária. – b240					
Qualificador do domínio XII-b2					

Justifique, caso seja atribuído qualificador "0" a este domínio.		Não foram observadas alterações ou as alterações no domínio como um todo são mínimas (de 0 a 4%).
		Ausência de elementos de convicção para qualificar.

XIII – FUNÇÕES SENSORIAIS ADICIONAIS E DOR – b2: referem-se às funções gustativas, olfativas, proprioceptivas, táteis e a sensações relacionadas à temperatura e outros estímulos e sensação de dor.

Indicadores = discriminados nas unidades de classificação abaixo, entre parênteses.

(Qualifique de 0 a 4 as unidades de classificação consideradas para a qualificação final do domínio)	**0**	**1**	**2**	**3**	**4**
71. Funções gustativas e olfativas, de forma compatível com a faixa etária – b250 / b255 (***a partir de 1 ano***)					
72. Funções proprioceptivas (percepção da posição relativa de partes do corpo), de forma compatível com a faixa etária – b260 (***a partir de 1 ano***)					
73. Função tátil (anestesia, parestesia, formigamento, hipoestesia, hiperestesia, entre outras) e funções sensoriais relacionadas à temperatura e outros estímulos (sensibilidade à temperatura, vibração, tremor ou oscilação, pressão superficial ou profunda, ardor, entre outras), de forma compatível com a faixa etária – b265 / b270 (***a partir de 6 meses***)					
74. Sensação de dor (dor generalizada ou localizada em uma ou mais parte do corpo, analgesia, hipoalgesia, hiperalgesia, entre outras), de forma compatível com a faixa etária – b280					
Qualificador do domínio XIII-b2					

Justifique, caso seja atribuído qualificador "0" a este domínio.		
		Não foram observadas alterações ou as alterações no domínio como um todo são mínimas (de 0 a 4%).
		Ausência de elementos de convicção para qualificar.

XIV – FUNÇÕES DA VOZ E DA FALA – b3: referem-se à produção de sons e da fala.

Indicadores = discriminados nas unidades de classificação abaixo, entre parênteses.

(Qualifique de 0 a 4 as unidades de classificação consideradas para a qualificação final do domínio)	**0**	**1**	**2**	**3**	**4**
75. Funções da voz (produção e qualidade da voz, disfonia, afonia, rouquidão, hiponasalidade, hipernasalidade, entre outras), de forma compatível com a faixa etária – b310					
76. Funções da articulação (produção de sons da fala, disartria, anartria, articulação de fonemas, entre outras), de forma compatível com a faixa etária – b320 (***a partir de 1 ano***)					
77. Funções da fluência e ritmo da fala (alterações na fluência, gagueira, verborreia, dislalia – taquilalia, bradilalia, entre outras), de forma compatível com a faixa etária – b330 (***a partir de 2 anos***)					
Qualificador do domínio XIV-b3					

Justifique, caso seja atribuído qualificador "0" a este domínio.		
		Não foram observadas alterações ou as alterações no domínio como um todo são mínimas (de 0 a 4%).
		Ausência de elementos de convicção para qualificar.

XV - FUNÇÕES DO SISTEMA CARDIOVASCULAR – b4: referem-se às funções do coração, vasos sanguíneos e pressão sanguínea.

Indicadores = discriminados nas unidades de classificação abaixo, entre parênteses.

(Qualifique de 0 a 4 as unidades de classificação consideradas para a qualificação final do domínio)	**0**	**1**	**2**	**3**	**4**
78. Funções do coração (ritmo, frequência, contratilidade, insuficiência, isquemia, bloqueio, valvulopatias, miocardiopatias, entre outras), de forma compatível com a faixa etária – b410					
79. Funções dos vasos sanguíneos (valvulares, arteriais, venosas e capilares), de forma compatível com a faixa etária – b415					
80. Funções da pressão sanguínea (hipotensão, hipertensão), de forma compatível com a faixa etária – b420					
Qualificador do domínio XV-b4					

Justifique, caso seja atribuído qualificador "0" a este domínio.		
		Não foram observadas alterações ou as alterações no domínio como um todo são mínimas (de 0 a 4%).
		Ausência de elementos de convicção para qualificar.

XVI - FUNÇÕES DO SISTEMA HEMATOLÓGICO – b4: referem-se à produção de sangue, transporte de oxigênio e metabólitos e à coagulação.

Indicadores = discriminados nas unidades de classificação abaixo, entre parênteses.

(Qualifique de 0 a 4 as unidades de classificação consideradas para a qualificação final do domínio)	**0**	**1**	**2**	**3**	**4**
81. Funções da produção de sangue, da medula óssea, do baço, do transporte de oxigênio e metabólitos (anemias, linfomas, leucemias, mielodisplasias, aplasia medular, mieloma múltiplo, trombastenia, hemoglobinúrias, doença falciforme, talassemias, coagulopatias, entre outras), de forma compatível com a faixa etária – b430					
Qualificador do domínio XVI-b4					

Justifique, caso seja atribuído qualificador "0" a este domínio.		
		Não foram observadas alterações ou as alterações no domínio como um todo são mínimas (de 0 a 4%).
		Ausência de elementos de convicção para qualificar.

XVII – FUNÇÕES DO SISTEMA IMUNOLÓGICO – b4: referem-se à imunidade celular e humoral e alterações na função do sistema linfático.

Indicadores = discriminados nas unidades de classificação abaixo, entre parênteses.

(Qualifique de 0 a 4 as unidades de classificação consideradas para a qualificação final do domínio)	**0**	**1**	**2**	**3**	**4**
82. Funções do sistema imunológico (alterações imunológicas mediadas por células ou por anticorpos, doença autoimune, imunossupressão medicamentosa e/ou em decorrência de outras morbidades, incluindo câncer, reações alérgicas, respostas a imunizações, alterações no sistema linfático, linfadenites, linfedema, entre outras), de forma compatível com a faixa etária – b435					

		Qualificador do domínio XVII-b4
Justifique, caso seja atribuído qualificador "0" a este domínio.		Não foram observadas alterações ou as alterações no domínio como um todo são mínimas (de 0 a 4%).
		Ausência de elementos de convicção para qualificar.

XVIII – FUNÇÕES DO SISTEMA RESPIRATÓRIO – b4: referem-se à frequência, ritmo e profundidade da respiração e às funções dos músculos respiratórios.

Indicadores = discriminados nas unidades de classificação abaixo, entre parênteses.

(Qualifique de 0 a 4 as unidades de classificação consideradas para a qualificação final do domínio)	0	1	2	3	4
83. Funções respiratórias - frequência, ritmo, profundidade e dificuldades (dispneia, taquipneia, respiração irregular, espasmo brônquico, enfisema pulmonar, entre outras), de forma compatível com a faixa etária – b440					
Qualificador do domínio XVIII-b4					

Justifique, caso seja atribuído qualificador "0" a este domínio.		Não foram observadas alterações ou as alterações no domínio como um todo são mínimas (de 0 a 4%).
		Ausência de elementos de convicção para qualificar.

XIX – FUNÇÕES DO SISTEMA DIGESTIVO – b5: referem-se à ingestão, digestão e eliminação de substâncias líquidas e sólidas.

Indicadores = discriminados nas unidades de classificação abaixo, entre parênteses.

(Qualifique de 0 a 4 as unidades de classificação consideradas para a qualificação final do domínio)	0	1	2	3	4
84. Funções de ingestão (sucção, mordedura, mastigação, mobilização de alimentos na boca, salivação, deglutição, regurgitação, vômito, entre outras), de forma compatível com a faixa etária – b510					
85. Funções digestivas (peristalse, degradação dos alimentos, absorção dos nutrientes, tolerância aos alimentos, entre outras), de forma compatível com a faixa etária – b515					
86. Funções da defecação (consistência, frequência e continência fecal, flatulência, entre outras), de forma compatível com a faixa etária – b525					
87. Funções de manutenção de peso (baixo peso, caquexia, emaciação, obesidade, entre outras), de forma compatível com a faixa etária – b530					
Qualificador do domínio XIX-b5					

Justifique, caso seja atribuído qualificador "0" a este domínio.		Não foram observadas alterações ou as alterações no domínio como um todo são mínimas (de 0 a 4%).
		Ausência de elementos de convicção para qualificar.

XX – FUNÇÕES DOS SISTEMAS METABÓLICO E ENDÓCRINO – b5: referem-se às funções metabólicas gerais e das glândulas endócrinas, inclusive as associadas à puberdade.

Indicadores = discriminados nas unidades de classificação abaixo, entre parênteses.

(Qualifique de 0 a 4 as unidades de classificação consideradas para a qualificação final do domínio)	0	1	2	3	4
88. Funções metabólicas gerais (metabolismo basal, metabolismo de carboidratos, de proteínas ou gorduras, incluindo lipodistrofia, entre outras), de forma compatível com a faixa etária – b540					
89. Funções de equilíbrio hídrico, mineral e eletrolítico, de forma compatível com a faixa etária – b545					
90. Funções das glândulas endócrinas, inclusive as associadas à puberdade (hipo ou hiperpituitarismo, hipo ou hipertireoidismo, hipo ou hiperparatireoidismo, hipo ou hipergonadismo, nanismo, gigantismo, entre outras), de forma compatível com a faixa etária – b555 / b560					
Qualificador do domínio XX-b5					

Justifique, caso seja atribuído qualificador "0" a este domínio.		Não foram observadas alterações ou as alterações no domínio como um todo são mínimas (de 0 a 4%).
		Ausência de elementos de convicção para qualificar.

XXI - FUNÇÕES GENITURINÁRIAS E REPRODUTIVAS – b6: referem-se às funções urinárias e reprodutivas, incluindo funções sexuais e de procriação.

Indicadores = discriminados nas unidades de classificação abaixo, entre parênteses.

(Qualifique de 0 a 4 as unidades de classificação consideradas para a qualificação final do domínio)	0	1	2	3	4
91. Funções relacionadas à filtração ou eliminação da urina (insuficiência renal, anúria, oligúria, hidronefrose, bexiga hipotônica, obstrução do ureter, entre outras), de forma compatível com a faixa etária – b610					
92. Funções urinárias (frequência de micção, continência, urgência, retenção, fluxo excessivo, poliúria, entre outras), de forma compatível com a faixa etária – b620					
93. Função reprodutiva (funções sexuais, funções da menstruação, incluindo endometriose, funções de procriação, entre outras), de forma compatível com a faixa etária – b640 / b650 / b660					
Qualificador do domínio XXI-b6					

Justifique, caso seja atribuído qualificador "0" a este domínio.		Não foram observadas alterações ou as alterações no domínio como um todo são mínimas (de 0 a 4%).
		Ausência de elementos de convicção para qualificar.

XXII – FUNÇÕES NEUROMUSCULOESQUELÉTICAS E RELACIONADAS AO MOVIMENTO – b7: referem-se à mobilidade, funções das articulações, ossos, reflexos e músculos.

Indicadores = discriminados nas unidades de classificação abaixo, entre parênteses.

(Qualifique de 0 a 4 as unidades de classificação consideradas para a qualificação final do domínio)	0	1	2	3	4
94. Funções das articulações e/ou dos ossos (mobilidade das articulações e dos ossos), de forma compatível com a faixa etária – b710 / b715 / b720					
95. Funções musculares (relacionadas à força, ao tônus e à resistência muscular), de forma compatível com a faixa etária – b730 / b735 / b740					
96. Funções dos movimentos (relacionadas aos reflexos motores e dos movimentos involuntários, controle voluntário e involuntário), de forma compatível com a faixa etária – b750 / b755 / b760 / b761 / b765					
97. Funções relacionadas ao padrão da marcha (deficiências como marcha espástica, hemiplégica, paraplégica, entre outras), de forma compatível com a faixa etária – b770					
Qualificador do domínio XXII-b7					

Justifique, caso seja atribuído qualificador "0" a este domínio.		Não foram observadas alterações ou as alterações no domínio como um todo são mínimas (de 0 a 4%).
		Ausência de elementos de convicção para qualificar.

XXIII – FUNÇÕES DA PELE E ESTRUTURAS RELACIONADAS – b8: referem-se a funções da pele e seus anexos (pelos, cabelos e unhas).

Indicadores = discriminados nas unidades de classificação abaixo, entre parênteses.

(Qualifique de 0 a 4 as unidades de classificação consideradas para a qualificação final do domínio)	0	1	2	3	4
98. Funções protetoras, reparadoras e outras funções da pele e fâneros (pênfigo, psoríase, hanseníase, neurofibromatose, dermatite de contato, albinismo, vitiligo, escalpelamento, queimaduras, entre outras), de forma compatível com a faixa etária – b810 / b820 / b830 / b840 / b850					
Qualificador do domínio XXIII-b8					

Justifique, caso seja atribuído qualificador "0" a este domínio.		Não foram observadas alterações ou as alterações no domínio como um todo são mínimas (de 0 a 4%).
		Ausência de elementos de convicção para qualificar.

Funções do Corpo

X-b1	XI-b2	XII-b2	XIII-b2	XIV-b3	XV-b4	XVI-b4	XVII-b4	XVIII-b4	XIX-b5	XX-b5	XXI-b6	XXII-b7	XXIII-b8

b1	b2	b3	b4	b5	b6	b7	b8

Qualificador Final de Funções do Corpo		
	Alteração	

Estrutura e Prognóstico

EXISTEM ALTERAÇÕES NA ESTRUTURA DO CORPO QUE CONFIGURAM MAIORES LIMITAÇÕES E RESTRIÇÕES AO AVALIADO DO QUE AS ALTERAÇÕES OBSERVADAS EM FUNÇÕES DO CORPO?

☐ **Não**

☐ **Sim** *A resposta afirmativa a este quesito implicará a elevação do qualificador final de Funções do Corpo em um nível (de N para L, de L para M, de M para G, de G para C e C permanece como C).*

Assinale abaixo a(s) Estrutura(s) do Corpo que configura(m) tal condição:

Estruturas do sistema nervoso		Estruturas do sistema respiratório	
Estruturas do olho		Estruturas do sistema digestivo	
Estruturas do ouvido		Estruturas do sistema metabólico e endócrino	
Estruturas relacionadas à voz e à fala		Estruturas do sistema geniturinário e reprodutivo	
Estruturas do sistema cardiovascular		Estruturas relacionadas ao movimento	
Estruturas do sistema imunológico		Pele e estruturas relacionadas	

Descreva, caso já não o tenha feito na história clínica ou no exame físico:

AS ALTERAÇÕES OBSERVADAS EM FUNÇÕES E/OU ESTRUTURAS DO CORPO CONFIGURAM PROGNÓSTICO DESFAVORÁVEL?

A resposta afirmativa a este quesito implicará a elevação do qualificador final de Funções do Corpo em um nível (de N para L, de L para M, de M para G, de G para C e C permanece como C), de forma não cumulativa, caso já tenha havido elevação pelo quesito anterior.

☐ **Não**

☐ **Não é possível prognosticar**

☐ **Sim. Descreva, caso já não o tenha feito na história clínica ou no exame físico:**

CONSIDERANDO AS BARREIRAS APONTADAS NA AVALIAÇÃO SOCIAL E OS ASPECTOS CLÍNICOS AVALIADOS, É POSSÍVEL AFIRMAR QUE AS ALTERAÇÕES EM FUNÇÕES E/OU ESTRUTURAS DO CORPO SERÃO RESOLVIDAS EM MENOS DE DOIS ANOS?
(Considerar também o tempo pregresso já vivenciado com tal quadro, as possibilidades de acesso ao tratamento necessário e a participação plena e efetiva na sociedade em igualdade de condições com as demais pessoas).

☐ **Não**

☐ **Não é possível prever, mas os efeitos podem se estender por dois anos ou mais.**

☐ **Sim. Neste caso, justifique:**

ATIVIDADES E PARTICIPAÇÃO

Qualificadores a serem usados: 0 = Nenhuma dificuldade (0 a 4%) **1 =** Dificuldade **L**eve (5 a 24%) **2 =** Dificuldade **M**oderada (25 a 49%) **3 =** Dificuldade **G**rave (50 a 95%) **4 =** Dificuldade **C**ompleta (96 a 100%)

Considerar na análise o impacto/influência dos ***Fatores Ambientais*** *(barreiras) e* ***Pessoais*** *(gênero, etnia, idade, condição física, estilo de vida, hábitos, nível de instrução, profissão e outros) e na avaliação do* ***desempenho*** *para a execução de atividades e participação social, em igualdade de condições com as demais pessoas.*

Desempenho: *é um qualificador que descreve o que o indivíduo faz (grau de dificuldade) em seu ambiente de vida habitual, entendido como "envolvimento em uma situação vital" ou "a experiência vivida", no contexto real em que vive (a qualificação deve considerar, sobretudo, a frequência e extensão da dificuldade).*

Atividade: *é a execução de uma tarefa ou ação por um indivíduo. Representa a* ***perspectiva individual*** *da funcionalidade.*

Participação*: é o ato de se envolver em uma situação real de vida. Representa a* ***perspectiva social*** *da funcionalidade.*

As colunas **T** e **P**, à direita dos qualificadores de cada domínio, destinam-se à sinalização de **dependência Total ou Parcial de cuidados de terceiros**, sempre que o avaliador julgar pertinente, com vistas a fornecer subsídios para **políticas públicas de cuidados.** Não representam o foco principal da avaliação, que deve estar centrado no desempenho para o exercício de atividades e participação social, conforme o grau de dificuldade estabelecido pelos cortes percentuais acima.

XXVI – APRENDIZAGEM E APLICAÇÃO DE CONHECIMENTO – d1: referem-se ao desempenho em aprender, aplicar o conhecimento aprendido, pensar, resolver problemas e tomar decisões.

Indicadores = limitação no desempenho para aprender e aplicar o conhecimento aprendido, com ou sem auxílio, em igualdade de condições com as demais pessoas.

(Qualifique de 0 a 4 cada unidade de classificação abaixo)	0	1	2	3	4	T	P
99. Dificuldade para utilizar intencionalmente o sentido da visão (seguir objeto visualmente, observar pessoas, assistir a evento esportivo, observar pessoas ou crianças brincando, entre outras), de forma compatível com a faixa etária – d110 (***a partir de 1 ano***)							
100. Dificuldade para utilizar intencionalmente o sentido da audição (ouvir rádio, música, voz humana, entre outras) de forma compatível com a faixa etária – d115 (***a partir de 6 meses***)							
101. Dificuldade em percepções sensoriais intencionais de tato, paladar e olfato (tocar, sentir texturas, explorar com a boca e nariz objetos, comida e bebida, entre outras), de forma compatível com a faixa etária – d120 (***a partir de 6 meses***)							
102. Dificuldade para imitar ou copiar algo que configure aprendizagem básica (imitar, aprender brincando, copiar um gesto, som ou letras, jogos simbólicos ou "faz de conta", entre outras situações simples), de forma compatível com a faixa etária – d130 / d131 (***a partir de 6 meses***)							
103. Dificuldade para adquirir linguagem para representar pessoas, objetos, eventos, acontecimentos, sentimentos, por meio de palavras, símbolos, expressões, frases ou gestos, de forma compatível com a faixa etária – d133 / d134 (***a partir de 2 anos***)							
104. Dificuldade para adquirir conceitos sobre tamanho, forma, quantidade, comprimento, igual/diferente, grande/pequeno, esquerdo/direito, de forma compatível com a faixa etária – d137 (***a partir de 3 anos***)							
105. Dificuldade para aprender a ler e utilizar esse conhecimento (ler, compreendendo o significado de vocábulos, frases e textos, inclusive em Braille, quando for o caso), de forma compatível com a faixa etária – d140 /							

	0	1	2	3	4	T	P
d166 (***a partir de 6 anos***)							
106. Dificuldade para aprender a escrever e utilizar esse conhecimento (escrever, compreendendo o significado de vocábulos, frases e textos, inclusive em Braille, quando for o caso), de forma compatível com a faixa etária – d145 / d170 (***a partir de 6 anos***)							
107. Dificuldade para aprender a calcular e aplicar esse conhecimento (calcular, compreendendo o significado de símbolos e operações matemáticas), de forma compatível com a faixa etária – d150 / d172 (***a partir de 6 anos***)							
108. Dificuldade para adquirir e executar habilidades básicas (usar talheres, lápis, entre outras) e complexas (jogos, esportes, utilizar ferramentas, relógio, entre outras), de forma compatível com a faixa etária – d155 (***a partir de 2 anos***)							
109. Dificuldade para concentrar a atenção, encontrar solução para problemas simples e complexos e tomar decisões, de forma compatível com a faixa etária – d160 / d175 / d177 (***a partir de 7 anos***)							
Qualificador do domínio d1							

XXVII – TAREFAS E DEMANDAS GERAIS – d2: referem-se aos aspectos gerais da execução de uma única tarefa ou de várias tarefas, organização de rotinas e superação do estresse.

Indicadores = limitação no desempenho para a execução de tarefa(s), organização de rotinas e superação do estresse, com ou sem auxílio, em igualdade de condições com as demais pessoas.

(Qualifique de 0 a 4 cada unidade de classificação abaixo)	0	1	2	3	4	T	P
110. Dificuldade para realizar uma única tarefa ou atender a um único comando (preensão palmar voluntária, pegar voluntariamente um objeto, entre outras), de forma compatível com a faixa etária – d210 (***a partir de 6 meses***)							
111. Dificuldade para realizar tarefas múltiplas, atender a comandos múltiplos, realizar a rotina diária, de forma independente ou a comando de outros, de forma compatível com a faixa etária – d220/ d230 (***a partir de 7 anos***)							
112. Dificuldade para gerenciar o próprio comportamento e emoções frente a determinadas demandas, de forma coerente e compatível com a faixa etária (considerar se a autorrepresentação da deficiência aumenta essa dificuldade) – d250 (***a partir de 7 anos***)							
Qualificador do domínio d2							

XXVIII – COMUNICAÇÃO – d3: refere-se às características gerais e específicas da comunicação, por meio da linguagem, sinais e símbolos, incluindo a recepção e produção de mensagens, manutenção da conversação e utilização de dispositivos e técnicas de comunicação.

Indicadores = limitação no desempenho para se comunicar (entender e se fazer entender), em igualdade de condições com as demais pessoas.

(Qualifique de 0 a 4 cada unidade de classificação abaixo)	0	1	2	3	4	T	P
113. Dificuldade na recepção de mensagens orais (compreender o significado de uma frase), de forma compatível com a faixa etária – d310 (***a partir de 1 ano***)							
114. Dificuldade na recepção de mensagens não verbais (compreender mensagens transmitidas por gestos, símbolos, fotos, desenhos e expressões faciais, leitura labial), de forma compatível com a faixa etária – d315 (***a partir de 2 anos***)							
115. Dificuldade na recepção e compreensão de mensagens na Língua Brasileira de Sinais (LIBRAS), de forma compatível com a faixa etária – d320 (***a partir de 7 anos***) *							
116. Dificuldade na recepção e compreensão de mensagens escritas ou mensagens em Braille (revistas, livros, jornais e outros), de forma compatível com a faixa etária – d325 (***a partir de 7 anos***)							
117. Dificuldade na fala (produção de sílabas, palavras, frases ou mensagens compreensíveis), de forma compatível com a faixa etária – d330 (***a partir de 1 ano***)							
118. Dificuldade na produção de mensagens não verbais (usar gestos, símbolos ou desenhos para se comunicar), de forma compatível com a faixa etária – d335 (***a partir de 1 ano***)							
119. Dificuldade na produção de mensagens na Língua Brasileira de Sinais (LIBRAS), de forma compatível com a faixa etária – d340 (***a partir de 7 anos***) *							
120. Dificuldade na conversação (iniciar, manter e finalizar uma troca de pensamentos e ideias, usando qualquer forma de linguagem), de forma compatível com a faixa etária – d350 (***a partir de 3 anos***)							
Qualificador do domínio d3							

** Avaliar nas unidades de classificação de nºs 115 e 119 o grau de dificuldade para se comunicar utilizando a Língua Brasileira de Sinais – LIBRAS. Para uma pessoa sem surdez, que não domina o idioma, a dificuldade é máxima (4), porém não impacta em nada o qualificador final do domínio "Comunicação", a menos que no seu dia a dia mantenha contato com pessoas com deficiência auditiva, situação que poderá configurar certo grau de dificuldade para comunicação com as mesmas.*

Pessoa surda, com total domínio de LIBRAS, terá o qualificador zero (nenhuma dificuldade para receber, compreender e produzir mensagens) nas unidades de classificação correspondentes, mas o qualificador final do domínio "COMUNICAÇÃO" jamais poderá ser zero (0), pois a maioria de seus interlocutores na sociedade não se comunica em LIBRAS, configurando uma dificuldade final moderada ou grave, na dependência dos demais fatores envolvidos na comunicação como um todo.

Intérprete de LIBRAS terá também o qualificador zero (nenhuma dificuldade para receber, compreender e produzir mensagens) nas unidades de classificação correspondentes, mas o qualificador final de "COMUNICAÇÃO" poderá também ser zero, por não depender exclusivamente da LIBRAS para se comunicar com as demais pessoas.

XXIX – MOBILIDADE – d4: refere-se ao movimento de mudar o corpo de posição ou de lugar, carregar, mover ou manipular objetos, ao andar ou deslocar-se.

Indicadores = limitação no desempenho para se mobilizar ou mobilizar objetos, com ou sem auxílio, em igualdade de condições com as demais pessoas.

(Qualifique de 0 a 4 cada unidade de classificação abaixo)	0	1	2	3	4	T	P
121. Dificuldade para mudar a posição básica do corpo (levantar, ajoelhar, agachar, deitar e/ou rolar), de forma compatível com a faixa etária – d410 (***a partir de 6 meses***)							
122. Dificuldade para se mover na mesma superfície ou de uma superfície para outra, sem mudar a posição do corpo (ex. de deitado para deitado, de sentado para sentado), de forma compatível com a faixa etária – d420 (***a partir de 3 anos***)							
123. Dificuldade para manusear, mover, deslocar e/ou carregar brinquedos ou objetos, realizando movimentos finos, de forma compatível com a faixa etária – d430/ d435/ d440/ d445 (***a partir de 6 meses***)							
124. Dificuldade para andar (mover-se a pé, por curtas ou longas distâncias, sem auxílio de pessoas, equipamentos ou dispositivos), de forma compatível com a faixa etária – d450 (***a partir de 2 anos***)							
125. Dificuldade para se deslocar utilizando equipamento ou dispositivo específico para facilitar a movimentação (andador, cadeira de rodas, muletas, bengala e outros), de forma compatível com faixa etária – d465 (***a partir de 3 anos***)							
Qualificador do domínio d4							

XXX - CUIDADO PESSOAL – d5: refere-se ao cuidado pessoal como lavar-se e secar-se, cuidar do próprio corpo e de parte do corpo, vestir-se, comer, beber e cuidar da própria saúde.

Indicadores = limitação no desempenho para cuidar de si próprio, em igualdade de condições com as demais pessoas.

(Qualifique de 0 a 4 cada unidade de classificação abaixo)	0	1	2	3	4	T	P
126. Dificuldade nos cuidados com o próprio corpo (lavar, secar, cuidar das mãos, dentes, unhas, nariz, cabelos e/ou higiene após excreção, com supervisão ou não), de forma compatível com a faixa etária – d510/ d520/ d530 (***a partir de 5 anos***)							
127. Dificuldade para se vestir (colocar, tirar e escolher roupas e calçados apropriados), de forma compatível com a faixa etária – d540 (***a partir de 3 anos***)							
128. Dificuldade para coordenar os gestos para comer, beber alimentos e bebidas servidos, sem auxílio, de forma compatível com a faixa etária – d550/ d560 (***a partir de 3 anos***)							
129. Dificuldade para evitar exposição a riscos ou situações perigosas, incluindo abusos e violência, de forma compatível com a faixa etária – d571 (***a partir de 7 anos***)							
Qualificador do domínio d5							

☐ **Solicitação de Informações ao Médico Assistente - SIMA**

☐ **Solicitação de Visita Técnica**

Atividades e Participação				
d1	**d2**	**d3**	**d4**	**d5**

Qualificador Parcial de Atividades e Participação	
	Dificuldade

Causa da Deficiência

☐ **Congênita** ☐ **Complicações no parto** ☐ **Doença** ☐ **Dependência química** ☐ **Violência**

☐ **Acidente de Trabalho / Doença Ocupacional ou Relacionada ao Trabalho**(*)

☐ **Acidente de Trânsito** ☐ **Acidente de outra natureza** ☐ **Ignorada**

☐ **Outra causa. Especifique:** ____________________

(*) *Inclusive na condição de aprendiz ou estagiário.*

Risco Social

☐ **CASO SEJAM OBSERVADOS INDÍCIOS DE RISCO SOCIAL QUE DEMANDEM ACOMPANHAMENTO PRIORITÁRIO** *(violência física e/ou psicológica; abandono familiar; abusos e/ou exploração sexual; crianças e/ou adolescentes fora da escola; exploração de trabalho infantil; ausência de proteção social, familiar e/ou comunitária, entre outros)*, **ASSINALE E DESCREVA ABAIXO, PARA POSTERIOR ENCAMINHAMENTO PELO ASSISTENTE SOCIAL:**

Descreva:

Avaliação Médico-pericial

Funções do Corpo							
b1	b2	b3	b4	b5	b6	b7	b8

Atividades e Participação				
d1	d2	d3	d4	d5

Resultado Parcial

Funções do Corpo: ☐ **= Alteração** ☐

Qualificador Parcial de Atividades e Participação: ☐ **= Dificuldade** ☐

Observações do avaliador(a):

Profissional avaliador(a):

Local e data	Perito Médico	CRM

GEX:	
APS:	

CONCLUSÃO DA AVALIAÇÃO SOCIAL E MÉDICO-PERICIAL DA PESSOA COM DEFICIÊNCIA
ESPÉCIE 87 – BPC / LOAS – MENOR DE 16 ANOS

Dados do Avaliado

NIT:		Nome:		CPF:	
NB / Espécie:		Nome da Mãe:		Sexo:	
APS:		Grau de Instrução:		Data Nascimento:	
Data Avaliação Social:		Data. Avaliação Médico Pericial:		Idade:	(Meses / Anos)

Avaliação Social e Médico Pericial

Fatores Ambientais				
e1	e2	e3	e4	e5

Atividades e Participação								
d1	d2	d3	d4	d5	d6	d7	d8	d9

Funções do Corpo							
b1	b2	b3	b4	b5	b6	b7	b8

☐ Resposta afirmativa no quesito sobre Estrutura do Corpo e/ou no quesito sobre Prognóstico Desfavorável.

☐ Resposta afirmativa no quesito sobre possibilidade de resolução das alterações em Funções e/ou Estruturas do Corpo em menos de dois anos.

Resultado Final

Fatores Ambientais	Atividades e Participação	Funções do Corpo
☐ Barreira ☐	☐ Dificuldade ☐	☐ Alteração ☐

Decisão da Avaliação Social e Médico-pericial

☐ O avaliado preenche os requisitos estabelecidos pelo Art. 20, §§ 2º e 10, da Lei nº 8.742/1993, que define pessoa com deficiência para fins de acesso ao Benefício de Prestação Continuada da Assistência Social – BPC.

☐ O avaliado não preenche os requisitos estabelecidos pelo Art. 20, §§ 2º e 10, da Lei nº 8.742/1993, que define pessoa com deficiência para fins de acesso ao Benefício de Prestação Continuada da Assistência Social – BPC.

Profissionais avaliadores

Assistente Social CRESS	Perito Médico CRM

GEX:
APS:

Deveras, compete ao Assistente Social avaliar e qualificar os seguintes componentes e domínios da Avaliação Social:

I - Fatores Ambientais, por meio dos domínios:

a) Produtos e Tecnologia;

b) Condições de Habitabilidade e Mudanças Ambientais;

c) Apoio e Relacionamentos;

d) Atitudes; e

e) Serviços, Sistemas e Políticas;

II - Atividades e Participação, por meio dos domínios:

a) Vida Doméstica;

b) Relações e Interações Interpessoais;

c) Áreas Principais da Vida; e

d) Vida Comunitária, Social e Cívica, com distintos pontos de corte para análise, detalhados no Anexo III Portaria INSS/MDS 2, de 30/3/2015:

ANEXO III

PORTARIA CONJUNTA MDS/INSS nº 2, de 30 de março de 2015.

(Publicada no DOU nº 67, Seção 1, de 9 de abril de 2015)

CONCEITOS E CRITÉRIOS DAS AVALIAÇÕES SOCIAL E MÉDICO-PERICIAL

A avaliação da pessoa com deficiência para acesso ao Benefício de Prestação Continuada da Assistência Social - BPC deve se pautar: nos princípios da Classificação Internacional de Funcionalidade, Incapacidade e Saúde, estabelecida pela Resolução da Organização Mundial da Saúde nº 54.21 e aprovada pela 54ª Assembleia Mundial da Saúde, em 22 de maio de 2001, doravante denominada "CIF"; nos princípios da Convenção sobre os Direitos das Pessoas com Deficiência e seu Protocolo Facultativo assinado pelo Brasil em 30 de março de 2007, aprovados pelo Decreto Legislativo nº 186, de 9 de julho de 2008 e promulgados pelo Decreto nº 6.949, de 25 de agosto de 2009, com equivalência de emenda constitucional, doravante denominada "Convenção da ONU"; no estabelecido pela Lei 8.742 de 7 de dezembro de 1993 e pelo Decreto 6.214, de 26 de setembro de 2007 e respectivas alterações.

Em que pesem as divergências de tradução para a língua portuguesa de termos comuns aos dois documentos internacionais acima mencionados, os atuais instrumentos de avaliação de pessoas com deficiência para acesso ao BPC buscaram compatibilizar as definições comuns e adequar as definições específicas, conforme se seguem:

I – funções do corpo: são as funções fisiológicas dos sistemas corporais, incluindo as funções psicológicas;

II – estruturas do corpo: são as partes estruturais ou anatômicas do corpo, tais como, órgãos, membros e seus componentes, classificados de acordo com os sistemas corporais;

III – deficiências (segundo a CIF e "Impedimentos" segundo a Convenção da ONU): são problemas nas funções ou nas estruturas do corpo, tais como, um desvio significativo ou uma perda (doravante tratadas pelos instrumentos de avaliação como "alterações de funções e/ou estruturas do corpo");

IV – atividade: é a execução de uma tarefa ou ação por um indivíduo, numa perspectiva individual da funcionalidade;

V – limitações de atividades: são dificuldades que um indivíduo pode encontrar na execução de atividades;

VI – participação: é o envolvimento de um indivíduo numa situação de vida real, numa perspectiva social da funcionalidade;

VII – restrições da participação: são problemas que um indivíduo pode enfrentar quando está envolvido em situações da vida real;

VIII – capacidade: descreve a habilidade de um indivíduo executar uma tarefa ou ação, com o mais alto nível de funcionalidade provável, em um ambiente considerado uniforme ou padrão;

IX – desempenho: descreve o que o indivíduo faz em seu ambiente de vida habitual, entendido como envolvimento em uma situação de vida ou experiência vivida, no contexto real em que vive.

A comparação das avaliações de capacidade e de desempenho evidencia o que pode ser modificado no ambiente para melhorar o desempenho de um indivíduo.

X – funcionalidade: é um termo genérico envolvendo as funções do corpo, estruturas do corpo, assim como as atividades e participação, indicando os aspectos positivos da interação entre um indivíduo, com uma condição de saúde, e seus fatores contextuais (ambientais e pessoais);

XI – incapacidade (segundo a CIF e "Deficiência" segundo a Convenção da ONU): é um termo genérico envolvendo alterações nas funções ou nas estruturas do corpo, limitação de atividades e restrição da participação, indicando os aspectos negativos da interação entre um indivíduo, com uma condição de saúde, e seus fatores ambientais e pessoais (doravante o termo adotado pelos instrumentos de avaliação será "Deficiência") ;

XII – fatores pessoais: representam o histórico particular da vida e estilo de vida de um indivíduo e englobam características próprias que não são parte de uma condição de saúde ou de um estado de saúde, os quais embora não classificados na CIF, podem influenciar os resultados das várias intervenções;

XIII – fatores ambientais: constituem o ambiente físico, social e atitudinal no qual as pessoas vivem e conduzem sua vida, são externos ao indivíduo e podem atuar como facilitadores ou barreiras sobre a função e/ou estrutura de seu corpo e sobre seu desempenho e/ou capacidade para executar ações ou tarefas.

Os princípios enumerados acima estão contemplados na definição de Pessoa com Deficiência constante da Convenção da ONU, da Lei 8.742/1993 e do Decreto 6.214/2007 e respectivas atualizações.

O reconhecimento de pessoas com deficiência para acesso ao BPC, nos termos da CIF e da Convenção da ONU, deve ser efetuado com base nas diferentes dimensões de saúde, sob a perspectiva biológica, individual e social e na relação entre o estado ou condição de saúde do indivíduo e fatores pessoais e externos, que representam as circunstâncias em que vive.

Esse reconhecimento é efetuado através dos instrumentos de avaliação atualizados pela presente Portaria, destinados à avaliação social e médico-pericial, com base na codificação e qualificação dos componentes e domínios propostos pela CIF.

A <u>avaliação social</u>, após a habilitação do benefício, considera e qualifica os seguintes componentes da CIF e respectivos domínios:

I - Fatores Ambientais (para todas as idades):
  a) Produtos e tecnologia;
  b) Condições de habitabilidade e mudanças ambientais;
  c) Apoio e relacionamentos;
  d) Atitudes;
  e) Serviços, sistemas e políticas.

II - Atividades e Participação:
  a) Vida doméstica (a partir de 7 anos de idade);
  b) Relações e interações interpessoais (a partir de 1 ano de idade)
  c) Áreas principais da vida (a partir de 6 meses de idade)
  d) Vida comunitária, social e cívica (a partir de 3 anos de idade)

Para a qualificação dos Fatores Ambientais consideram-se as barreiras existentes e para a qualificação do componente Atividades e Participação consideram-se as dificuldades para o exercício de atividades e participação social, em igualdade de condições com as demais pessoas.

Os qualificadores para os domínios a que se referem os incisos I e II e respectivas alíneas, baseiam-se nos mesmos parâmetros estabelecidos pela CIF, qualificados como:
  a) nenhuma barreira ou nenhuma dificuldade (N) – 0-4% = 0
  b) barreira leve ou dificuldade leve (L) – 5-24% = 1
  c) barreira moderada ou dificuldade moderada (M) – 25-49% = 2
  d) barreira grave ou dificuldade grave (G) – 50-95% = 3
  e) barreira completa ou dificuldade completa (C) – 96-100% = 4

A avaliação social de crianças com idade inferior aos pontos de corte previstos nos domínios de Atividades e Participação implica o reconhecimento automático de dificuldade máxima nos respectivos domínios, correspondendo ao qualificador 4 = C (Completa).

O assistente social pode realizar visitas técnicas visando a conhecer os recursos sociais existentes e colher subsídios para a avaliação social.

A <u>avaliação médico-pericial</u> considera incialmente a(s) doença(s) ou agravo(s), codificando-o(s) pela Classificação Internacional de Doenças (CID-10).

Em seguida, a avaliação considera e qualifica os seguintes componentes da CIF e respectivos domínios:

I - Funções do Corpo (para todas as idades):

a) funções mentais;
b) funções sensoriais da visão;
c) funções sensoriais da audição;
d) funções sensoriais adicionais e dor
e) funções da voz e da fala;
f) funções do sistema cardiovascular;
g) funções do sistema hematológico;
h) funções do sistema imunológico;
i) funções do sistema respiratório;
j) funções do sistema digestivo;
k) funções do sistema metabólico e endócrino;
l) funções geniturinárias;
m) funções neuromusculoesqueléticas e relacionadas ao movimento e
n) funções da pele.

II - Atividades e Participação:

a) aprendizagem e aplicação de conhecimento (a partir de 6 meses de idade);
b) tarefas e demandas gerais (a partir de 6 meses de idade);
c) comunicação (a partir de 1 ano de idade);
d) mobilidade (a partir de 6 meses de idade);
e) cuidado pessoal (a partir de 3 anos de idade).

Para a qualificação de Funções do Corpo consideram-se as alterações constatadas e para a qualificação do componente Atividades e Participação consideram-se as dificuldades para o exercício de atividades e participação social, em igualdade de condições com as demais pessoas.

Os qualificadores para os domínios a que se referem os incisos I e II e respectivas alíneas, baseiam-se nos mesmos parâmetros estabelecidos pela CIF, qualificados como:

a) nenhuma alteração ou nenhuma dificuldade (N) – 0-4%
b) alteração leve ou dificuldade leve (L) – 5-24%
c) alteração moderada ou dificuldade moderada (M) – 25-49%
d) alteração grave ou dificuldade grave (G) – 50-95%
e) alteração completa ou dificuldade completa (C) – 96-100%

Compete ao perito médico identificar tecnicamente, em resposta a quesitos dos instrumentos de avaliação, a existência de alterações na <u>Estrutura do Corpo</u>, que configurem maiores limitações e restrições ao avaliado do que as observadas em Funções do Corpo, assim como a condição de prognóstico desfavorável. A existência de qualquer dessas situações resulta na elevação não cumulativa do qualificador atribuído ao componente <u>Funções do Corpo</u> em um nível (de <u>N ⊔ L</u>, de <u>L □ M</u>, de <u>M □ G</u>, de <u>G □ C</u> e de <u>C □ mantido em C</u>).

Para atendimento ao art. 20, §§ 2º e 10 da Lei 8.742/1993, compete também ao perito médico responder a quesito específico relativo à perspectiva de resolução das alterações em Funções e/ou Estruturas do Corpo em menos de dois anos, considerando as barreiras apontadas pela avaliação social, os aspectos clínicos avaliados, o tempo pregresso já vivenciado com o quadro clínico e as possibilidades de acesso ao tratamento necessário, na perspectiva da participação plena e efetiva na sociedade em igualdade de condições com as demais pessoas.

A avaliação médico-pericial de crianças com idade inferior aos pontos de corte previstos nos domínios de Atividades e Participação implica o reconhecimento automático de dificuldade máxima nos respectivos domínios, correspondendo ao qualificador 4 = C (Completa).

A avaliação médico-pericial é posterior à avaliação social.

As qualificações das Funções/Estruturas do Corpo, pela avaliação médico-pericial, e de Atividades e Participação, pelas avaliações social e médico-pericial, devem considerar as barreiras qualificadas em Fatores Ambientais, assim como os Fatores Pessoais registrados na folha de rosto dos instrumentos.

As avaliações social e médico-pericial são realizadas mediante utilização dos instrumentos anexos à presente portaria, intitulados:

a) Anexo I – Avaliação da Pessoa com Deficiência para acesso ao Benefício de Prestação Continuada da Assistência Social – BPC – Espécie 87 – 16 anos ou mais.

b) Anexo II - Avaliação da Pessoa com Deficiência para acesso ao Benefício de Prestação Continuada da Assistência Social – BPC – Espécie 87 – Menor de 16 anos.

A combinação de qualificadores resultante da avaliação dos componentes "Fatores ambientais", "Atividades e Participação" e "Funções do Corpo", atribuídos como nenhuma (N), leve (L), moderada (M), grave (G) e completa (C), é confrontada com a "Tabela Conclusiva de Qualificadores" - Anexo IV da presente Portaria, que define a concessão ou indeferimento do benefício.

Se, durante a avaliação, o assistente social ou o perito médico detectar indícios que configurem risco social para o avaliado, demandando acompanhamento social prioritário, deve assinalar um campo específico para esse fim e descrever a situação constatada em formulário próprio da instituição.

Compete, posteriormente, ao Serviço Social identificar os casos assinalados como em risco social, para articulação com os Centros de Referência de Assistência Social – CRAS e Centros de Referência Especial em Assistência Social - CREAS, a quem caberão providências junto aos órgãos competentes.

O assistente social e o perito médico podem, se necessário para subsidiar suas avaliações, solicitar informações sociais ou médicas aos profissionais de saúde ou de outras áreas sociais que assistem o requerente, devendo deixar pendente a conclusão da avaliação. Para tanto, são utilizados os formulários "Solicitação de Informações Sociais – SIS", Anexo V da presente Portaria e "Solicitação de Informações ao Médico Assistente – SIMA", Anexo VI da Instrução Normativa INSS/PRE nº 79, de ???? de janeiro de 2015, ou outro formulário com o mesmo fim, que vier, por ato normativo, substituí-lo. ATENÇÃO: Completar

Para fins de conclusão da avaliação, devem ser cumpridas as exigências referentes às avaliações social e médico-pericial, no prazo de trinta dias.

Em conformidade com o art. 4º, § 1º do Decreto 6.214/07, para fins de reconhecimento do direito ao Benefício de Prestação Continuada às crianças e adolescentes menores de dezesseis anos de idade, deve ser avaliada a existência da deficiência e o seu impacto na limitação do desempenho de atividade e restrição da participação social, compatível com a idade.

Para fins de identificação perante o perito médico e o assistente social, pode ser utilizado apenas um dos documentos citados nos artigos 10 e 11 do Decreto 6.214/07.

É permitido que a conclusão do instrumento de avaliação da pessoa com deficiência para acesso ao BPC possa ser realizada por assistente social e perito médico diferentes dos que iniciaram a avaliação.

Cabe ao INSS as medidas necessárias à realização das avaliações social e médico-pericial, nas diferentes fases do requerimento, e a cobertura de atendimento pelas Unidades que não dispõem de assistentes sociais e peritos médicos, com base nas seguintes previsões:

a) deslocamento de assistentes sociais e peritos médicos;

b) elaboração da agenda do assistente social e perito médico;

c) constituição de equipes itinerantes, salvaguardadas as condições adequadas para o desenvolvimento das ações e assegurados os preceitos éticos e o sigilo profissional.

A ocorrência de exigências administrativas a serem cumpridas pelo avaliado não impede a realização das avaliações social e médico-pericial.

O agendamento para realizar as avaliações social e médico-pericial deve ser preferencialmente na mesma data, devendo-se garantir ao avaliado o comparecimento à Agência da Previdência Social - APS o menor número de vezes possível.

Cabe ao Serviço Social realizar articulações com gestores municipais e profissionais vinculados às redes sociais, entidades da sociedade e de controle social, visando a socializar informações sobre o BPC e realizar ações conjuntas que favoreçam o acesso do avaliado ao benefício.

Por sua vez, competirá ao Perito Médico Previdenciário avaliar e qualificar os seguintes componentes e domínios da avaliação médica, com base na CIF:

I - Funções do Corpo, por meio dos domínios:

a) Funções Mentais;

b) Funções Sensoriais da Visão;

c) Funções Sensoriais da Audição;

d) Funções Sensoriais Adicionais e Dor;

e) Funções da Voz e da Fala;

f) Funções do Sistema Cardiovascular;

g) Funções do Sistema Hematológico;

h) Funções do Sistema Imunológico;

i) Funções do Sistema Respiratório;

j) Funções do Sistema Digestivo;

l) Funções do Sistema Metabólico e Endócrino;

m) Funções Geniturinárias e Reprodutivas;

n) Funções Neuromusculoesqueléticas e Relacionadas ao Movimento; e

o) Funções da Pele e Estruturas Relacionadas;

II - Atividades e Participação, por meio dos domínios:

a) Aprendizagem e Aplicação de Conhecimento;

b) Tarefas e Demandas Gerais;

c) Comunicação;

d) Mobilidade; e

e) Cuidado Pessoal, com distintos pontos de corte para análise, detalhados no Anexo III da Portaria INSS/MDS 2, de 30/3/2015.

Outrossim, incumbirá ao Perito Médico Previdenciário:

I - pronunciar-se sobre a existência de alterações na Estrutura do Corpo que configurem maiores limitações e restrições ao avaliado do que as alterações observadas em Funções do Corpo;

II - sinalizar se as alterações em Funções e/ou Estruturas do Corpo configuram prognóstico desfavorável; e

III - pronunciar-se sobre a possibilidade das alterações em Funções e/ou Estruturas do Corpo serem resolvidas em menos de 2 (dois) anos, considerando as barreiras apontadas na avaliação social, os aspectos clínicos avaliados, o tempo pregresso já vivenciado com o quadro clínico e as possibilidades de acesso ao tratamento necessário, na perspectiva da participação plena e efetiva na sociedade em igualdade de condições com as demais pessoas.

Para definir se o BPC/LOAS deficiente será concedido ou negado a combinação de qualificadores finais resultantes da avaliação social e da avaliação médica será confrontada com a Tabela Conclusiva de Qualificadores (Anexo IV da Portaria INSS/MDS 2, de 30/3/2015), para fins de reconhecimento ou não do direito ao benefício, devendo ser indeferido o requerimento quando:

I - o qualificador final do componente Funções do Corpo for nenhum (N) ou leve (L);

II - o qualificador final do componente Atividades e Participação for nenhum (N) ou leve (L); e

III - as alterações de Funções e/ou Estruturas do Corpo puderem ser resolvidas em menos de 2 (dois) anos.

Eis a Tabela Conclusiva de Qualificadores:

ANEXO IV

PORTARIA CONJUNTA MDS/INSS nº 2, de 30 de março de 2015.
(Publicada no DOU nº 67, Seção 1, de 9 de abril de 2015)

TABELA CONCLUSIVA DE QUALIFICADORES

Resultados possíveis das avaliações social e médico-pericial da pessoa com deficiência para acesso ao Benefício de Prestação Continuada da Assistência Social – BPC N = Nenhuma L = Leve M = Moderada G = Grave C = Completa				
	Fatores Ambientais (e)	**Atividades e Participação (d)**	**Funções do Corpo (b)**	**O avaliado preenche os requisitos estabelecidos pelo Art. 20, §§ 2º e 10, da Lei nº 8.742/93, que define pessoa com deficiência para fins de acesso ao Benefício de Prestação Continuada da Assistência Social – BPC?**
1.	C	C	C	Sim
2.	G	C	C	Sim
3.	M	C	C	Sim
4.	L	C	C	Sim
5.	N	C	C	Sim
6.	C	G	C	Sim
7.	G	G	C	Sim
8.	M	G	C	Sim
9.	L	G	C	Sim
10.	N	G	C	Sim
11.	C	M	C	Sim
12.	G	M	C	Sim
13.	M	M	C	Sim
14.	L	M	C	Sim
15.	N	M	C	Sim
16.	C	L	C	Não
17.	G	L	C	Não
18.	M	L	C	Não
19.	L	L	C	Não
20.	N	L	C	Não
21.	C	N	C	Não
22.	G	N	C	Não
23.	M	N	C	Não
24.	L	N	C	Não
25.	N	N	C	Não
26.	C	C	G	Sim
27.	G	C	G	Sim
28.	M	C	G	Sim
29.	L	C	G	Sim
30.	N	C	G	Sim
31.	C	G	G	Sim

32.	G	G	G	Sim
33.	M	G	G	Sim
34.	L	G	G	Sim
35.	N	G	G	Sim
36.	C	M	G	Sim
37.	G	M	G	Sim
38.	M	M	G	Sim
39.	L	M	G	Sim
40.	N	M	G	Sim
41.	C	L	G	Não
42.	G	L	G	Não
43.	M	L	G	Não
44.	L	L	G	Não
45.	N	L	G	Não
46.	C	N	G	Não
47.	G	N	G	Não
48.	M	N	G	Não
49.	L	N	G	Não
50.	N	N	G	Não
51.	C	C	M	Sim
52.	G	C	M	Sim
53.	M	C	M	Sim
54.	L	C	M	Sim
55.	N	C	M	Sim
56.	C	G	M	Sim
57.	G	G	M	Sim
58.	M	G	M	Sim
59.	L	G	M	Sim
60.	N	G	M	Sim
61.	C	M	M	Sim
62.	G	M	M	Sim
63.	M	M	M	Não
64.	L	M	M	Não
65.	N	M	M	Não
66.	C	L	M	Não
67.	G	L	M	Não
68.	M	L	M	Não
69.	L	L	M	Não
70.	N	L	M	Não
71.	C	N	M	Não
72.	G	N	M	Não
73.	M	N	M	Não
74.	L	N	M	Não
75.	N	N	M	Não
76.	C	C	L	Não
77.	G	C	L	Não
78.	M	C	L	Não

79.	L	C	L	Não
80.	N	C	L	Não
81.	C	G	L	Não
82.	G	G	L	Não
83.	M	G	L	Não
84.	L	G	L	Não
85.	N	G	L	Não
86.	C	M	L	Não
87.	G	M	L	Não
88.	M	M	L	Não
89.	L	M	L	Não
90.	N	M	L	Não
91.	C	L	L	Não
92.	G	L	L	Não
93.	M	L	L	Não
94.	L	L	L	Não
95.	N	L	L	Não
96.	C	N	L	Não
97.	G	N	L	Não
98.	M	N	L	Não
99.	L	N	L	Não
100.	N	N	L	Não
101.	C	C	N	Não
102.	G	C	N	Não
103.	M	C	N	Não
104.	L	C	N	Não
105.	N	C	N	Não
106.	C	G	N	Não
107.	G	G	N	Não
108.	M	G	N	Não
109.	L	G	N	Não
110.	N	G	N	Não
111.	C	M	N	Não
112.	G	M	N	Não
113.	M	M	N	Não
114.	L	M	N	Não
115.	N	M	N	Não
116.	C	L	N	Não
117.	G	L	N	Não
118.	M	L	N	Não
119.	L	L	N	Não
120.	N	L	N	Não
121.	C	N	N	Não
122.	G	N	N	Não
123.	M	N	N	Não
124.	L	N	N	Não
125.	N	N	N	Não

O formulário Solicitação de Informações Sociais - SIS, poderá ser utilizado pelo assistente social do INSS, com a finalidade de instrumentalizar a coleta de informações para subsidiar a Avaliação Social dos requerentes do BPC, conforme Anexo V Portaria INSS/MDS 2, de 30/3/2015:

PREVIDÊNCIA SOCIAL
Instituto Nacional do Seguro Social

ANEXO V

PORTARIA CONJUNTA MDS/INSS nº 2, de 30 de março de 2015.
(Publicada no DOU nº 67, Seção 1, de 9 de abril de 2015)

SOLICITAÇÃO DE INFORMAÇÕES SOCIAIS - SIS

Formulário nº: ____________ Data: ___|___|___ APS: ______________________

Ao(À) ____

Solicitamos a colaboração de nos fornecer os dados abaixo relacionados, para fins de subsidiar a AVALIAÇÃO SOCIAL da pessoa com deficiência, com vistas ao reconhecimento inicial de direito ao Benefício de Prestação Continuada da Assistência Social - BPC.

As informações referentes ao Relatório Social serão utilizadas exclusivamente para a análise do benefício pleiteado e contam com autorização do usuário interessado ou seu representante legal.
(Lei nº 8.742/93; Lei nº 8.662/93; Decreto nº 6.214/2007; Resolução do Conselho Federal de Serviço Social nº 273/93 e Portaria MDS nº 44/2009).

Ressaltamos que as informações solicitadas deverão retornar ao INSS em até 30 dias.

Assistente Social Solicitante:

Nome:	Matrícula SIAPE:	Telefone para contato:
CRESS:	Assinatura:	

Avaliado(a) ou Representante Legal:

Nome Avaliado(a):	NB:
Nome Representante Legal:	
Autorizo, em caráter confidencial, utilizar as informações que se fizerem necessárias para compor o Relatório Social e informações complementares. ______________________________ Assinatura do(a) Avaliado(a) ou Representante Legal	

1. ( ) Relatório Social (preenchimento exclusivo do Assistente Social)

Emitir Relatório Social informando a situação de **vulnerabilidade social** do(a) avaliado(a), com destaque para:
OBS: Favor anexar o Relatório Social a esta SIS.

2. ( ) Informações complementares (preenchimento por outros profissionais)

Emitir informações sobre a situação do(a) avaliado(a), com destaque para:
OBS: Favor anexar as informações a esta SIS.

3. ( ) Serviços e Programas existentes no Município *(especificar os destinados às pessoas com deficiência)*:

- Serviços de assistência social (CRAS, CREAS e outros):
- Serviços de saúde (hospitais, postos de saúde, PSF, CAPS, habilitação e reabilitação profissional e outros):
- Serviços especializados para a pessoa com deficiência (APAE ou congênere):
- Serviços de educação (especial, inclusiva):
- Serviços dos órgãos de proteção aos direitos sociais (Fóruns, Tribunais, Ministério Público, Defensoria Pública, Conselhos Tutelares, Conselhos de Direito):
- Serviço de transporte coletivo e programa de livre acesso ao transporte coletivo:
- Serviços socioeducativos (ONG, Projetos Sociais, Centros Comunitários e outros):
- Outros serviços. Especificar:

Informações do Profissional:

Nome:		Conselho Regional nº:
Instituição:		
Cargo:		Telefone (opcional):
Local / Data:		
	Assinatura e Carimbo	

Por sua vez, fica autorizada, para fins da Avaliação Médica, a utilização do formulário Solicitação de Informações ao Médico Assistente – SIMA, constante no Anexo VI da Instrução Normativa PRES/INSS nº 77, de 21 de janeiro de 2015, ou outro formulário com o mesmo fim, que vier a substituí-lo:

ANEXO VI

INSTRUÇÃO NORMATIVA Nº 77 /PRES/INSS, DE 21 DE JANEIRO DE 2015

SOLICITAÇÃO DE INFORMAÇÕES AO MÉDICO-ASSISTENTE – SIMA	
Formulário nº	Data:
Prezado(a) Dr(a):	
Solicitamos sua colaboração para nos fornecer os dados abaixo relacionados, que servirão para subsidiar a conclusão do exame médico pericial. O fornecimento destas informações, sigilosas e de utilização exclusiva para auxiliar a análise do benefício pleiteado, conta com autorização do requerente interessado ou seu responsável legal. Fundamentação Legal: Lei nº 8.213, de 1991 e RPS regulamentado pelo Decreto nº 3.048, de 1999; Lei nº 7.713, de 1988; Lei nº 9.250, de 1995; Lei nº 8.742, de 1993 regulamentada pelo Decreto nº 6.214, de 2007; Lei nº 11.907, de 2009; Lei nº 3.268, de 1957; Decreto nº 44.045, de 1958 e Resoluções do Conselho Federal de Medicina nºs 1.658, de 2002, 1.851, de 2008 e 1.931, de 2009.	

Perito Médico Solicitante:			
Perito Médico:	Matrícula SIAPE:		
Assinatura:		CRM	
Requerente ou Representante Legal:			
Nome Requerente:			
NB:			
Nome do Representante Legal (se houver)			
Autorizo a emissão, em caráter confidencial, das informações abaixo solicitadas.			
Assinatura Requerente / Representante Legal:			
Informações Médicas (Se necessário, use também o verso):			
Data do primeiro atendimento:	/ /	Data da última consulta: / /	
Data(s) de internação (ões) (se houver):		Data(s) de cirurgia(s) (se houver):	
/ / / / / /		/ / / / / /	
Diagnóstico(s):			

Evolução da doença:

Complicações (se houver):	
Exames complementares realizados:	
Plano terapêutico ou propedêutico:	
Outras considerações:	
Nome:	CRM/UF:
Especialidade:	Telefone/Contato (opcional):
Local / Data:	Assinatura e carimbo:

Evidente que a **visão monocular** é caracterizada como uma **deficiência sensorial**, posto que reduz sensivelmente o sentido da pessoa, considerando que se trata de cegueira de um dos olhos. A Organização Mundial da Saúde a caracteriza quando a pessoa com a melhor correção tiver visão igual ou inferior a 20/200.

Nesse sentido, de acordo com a **Lei 14.126/2021**, *"fica a visão monocular classificada como deficiência sensorial, do tipo visual, para todos os efeitos legais"*. Nos termos do **Decreto 10.654/2021**, *"a visão monocular, classificada como deficiência sensorial, do tipo visual, pelo art. 1º da Lei nº 14.126, de 22 de março de 2021,* ***será***

***avaliada na forma prevista nos § 1º e § 2º do art. 2º da Lei nº 13.146, de 6 de julho de 2015**, para fins de reconhecimento da condição de pessoa com deficiência".*

Dessa forma, **não é possível concluir de logo que a pessoa com visão monocular terá direito à aposentadoria da pessoa com deficiência (LC 142/2013) ou ao BPC/LOAS**, pois será necessário realizar uma perícia biopsicossocial a cargo do INSS.

Veja-se enunciado aprovado na **I Jornada de Direito da Seguridade Social do Conselho da Justiça Federal** sobre o tema:

ENUNCIADO 31: A visão monocular, por si só, não enseja a concessão de benefício de prestação continuada da assistência social, sendo necessária a verificação da existência de impedimento de longo prazo que, em interação com uma ou mais barreiras, possa obstruir a participação plena e efetiva na sociedade em igualdade de condições com as demais pessoas, nos termos do art. 40-B da Lei n. 8.742/1993.

Isso porque nem todas as pessoas com deficiência terão direito aos citados benefícios, sendo imprescindível que a deficiência de longo prazo, em interação com uma ou mais barreiras, **possa obstruir a sua participação plena e efetiva na sociedade em igualdade de condições com as demais pessoas**. Com o advento da Lei 14.176/2021 tivemos novidades no que tange à perícia biopsicossocial para atestar a deficiência de longo prazo:

> *Art. 3º Para avaliação da deficiência que justifica o acesso, a manutenção e a revisão do benefício de prestação continuada de que trata o art. 20 da Lei nº 8.742, de 7 de dezembro de 1993, fica o Instituto Nacional do Seguro Social (INSS) autorizado a adotar as seguintes medidas excepcionais, **até 31 de dezembro de 2021**:*
>
> *I – realização da **avaliação social**, de que tratam o § 6º do art. 20 e o art. 40-B da Lei nº 8.742, de 7 de dezembro de 1993, por meio de **videoconferência**; e*
>
> *II – **concessão ou manutenção do benefício de prestação continuada aplicado padrão médio à avaliação social**, que compõe a avaliação da deficiência de que trata o § 6º do art. 20 da Lei nº 8.742, de 7 de dezembro de 1993, desde que tenha sido realizada a avaliação médica e constatado o impedimento de longo prazo.*
>
> § 1º É vedada a utilização da medida prevista no inciso II do *caput* deste artigo para indeferimento de requerimentos ou para cessação de benefícios.
>
> § 2º Os requisitos para aplicação das medidas previstas no *caput* deste artigo serão definidos em ato conjunto do Ministério da Cidadania, da Secretaria Especial de Previdência e Trabalho do Ministério da Economia e do INSS.
>
> *§ 3º O **prazo** de aplicação das medidas previstas no caput deste artigo **poderá ser prorrogado** mediante ato conjunto do Ministério da Cidadania, da Secretaria Especial de Previdência e Trabalho do Ministério da Economia e do INSS.*

A TNU afetou o **tema 378** para definir se é necessária a perícia para a caracterização da deficiência no BPC/LOAS para as pessoas com visão monocular:

Tema	378	Situação do tema	Afetado	Ramo do direito	Direito Previdenciário
Questão submetida a julgamento	Saber se o diagnóstico de visão monocular dispensa avaliação biopsicossocial para caracterizar a condição de Pessoa com Deficiência, na análise do direito ao benefício de prestação continuada.				
Tese firmada					
Processo	Decisão de afetação	Relator (a)	Julgado em	Acórdão publicado em	Trânsito em julgado
PEDILEF 5010660-51.2022.4.04.7112/RS	13/03/2025	Juiz Federal Fabio de Souza Silva			

Veja-se o caso a uniformizar:

> *"A 1ª Turma Recursal do Rio Grande do Sul (1ª TRRS) negou provimento ao recurso inominado da autora, mantendo sentença que julgou improcedente o pedido de concessão do benefício assistencial de prestação continuada, sob o fundamento de que, "a vigência da Lei 14.126/2021, que classificou a visão monocular (diagnosticada na recorrente) como deficiência sensorial, não é apta a infirmar a conclusão acima acerca da ausência de impedimento de longo prazo para que possa exercer atividade apta a prover o sustento, pois tal Lei a classifica como tal, mas não assenta a visão monocular como causa de incapacidade laborativa ou impedimento de longo prazo para fins de benefício assistencial".*
>
> *Em suas razões, a autora alega, em suma, que a decisão recorrida diverge de paradigma 2ª Turma Recursal do Mato Grosso do Sul (2ª TRMS), no qual se considerou a visão monocular como deficiência para fins de recebimento do benefício em questão: o único olho que lhe resta é acometido de um esforço maior durante todo o dia o que lhe causar dores de cabeça em razão da diminuição da profundidade, falta da noção de espaço; e ainda, vulnerabilidade no olho cego e restrição na capacidade sensorial. Sustenta que, por força da Lei 14.126/2021, a visão monocular se classifica como deficiência sensorial, do tipo visual, para todos os efeitos legais".*

Mesmo na situação de **autismo**, é necessário que seja realizada a perícia biopsicossocial para a aferição da deficiência, pois não é possível garantir que restará caracteriza a deficiência nos moldes exigidos pela Lei 8.742/93, posto que nem toda deficiência se enquadra nesta legislação.

A questão será avaliada pela TNU no âmbito do **tema 376:**

Tema	376	Situação do tema	Em Julgamento		Ramo do direito	DIREITO PREVIDENCIÁRIO
Questão submetida a julgamento	Saber se o diagnóstico de Transtorno do Espectro Autista dispensa avaliação biopsicossocial para caracterizar a condição de Pessoa com Deficiência, na análise do direito ao benefício de prestação continuada.					
Tese firmada						
Processo		Decisão de afetação	Relator (a)	Julgado em	Acórdão publicado em	Trânsito em julgado
PEDILEF 5006875-14.2022.4.04.7005/PR		12/02/2025	Juiz Federal Odilon Romano Neto			

Eis as novidades com vigência até 31/12/2021, mas que foram prorrogadas até o final de 2022 pela Portaria Conjunta MC/MTP/INSS 18, DE 27/12/2021:

a) Possibilidade da promoção da avaliação social por videoconferência;

b) Possibilidade de concessão ou manutenção do benefício à pessoa com deficiência através da adoção do padrão médio aos quesitos sociais do exame pericial, vedada a utilização deste critério para indeferimentos e cessações.

Outrossim, com a publicação da **Lei 14.724, de 14.11.2023**, a **avaliação médica da pessoa com deficiência** poderá ser realizada com o uso de tecnologia de **telemedicina** ou por **análise documental** conforme situações e requisitos definidos em regulamento.

Com o advento da Portaria Conjunta MC/MTP/INSS 22, de 30.12.2022, o prazo de aplicação das medidas excepcionais de perícia por vídeo e avaliação social com padrão médio foram **prorrogadas por tempo indeterminado**.

A regulamentação de deu através da Portaria Conjunta MC/MTP/INSS 14, de 07 de outubro de 2021, que adotou o seguinte padrão médio para dispensa o preenchimento dos quesitos pelo assistente social do INSS:

ANEXO	
Domínio	**Qualificador**
Produtos e tecnologia (e1)	2,0
Condições de habitabilidade e mudanças ambientais (e2)	2,0

ANEXO	
Domínio	**Qualificador**
Apoio e relacionamentos (e3)	2,0
Atitudes (e4)	1,0
Serviços, sistemas e políticas (e5)	2,0
Vida doméstica (d6)	3,0
Relações e interações interpessoais (d7)	2,0
Áreas principais da vida (d8)	3,0
Vida Comunitária, Social e Cívica (d9)	3,0

Trata-se do estabelecimento do **padrão médio** aplicado à avaliação social que compõe a avaliação da deficiência para acesso ao BPC parametrizado a partir de análise dos dados das avaliações biopsicossociais realizadas desde 2015, com detalhamento da metodologia de cálculo em nota técnica da Secretaria Nacional de Assistência Social do Ministério da Cidadania e da Secretaria de Previdência da Secretaria Especial de Previdência e Trabalho do Ministério do Trabalho e Previdência.

Embora se dissocie da realidade do caso concreto para adoção de um padrão médio da aferição social da deficiência, não implicará em prejuízo ao requerente, pois não poderá ser manejado para o indeferimento administrativo.

Demais disso, a **Portaria Conjunta MC/MTP/INSS 14, de 07 de outubro de 2021** ainda previu a possibilidade de **inversão do fluxo** se houver conveniência administrativa, podendo ser **realizada a avaliação para comprovação da deficiência antes da avaliação de renda**.

Coube à **PORTARIA DIRBEN/INSS Nº 978, DE 4 DE FEVEREIRO DE 2022** instituir, em âmbito nacional, a realização da **Avaliação Social,** de que tratam o § 6º do art. 20 e o art. 40-B da Lei nº 8.742, de 7 de dezembro de 1993, por meio de **videoconferência,** sendo disponibilizado nos canais remotos MEU INSS e Central de Atendimento 135, permitindo ao cidadão escolher a forma do atendimento, presencial ou remota no BPC/LOAS da pessoa com deficiência.

A Avaliação Social Remota será realizada nas dependências do INSS ou de entidades parceiras, cabendo ao cidadão comparecer ao endereço indicado, no dia e hora do seu agendamento para o atendimento.

Nas unidades de atendimento, o apoio administrativo/agente público deverá:

I - preparar previamente os equipamentos para a realização do atendimento;

II - observar todos os protocolos para o resguardo do sigilo profissional que compõe o conjunto de valores e princípios do Código de Ética Profissional da/o Assistente Social em virtude do regular exercício profissional;

III - seguir todos os protocolos de segurança necessários ao combate do COVID-19 e de outros vírus;

IV - acessar a sala virtual por meio de link específico para o atendimento a ser realizado;

V - aguardar a entrada do assistente social e ratificar a identificação do requerente;

VI - identificar o requerente e verificar se ele necessita de auxílio para se deslocar até a sala destinada ao atendimento;

VII - retirar-se da sala após liberação do Assistente Social, para fins de manutenção do sigilo, mas ficar à disposição caso seja solicitado o auxílio;

VIII - retornar à sala quando solicitado pelo profissional responsável pela Avaliação Social da Pessoa com Deficiência Remota;

IX - ao término do atendimento, adotar providências que o Assistente Social do INSS julgar necessárias para a conclusão do atendimento; e

X - higienizar a sala utilizada no intervalo entre cada atendimento.

Na experiência piloto, avaliação social poderá ser:

I - **concluída** com registros das informações nos sistemas de benefício ou atendimento; ou

II - **não concluída** a Avaliação Social da Pessoa com Deficiência Remota, devido ausência de elementos para forma convicção que viabilize emissão de parecer conclusivo, situação em que o requerimento será deixado pendente por Solicitação de Informações Sociais - SIS, para novo agendamento de avaliação social.

No caso de não conclusão por necessidade de informações complementares, caberá novo agendamento, no prazo máximo de 30 (trinta) dias.

O requerimento de Avaliação Social da Pessoa com Deficiência Remota, no âmbito da experiência piloto em questão, será permitida com utilização de ambiente controlado com uso de salas nas unidades do INSS e Entidades Parceiras que possuam os quesitos tecnológicos adequados à garantia do sigilo profissional que compõe o conjunto de valores e princípios do Código de Ética Profissional da/o Assistente Social em virtude do regular exercício profissional, seguindo as seguintes diretrizes:

I - só será permitida a Avaliação Social da Pessoa com Deficiência - Remota para o requerimento inicial do Benefício Assistencial à Pessoa com Deficiência; e

II - não será permitida Avaliação Social da Pessoa com Deficiência - Remota nas modalidades revisional e recursal.

A Avaliação Social da Pessoa com Deficiência – Remota será realizada por meio da plataforma de videoconferência do aplicativo **Microsoft Teams** disponibilizada pelo INSS, devendo o requerente obrigatoriamente estar nas dependências do INSS ou de Entidades Parceiras, cabendo a elas disponibilizar o ambiente para acessar a sala virtual por meio de link específico para o atendimento a ser realizado.

IMPORTANTE!

De acordo com a **Portaria INSS/PRES 1626, de 25/10/2023,** cabe **o reaproveitamento da avaliação conjunta com conclusão favorável ao reconhecimento da deficiência** realizada em requerimento de benefício assistencial anterior quando:

I - o indeferimento do requerimento anterior tenha sido por motivo não relacionado com a avaliação da deficiência ou do grau de impedimento; e

II - a avaliação tenha sido realizada em período não superior a 2 (dois) anos contados retroativamente da Data de Entrada do Requerimento - DER do pedido de novo benefício.

O prazo deve ser calculado a partir da data de realização da última avaliação, social ou médica, feita no requerimento de benefício anteriormente indeferido.

Para fins de aplicação do art. 21 da Lei n. 8.742, de 7 de dezembro de 1993, o prazo de reavaliação da continuidade das condições que deram origem ao BPC deve considerar a data de realização da última avaliação, social ou médica, realizada no processo administrativo anterior.

Ainda de acordo com o INSS, a utilização de avaliação realizada em processo administrativo pretérito, sob nenhuma hipótese, gera direito ao pagamento de diferenças anteriores à nova DER.

Uma questão que já despertou discussão administrativa e judicial é o caráter intertemporal da Lei 12.435/2011 aos benefícios já requeridos anteriormente. A controvérsia é saber se a norma irá ser aplicada com retroatividade ou não.

De acordo com o artigo 9º da Portaria Conjunta 01/2011 MDS/INSS, "os critérios, os procedimentos e os instrumentos de que trata esta Portaria aplicam-se às avaliações realizadas nas instâncias administrativa e recursal, assim como nas revisões bienais, quando for o caso".

Entende-se que é preciso analisar caso o caso. Abstratamente, não é possível afirmar se as disposições da Lei 12.435/11 são benéficas ou não aos requerentes do benefício, o que deve ser aferido casuisticamente.

Por exemplo, o alargamento da composição do grupo familiar para fins de aferição da renda familiar certamente irá viabilizar a concessão do amparo em alguns casos e inviabilizar em outros. Nestes últimos, por certo, a norma material não poderá retroagir para prejudicar o requerente.

Entretanto, entende-se que inexiste inovação na nova definição de pessoa com deficiência, pois a Lei 12.435/2011 apenas especificou as disposições da Convenção sobre os Direitos das Pessoas com Deficiência, que inclusive possui status de norma constitucional desde o ano de 2009 quando foi promulgada.

Questão tormentosa e que vem gerando celeuma nos tribunais é saber se a mera incapacidade laborativa parcial faz nascer ou não o direito ao amparo assistencial. Pela negativa da concessão do benefício nesta hipótese, os precedentes mais recentes do Tribunal Regional Federal da 3ª Região[26]:

> "DIREITO ASSISTENCIAL. BENEFÍCIO DE ASSISTÊNCIA SOCIAL. ART. 203, V, DA CF/88. INCAPACIDADE FÍSICA TOTAL E PERMANENTE PARA O TRABALHO NÃO DEMONSTRADA. AUSÊNCIA DE UM DOS REQUISITOS ENSEJADORES DA CONCESSÃO DO AMPARO. – Sentença submetida a reexame necessário. Descabimento em virtude de o montante devido, entre a data do requerimento administrativo e a sentença, ser inferior a 60 (sessenta) salários mínimos. Art. 475, § 2º do CPC. – Remessa oficial não conhecida. – **Ausência de requisito para a implementação do benefício de amparo assistencial; não demonstrada a incapacidade total e permanente para a vida diária e para o trabalho. – Laudo médico-pericial concluindo pela incapacidade parcial e temporária do autor**. – Beneficiário da assistência judiciária gratuita, descabe a condenação do autor ao pagamento da verba honorária e custas processuais. Precedentes da Terceira Seção desta Corte. – Apelação provida para reformar a sentença e julgar improcedente o pedido".

Por outro lado, o TRF da 5ª Região vem deferindo o benefício, mesmo na hipótese de incapacidade laborativa parcial, ou seja, apenas para alguns tipos de trabalho incompatíveis com a moléstia:

> "PREVIDENCIÁRIO. AMPARO SOCIAL. **INCAPACIDADE PARCIAL PARA O TRABALHO. IMPOSSIBILIDADE DE REINSERÇÃO NO MERCADO DE TRABALHO. REQUISITOS PARA A CONCESSÃO DO BENEFÍCIO PREENCHIDOS**. ART. 20, PARÁGRAFOS 2º E 3º DA LEI 8.742/93 E ART. 6º DO DECRETO Nº 1.744/95. PARCELAS EM ATRASO RETROATIVAS À ÉPOCA DA SUSPENSÃO DO BENEFÍCIO. JUROS MORATÓRIOS. SÚMULA Nº 204 DO STJ. HONORÁRIOS ADVOCATÍCIOS. SÚMULA Nº 111 DO STJ. REMESSA OFICIAL PARCIALMENTE PROVIDA E APELAÇÃO IMPROVIDA. 1. A Administração pode, a qualquer tempo, rever o seu ato para cancelar ou suspender benefício de natureza previdenciária ou assistencial, desde que se observe a presença do contraditório e da ampla defesa, mediante prévio e regular processo administrativo. 2. Uma vez concedido o benefício, significa dizer que o beneficiário preencheu os requisitos até então exigidos, logo, a sua suspensão, por meio de processo administrativo, deve obedecer ao disposto na lei quanto ao regime procedimental. **3. A apreciação conjunta do resultado da perícia realizada por Vistor**

[26] APELREE 2006.61.08010257-0, de 09.06.2009.

do Juízo e das demais provas carreadas para os autos deixam claro que a Apelada não tem capacidade para as atividades da vida independente nem para o exercício de atividades laborativas que demandam esforço físico, privando-o, de acordo com a sua realidade sócio-econômica e cultural, de reintegração ao mercado de trabalho. 4. Atendimento ao estatuído no parágrafo 3º do Art. 20 da Lei 8.742/93, eis que a renda per capita da família não supera o percentual de 1/4 de salário mínimo. 5. As parcelas em atraso devem ser pagas, retroativamente, desde a época da suspensão do benefício, corrigidas monetariamente de acordo com a lei. 6. Juros de mora no percentual de 1% incidirão sobre as parcelas vencidas, contadas a partir da data da citação válida, nos termos da Súmula nº 204 do eg. STJ. 7. Honorários advocatícios ao percentual de 10% sobre o valor da condenação, excluídas do cálculo as parcelas vencidas e vincendas, assim entendidas como posteriores à prolação da sentença, em observância à Súmula nº 111 do eg. STJ. 8. Remessa Oficial parcialmente provida e Apelação improvida"[27].

Entende-se que a mera incapacidade laboral parcial não poderá conduzir à concessão do amparo assistencial, sendo possível o labor em atividades compatíveis com as restrições da pessoa, observadas as suas limitações. Aliás, é preciso que a situação seja analisada à luz da nova definição de deficiente.

Demais disso, para a TNU, a mera incapacidade temporária poderá dar ensejo ao benefício assistencial, a exemplo do julgamento do PEDILEF 0013826-53.2008.4.01.32.00, de 29.02.2012:

EMENTA-VOTO PREVIDENCIÁRIO. LOAS. INCAPACIDADE PARCIAL E TEMPORÁRIA. AVALIAÇÃO DAS CONDIÇÕES PESSOAIS. PRECEDENTES DA TNU. 1. "**O art. 20 da Lei nº 8.742/93 não impõe que somente a incapacidade permanente, mas não a temporária, permitiria a concessão do benefício assistencial, não cabendo ao intérprete restringir onde a lei não o faz, mormente quando em prejuízo do necessitado do benefício e na contramão da sua *ratio essendi*, que visa a assegurar o mínimo existencial e de dignidade da pessoa**." (PEDILEF 200770530028472, Rel. JUIZ FEDERAL MANOEL ROLIM CAMPBELL PENNA, Data da Decisão 13/09/2010, DOU 08/02/2011, SEÇÃO 1). 2. Esta Eg. TNU também já assentou que "a transitoriedade da incapacidade não é óbice à concessão do benefício assistencial, visto que o critério de definitividade da incapacidade não está previsto no aludido diploma legal. Ao revés, o artigo 21 da referida lei corrobora o caráter temporário do benefício em questão, ao estatuir que o benefício 'deve ser revisto a cada 2 (dois) anos para avaliação da continuidade das condições que lhe deram origem'". (PEDILEF nº 200770500108659 – rel. Juiz Federal OTÁVIO HENRIQUE MARTINS PORT – DJ de 11/03/2010). 3. "Resta assente que este conceito de capacidade para a vida independente não está adstrito apenas às atividades do dia-a-dia, vez que não se exige que o(a) interessado(a) esteja em estado vegetativo para obter o Benefício Assistencial. Dele resulta uma exigência de se fazer uma análise mais ampla

27 AC 200705990031685, de 03.06.2008.

das suas condições pessoais, familiares, profissionais e culturais do meio em que vive para melhor avaliar a existência ou não dessa capacidade". (PEDILEF 200932007033423, Rel. JUIZ FEDERAL PAULO RICARDO ARENA FILHO, Data da Decisão 05/05/2011, Fonte/Data da Publicação DOU 30/08/2011). 4. Pedido conhecido e improvido.

Nesse sentido, em 29 de março de 2012, a TNU aprovou a Súmula 48:

"Súmula 48- A incapacidade não precisa ser permanente para fins de concessão do benefício assistencial de prestação continuada".

Lamentavelmente, entende-se que essa súmula analisou o tema com base na legislação revogada, ou seja, antes das inovações das Leis 12.453 e 12.470/2011, que alteraram a definição de deficiente, agora não mais considerado o incapaz para o trabalho e a vida independente, e sim como aquele que tem impedimentos de longo prazo de natureza física, mental, intelectual ou sensorial, os quais, em interação com diversas barreiras, podem obstruir sua participação plena e efetiva na sociedade em igualdade de condições com as demais pessoas, assim como impedimentos de longo prazo como aqueles que produzam os efeitos referidos pelo prazo mínimo de 02 anos.

Felizmente, em novembro de 2018, o enunciado foi devidamente atualizado pela Turma Nacional:

Súmula 48 – Para fins de concessão do benefício assistencial de prestação continuada, o conceito de pessoa com deficiência, que não se confunde necessariamente com situação de incapacidade laborativa, **é imprescindível a configuração de impedimento de longo prazo com duração mínima de 2 (dois) anos**, a ser aferido no caso concreto, desde a data do início sua caracterização (ALTERADA NA SESSÃO DE 21.11.2018).

Posteriormente, houve novo ajuste redacional, nos termos do Boletim TNU 35/2019:

ALTERAÇÃO DA REDAÇÃO DE SÚMULA – QUESTÃO DE ORDEM – SÚMULA N. 48 - PUIL N. 0073261-97.2014.4.03.6301/SP PRESIDENTE DA TURMA: MINISTRO PAULO DE TARSO SANSEVERINO.

A TNU alterou a redação do enunciado de n. 48 de sua Súmula de jurisprudência, nos seguintes termos: Súmula n. 48. "Para fins de concessão do benefício assistencial de prestação continuada, o conceito de pessoa com deficiência, que não se confunde necessariamente com situação de incapacidade laborativa, exige a configuração de impedimento de longo prazo com duração mínima de 2 (dois) anos, a ser aferido no caso concreto, desde o início do impedimento até a data prevista para a sua cessação".

A TNU acabou validando a previsão da LOAS de que o impedimento de longo prazo deve durar ao menos dois anos para a caracterização da deficiência, o que aparentemente não infringe a Convenção de Nova Iorque sobre os Direitos das Pessoas com Deficiência, promulgada pelo Decreto presidencial 6.949/2009:

"Artigo 1

Propósito

O propósito da presente Convenção é promover, proteger e assegurar o exercício pleno e eqüitativo de todos os direitos humanos e liberdades fundamentais por todas as pessoas com deficiência e promover o respeito pela sua dignidade inerente.

Pessoas com deficiência são aquelas que têm impedimentos de longo prazo de natureza física, mental, intelectual ou sensorial, os quais, em interação com diversas barreiras, podem obstruir sua participação plena e efetiva na sociedade em igualdades de condições com as demais pessoas".

A Convenção não estabeleça qual a duração do impedimento de longo prazo, cabendo a cada nação signatária fazê-lo com razoabilidade, o que foi feito pelo legislador brasileiro.

Veja-se a decisão da TNU:

Acórdão

Número

0073261-97.2014.4.03.6301

Classe

Pedido de Uniformização de Interpretação de Lei (Turma)

Relator(a)

RONALDO JOSE DA SILVA

Relator para Acórdão

SERGIO DE ABREU BRITO

Origem

TNU

Órgão julgador

TURMA NACIONAL DE UNIFORMIZAÇÃO

Data

21/11/2018

Data da publicação

27/11/2018

Ementa

PEDIDO DE UNIFORMIZAÇÃO DE INTERPRETAÇÃO DE LEI FEDERAL. RECURSO REPRESENTATIVO DE CONTROVÉRSIA (TEMA 173). SEGURIDADE SOCIAL – BENEFÍCIO ASSISTENCIAL À PESSOA COM DEFICIÊNCIA – IMPEDIMENTO DE LONGO PRAZO – LEI N. 12.470/11

– EXIGÊNCIA DE PRODUÇÃO DE EFEITOS PELO PRAZO MÍNIMO DE DOIS ANOS PARA A SUA CONFIGURAÇÃO. CONTAGEM DO PERÍODO DE IMPEDIMENTO DESDE O INÍCIO DE SUA CARACTERIZAÇÃO. PARÂMETRO OBJETIVO FIXADO PELO LEGISLADOR, POR DETERMINAÇÃO DO ART. 203, V, DA CONSTITUIÇÃO FEDERAL DE 1988. **COMPATIBILIDADE COM O CONCEITO DE PESSOA COM DEFICIÊNCIA CONTIDO NA CONVENÇÃO INTERNACIONAL SOBRE OS DIREITOS DAS PESSOAS COM DEFICIÊNCIA (CONVENÇÃO DE NOVA YORK).** INCIDENTE DE UNIFORMIZAÇÃO CONHECIDO E IMPROVIDO.

No mesmo sentido, respectivamente, o TRF da 2ª Região e o TRF 1ª Região através da Câmara Regional de Minas Gerais:

"DIREITO PREVIDENCIÁRIO E PROCESSUAL CIVIL. ARTIGO 20 §10 DA LEI Nº 8.742-93. SENTENÇA DE IMPROCEDENCIA. IMPEDIMENTO DE LONGO PRAZO. I – Com o objetivo de atender Convenção Internacional sobre os Direitos das Pessoas com Deficiência (Convenção de Nova York, de 30.03.2007) o artigo 20 da Lei nº 8.742-93 para prever que "considera-se pessoa com deficiência aquela que tem impedimentos de longo prazo de natureza física, mental, intelectual ou sensorial, os quais, em interação com diversas barreiras, podem obstruir sua participação plena e efetiva na sociedade em igualdade de condições com as demais pessoas"; definindo que impedimento de longo prazo é " aquele que produza efeitos pelo prazo mínimo de 2 (dois) anos". **II – Conquanto a mencionada convenção internacional, ao tratar da definição daquelas que podem ser consideradas como pessoas com deficiência (artigo 1º da convenção, reproduzido ipsis litteris no § 2º do artigo 20 da Lei nº 8.742-93) não tenha fixado qualquer critério de natureza temporal para a caracterização do impedimento de longo prazo, não se pode olvidar que ao definir o prazo de 2 anos, procurou o legislador fixar, diante do conceito jurídico indeterminado previsto na convenção, critério objetivo e razoável para aferição do caráter duradouro dos impedimentos que acometem a pessoa com deficiência** III – A pretensão feita no sentido da ausência de qualquer parâmetro temporal para a definição do estado de deficiência apto a autorizar o deferimento do benefício previsto no *caput* do artigo 20 da Lei nº 8.742- 93, contrariaria a literalidade da norma internacional invocada pela própria autora e apelante DEFENSORIA PÚBLICA DA UNIÃO, (artigo 1º da Convenção de Nova York), a prever expressamente que pessoas com deficiência são aquelas que têm impedimentos de longo prazo de natureza física, mental, intelectual ou sensorial. IV – Desprovimento da apelação" **(Processo 0033194-65.2013.4.02.5101, de 5/4/2016).**

"APELAÇÃO E REMESSA NECESSÁRIA. CONSTITUCIONAL. ASSISTÊNCIA SOCIAL. BENEFÍCIO ASSISTENCIAL. LOAS. REQUISITOS DA CONSTITUIÇÃO DA REPÚBLICA, ART. 203, INCISO V, DA LEI N. 8.742/93, ARTS. 16, 20 E 21 DA LEI N. 8.213/91. LEI N. 12.435/2011. LEI N. 12.470/2011. RENDA PER CAPITA INFERIOR A ¼ DO SALÁRIO MÍNIMO. JULGAMENTO REGIME RECURSO REPETITIVO. REQUISITO DE MISERABILIDADE E INCAPACIDADE. NÃO COMPROVADOS. SENTENÇA MANTIDA. SUCUMBÊNCIA MANTIDA. 1. Para fins de concessão do benefício assistencial, considera-se pessoa com deficiência aquela que tem impedimentos de longo prazo, **assim estimado aquele que produza efeitos de no mínimo 2 (dois) anos**, de natureza física, mental, intelectual ou sensorial, os quais, em interação com diversas barreiras, podem obstruir sua participação plena e efetiva na sociedade em igualdade de condições com as demais pessoas, consoante disposto no art. 20, § 2º e § 10º, da Lei n. 8.742/93, alterado pela Lei n. 12.435, de 07/07/2011, e posteriormente pela Lei n. 12.470 de 31/08/2011. **A nova redação adequou-se às disposições da Convenção Internacional sobre os Direitos das Pessoas com Deficiência e seu Protocolo Facultativo, assinados em Nova York, em 30/03/2007, com status de norma constitucional – art. 5º, § 3º, da Constituição Federal, tendo em vista a aprovação do Decreto Legislativo n. 186, de 09/07/2008 e a promulgação do Decreto n.6.949, de 25/08/2009.** À luz da nova redação, o portador de incapacidade enquadra-se como deficiente, pois sofre impedimento de longo prazo que obstrui ou dificulta sua participação em igualdade de condições com as demais pessoas. O disposto no art. 21-A, *caput* e § 1º, da LOAS, incluído pela Lei n. 12.470/2011, dispõe: O benefício de prestação continuada será suspenso pelo órgão concedente quando a pessoa com deficiência exercer atividade remunerada. Assim, a transitoriedade da incapacidade não é óbice à concessão do benefício assistencial, visto que o critério de definitividade da incapacidade não está previsto no aludido diploma legal (STJ, AREsp 855.844/SP, Ministra Assusete Magalhães, DJ de 02/05/2016; AREsp 487604/PR, Ministro Benedito Gonçalves, DJ de 26/09/2014). 2. O Superior Tribunal de Justiça decidiu, em julgamento de recurso representativo da controvérsia (art. 543-C do CPC – (REsp 1.112.557/MG, Ministro Napoleão Nunes Maia Filho, Terceira Seção, DJ de 20/11/2009), que a renda per capita familiar não é a única forma de se aferir a incapacidade da pessoa para prover sua própria manutenção ou tê-la provida por sua família, podendo ser demonstrada a condição de miserabilidade do beneficiário por outros meios de prova, quando a renda per capita do núcleo familiar for superior a ¼ do salário mínimo. Ressalta-se que, em respeito aos princípios da igualdade e da razoabilidade, deve ser excluído do cálculo da renda familiar per capita qualquer benefício de valor mínimo recebido por maior de 65 anos, independentemente de tratar-se de benefício assistencial ou previdenciário, aplicando-se, analogicamente, o disposto no parágrafo único do art. 34 do Estatuto do Idoso. 3. O laudo pericial de fls. 111/113 comprova, de forma conclusiva, que a autora, 64 anos, pois nascida em 22/06/1953 (fl.24), é portadora de desmaios, CID R 56, mas que não se encontra incapacitada para o trabalho. 4. Em relação à renda per capita familiar, segundo o Relatório Social (fls. 96/98), o grupo familiar é composto pela parte autora, um de seus filhos, e seu marido. A casa é alugada pelo valor de R$200,00 mensais, possui uma sala, uma cozinha, três dormitórios e um banheiro. Apresenta satisfatórias condições de habitabilidade, ou seja, segurança, proteção, organização, serviços como água encanada, energia elétrica e conforto (com geladeira, televisor de tamanho médio, tanque elétrico, fogão a gás), sendo que a renda do grupo familiar é de um salário mínimo, aproximadamente, advinda do trabalho do filho. 5. Assim, forçoso concluir que não restaram comprovados os requisitos de miserabilidade e de incapacidade, indispensáveis à concessão do benefício assistencial requerido. Logo não merece reparo a sentença recorrida. 6. Apelação da parte autora não provida. 7. "Somente nos recursos interpostos contra decisão publicada a partir de 18 de março de 2016, será possível o arbitramento de honorários sucumbenciais recursais, na forma do art. 85, § 11, do novo CPC" (enunciado Administrativo STJ nº 7). Mantida a sucumbência fixada, ficando suspensa a exigibilidade, ante a justiça gratuita deferida **(Processo 0052537-31.2015.4.01.9199, de 19/3/2018)**.

De acordo com o STJ (Informativo 608), "a partir da edição das Leis n. 12.435/2011 e 12.470/2011, que trouxeram alterações à Lei n. 8.742/93, passou-se a exigir que a deficiência tivesse caráter mais duradouro, mas o diploma legal em comento não fixou o grau de incapacidade. Assim, com o objetivo de que esse dispositivo legal guarde perfeita sintonia com o espírito da norma magna, sem encurtar o seu alcance, deve ser ele interpretado, no que diz respeito à incapacidade, no sentido de considerar a deficiência física, para fins de reconhecimento do direito à Assistência Social, conjuntamente com outros aspectos relevantes, tais como, a condição profissional e cultural do beneficiário. Na hipótese, observa-se que o benefício foi negado ao fundamento de que o beneficiário deveria apresentar **incapacidade absoluta**, de sorte que não se permita ao requerente do benefício o desempenho de qualquer atividade da vida diária e para o exercício de atividade laborativa. Ocorre que **tal exigência não está prevista em lei**, pois esta não elenca o grau de incapacidade, não cabendo ao intérprete a imposição de requisitos mais rígidos do que aqueles previstos na legislação para a concessão do benefício". **REsp 1.404.019-SP, Rel. Min. Napoleão Nunes Maia Filho, por unanimidade, julgado em 27/6/2017, DJe 3/8/2017.**

Veja-se o STF:

"ARE 1115628 / RJ - RIO DE JANEIRO

RECURSO EXTRAORDINÁRIO COM AGRAVO

Relator(a): Min. EDSON FACHIN

Julgamento: 23/03/2018

Publicação

PROCESSO ELETRÔNICO DJe-066 DIVULG 06/04/2018 PUBLIC 09/04/2018

Partes

RECTE.(S) : DEFENSORIA PÚBLICA DA UNIÃO PROC.(A/S)(ES) : DEFENSOR PÚBLICO-GERAL FEDERAL RECDO.(A/S) : INSTITUTO NACIONAL DO SEGURO SOCIAL - INSS PROC.(A/S)(ES) : PROCURADOR-GERAL FEDERAL

Decisão

Decisão: Trata-se de agravo cujo objeto é a decisão que não admitiu recurso extraordinário interposto em face de acórdão do Tribunal Regional Federal da 2ª Região, assim ementado (eDOC 24, p. 18): "DIREITO PREVIDENCIÁRIO

E PROCESSUAL CIVIL. ARTIGO 20 §10 DA LEI Nº 8.742-93. SENTENÇA DE IMPROCEDENCIA. IMPEDIMENTO DE LONGO PRAZO. I – Com o objetivo de atender Convenção Internacional sobre os Direitos das Pessoas com Deficiência (Convenção de Nova York, de 30.03.2007) o artigo 20 da Lei nº 8.742-93 para prever que "considera-se pessoa com deficiência aquela que tem impedimentos de longo prazo de natureza física, mental, intelectual ou sensorial, os quais, em interação com diversas barreiras, podem obstruir sua participação plena e efetiva na sociedade em igualdade de condições com as demais pessoas"; definindo que impedimento de longo prazo é " aquele que produza efeitos pelo prazo mínimo de 2 (dois) anos". II – Conquanto a mencionada convenção internacional, ao tratar da definição daquelas que podem ser consideradas como pessoas com deficiência (artigo 1º da convenção, reproduzido ipsis litteris no § 2º do artigo 20 da Lei nº 8.742-93) não tenha fixado qualquer critério de natureza temporal para a caracterização do impedimento de longo prazo, não se pode olvidar que ao definir o prazo de 2 anos, procurou o legislador fixar, diante do conceito jurídico indeterminado previsto na convenção, critério objetivo e razoável para aferição do caráter duradouro dos impedimentos que acometem a pessoa com deficiência III – A pretensão feita no sentido da ausência de qualquer parâmetro temporal para a definição do estado de deficiência apto a autorizar o deferimento do benefício previsto no *caput* do artigo 20 da Lei nº 8.742-93, contrariaria a literalidade da norma internacional invocada pela própria autora e apelante DEFENSORIA PÚBLICA DA UNIÃO, (artigo 1º da Convenção de Nova York), a prever expressamente que pessoas com deficiência são aquelas que têm impedimentos de longo prazo de natureza física, mental, intelectual ou sensorial. IV – Desprovimento da apelação." No recurso extraordinário, com fundamento no art. 102, III, a, do permissivo constitucional, aponta-se ofensa ao art. 5º, § 3º, da Constituição Federal. Nas razões recursais, sustenta-se, em suma, que "considerando o grupo social de deficientes como iguais devido a esta condição, devem todos serem tratados, pois, igualmente. Um deficiente de curto prazo não se mostra menos necessitado que um deficiente de longo prazo, se ambos têm a mesma necessidade de sobrevivência. Mais uma vez, não pode ser o tempo a determinar isto. Sendo assim, considerar um deficiente apto a receber o benefício e outro não, apenas por uma questão temporal é tratar os iguais de forma desigual, o que fere frontalmente o princípio da isonomia." (eDOC 26, p. 8). A Vice-Presidência do TRF/2ª Região inadmitiu o recurso extraordinário em virtude de incidir na hipótese a Súmula 636 do STF, além de entender que a ofensa, caso exista, é meramente reflexa (eDOC 28, p. 5-6). **É o relatório. Decido**. A irresignação não merece prosperar. O Tribunal de origem, quando do julgamento da apelação, asseverou que (eDOC 24, p. 15-17): "Conforme se depreende dos autos, um dos argumentos principais da autora Defensoria Pública da União é o de que, ao fixar prazo mínimo para o reconhecimento do impedimento de longo prazo, o referido § 10 afrontou a Convenção Internacional sobre os Direitos das Pessoas com Deficiência (Convenção de Nova York, de 30.03.2007), promulgada pelo Decreto nº 6.949-2009, já que nessa última inexiste qualquer critério temporal para a caracterização da deficiência justificadora do benefício de prestação continuada. Ressalta também que a referida convenção foi incorporada ao ordenamento jurídico brasileiro com o status de Emenda Constitucional, nos termos do § 3º do artigo 5º da Constituição da República ("§ 3º Os tratados e convenções internacionais sobre direitos humanos que forem aprovados, em cada Casa do Congresso Nacional, em dois turnos, por três quintos dos votos dos respectivos membros, serão equivalentes às emendas constitucionais"). De fato, a mencionada convenção internacional, ao tratar da definição daquelas que podem ser consideradas como pessoas com deficiência (artigo 1º da convenção, reproduzido ipsis litteris no § 2º do artigo 20 da Lei nº 8.742-93) não fixou qualquer critério de natureza temporal para a caracterização dos "impedimentos de longo prazo de natureza física, mental, intelectual ou sensorial, os quais, em interação com diversas barreiras, podem obstruir sua participação plena e efetiva na sociedade em igualdades de condições com as demais pessoas". **Não se pode olvidar, contudo, que o fato de a referida convenção ostentar o status de norma constitucional não atribui caráter absoluto aos direitos nela conferidos, podendo sofrer limitações por norma infraconstitucional, desde que inexista a afronta aos demais princípios previstos na Carta Magna, mormente o da razoabilidade. No caso dos autos, procurou o legislador fixar, diante do conceito jurídico indeterminado previsto na convenção, critério objetivo e razoável para aferição do caráter duradouro dos impedimentos que acometem a pessoa com deficiência.** Nesse ponto, convém remeter ao que salientado na manifestação da assistente União à fl. 119: "No ponto, o texto da Convenção de Nova York, ao mencionar "impedimentos de longa duração", utilizou uma cláusula geral, que transferiu, deliberadamente, para o legislador de cada país aderente a tarefa de completar o sentido da expressão. A fixação do prazo de dois anos, adotado pela art. 20, §10, da LOAS, observou a opinião de especialistas, para quem, para fins de concessão ou manutenção do BPC, o período de dois anos configura-se um recorte adequado para parametrizar quem é a pessoa com deficiência elegível ao benefício, respeitados os demais critérios legais. Como se vê, o prazo estabelecido consiste, antes de mais nada, num critério objetivo, que permitirá que as autoridades administrativas apreciem os requerimentos formulados pelos interessados com isonomia, dando a estes certa segurança acerca do resultado de seus pleitos". **Além disso, não se pode olvidar que a ausência de qualquer parâmetro temporal para a definição do estado de deficiência apto a autorizar o deferimento do benefício previsto no caput do artigo 20 da Lei nº 8.742-93, contrariaria a literalidade da norma internacional invocada pela própria autora e apelante DEFENSORIA PÚBLICA DA UNIÃO, (artigo 1º da Convenção de Nova York), a prever expressamente que "Pessoas com deficiência são aquelas que têm impedimentos de longo prazo de natureza física, mental, intelectual ou sensorial, os quais, em interação com diversas barreiras, podem obstruir sua participação plena e efetiva na sociedade em igualdades de condições", fato que não passou desapercebido pelo juízo a quo ("[...] a Defensoria Pública da União em sua inicial (pagina 5, Terceiro Parágrafo) é clara ao defender que o real intuito constitucional é a 'proteção da pessoa com deficiência que pode ter sido vitimado da mesma um dia antes do requerimento e encontrar-se em estado de miserabilidade'. Ora, uma deficiência de um dia, jamais poderá ser considerada, ainda que se adote uma interpretação extremamente protetiva, como um impedimento de longo prazo. Logo, neste ponto, a DPU é contraditória até em relação à Convenção de Nova**

> **York e não apenas no que tange à regulamentação feita pela Lei nº. 8.742/93" – fl. 144).** Lembre-se também que, diversamente do sustentado que é sustentado pela autora DEFENSORIA PÚBLICA DA UNIÃO, a exegese a ser conferida ao mencionado § 10 do artigo 20 da Lei nº 8.742-93 não é a de que o beneficiário deva aguardar dois anos para ter deferido a prestação pecuniária em questão, mas, sim, que **a gravidade da deficiência alegada configure impedimento que, mesmo em tese, seja apto a perdurar por, no mínimo, dois anos**. No que se refere essa questão, remeto aos bem lançados fundamentos da decisão que indeferiu o requerimento de antecipação de tutela na presente ação e que foi confirmada na sentença apelada: "é importante deixar claro que, como bem asseverou o INSS na manifestação de fls. 32/45, não há qualquer exigência, por parte da Autarquia, de prova de deficiência (pretérita) por, no mínimo, 2 anos, como afirmado pela Autora na exordial (fl. 07). A avaliação realizada, na esfera administrativa, identificará apenas a possibilidade/probabilidade de duração (futura) pelo período aproximado ou superior a 2 anos"." Na espécie, verifica-se que o Tribunal de origem apreciou a matéria à luz da legislação infraconstitucional pertinente (Lei Federal nº 8.742/93). Desse modo, a discussão referente a interpretação sistemática do benefício assistencial de prestação continuada com relação aos benefícios previdenciários revela-se adstrita ao âmbito infraconstitucional, tornando oblíqua ou reflexa eventual ofensa à Constituição Federal, o que inviabiliza o processamento do recurso extraordinário. Nesse sentido: "EMENTA Agravo regimental no recurso extraordinário com agravo. Direito Previdenciário. Benefício. Concessão. Requisitos. Não comprovação. Reexame de fatos e provas. Impossibilidade. Precedentes. 1. O Supremo Tribunal Federal já decidiu que o critério definido pelo art. 20, § 3º, da Lei 8.742/1993 é apenas um indicativo objetivo, o qual não exclui a possibilidade de verificação da hipossuficiência econômica dos postulantes do benefício assistencial de prestação continuada. 2. Inadmissível, em recurso extraordinário, o reexame da legislação infraconstitucional e dos fatos e das provas da causa. Incidência das Súmulas nºs 636 e 279/STF. 3. Agravo regimental não provido." (ARE 834.476-AgR, Rel. Min. Dias Toffoli, Primeira Turma, DJe 8.4.2015). "AGRAVO REGIMENTAL NO RECURSO EXTRAORDINÁRIO COM AGRAVO. PREVIDENCIÁRIO. BENEFÍCIO ASSISTENCIAL. PREENCHIMENTO DOS REQUISITOS LEGAIS. MATÉRIA INFRACONSTITUCIONAL. AUSÊNCIA DE REPERCUSSÃO GERAL. AGRAVO REGIMENTAL AO QUAL SE NEGA PROVIMENTO." (ARE 880.240-AgR, Rel. Min. Cármen Lúcia, Segunda Turma, DJe 3.8.15). Ante o exposto, nego provimento ao recurso, nos termos do art. 21, § 1º, do RISTF. Nos termos do art. 85, § 11, do CPC, majoro em 1/4 (um quarto) os honorários fixados anteriormente, devendo ser observados os limites dos §§ 2º e 3º do mesmo dispositivo. Publique-se. Brasília, 23 de março de 2018. Ministro EDSON FACHIN Relator Documento assinado digitalmente".

Vale registrar que a TNU decidiu que os novos requerimentos administrativos (a partir de 7/11/2016) de BPC deficiente negados por ausência de deficiência não será necessária a prova de miserabilidade judicial por perícia social, exceto se o INSS fizer impugnação específica ou o indeferimento for antigo (mais de 2 anos):

"REPRESENTATIVO DE CONTROVÉRSIA – DEFINIÇÃO DE TESE - TEMA N. 187 - PUIL N. 0503639-05.2017.4.05.8404/RN

Apreciando o pedido sob o regime dos representativos de controvérsia, a TNU fixou as seguintes teses:

(i) Para os requerimentos administrativos formulados a partir de 07 de novembro de 2016 (Decreto n. 8.805/16), em que o indeferimento do Benefício da Prestação Continuada pelo INSS ocorrer em virtude do não reconhecimento da deficiência, é desnecessária a produção em juízo da prova da miserabilidade, salvo nos casos de impugnação específica e fundamentada da autarquia previdenciária ou decurso de prazo superior a 2 (dois) anos do indeferimento administrativo; e

(ii) Para os requerimentos administrativos anteriores a 07 de novembro de 2016 (Decreto n. 8.805/16), em que o indeferimento pelo INSS do Benefício da Prestação Continuada ocorrer em virtude de não constatação da deficiência, é dispensável a realização em juízo da prova da miserabilidade quando tiver ocorrido o seu reconhecimento na via administrativa, desde que inexista impugnação específica e fundamentada da autarquia previdenciária e não tenha decorrido prazo superior a 2 (dois) anos do indeferimento administrativo".

Para a concessão do amparo aos menores de 16 anos, deverá ser avaliada a existência da deficiência e o seu impacto na limitação do desempenho de atividade e restrição da participação social, compatível com a idade, sendo dispensável proceder à avaliação da incapacidade para o trabalho[28], haja vista a vedação constitucional que proíbe o trabalho aos menores de 16 anos, salvo na condição de aprendiz, a partir dos 14 anos[29].

De acordo com acertado entendimento da TNU, no julgamento do PEDILEF no processo 2005.80. 13.506128-6, de 11.10.2010, "a partir do julgamento proferido no Processo nº 2007.83.03.50.1412-5, julgamento este proferido após o voto anterior deste Relator neste feito, ora retificado acolhendo as razões do voto-vista do juiz federal José Antônio Savaris, firmou a tese de que, em se tratando de benefício decorrente da Lei Orgânica da Assistência Social (LOAS), a incapacitação, para efeito de concessão do benefício a menor de 16 (dezesseis) anos, deve observar, além da deficiência, que implique limitação ao desempenho de atividades ou restrição na participação social, compatíveis com a idade do menor, bem como o impacto na economia do grupo familiar do menor, seja por exigir a dedicação de um dos membros do grupo para seus cuidados, prejudicando a capacidade daquele grupo familiar de gerar renda".

Portanto, para que o menor de 16 anos receba o amparo assistencial, tendo em vista que o infante não poderá trabalhar em razão de sua tenra idade (salvo a partir de 14 anos na condição de aprendiz), é imprescindível que algum membro

28 Artigo 4º, §2º, do Decreto 6.214/07, com redação dada pelo Decreto 6.564/08.

29 Artigo 7º, XXXIII, da CRFB.

do grupo familiar deixe de laborar para cuidar dele, ou então que seja curial a contratação de terceiro para isso.

Aliás, quando o pedido for proposto por menor de idade, será obrigatória a intervenção do Ministério Público na condição de fiscal da lei, ante a presença de interesse de incapaz, conforme jurisprudência remansosa.

De acordo com a **Súmula 80, da TNU**, "nos pedidos de benefício de prestação continuada (LOAS), tendo em vista o advento da Lei 12.470/11, para adequada valoração dos fatores ambientais, sociais, econômicos e pessoais que impactam na participação da pessoa com deficiência na sociedade, é necessária a realização de avaliação social por assistente social ou outras providências aptas a revelar a efetiva condição vivida no meio social pelo requerente".

Este enunciado pronuncia a necessidade da realização de perícia médico-social para aferir a condição de deficiente, deixando em aberto outros meios de prova em especial quando a perícia não puder ser produzida, à luz do Princípio do Livre Convencimento Motivado.

7.6. Procedimento de autotutela ("pente fino") e bloqueio cautelar do benefício

Com o advento da Portaria Conjunta MC/MTP/INSS 22, de 30.12.2022, houve um alinhamento com os prazos do artigo 69 da Lei 8.212/91, alterado pela Lei 13.846/2019:

> *"Art. 69. O INSS manterá programa permanente de revisão da concessão e da manutenção dos benefícios por ele administrados, a fim de apurar irregularidades ou erros materiais. (Redação dada pela Lei nº 13.846, de 2019)*
>
> *§ 1º Na hipótese de haver indícios de irregularidade ou erros materiais na concessão, na manutenção ou na revisão do benefício, o INSS notificará o beneficiário, o seu representante legal ou o seu procurador para apresentar defesa, provas ou documentos dos quais dispuser, no prazo de: (Redação dada pela Lei nº 13.846, de 2019)*
>
> ***I - 30 (trinta) dias, no caso de trabalhador urbano; (Incluído pela Lei nº 13.846, de 2019)***
>
> ***II - 60 (sessenta) dias, no caso de trabalhador rural individual e avulso, agricultor familiar ou segurado especial. (Incluído pela Lei nº 13.846, de 2019)***
>
> *§ 2º A notificação a que se refere o § 1º deste artigo será feita: (Redação dada pela Lei nº 13.846, de 2019)*
>
> *I - preferencialmente por rede bancária ou por meio eletrônico, conforme previsto em regulamento; (Incluído pela Lei nº 13.846, de 2019)*
>
> *II - (Revogado pela Lei nº 14.973, de 2024)*

III - pessoalmente, quando entregue ao interessado em mãos; ou (Incluído pela Lei nº 13.846, de 2019)

IV - (Revogado pela Lei nº 14.973, de 2024)

§ 2º-A. Na ausência de ciência, em até 30 (trinta) dias, da notificação de que trata o § 1º, o valor referente ao benefício será bloqueado, nos termos de ato do Poder Executivo. (Incluído pela Lei nº 14.973, de 2024)

§ 3º A defesa poderá ser apresentada pelo canal de atendimento eletrônico do INSS ou na Agência da Previdência Social do domicílio do beneficiário, na forma do regulamento. (Redação dada pela Lei nº 13.846, de 2019)

§ 4º O benefício será suspenso nas seguintes hipóteses: (Redação dada pela Lei nº 13.846, de 2019)

I - não apresentação da defesa no prazo estabelecido no § 1º deste artigo; (Incluído pela Lei nº 13.846, de 2019)

II - defesa considerada insuficiente ou improcedente pelo INSS. (Incluído pela Lei nº 13.846, de 2019)

III – ausência de ciência de que trata o § 2º-A, nos termos de ato do Poder Executivo. (Incluído pela Lei nº 14.973, de 2024)

§ 5º O INSS deverá notificar o beneficiário quanto à suspensão do benefício de que trata o § 4º deste artigo e conceder-lhe prazo de 30 (trinta) dias para interposição de recurso. (Incluído pela Lei nº 13.846, de 2019)

§ 6º Decorrido o prazo de 30 (trinta) dias após a suspensão a que se refere o § 4º deste artigo, sem que o beneficiário, o seu representante legal ou o seu procurador apresente recurso administrativo aos canais de atendimento do INSS ou a outros canais autorizados, o benefício será cessado. (Incluído pela Lei nº 13.846, de 2019)

§ 7º Para fins do disposto no caput deste artigo, o INSS poderá realizar recenseamento para atualização do cadastro dos beneficiários, abrangidos os benefícios administrados pelo INSS, observado o disposto no § 8º deste artigo. (Redação dada pela Lei nº 14.199, de 2021)

§ 8º Aquele que receber benefício realizará anualmente, no mês de aniversário do titular do benefício, a comprovação de vida, preferencialmente por meio de atendimento eletrônico com uso de biometria, ou outro meio definido pelo INSS que assegure a identificação inequívoca do beneficiário, implementado pelas instituições financeiras pagadoras dos benefícios, observadas as seguintes disposições: (Redação dada pela Lei nº 14.199, de 2021)

I - a prova de vida e a renovação de senha serão efetuadas pelo beneficiário, preferencialmente no mesmo ato, mediante identificação por funcionário da instituição financeira responsável pelo pagamento, quando não realizadas por atendimento eletrônico com uso de biometria; (Redação dada pela Lei nº 14.199, de 2021)

II - a prova de vida poderá ser realizada por representante legal ou por procurador do beneficiário, legalmente cadastrado no INSS; (Redação dada pela Lei nº 14.199, de 2021)

III - (revogado); (Redação dada pela Lei nº 14.199, de 2021)

IV - os órgãos competentes deverão dispor de meios alternativos que garantam a realização da prova de vida do beneficiário com idade igual ou superior a 80 (oitenta) anos ou com dificuldade de locomoção, inclusive por meio de atendimento domiciliar quando necessário; (Redação dada pela Lei nº 14.199, de 2021)

IV-A - as instituições financeiras deverão, obrigatoriamente, envidar esforços a fim de facilitar e auxiliar o beneficiário com idade igual ou superior a 80 (oitenta) anos ou com dificuldade de locomoção, de forma a evitar ao máximo o seu deslocamento até a agência bancária e, caso isso ocorra, dar-lhe preferência máxima de atendimento, para diminuir o tempo de permanência do idoso no recinto e evitar sua exposição a aglomeração; (Incluído pela Lei nº 14.199, de 2021)

IV-B - a instituição financeira, quando a prova de vida for nela realizada, deverá enviar as informações ao INSS, bem como divulgar aos beneficiários, de forma ampla, todos os meios existentes para efetuar o procedimento, especialmente os remotos, a fim de evitar o deslocamento dos beneficiários; e (Incluído pela Lei nº 14.199, de 2021)

V - o INSS poderá bloquear o pagamento do benefício encaminhado às instituições financeiras até que o beneficiário realize a prova de vida, permitida a liberação do pagamento automaticamente pela instituição financeira. (Redação dada pela Lei nº 14.199, de 2021)

§ 9º O recurso de que trata o § 5º deste artigo não terá efeito suspensivo. (Incluído pela Lei nº 13.846, de 2019)

§ 10. Apurada irregularidade recorrente ou fragilidade nos procedimentos, reconhecida na forma prevista no ***caput*** *deste artigo ou pelos órgãos de controle, os procedimentos de análise e concessão de benefícios serão revistos, de modo a reduzir o risco de fraude e concessão irregular. (Incluído pela Lei nº 13.846, de 2019)*

§ 11. Para fins do disposto no § 8º deste artigo, preservados a integridade dos dados e o sigilo eventualmente existente, o INSS: (Incluído pela Lei nº 13.846, de 2019)

I - terá acesso a todos os dados biométricos mantidos e administrados pelos órgãos públicos federais; e (Incluído pela Lei nº 13.846, de 2019)

II - poderá ter, por meio de convênio, acesso aos dados biométricos: (Incluído pela Lei nº 13.846, de 2019)

a) da Justiça Eleitoral; e (Incluído pela Lei nº 13.846, de 2019)

b) de outros entes federativos. (Incluído pela Lei nº 13.846, de 2019)".

Nesse sentido, **identificada a irregularidade na manutenção do benefício, o beneficiário deverá ser notificado sobre a situação constatada e o prazo para apresentar defesa que será de:**

I – 30 (trinta) dias, no caso de residente em área urbana; ou

II – 60 (sessenta) dias, no caso de residente em área rural.

O RPS, alterado pelo Decreto 10.410/2020, previu uma excepcionalidade para casos manifestos de fraude contra o INSS na concessão de benefícios previdenciários, consistente no bloqueio cautelar provisório de até 30 dias do benefício, a exemplo da ação de quadrilhas com criação de CPF's fantasmas:

> *"Art. 179-E. Os benefícios administrados pelo INSS que forem objeto de apuração de irregularidade ou fraude pela Coordenação-Geral de Inteligência Previdenciária e Trabalhista da Secretaria Especial de Previdência e Trabalho do Ministério da Economia [Ministério do Trabalho e Previdência] poderão ter o respectivo **valor bloqueado cautelarmente pelo INSS**, por meio de decisão fundamentada, quando houver risco iminente de prejuízo ao erário e restarem evidenciados elementos suficientes que indiquem a existência de irregularidade ou fraude na sua concessão ou manutenção, **hipótese em que será facultado ao titular a apresentação de defesa**, nos termos do disposto neste Regulamento.* (Incluído pelo Decreto nº 10.410, de 2020)
>
> § 1º Para fins do disposto neste artigo, o bloqueio do valor do benefício consiste no comando bancário que impossibilita temporariamente a movimentação do valor referente ao benefício. (Incluído pelo Decreto nº 10.410, de 2020)
>
> § 2º Será dada prioridade à tramitação de processo no qual seja requerido o bloqueio do valor do benefício. (Incluído pelo Decreto nº 10.410, de 2020)
>
> *§ 3º Na hipótese prevista no § 2º, a tramitação do processo deverá ser concluída no **prazo de trinta dias**, contado da data de apresentação da defesa pelo titular do benefício.* (Incluído pelo Decreto nº 10.410, de 2020)
>
> *§ 4º Encerrado o prazo de que trata o § 3º, independentemente de concluída a tramitação do processo, o **benefício será desbloqueado automaticamente**, ressalvada a hipótese prevista no § 5º.*
>
> § 5º Na hipótese de o titular do benefício não apresentar defesa, o bloqueio será convertido automaticamente em suspensão do benefício. (Incluído pelo Decreto nº 10.410, de 2020)
>
> *§ 6º Ato conjunto da Secretaria Especial de Previdência e Trabalho do Ministério da Economia e do INSS disciplinará os procedimentos, os requisitos e a forma de encaminhamento das apurações de irregularidade ou fraude* e de efetivação do bloqueio de que trata este artigo. (Incluído pelo Decreto nº 10.410, de 2020)".

É **algo excepcional**, pois, em regra, é necessário o prévio contraditório antes da suspensão de um pagamento de benefício previdenciário ou assistencial, somente sendo cabível em situações manifestas com *periculum in mora* e fortes indícios de fraude, devendo o ato advir do Ministério.

Essa regra foi estendida ao BPC/LOAS através da Portaria Conjunta MC/MTP/INSS 14, de 07 de outubro de 2021, que definiu o **bloqueio cautelar** como o comando bancário que impossibilita temporariamente a movimentação do valor do benefício, nos casos de risco iminente de prejuízo ao erário, decorrentes da evidenciação de elementos suficientes que indiquem a existência de irregularidade ou fraude na sua concessão ou manutenção.

Eis o artigo 24-A:

> *"Art. 24-A. Os benefícios que forem objeto de apuração de irregularidade ou fraude poderão ter o respectivo valor bloqueado cautelarmente pelo INSS, por meio de decisão fundamentada, quando houver risco iminente de prejuízo ao erário e restarem evidenciados elementos suficientes que indiquem a existência de irregularidade ou fraude na sua concessão ou manutenção.*
>
> *§ 1º A apuração de irregularidade ou fraude de que trata o caput deverá ter sido realizada por órgão competente e validada pelo Ministério da Cidadania, que poderá indicar ao INSS o cabimento do bloqueio cautelar.*
>
> *§ 2º Compete exclusivamente à Coordenação-Geral de Conformidade e Combate à Fraude (CGCCF), do INSS, a operacionalização do bloqueio cautelar.*
>
> *§ 3º Na hipótese de bloqueio cautelar, será facultada, concomitantemente, a apresentação de defesa, nos termos do art. 24 desta Portaria.*
>
> *§ 4º Será dada prioridade à tramitação de processo no qual tenha ocorrido o bloqueio cautelar, devendo a análise ser concluída no prazo de 30 (trinta) dias, contado da data de apresentação da defesa pelo titular do benefício.*
>
> *§ 5º Revogado*
>
> *§ 6º O bloqueio cautelar não será objeto de desbloqueio por solicitação do beneficiário.*
>
> *§ 7º Na hipótese de o titular do benefício não apresentar defesa, o bloqueio será convertido automaticamente em suspensão do benefício.*
>
> *§ 8º O INSS definirá em ato próprio os procedimentos operacionais para continuidade das apurações a seu cargo."*

Nos termos do Ofício SEI Circular nº 01/2020/DIRBEN/INSS, por analogia ao §2º do Art. 69 da Lei 8.212/91 e por sua razoabilidade, amplia-se para **30 (trinta) dias** o prazo para o titular de Benefício de Prestação Continuada – **BPC** – exercer o direito Ampla Defesa e Contraditório quando notificado a apresentar defesa de indícios de irregularidades identificados na concessão e/ou manutenção de seu benefício assistencial.

Conforme a Nota nº 00038/2019/DAADM/PFE-INSS-SEDE/PGF/AGU, de 18/09/2019, a ampliação respeitará a razoabilidade de conceder um prazo maior ao titular do BPC por presumir ser um cidadão em situação de vulnerabilidade social.

De efeito, apurada irregularidade recorrente ou fragilidade nos procedimentos reconhecidas pelo INSS ou pelos órgãos de controle (a exemplo do TCU), os procedimentos de análise e concessão de benefícios serão revistos, de modo a reduzir o risco de fraude e concessão irregular.

Com o advento da **Lei 14.973/2024**, foram constituídas em favor do INSS novas **medidas de combate à fraude e aos abusos no gasto público**. De efeito, o Instituto Nacional do Seguro Social (INSS), com fundamento no disposto no artigo 45 da Lei nº 9.784, de 29 de janeiro de 1999 (Lei do Processo Administrativo Federal), poderá adotar **medidas cautelares** visando a conter gastos e prejuízos no pagamento de benefícios por ele administrados, decorrentes de irregularidades ou fraudes, sem prejuízo do disposto na Lei nº 13.846, de 18 de junho de 2019, objetivando assegurar a efetividade dos direitos sociais e a sustentabilidade financeira da previdência e da assistência social.

Dispõe o artigo 45 da Lei nº 9.784, de 29 de janeiro de 1999 que, em caso de risco iminente, a Administração Pública poderá motivadamente adotar providências acauteladoras sem a prévia manifestação do interessado, ou seja, um **poder geral de cautela administrativa *inaudita altera pars* com contraditório diferido**, a exemplo da suspensão cautelar de benefícios em decisão fundamentada com fortes elementos de ilicitude, tais como investigações da Previdência Social com a Polícia Federal em que são apuradas concessões irregulares de centenas de BPC/LOAS com documentos falsos.

As medidas cautelares serão adotadas mediante **decisão fundamentada** em processos de monitoramento ou investigação que apresentem, entre outras, as seguintes características:

> I – **fraudes** relacionadas a pessoa física com o uso de registro civil, documentos de identificação ou cadastro de pessoa física (CPF) falsos ou ideologicamente falsos para fins de concessão de benefícios;
>
> II – **irregularidades com indícios de prática das condutas previstas nos arts. 296, 297, 313-A e 313-B, todos do Decreto-Lei nº 2.848, de 7 de dezembro de 1940 (Código Penal), para fins de concessão e manutenção de benefícios;**
>
> III – relativas a dados cadastrais e informações em bases de dados governamentais para fins de concessão e manutenção de benefícios por meio de:
>
> a) inserção de dados falsos ou alteração ou exclusão indevida de dados corretos;
>
> b) alteração de sistema de informação.
>
> **Eis os tipos referidos com base no Código Penal:**
>
> ***"Falsificação do selo ou sinal público***
>
> *Art. 296 - Falsificar, fabricando-os ou alterando-os:*
>
> *I - selo público destinado a autenticar atos oficiais da União, de Estado ou de Município;*

II - selo ou sinal atribuído por lei a entidade de direito público, ou a autoridade, ou sinal público de tabelião:

Pena - reclusão, de dois a seis anos, e multa.

§ 1º - Incorre nas mesmas penas:

I - quem faz uso do selo ou sinal falsificado;

II - quem utiliza indevidamente o selo ou sinal verdadeiro em prejuízo de outrem ou em proveito próprio ou alheio.

III - quem altera, falsifica ou faz uso indevido de marcas, logotipos, siglas ou quaisquer outros símbolos utilizados ou identificadores de órgãos ou entidades da Administração Pública. (Incluído pela Lei nº 9.983, de 2000)

§ 2º - Se o agente é funcionário público, e comete o crime prevalecendo-se do cargo, aumenta-se a pena de sexta parte.

Falsificação de documento público

Art. 297 - Falsificar, no todo ou em parte, documento público, ou alterar documento público verdadeiro:

Pena - reclusão, de dois a seis anos, e multa.

§ 1º - Se o agente é funcionário público, e comete o crime prevalecendo-se do cargo, aumenta-se a pena de sexta parte.

§ 2º - Para os efeitos penais, equiparam-se a documento público o emanado de entidade paraestatal, o título ao portador ou transmissível por endosso, as ações de sociedade comercial, os livros mercantis e o testamento particular.

§ 3º Nas mesmas penas incorre quem insere ou faz inserir: (Incluído pela Lei nº 9.983, de 2000)

I – na folha de pagamento ou em documento de informações que seja destinado a fazer prova perante a previdência social, pessoa que não possua a qualidade de segurado obrigatório;(Incluído pela Lei nº 9.983, de 2000)

II – na Carteira de Trabalho e Previdência Social do empregado ou em documento que deva produzir efeito perante a previdência social, declaração falsa ou diversa da que deveria ter sido escrita; (Incluído pela Lei nº 9.983, de 2000)

III – em documento contábil ou em qualquer outro documento relacionado com as obrigações da empresa perante a previdência social, declaração falsa ou diversa da que deveria ter constado. (Incluído pela Lei nº 9.983, de 2000)

§ 4º Nas mesmas penas incorre quem omite, nos documentos mencionados no § 3º, nome do segurado e seus dados pessoais, a remuneração, a vigência do contrato de trabalho ou de prestação de serviços.(Incluído pela Lei nº 9.983, de 2000)

Inserção de dados falsos em sistema de informações (Incluído pela Lei nº 9.983, de 2000)

Art. 313-A. Inserir ou facilitar, o funcionário autorizado, a inserção de dados falsos, alterar ou excluir indevidamente dados corretos nos sistemas informatizados ou bancos de dados da Administração Pública com o fim de obter vantagem indevida para si ou para outrem ou para causar dano: (Incluído pela Lei nº 9.983, de 2000))

Pena – reclusão, de 2 (dois) a 12 (doze) anos, e multa. (Incluído pela Lei nº 9.983, de 2000)

Modificação ou alteração não autorizada de sistema de informações (Incluído pela Lei nº 9.983, de 2000)

Art. 313-B. Modificar ou alterar, o funcionário, sistema de informações ou programa de informática sem autorização ou solicitação de autoridade competente: (Incluído pela Lei nº 9.983, de 2000)

Pena – detenção, de 3 (três) meses a 2 (dois) anos, e multa. (Incluído pela Lei nº 9.983, de 2000)

Parágrafo único. As penas são aumentadas de um terço até a metade se da modificação ou alteração resulta dano para a Administração Pública ou para o administrado.(Incluído pela Lei nº 9.983, de 2000)"

As situações acima referidas implicarão o bloqueio imediato do pagamento e a suspensão do benefício. Os requisitos de aplicação das medidas cautelares em comento, observado o devido processo legal, serão disciplinados na forma de regulamento.

O BPC será suspenso nas seguintes hipóteses:

I – se identificada irregularidade na sua concessão ou manutenção;

II – se verificada, por ocasião da revisão, a não continuidade das condições que deram origem ao benefício;

III – se o beneficiário não realizar a inscrição no Cadastro Único, conforme art. 2º da Portaria Interministerial nº 2, de 7 novembro de 2016 (ressalvada ordem judicial em sentido contrário);

IV – quando as informações do Cadastro Único não estiverem atualizadas (ressalvada ordem judicial em sentido contrário);

V – se decorrido o período de 2 (dois) anos de recebimento de remuneração da pessoa com deficiência contratada na condição de aprendiz concomitantemente com o benefício.

Ademais, o beneficiário poderá apresentar requerimento de suspensão do BPC em caráter especial em decorrência do ingresso no mercado de trabalho por meio do preenchimento do *Formulário Único de Alteração da Situação do Benefício*:

Formulário Único de Alteração da Situação do Benefício

1. DADOS DO REQUERENTE

Nome: ____________________

Nome Social: ____________________

CPF: ____.____.____-____ E - Mail: ____________________

Endereço: ____________________

Espécie do Benefício: ________ Número do Benefício (NB): ____________________

2. SOLICITAÇÃO

( ) Renúncia ao benefício espécie _____, NB __________ para receber o Benefício de Prestação Continuada da Assistência Social - BPC.

( ) Suspensão do benefício em caráter especial em decorrência do ingresso no mercado de trabalho a partir do dia ____/____/______.

( ) Cessação do benefício

( ) Cessação do benefício para acessar outro benefício mais vantajoso.

( ) Reativação de benefício suspenso/cessado.*

( ) Pagamento de valores não recebidos.*

** Os campos marcados deverão vir acompanhados de justificativa*

3. JUSTIFICATIVA (PREENCHER APENAS SE FOR NECESSÁRIO)

____

____

____

____

____

____

____

____

____

Local: ____________________ Data: ____/____/______

____

Assinatura

Com a publicação da Portaria Conjunta MC/MTP/INSS 22, de 30.12.2022 **estes dois formulários (anexos I e II) foram revogados**, pois a passamos a ter o preenchimento de formulário em meio eletrônico.

"PENTE FINO" POR SUPERAÇÃO DE RENDA FAMILIAR

A revisão administrativa ("pente fino") na situação de indícios de irregularidade na manutenção do BPC/LOAS por superação do critério legal da renda familiar é regulamentada pela **Portaria INSS/DIRBEN 1.249, de 26/12/2024.**

Esta Portaria estabeleceu, no âmbito do INSS, a rotina operacional para reavaliação dos benefícios de prestação continuada da assistência social - BPC por motivo de superação de renda do titular ou de membro do grupo familiar, nos termos do artigo 21 da Lei nº 8.742, de 07 de dezembro de 1993. A reavaliação dos benefícios de prestação continuada será realizada por meio da tarefa "Reavaliação do Benefício de Prestação Continuada" - REAVBPC, código 17795.

As informações utilizadas para a reavaliação dos benefícios serão capturadas por meio de cruzamento de informações do beneficiário e dos demais componentes do grupo familiar em registros e bases de dados oficiais, conforme disposto no art. 42 do Decreto nº 6.214, de 26 de setembro de 2007

Os beneficiários serão informados via **notificação bancária** sobre a constatação de superação de renda do benefício. O beneficiário ou representante legal poderá apresentar **defesa no prazo máximo de 30 (trinta) dias**, computados a partir da data de ciência da notificação.

Após 15 (quinze) dias do envio da notificação bancária será publicado **edital** com a relação dos beneficiários ou representantes legais que não tomaram ciência da notificação.

Curiosamente, embora a notificação por edital tenha sido excluída do procedimento previsto no artigo 69 da Lei 8.212/91 na redação dada pela Lei 14.973/2024, o INSS optou de modo discricionário a utilizá-lo por segurança jurídica, aplicando supletivamente o artigo 26 da Lei 9.784/99:

> *"§ 4º No caso de interessados indeterminados, desconhecidos ou com domicílio indefinido, a intimação deve ser efetuada por meio de publicação oficial".*

O benefício será suspenso após 30 (trinta) dias caso não haja manifestação ou apresentação de defesa, após a ciência da notificação ou da publicação do edital

O beneficiário ou do representante legal poderá apresentar a defesa:

- I - pelo Meu INSS, diretamente na tarefa de Reavaliação do Benefício de Prestação Continuada - REAVBPC;
- II - em uma agência dos Correios, sem a necessidade de agendamento prévio; ou
- III - em uma Agência da Previdência Social, mediante prévio agendamento do serviço "Cumprimento de Exigência.

Nos casos em que a defesa for apresentada em uma APS, o servidor deverá localizar a respectiva tarefa de "Reavaliação do Benefício de Prestação Continuada" - REAVBPC em nome do beneficiário e registrar a defesa na tarefa, anexando-se a documentação apresentada, se houver, sendo dispensada a realização de qualquer outra ação.

7.7. Requerimemto do BPC

Coube à Portaria Interministerial nº 02, de 7 novembro de 2016, determinar a revisão do Benefício de Prestação Continuada, que será realizada por meio de cruzamento contínuo de informações e dados, podendo ser priorizadas faixas de renda.

Após o cruzamento de informações e dados, caso se verifique que o beneficiário possui meios de prover a própria manutenção ou de tê-la provida por sua família, o INSS suspenderá ou cessará o pagamento do benefício, conforme o caso, sendo desnecessária a realização de reavaliação médica e social.

Ademais, caso se verifique que o beneficiário continua sem meios de prover a própria manutenção ou de tê-la provida por sua família, o INSS considerará revisado o benefício relativo ao idoso e convocará a pessoa com deficiência para a realização de reavaliação médica e social.

Por força da **Portaria Conjunta 7, de 14/9/2020**, fica dispensada a apresentação de documentos originais do requerente, do representante legal e dos demais membros do grupo familiar, quando a informação puder ser confirmada pelo INSS por meio de confrontação com bases de dados de órgãos públicos, salvo nas hipóteses de expressa previsão legal e existência de dúvida fundada quanto à autenticidade ou integridade do documento, ressalvada a possibilidade de o INSS exigir, a qualquer tempo, os documentos originais, ficando o responsável pela apresentação das cópias sujeito às sanções administrativas, civis e penais aplicáveis.

Nos termos do artigo 7º da Portaria Conjunta MDS 3, de 21/9/2018, para fazer jus ao benefício, a pessoa idosa e a pessoa com deficiência, além de atender aos critérios definidos na Lei nº 8.742, de 1993 e nos arts. 8º e 9º do Decreto nº 6.214, de 2007, devem:

> I – ter nacionalidade brasileira, nata ou naturalizada, ou portuguesa;
>
> II – possuir residência no território brasileiro;
>
> III – estar inscritas no Cadastro Único, com os dados atualizados, conforme normas específicas que regulamentam o instrumento.

De sua vez, não constitui exigência para requerimento ou concessão do BPC a interdição judicial do idoso ou da pessoa com deficiência, seja ela total ou parcial, devendo ser observadas as regras sobre tomada de decisão apoiada, prevista nos artigos 1.783-A da Lei nº 10.406, de 10 de janeiro de 2002 e 116 da Lei nº 13.146, de 6 de julho de 2015.

Veja-se enunciado aprovado na **I Jornada de Direito da Seguridade Social do Conselho da Justiça Federal** sobre o tema:

ENUNCIADO 34: Não é possível ao juiz condicionar a concessão do benefício assistencial à interdição da pessoa com deficiência, nos termos do inciso II do §2º do art. 7º da Portaria Conjunta MDS/INSS n. 3/2018.

A **tomada de decisão apoiada** é o processo pelo qual a pessoa com deficiência elege pelo menos duas pessoas idôneas, com as quais mantenha vínculos e que gozem de sua confiança, para prestar-lhe apoio na tomada de decisão sobre atos da vida civil, fornecendo-lhes os elementos e informações necessários para que possa exercer sua capacidade.

Para formular pedido de tomada de decisão apoiada, a pessoa com deficiência e os apoiadores devem apresentar termo em que constem os limites do apoio a ser oferecido e os compromissos dos apoiadores, inclusive o prazo de vigência do acordo e o respeito à vontade, aos direitos e aos interesses da pessoa que devem apoiar.

Com base na Portaria Conjunta MDSA/INSS nº 1, de 03/01/2017, na **fase de requerimento** as informações do Cadastro Único serão utilizadas para registro da composição do grupo familiar e da renda mensal bruta familiar, conforme disposto no Decreto nº 6.214, de 2007, obedecendo aos seguintes procedimentos:

> I – As informações do grupo familiar constantes no Cadastro Único serão utilizadas para a composição familiar considerada para fins de BPC em formulário próprio, conforme Anexo I da presente Portaria, e, se necessário, serão coletadas informações adicionais para a caracterização da família do requerente, conforme previsto no art. 4º, inciso V, do Decreto nº 6.214, de 2007.
>
> II – caso seja necessário, serão coletadas outras informações para o cálculo da renda que não estejam disponíveis no Cadastro Único, conforme formulário previsto no Anexo II desta Portaria.
>
> III – a renda familiar *per capita* será calculada utilizando as informações do Cadastro Único bem como dados de outros registros administrativos, quando necessário, observando-se que:
>
> a) não é permitida a acumulação do BPC com outro benefício da Seguridade Social ou de outro regime, inclusive o seguro-desemprego, ressalvados o de assistência médica e a pensão especial de natureza indenizatória;
>
> b) não serão computadas para fins do cálculo da renda familiar no requerimento do BPC aquelas rendas elencadas no art. 4º, § 2º do Decreto nº 6.214, de 2007;
>
> c) o salário de contribuição não integra a renda mensal bruta familiar quando o requerente do BPC, o beneficiário ou os demais membros do grupo familiar contribuírem como segurados facultativos do Regime Geral da Previdência Social - RGPS;
>
> d) o recebimento de pensão alimentícia não impede o recebimento do BPC, desde que observado o critério de renda *per capita* mensal bruta familiar; e

e) a renda sazonal ou eventual, que consiste nos rendimentos não regulares decorrentes de atividades eventuais exercidas em caráter informal, não serão computadas na renda bruta familiar desde que o valor anual declarado dividido por doze meses seja inferior a um quarto do salário mínimo.

IV – o requerente deverá declarar que não recebe outro benefício estadual ou municipal no âmbito da Seguridade Social ou de outro regime, inclusive seguro desemprego.

Eis os formulários:

ANEXO I - REQUERIMENTO DO BENEFICIO DE PRESTAÇÃO CONTINUADA DA ASSISTENCIA SOCIAL - BPC E COMPOSIÇÃO DO GRUPO FAMILIAR

CPF do Requerente:000.000.000-00 ○ Pessoa com Deficiência ○ Pessoa Idosa
Nome do Requerente:________ **Data de Nasc:** __/__/__
Nome Social:________ **Sexo:**☐Masc. ☐Fem.
Estado Civil: ☐Solteiro ☐Casado ☐União Estável ☐ Divorciado ☐Separado de Fato ☐Viúvo
E-mail:________

Local de convívio: *(Preencher este campo somente quando o requerente se enquadrar em uma das situações abaixo)*
☐ Vive em situação de rua.
☐ Vive internado em instituição, abrigo, asilo ou hospital.
Nome da pessoa de contato/equipamento ou entidade:________
Endereço:________ Cidade:________ UF:____

COMPOSIÇÃO DO GRUPO FAMILIAR

CPF:000.000.000-00 **Nome:**________
Nome Social:________
Parentesco: ☐Pai/Padrasto ☐Mãe/Madrasta ☐Cônjuge/Companheira
☐Filho(a) ou Enteado(a) Solteiro(a) ☐Irmão(ã) Solteiro(a) ☐Menor Tutelado

CPF:000.000.000-00 **Nome:**________
Nome Social:________
Parentesco: ☐Pai/Padrasto ☐Mãe/Madrasta ☐Cônjuge/Companheira
☐Filho(a) ou Enteado(a) Solteiro(a) ☐Irmão(ã) Solteiro(a) ☐Menor Tutelado

CPF:000.000.000-00 **Nome:**________
Nome Social:________
Parentesco: ☐Pai/Padrasto ☐Mãe/Madrasta ☐Cônjuge/Companheira
☐Filho(a) ou Enteado(a) Solteiro(a) ☐Irmão(ã) Solteiro(a) ☐Menor Tutelado

CPF:000.000.000-00 **Nome:**________
Nome Social:________
Parentesco: ☐Pai/Padrasto ☐Mãe/Madrasta ☐Cônjuge/Companheira
☐Filho(a) ou Enteado(a) Solteiro(a) ☐Irmão(ã) Solteiro(a) ☐Menor Tutelado

CPF:000.000.000-00 **Nome:**________
Nome Social:________
Parentesco: ☐Pai/Padrasto ☐Mãe/Madrasta ☐Cônjuge/Companheira
☐Filho(a) ou Enteado(a) Solteiro(a) ☐Irmão(ã) Solteiro(a) ☐Menor Tutelado

CPF:000.000.000-00 **Nome:**________
Nome Social:________
Parentesco: ☐Pai/Padrasto ☐Mãe/Madrasta ☐Cônjuge/Companheira
☐Filho(a) ou Enteado(a) Solteiro(a) ☐Irmão(ã) Solteiro(a) ☐Menor Tutelado

PREENCHER QUANDO O REQUERENTE FOR O REPRESENTANTE LEGAL:

Tipo de Representante:
☐Pai ☐Mãe ☐Curador(a) ☐Tutor(a) ☐Procurador(a) ☐Diretor(a) de Instituição ☐Administrador(a) Provisório(a) ☐Termo de Guarda
Nome:________ **Data de Nasc.**__/__/____
CPF:________ **Email:**________ **Sexo:**☐Masc. ☐Fem.
Endereço:________ **Telefone: (___)** _____-_____
Bairro:________ **Município:**________ **UF:**____ **CEP:**________

☐ **Declaro sob as penas da lei, que as informações prestadas neste formulário são completas e verdadeiras e que as informações constantes do Cadastro Único estão atualizadas, estando ciente das penalidades previstas nos artigos 171 e 299 do Código Penal Brasileiro.**

☐ **Declaro que estou ciente de que devo atualizar as informações do Cadastro Único para fins de concessão e manutenção do BPC.**

☐ **Declaro que não recebo qualquer benefício municipal ou estadual no âmbito da Seguridade Social ou de outro regime, inclusive o seguro-desemprego, ressalvados os de assistência médica e a pensão especial de natureza indenizatória, nos termos do art. 9º, inciso III, do Decreto nº 6.214, de 26 de setembro de 2007.**

Local:________ **Data:**__/__/____. ________________
Assinatura do Requerente ou Representante Legal

Anexo II - Formulário Único de Alteração da Situação do Benefício

1. DADOS DO REQUERENTE

Nome: ______________________________

Nome Social: ______________________________

CPF: ______.______.______-____ E - Mail: ______________________________

Endereço: ______________________________

Espécie do Benefício: __________ Número do Benefício (NB): ______________________

2. SOLICITAÇÃO

( ) Renúncia ao benefício espécie ______, NB __________ para receber o Benefício de Prestação Continuada da Assistência Social - BPC.

( ) Suspensão do benefício em caráter especial em decorrência do ingresso no mercado de trabalho a partir do dia _____/_____/________.

( ) Cessação do benefício

( ) Cessação do benefício para acessar outro benefíci

( ) Reativação de benefício suspenso/cessado.*

( ) Pagamento de valores não recebidos.*

** Os campos marcados deverão vir acompanhados de justificativa*

3. JUSTIFICATIVA (PREENCHER APENAS SE FOR NECESSÁRIO)

____

____

____

____

____

____

____

____

Local: ______________________________ Data: ____/____/________

____

Assinatura

Ainda de acordo com a interpretação administrativa, não compõem o grupo familiar, para efeitos do cálculo da renda mensal familiar *per capita*:

> I – O internado ou acolhido em instituições de longa permanência como abrigo, hospital ou instituição congênere;
>
> II – O filho ou o enteado que tenha constituído união estável, ainda que resida sob o mesmo teto;
>
> III – O irmão, o filho ou o enteado que seja divorciado, viúvo ou separado de fato, ainda que vivam sob o mesmo teto do requerente; e
>
> IV – O tutor ou curador, desde não sejam um dos elencados no rol § 1º do art. 20 da Lei nº 8.742, de 1993.

A coabitação do requerente com algum membro de sua família em uma mesma instituição hospitalar, de abrigamento ou congênere, não se configura, por si só, em constituição de um grupo familiar a ser considerado para fins do cálculo da renda mensal familiar *per capita*.

As informações prestadas no requerimento deverão ser confrontadas com as bases cadastrais disponíveis da Administração Pública, devendo o INSS verificar a existência de registro de benefício previdenciário, de emprego e renda do requerente ou beneficiário e dos integrantes de sua família, e, havendo divergência quanto às rendas declaradas, será considerada a informação da renda mais alta.

No momento do requerimento, caso o requerente não ratifique as informações constantes do Cadastro Único, conforme estabelecido no § 2º do art. 13 do Decreto nº 6.214, de 2007, o servidor do INSS deverá cadastrar exigência de atualização das informações cadastrais, o que deverá ser realizado pelo Responsável pela Unidade Familiar (RF), respeitadas as normas e regulamentos do Cadastro Único, no prazo de trinta dias, prorrogáveis por igual período.

Os interessados poderão interpor recurso contra a decisão de indeferimento do benefício nos canais de atendimento disponibilizados, no prazo de 30 (trinta) dias contados da data da ciência da decisão.

Mas quando se tratar de interposição de recurso por motivo de indeferimento decorrente unicamente da conclusão da avaliação social e médica, o processo deverá ser encaminhado para pronunciamento do Serviço Social e da Perícia Médica do INSS, sendo dispensada nova avaliação da renda.

7.8. Acesso aos estrangeiros

Apenas é previsto no Decreto 6.214/07 que é devido o Benefício de Prestação Continuada ao brasileiro, naturalizado ou nato, que comprove domicílio e residência no Brasil e atenda a todos os demais critérios estabelecidos neste Regulamento.

Outrossim, a partir de 1º de maio de 2013, em razão do Acordo Adicional que alterou o Acordo de Seguridade Social ou Segurança Social entre a República Federativa do Brasil e a República Portuguesa, é devida a concessão do BPC a pessoa com deficiência ou pessoa idosa de **nacionalidade portuguesa**, que comprovem domicílio e residência no território brasileiro[30].

De acordo com o Decreto 8.805/2016, "o Benefício de Prestação Continuada é devido ao brasileiro, nato ou naturalizado, e às pessoas de nacionalidade

[30] Art. 3º, §2º, da Portaria Conjunta SNAS/SPPS/INSS nº 2/2014.

portuguesa, em consonância com o disposto no Decreto nº 7.999, de 8 de maio de 2013, desde que comprovem, em qualquer dos casos, residência no Brasil e atendam a todos os demais critérios estabelecidos neste Regulamento".

A Lei 8.742/93 não trata da concessão do BPC/LOAS aos estrangeiros, que têm o benefício negado pelo INSS, salvo o português equiparado em razão de tratado. Mas a posição do INSS foi rejeitada no STF, que estendeu o benefício aos estrangeiros residentes.

Informativo 861 - Os estrangeiros residentes no País são beneficiários da assistência social prevista no art. 203, V, da Constituição Federal (CF), uma vez atendidos os requisitos constitucionais e legais.

Com base nessa orientação, o Plenário negou provimento a recurso extraordinário em que discutida a concessão de benefício assistencial a estrangeiros residentes no Brasil.

Inicialmente, o Plenário registrou que o caso envolve os preceitos relativos à dignidade humana, à solidariedade social, à erradicação da pobreza e à assistência aos desamparados, os quais fornecem base para interpretação adequada do benefício assistencial estampado na Constituição Federal (CF).

Observou, com base em doutrina, que o substrato do conceito de dignidade humana pode ser decomposto em três elementos: a) valor intrínseco, b) autonomia e c) valor comunitário.

Como "valor intrínseco", a dignidade requer o reconhecimento de que cada indivíduo é um fim em si mesmo. Impede-se, de um lado, a funcionalização do indivíduo e, de outro, afirma-se o valor de cada ser humano, independentemente das escolhas, situação pessoal ou origem. Deixar desamparado um ser humano desprovido dos meios materiais para garantir o próprio sustento, haja vista a situação de idade avançada ou deficiência, representaria expressa desconsideração do mencionado valor.

Como "autonomia", a dignidade protege o conjunto de decisões e atitudes relacionado especificamente à vida de certo indivíduo. Para que determinada pessoa possa mobilizar a própria razão em busca da construção de um ideal de vida boa, é fundamental que lhe sejam fornecidas condições materiais mínimas. Nesse aspecto, a previsão do art. 203, V, da CF também opera em suporte dessa concepção de vida digna, cabendo ao Estado brasileiro dar essa sustentação até mesmo ao não nacional. Realçou que a ideia maior de solidariedade social constitui princípio da CF.

No mais, ponderou que o estrangeiro residente no País, inserido na comunidade, participa do esforço mútuo, na construção de um propósito comum. Esse laço de irmandade, fruto, para alguns, do fortuito e, para outros, do destino, faz-nos, de algum modo, responsáveis pelo bem de todos, até mesmo daqueles que adotaram o Brasil como novo lar e fundaram seus alicerces pessoais e sociais nesta terra. Ao lado dos povos indígenas, o País foi formado por imigrantes, em sua maioria europeus, os quais fomentaram o desenvolvimento da nação e contribuíram sobremaneira para a criação e a consolidação da cultura brasileira. Desde a criação da nação brasileira, a presença do estrangeiro no País foi incentivada e tolerada. Não seria coerente com a história estabelecer diferenciação tão somente pela nacionalidade, especialmente quando a dignidade está em xeque em momento de fragilidade do ser humano – idade avançada ou algum tipo de deficiência.

Consignou que o constituinte instituiu a obrigação do Estado de prover assistência aos desamparados, sem distinção. Com base no art. 6º da CF, os Poderes Públicos devem efetivar políticas para remediar, ainda que minimamente, a situação precária daqueles que acabaram relegados a essa condição, sem ressalva em relação ao não nacional. Nesse ponto, ressaltou que, pelo contrário, o art. 5º, *"caput"*, da CF estampa o princípio da igualdade e a necessidade de tratamento isonômico entre brasileiros e estrangeiros residentes no País.

Asseverou que a óptica veiculada na regra infralegal (Lei 8.742/1993), ao silenciar quanto aos estrangeiros residentes no País, não se sobrepõe à revelada na CF, que estabeleceu, sem restringir os beneficiários somente aos brasileiros natos ou naturalizados, que "a assistência social será prestada a quem dela necessitar".

A Corte afirmou que, ao delegar ao legislador ordinário a regulamentação do benefício, a CF o fez apenas quanto à forma de comprovação da renda e das condições específicas de idoso ou portador de necessidades especiais hipossuficiente. Dessa forma, não houve delegação relativamente à definição dos beneficiários, já estabelecida. No confronto de visões, deve, portanto, prevalecer aquela que melhor concretiza o princípio constitucional da dignidade humana, cuja observância surge prioritária no ordenamento jurídico.

Ressaltou que o orçamento, embora seja peça essencial nas sociedades contemporâneas, não tem valor absoluto. A natureza multifária do orçamento abre espaço à atividade assistencial, que se mostra de importância superlativa no texto da CF. No ponto, registrou não terem sido apresentadas provas técnicas da indisponibilidade financeira e do suposto impacto para os cofres públicos nem de prejuízo para os brasileiros natos e naturalizados.

Por fim, concluiu ser descabido o argumento de pertinência do princípio da reciprocidade, ou seja, arguir que o benefício somente poderia ser concedido a estrangeiro originário de país com o qual o Brasil tenha firmado acordo internacional e que preveja a cobertura da assistência social a brasileiro que esteja em seu território. Apesar de a reciprocidade permear a CF, não é regra absoluta quanto ao tratamento dos não nacionais. O Sistema Único de Saúde (SUS) é regido pelo princípio da universalidade a tutelar a saúde, direito fundamental do ser humano. Assim, ao ingressar no território brasileiro, o estrangeiro tem direito a atendimento médico pelo SUS, caso precise de assistência de urgência, sem necessidade de reciprocidade para garantir tal suporte.

Em suma, **somente o estrangeiro com residência fixa no País pode ser auxiliado com o benefício assistencial**, pois, inserido na sociedade, contribui para a construção de melhor situação social e econômica da coletividade. **Somente o estrangeiro em situação regular no País, residente, idoso ou portador de necessidades especiais, hipossuficiente em si mesmo e presente a família pode se dizer beneficiário da assistência em exame.** Nessa linha de ideias, os estrangeiros em situação diversa não alcançam a assistência, haja vista o não atendimento às leis brasileiras, fato que, por si só, demonstra a ausência de noção de coletividade e de solidariedade a justificar a tutela do Estado. **RE 587970/SP, rel. Min. Marco Aurélio, julgamento em 19 e 20.4.2017. (RE-587970)**

Veja-se que para a concessão do BPC/LOAS ao estrangeiro exige-se a residência fixa no país e a regularização da sua situação (concessão de visto).

IMPORTANTE:

Por força do Memorando-Circular Conjunto nº 13 DIRBEN/PFE/INSS, de 9 de maio de 2017, que comunica a decisão judicial da 21ª Vara Federal da Seção Judiciária do Distrito Federal na **Ação Civil Pública-ACP nº 0006972- 83.2012.4.01.3400**, o INSS deve voltar a cumprir a sentença de antecipação de tutela proferida em 15/10/2015 pela 21ª Vara Federal da Seção Judiciária do Distrito Federal, na ACP nº 0006972-83.2012.4.01.3400, voltando a aplicar as orientações contidas no Memorando-Circular Conjunto nº 9/DIRBEN/PFE/INSS, de 27/01/2016, **para benefícios assistenciais das espécies 87 e 88, requeridos a partir de 30/03/2017 (data da intimação da Decisão proferida em 20/03/2017), por estrangeiros residentes no País em situação regular, idosos ou com deficiência.**

7.9. Antecipação do BPC/LOAS no período da Covid-19

Em 2 de abril de 2020, restou publicada a **Lei 13.982**, que previu em seu artigo 3º:

> *"Art. 3º Fica o INSS autorizado a antecipar o valor mencionado no art. 2º desta Lei para os requerentes do benefício de prestação continuada para as pessoas de que trata o art. 20 da Lei nº 8.742, de 7 de dezembro de 1993, durante o período de 3 (três) meses, a contar da publicação desta Lei, ou até a aplicação pelo INSS do instrumento de avaliação da pessoa com deficiência, o que ocorrer primeiro.*
>
> *Parágrafo único. Reconhecido o direito da pessoa com deficiência ou idoso ao benefício de prestação continuada, seu valor será devido a partir da data do requerimento, deduzindo-se os pagamentos efetuados na forma do **caput**".*

Esse novel dispositivo, que se justificou em razão das filas no atendimento do INSS no que concerne aos pedidos do BPC/LOAS idoso e deficiente mesmo antes da pandemia da COVID-19, assim como pelo fechamento temporário do atendimento presencial nas unidades de atendimento do INSS, previu uma antecipação mensal de R$ 600,00 para os requerentes do BPC/LOAS.

A citada antecipação durará (durou) por até 3 meses inicialmente, podendo se encerrar em prazo menor se antes dessa data estiver ativo o instrumento de avaliação da deficiência.

Em seguida, feita a análise administrativa e uma vez concedido o benefício, será concedido o BPC desde a DER, devendo ser abatidos os valores antecipados em cada parcela mensal.

Em regulamentação foi editada a **Portaria Conjunta INSS/MC 3, de 05/05/2020:**

Art. 1º Esta Portaria Conjunta disciplina a antecipação, pelo Instituto Nacional do Seguro Social - INSS, do valor mencionado no art. 2º da Lei nº 13.982, de 2 de abril de 2020, para os requerentes do Benefício de Prestação Continuada - BPC de que trata o art. 20 da Lei nº 8.742, de 7 de dezembro de 1993.

Art. 2º O INSS poderá antecipar o valor de R$ 600,00 (seiscentos reais), a contar de 2 de abril de 2020, aos requerentes do BPC pelo período de até três meses.

§ 1º A antecipação de que trata o *caput* considerará:

I - a inscrição no Cadastro Único para Programas Sociais do Governo Federal - CadÚnico e no Cadastro de Pessoas Físicas - CPF;

II - o cumprimento do critério de renda de que trata o art. 20 da Lei nº 8.742, de 1993, observado o grupo familiar informado no CadÚnico, com cruzamento dos dados existentes no Cadastro Nacional de Informações Sociais - CNIS; e

III - a informação no CadÚnico de que se trata de pessoa com deficiência, quando for o caso.

§ 2º A antecipação se encerrará com a avaliação definitiva do requerimento de BPC, observado o prazo limite previsto no *caput*.

§ 3º Reconhecido o direito da pessoa com deficiência ou idoso ao BPC, seu valor será devido a partir da data do requerimento, deduzindo-se os valores pagos a título da antecipação prevista no *caput*.

§ 4º Não sendo reconhecido o direito do requerente ao BPC, fica dispensada a devolução ao erário dos valores recebidos na forma do *caput*, salvo comprovada má-fé.

Art. 3º A antecipação do BPC observará o calendário de pagamentos dos benefícios operacionalizados pelo INSS, admitido o pagamento antecipado da primeira parcela.

Parágrafo único. O período de validade da parcela da antecipação será de 90 (noventa) dias, contado conforme calendário de pagamentos.

Art. 4º O auxílio emergencial e a antecipação de que tratam os arts. 2º e 3º da Lei nº 13.982, de 2020, não serão computados para a composição da renda mensal bruta familiar na forma do inciso I do § 2º do art. 4º do Anexo do Decreto nº 6.214, de 26 de setembro de 2007.

Já o artigo 6º da Lei 13.982/2020 previu a possibilidade de prorrogação por até 3 meses:

> *"Art. 6º O período de 3 (três) meses de que trata o* ***caput*** *dos arts. 2º, 3º, 4º e 5º poderá ser prorrogado por ato do Poder Executivo durante o período de enfrentamento da emergência de saúde pública de importância internacional da Covid-19, definida pela Lei nº 13.979, de 6 de fevereiro de 2020."*

De sua vez, em 2 de julho de 2020 foi publicado o Decreto 10.403/2020:

> ***"Art. 1º Fica o Instituto Nacional do Seguro Social - INSS autorizado a conceder as antecipações de que tratam os art. 3º e art. 4º da Lei nº 13.982, de 2 de abril de 2020, até 31 de outubro de 2020.***
>
> *Parágrafo único. Os efeitos orçamentários e financeiros das antecipações concedidas nos termos do disposto no **caput** deverão ficar limitados ao exercício de 2020.*
>
> *Art. 2º A operacionalização das antecipações de que trata o art. 1º será disciplinada em ato conjunto:*
>
> *I - do Ministério da Cidadania e do INSS, em relação à antecipação de que trata o art. 3º da Lei nº 13.982, de 2020; e*
>
> *II - da Secretaria Especial de Previdência e Trabalho do Ministério da Economia e do INSS, em relação à antecipação de que trata o art. 4º da Lei nº 13.982, de 2020".*

Portaria INSS 932, de 14/9/2020: Admitiu requerimentos de antecipação do auxílio-doença e do BPC/LOAS ofertados até 31 de outubro de 2020.

Deverão ser adotados os seguintes procedimentos e motivos para cessação das antecipações, quando necessário executar manualmente:

> I - em caso de concessão (espécies 87, 88), o B16 deverá ser cessado pelo motivo 28: TRANSFORMAÇÃO PARA OUTRA ESPÉCIE;
>
> II - em caso de concessão (espécie 31), a antecipação para o requerente do B31 (tratamento 85) deverá ser cessado pelo motivo 29: CONCESSÃO DE OUTRO BENEFÍCIO;
>
> III - em caso de indeferimento (espécies 87, 88 ou 31), cessar o B16 ou antecipação para o requerente do B31 (tratamento 85) com o motivo 103: CESSAÇÃO ANTECIPAÇÃO LEI Nº 13.982, de 2020;
>
> IV - nas situações em que houver solicitação de retorno voluntário, deverá ser cessado o pagamento da antecipação na data solicitada pelo requerente, sem prejuízo do controle administrativo nos casos em que o retorno voluntário ao trabalho não foi comunicado à Administração;
>
> V - nas situações em que houver a concessão de um benefício inacumulável durante o pagamento da antecipação, deverá ser alterada a data de cessação da antecipação para o dia imediatamente anterior à Data do Início do Benefício - DIB do novo benefício; e
>
> VI - nas situações em que houver solicitação de desistência de benefício, deverá ser cessado na data solicitada e bloqueados os possíveis créditos gerados e ainda não recebidos, com posterior geração de pagamento para o período devido e ainda não pago.

As antecipações citadas não fazem jus ao abono anual, mas quando convertida em benefício por incapacidade, a antecipação de benefício de auxílio por incapacidade temporária (auxílio-doença) ensejará pagamento de abono anual e as diferenças calculadas entre o valor da antecipação e a Renda Mensal Inicial - RMI calculada.

Deverão ser aplicados os seguintes procedimentos para o acerto de contas:

> I - na hipótese de concessão do BPC ou de outro benefício inacumulável, os valores recebidos a título de antecipação para o requerente de BPC, referentes a período concomitante, deverão ser deduzidos;
>
> II - na hipótese de conversão da antecipação em benefício por incapacidade ou de concessão de um benefício inacumulável de outra espécie, os valores recebidos a título de antecipação para o requerente de auxílio por incapacidade temporária (auxílio-doença), referentes a período concomitante, deverão ser deduzidos; e
>
> III - reconhecido em definitivo o direito do segurado ao auxílio por incapacidade temporária (auxílio-doença), seu valor será devido a partir da data de início do benefício, deduzindo-se as antecipações pagas.

7.10. Acumulação do BPC/LOAS com outros benefícios e rendimentos e direito de opção

Outrossim, o amparo assistencial não poderá ser acumulado pelo beneficiário com qualquer outro no âmbito da seguridade social ou de outro regime, salvo o da assistência médica ou pensão especial de natureza indenizatória[31].

Veja-se a respeito o teor da **Portaria INSS/DIRBEN 994/2022:**

> *"Art. 1º Exceto na hipótese de direito adquirido, não é permitido o recebimento em conjunto dos seguintes benefícios do RGPS, inclusive quando decorrentes de acidente do trabalho:*
>
> ...
>
> *XIX - benefício assistencial com benefício da Previdência Social ou de qualquer outro regime previdenciário, ressalvados os benefícios assistenciais concedidos a partir de 7 de julho de 2011, data de publicação da Lei nº 12.435, de 6 de julho de 2011, que poderão ser acumulados com as seguintes prestações de natureza indenizatória:*
>
> ***a) espécie 54 - Pensão Indenizatória a Cargo da União;***
>
> ***b) espécie 56 - Pensão Especial aos Deficientes Físicos Portadores da Síndrome da Talidomida - Lei nº 7.070, de 1982;***

---

31 Artigo 5º, do Decreto 6.214/07, com redação dada pelo Decreto 6.564/08.

> ***c) espécie 60 - Benefício Indenizatório a Cargo da União;***
>
> ***d) espécie 89 - Pensão Especial aos Dependentes das Vítimas da Hemodiálise - Caruaru - PE - Lei nº 9.422, de 1996; e***
>
> ***e) espécie 96 - Pensão Especial (Hanseníase) - Lei nº 11.520, de 2007".***

Logo, o INSS admite a acumulação do BPC/LOAS com as seguintes pensões especiais com natureza indenizatória: a) espécie 54 – Pensão Indenizatória a Cargo da União; b) espécie 56 – Pensão Especial aos Deficientes Físicos Portadores da Síndrome da Talidomida – Lei nº 7.070, de 1982; c) espécie 60 – Benefício Indenizatório a Cargo da União; d) espécie 89 – Pensão Especial aos Dependentes das Vítimas da Hemodiálise – Caruaru – PE – Lei nº 9.422, de 1996; e e) espécie 96 – Pensão Especial (Hanseníase) – Lei nº 11.520, de 2007.

IMPORTANTE!

Com o advento da **Lei 14.601, de 19 de junho de 2023**, que alterou o §4º do artigo 20 da Lei 8.742/93, **passou a ser possível a acumulação do BPC/LOAS com os benefícios do Programa Bolsa Família e da renda básica da cidadania:**

> *"§ 4º O benefício de que trata este artigo não pode ser acumulado pelo beneficiário com qualquer outro no âmbito da seguridade social ou de outro regime, salvo os da assistência médica e da pensão especial de natureza indenizatória,* ***bem como as transferências de renda de que tratam o parágrafo único do art. 6º e o inciso VI do caput do art. 203 da Constituição Federal e o caput e o § 1º do art. 1º da Lei nº 10.835, de 8 de janeiro de 2004".***

Esta regra vigora desde a sua publicação e modificou o §4º do artigo 20 da LOAS, de modo que existe a possibilidade interpretativa de permitir, desde 20 de junho de 2023, a acumulação do BPC/LOAS com as transferências de renda do Programa Bolsa Família e Renda Básica da Cidadania (Art. 1º da Lei 10.835/2004).

Embora a redação seja truncada e de deficitária técnica legiferante, como as situações de percepção dos citados benefícios assistenciais em acumulação foram inseridas após a expressão "SALVO", a meu ver desde 20 de junho de 2023 a referida acumulação passou a ser legalmente permitida ao menos no que tange à Renda Básica da Cidadania (Art. 1º da Lei 10.835/2004), vedada a acumulação até 19 de junho de 2023 pelo *Tempus Regit Actum*.

Registre-se que o art. 6º da Lei 14.601/2023 não possui um parágrafo único (nem o texto da MP 1.144/2023 possuía), o que dificulta a exegese da regra em comento, de modo que me parece que a remissão feita ao artigo 6º, parágrafo único, é para a Constituição Federal de 1988 junto com o artigo 203, VI:

> *"Art. 6º São direitos sociais a educação, a saúde, a alimentação, o trabalho, a moradia, o transporte, o lazer, a segurança, a previdência social, a proteção à*

maternidade e à infância, a assistência aos desamparados, na forma desta Constituição. (Redação dada pela Emenda Constitucional nº 90, de 2015)

Parágrafo único. Todo brasileiro em situação de vulnerabilidade social terá direito a uma renda básica familiar, garantida pelo poder público em programa permanente de transferência de renda, *cujas normas e requisitos de acesso serão determinados em lei, observada a legislação fiscal e orçamentária* (Incluído pela Emenda Constitucional nº 114, de 2021)

...

Art. 203. A assistência social será prestada a quem dela necessitar, independentemente de contribuição à seguridade social, e tem por objetivos:

...

VI - a redução da vulnerabilidade socioeconômica de famílias em situação de pobreza ou de extrema pobreza. (Incluído pela Emenda Constitucional nº 114, de 2021)"

Desta forma, como os benefícios do Programa Bolsa-Família se amoldam à renda básica assistencial familiar inserta em programa permanente de transferência de renda de que trata o parágrafo único do artigo 6º da Constituição, é possível interpretar o dispositivo a fim de permitir a acumulação do BPC/LOAS com o Bolsa-Família ou mesmo com qualquer benefício assistencial pago em programa assistencial dos demais entes federativos.

Considerando a notória vedação legal, evidente que o BPC/LOAS não poderá acumulado com o auxílio-acidente. Nesse sentido, o **Tema 253 da TNU**:

Tema	253	Situação do tema	Julgado	Ramo do direito	DIREITO PREVIDENCIÁRIO
Questão submetida a julgamento	Se o benefício assistencial de prestação continuada e o auxílio-acidente são acumuláveis ou inacumuláveis.				
Tese firmada	**É inacumulável o benefício de prestação continuada - BPC/LOAS com o auxílio-acidente, na forma do art. 20, §4º, da Lei nº 8.742/1993, sendo facultado ao beneficiário, quando preenchidos os requisitos legais de ambos os benefícios, a opção pelo mais vantajoso.**				
Processo	Decisão de afetação	Relator (a)	Julgado em	Acórdão publicado em	Trânsito em julgado
PEDILEF 0500878-55. 2018.4.05.8310/PE	12/03/2020	Juiz Federal Ivanir César Ireno Júnior	27/05/2021	28/05/2021	

Uma questão que se verifica no foro previdenciário é a concessão de pensão por morte fracionada ao titular do amparo assistencial, com cota inferior a um salário mínimo, pois percebida por mais de uma dependente.

Neste caso, muito embora haja omissão legal a respeito, entende-se que é possível renunciar à cota de pensão por morte para manter o benefício assistencial, pois haveria redução de renda do beneficiário.

De acordo com o artigo 7º, da Portaria Conjunta 1/2017, o requerente do BPC poderá solicitar a cessação de benefício previdenciário para a concessão de benefício mais vantajoso, devendo ser informado de que a opção pelo recebimento de aposentadoria por idade, por tempo de contribuição e por aposentadoria especial torna-se irreversível após o recebimento do primeiro pagamento ou do saque do respectivo Fundo de Garantia do Tempo de Serviço – FGTS, Programa de Integração Social – PIS ou Programa de Formação do Patrimônio do Servidor Público – PASEP.

No mesmo sentido a TNU, ao julgar o Tema 284:

Tema	284	Situação do tema	Julgado		Ramo do direito	DIREITO PREVIDENCIÁRIO
Questão submetida a julgamento		Saber se, ao beneficiário da cota-parte de pensão por morte, é possível optar pelo benefício assistencial, mais vantajoso, e em quais condições caberia tal opção.				
Tese firmada		Os dependentes que recebem ou que têm direito à cota de pensão por morte podem renunciar a esse direito para o fim de receber benefício assistencial de prestação continuada, uma vez preenchidos os requisitos da Lei 8.742/1993.				
Processo		Decisão de afetação	Relator (a)	Julgado em	Acórdão publicado em	Trânsito em julgado
PEDILEF 0004160-11. 2017.4.01.4300/TO		25/2/2021	Juíza Federal Luciane Merlin Clève Kravetz	18/08/2022	23/08/2022	ED opostos

O direito de opção é assegurado administrativamente pela Portaria INSS/DIRBEN 994/2022:

> ***"Art. 12. O titular de Benefício de Prestação Continuada e de renda mensal vitalícia que requerer benefício previdenciário deverá optar expressamente por um dos dois benefícios, cabendo ao servidor do INSS prestar as informações necessárias para subsidiar a decisão do beneficiário sobre qual o benefício mais vantajoso.***

§ 1º A DIP do benefício previdenciário será fixada na DER estabelecida de acordo com as regras vigentes para fixação da DER do INSS e o benefício incompatível deverá ser cessado no dia imediatamente anterior, observada a necessidade de realizar o encontro de contas do período de recebimento concomitante.

§ 2º Tratando-se de opção pelo recebimento de pensão por morte, em razão do disposto nos arts. 74, 79 e 103, todos da Lei nº 8.213, de 1991, para óbitos a partir de 18 de janeiro de 2019, data da vigência da Medida Provisória nº 871, convertida na Lei nº 13.846, de 2019 deverá ser observado o seguinte:

I - ocorrendo a manifestação dentro do prazo de 90 (noventa) dias da data do óbito, a pensão será devida desde a data do óbito, devendo ocorrer a devolução dos valores recebidos no benefício assistencial;

II - para o menor antes de completar 16 (dezesseis) anos com requerimento realizado até 180 (cento e oitenta) dias da data do óbito, o pagamento da pensão será devido desde a data do óbito, devendo ocorrer a devolução dos valores recebidos no benefício assistencial.

§ 3º Para fato gerador anterior à 18 de janeiro de 2019, os prazos previstos nos incisos I e II do §2º devem observar aqueles vigentes à época.

Art. 13. Ao titular de benefício previdenciário que se enquadrar no direito ao recebimento de benefício assistencial será facultado o direito de opção pelo mais vantajoso, exceto nos casos de aposentadoria programada, aposentadoria por idade, tempo de contribuição e especial, haja vista o contido no art. 181-B do RPS.

Parágrafo único. A opção prevista no caput produzirá efeitos financeiros a partir da DER e o benefício previdenciário deverá ser cessado no dia anterior a DER do novo benefício, observada a necessidade de realizar o encontro de contas do período de recebimento concomitante.

Art. 14. O direito de opção de que trata os arts. 12 e 13 poderá ser exercido uma única vez.

*Parágrafo único. A **renúncia ao benefício** se dá em relação à percepção pecuniária, não prejudicando a análise de benefício futuro, da mesma ou de outra espécie, que poderá, inclusive, ser devido durante o período de manutenção da qualidade de segurado".*

A meu ver, não se trata de renúncia de benefício, e sim de cessação por inacumulabilidade. Dessa forma, considerando que inexiste restrição legal, não há validade regulamentar a regra que aduz que o direito de opção somente será exercido uma única vez.

Suponha-se uma pensão por morte fracionada, com duas cotas de meio salário mínimo cada em que um dos pensionistas optou pelo BPC/LOAS. Após o outro dependente morrer, a meu ver ele pode reverter a opção, pois a pensão por morte gera o abono de Natal, mesmo ambos os benefícios tendo renda mensal de um salário mínimo.

Esse benefício não gerará gratificação natalina nem instituirá pensão por morte, tendo índole personalíssima, devendo ser revisto, pelo menos, a cada 02 anos, para ser verificada se as condições de concessão persistem, podendo ser cassado a qualquer momento, desde que não mais satisfeitas às condições legais (caráter precário).

7.11. Empréstimo consignado

O valor do BPC não estava sujeito a descontos de empréstimo consignado e débitos originários de benefícios previdenciários recebidos indevidamente.

No entanto, com o advento da MP 1.106/2022, passou a ser possível a concessão do crédito consignado sobre o BPC/LOAS, assim como a margem de desconto foi elevada de 35% para 40%. Ademais, os beneficiários de programas federais de transferência de renda, a exemplo do Auxílio-Brasil, poderão autorizar a União a proceder aos descontos em seu benefício, de forma irrevogável e irretratável, em favor de instituições financeiras autorizadas a funcionar pelo Banco Central do Brasil, para fins de amortização de valores referentes ao pagamento mensal de empréstimos e financiamentos, até o limite de quarenta por cento do valor do benefício, na forma estabelecida em regulamento. **Com a Lei 14.431/2022, a margem subiu para até 45% de desconto sobre o benefício.**

IMPORTANTE!

No entanto, ao menos provisoriamente, desde 06 de março de 2023, data de publicação da **Medida Provisória 1.164**, regulamentada pela Portaria INSS/DIRBEN 1.114/2023, **o empréstimo consignado sobre o BPC/LOAS e demais benefícios assistenciais da União foi vedado pelo Governo federal.**

Todavia, com a conversão da MP 1.164 na Lei 14.601, de 16/06/2023, foi restabelecida a previsão legal para a consignação no BPC/LOAS de empréstimos com desconto no benefício, **mas com limite de 35%.**

Eis a atual redação do artigo 6º da Lei 10.820/2003:

> *"§ 5º-A Para os titulares do* ***benefício de prestação continuada de que trata o art. 20 da Lei nº 8.742, de 7 de dezembro de 1993*** ***(Lei Orgânica da Assistência Social)****, os descontos e as retenções referidos no* ***caput*** *deste artigo não poderão ultrapassar* ***o limite de 35% (trinta e cinco por cento) do valor dos benefícios****, dos quais 30% (trinta por cento) destinados exclusivamente a empréstimos, a financiamentos e a arrendamentos mercantis e 5% (cinco por cento) destinados exclusivamente à amortização de despesas contraídas por meio de cartão de crédito consignado ou cartão consignado de benefício ou à utilização com a finalidade de saque por meio de cartão de crédito consignado ou cartão consignado de benefício.* (Redação dada pela Lei nº 14.601, de 2023)

...

§ 7º Aplica-se o previsto no caput e no § 5º deste artigo aos titulares da renda mensal vitalícia prevista na Lei nº 6.179, de 11 de dezembro de 1974. (Redação dada pela Lei nº 14.601, de 2023)[32]

No julgamento da **ADI 7.223, em 12.09.2023**, o STF, por unanimidade, julgou improcedente o pedido formulado, **reconhecendo constitucionais os arts. 1º e 2º da Lei Federal n. 14.431, de 3 de agosto de 2022**, que autorizaram originalmente o empréstimo com consignação sobre o BPC/LOAS.

Em seguida coube ao INSS publicar a Instrução Normativa INSS 154, de 12/09/2023, **em que a Autarquia passou novamente a admitir o empréstimo consignado sobre o BPC/LOAS e aos benefícios que tenham como requisito para sua concessão a preexistência do BPC.**

Eis os benefícios geridos pelo INSS que **NÃO ADMITEM** a consignação em comento, tendo havido a exclusão do BPC/LOAS e demais benefícios que o tem como pressuposto do citado rol:

ANEXO II DA INSTRUÇÃO NORMATIVA PRES/INSS Nº 138, DE 10 DE NOVEMBRO DE 2022 - **ESPÉCIES NÃO PERMITIDAS**

Espécie	Descrição da Espécie
009	COMPL. ACIDENTE TRABALHO P/TRAB. (RURAL)
010	AUXÍLIO-DOENÇA ACIDENTÁRIO - TRAB. RURAL
013	AUXÍLIO-DOENÇA - TRABALHADOR RURAL
015	AUXÍLIO-RECLUSÃO - TRABALHADOR RURAL
025	AUXÍLIO-RECLUSÃO
031	AUXÍLIO POR INCAPACIDADE TEMPORÁRIA
035	AUXÍLIO-DOENÇA DO EX-COMBATENTE
036	AUXÍLIO-ACIDENTE PREVIDENCIÁRIO
039	AUXÍLIO INVALIDEZ ESTUDANTE
047	ABONO PERMANÊNCIA EM SERVICO - 35 ANOS
048	ABONO PERMANÊNCIA EM SERVICO - 30 ANOS
050	AUXÍLIO-DOENÇA EXTINTO PLANO BÁSICO

32 Fonte: https://www.planalto.gov.br/ccivil_03/leis/2003/l10.820.htm

Espécie	Descrição da Espécie
053	AUXÍLIO-RECLUSÃO EXTINTO PLANO BÁSICO
061	AUXÍLIO-NATALIDADE
062	AUXÍLIO-FUNERAL
063	AUXÍLIO-FUNERAL TRABALHADOR RURAL
064	AUXÍLIO-FUNERAL EMPREGADOR RURAL
065	PECÚLIO ESPECIAL SERVIDOR AUTARQUICO
066	PEC. ESP. SERVIDOR AUTARQUICO
067	PECÚLIO OBRIGATÓRIO EX-IPASE
068	PECÚLIO ESPECIAL DE APOSENTADOS
069	PECÚLIO DE ESTUDANTE
070	RESTITUIÇÃO CONTRIB. P/SEG. S/CARÊNCIA
071	SALÁRIO-FAMÍLIA PREVIDENCIÁRIO
073	SALÁRIO-FAMÍLIA ESTATUTÁRIO
074	COMPLEMENTO DE PENSÃO À CONTA DA UNIÃO
075	COMPLEMENTO DE APOSENT. Á CONTA DA UNIÃO
076	SALÁRIO FAMÍLIA ESTATUTÁRIO
077	SALÁRIO FAM. ESTATUTÁRIO SERVIDOR SINPAS
079	VANTAGENS DE SERVIDOR APOSENTADO
080	SALÁRIO MATERNIDADE
085	PENSÃO VITALÍCIA SERINGUEIROS
086	PENSÃO VITALÍCIA DEPENDENTES SERINGUEIRO
090	SIMPLES ASSIST. MÉDICA P/ ACIDENTE TRAB.
091	AUXÍLIO-DOENÇA POR ACIDENTE DO TRABALHO
094	AUXÍLIO-ACIDENTE
095	AUXÍLIO SUPLEMENTAR ACIDENTE TRABALHO
097	PECÚLIO POR MORTE ACIDENTE DO TRABALHO
098	ABONO ANUAL DE ACIDENTE DE TRABALHO
099	AFASTAMENTO ATÉ 15 DIAS ACIDENTE TRAB.

7.12. BPC, Zika vírus e pensão especial

A MP 894, de 4/9/2019, criou a pensão especial destinada a **crianças com microcefalia decorrente do Zika Vírus**, nascidas entre 1º de janeiro de 2015 e 31 de dezembro de 2018, beneficiárias do Benefício de Prestação Continuada, de natureza vitalícia, intransferível e no valor de um salário mínimo, não gerando abono anual ou pensão por morte por ser benefício assistencial e não previdenciário.

Por sua vez, a MP 894/2019 foi convertida na **Lei 13.985/2020** com alterações. A pensão especial agora se destina à **Síndrome Congênita do Zika Vírus**, expressão mais ampla que a microcefalia, pois existem outras síndromes oriundas do Zika Vírus que geram o direito ao benefício.

Veja-se informação no site do Ministério da Saúde[33]:

> ***SÍNDROME CONGÊNITA ASSOCIADA À INFECÇÃO PELO VÍRUS ZIKA***
>
> ***A Síndrome Congênita associada à infecção pelo vírus Zika (SCZ)*** *compreende um conjunto de anomalias congênitas que podem incluir alterações visuais, auditivas e neuropsicomotoras que ocorrem em indivíduos (embriões ou fetos) expostos à infecção pelo vírus Zika durante a gestação. Tais alterações podem variar quanto à sua severidade, sendo que quanto mais cedo a infecção ocorre na gestação, mais graves tendem a ser esses sinais e sintomas.*
>
> *A principal forma de transmissão da infecção pelo vírus Zika em mulheres grávidas é através da picada pela fêmea do mosquito Aedes aegypti, mas a transmissão também pode ocorrer através de relação sexual com indivíduos infectados ou através de transfusão sanguínea, a qual apresenta baixo risco devido à triagem de doadores e testes hematológicos.*
>
> *Esta síndrome foi descoberta em 2015, devido à alteração do padrão de ocorrência de microcefalia em nascidos vivos no Brasil. Na época, o evento foi considerado uma Emergência em Saúde Pública de Importância Nacional (ESPIN) e posteriormente Internacional (ESPII). Posteriormente, constatou-se que os casos de microcefalia, que também cursavam com outras anomalias cerebrais e alterações neurológicas, estavam associados à infecção pelo vírus Zika no período gestacional.*

Este benefício veio substituir o BPC/LOAS que havia sido concedido de modo temporário pelo artigo 18 da Lei 13.301/2016, sendo instituída em favor das crianças com Síndrome Congênita do Zika Vírus, nascidas entre 1º de janeiro de 2015 e 31 de dezembro de 2019, beneficiárias do Benefício de Prestação Continuada (BPC) de que trata o art. 20 da Lei nº 8.742, de 7 de dezembro de 1993.

Dessa forma, a lei de regência exige a prévia percepção do BPC/LOAS como pressuposto de sua concessão. A pensão especial será **mensal, vitalícia e intransferível** e terá o valor de **um salário mínimo**, não podendo ser acumulada com indenizações pagas pela União em razão de decisão judicial sobre os mesmos fatos ou com o BPC de que trata o art. 20 da Lei nº 8.742, de 7 de dezembro de 1993.

---

33 https://www.gov.br/saude/pt-br/assuntos/saude-de-a-a-z/s.

A pensão especial será devida a partir do dia posterior à cessação do BPC, não gerando direito a abono anual ou a pensão por morte. De acordo com o INSS, "somente terá direito a pensão especial o requerente que seja beneficiário de BPC/LOAS ativo ou válido na data do requerimento" (Portaria DIRBEN 66, de 30/01/2020).

Posteriormente, a regulação se deu através da **Portaria INSS/DIRBEN 1.745/2024**, que fez o ajuste de data para 21/12/2019:

- *"Art. 1º Ficam disciplinadas as regras e os procedimentos para requerimento e concessão da pensão especial mensal, vitalícia e intransferível destinada às crianças com microcefalia decorrente do vírus Zika, nascidas entre 1º de janeiro de 2015* ***e 31 de dezembro de 2019****, beneficiárias do Benefício de Prestação Continuada previsto na Lei Orgânica de Assistência Social - BPC/LOAS".*

A Portaria PRES/INSS nº 1.745, de 6 de setembro de 2024 teve a redação ajustada pela Portaria PRES/INSS nº 1.791, de 2 de dezembro de 2024, pois não apenas a microcefalia foi protegida:

> *"Ementa: Disciplina sobre pensão especial às crianças com Síndrome Congênita do Zika Vírus, nascidas entre 1º de janeiro de 2015 e 31 de dezembro de 2019, beneficiárias do Benefício de Prestação Continuada previsto na Lei Orgânica de Assistência Social." (NR)*
>
> *"Art. 1º Esta Portaria disciplina, no âmbito do INSS, as regras e os procedimentos para requerimento e concessão da pensão especial mensal, vitalícia e intransferível, destinada às crianças com* ***Síndrome Congênita do Zika Vírus****, nascidas entre 1º de janeiro de 2015 e 31 de dezembro de 2019, beneficiárias do Benefício de Prestação Continuada previsto na Lei Orgânica de Assistência Social BPC/LOAS. ...." (NR) "Art. 2º O requerimento da pensão especial de que trata esta Portaria será operacionalizado pelas unidades descentralizadas do INSS, utilizando-se a espécie 60 - "Benefício indenizatório a cargo da União", mediante realização de exame médico-pericial, que avaliará a relação entre a síndrome congênita adquirida e a contaminação pelo vírus Zika".*

Considera-se BPC/LOAS válido quando estiver suspenso ou cessado por não recebimento dos pagamentos, ou outro motivo que permita a reativação do benefício com direito ao recebimento dos valores até a data do requerimento da pensão especial.

Esse ato normativo da autarquia ultrapassa o Princípio da Legalidade. A lei de regência ou a MP que a precedeu não impede que a criança que já recebeu o BPC/LOAS que já cessou tenha o direito acesso à pensão especial ou que, nos casos de direito ao BPC não requerido, seja devida a pensão especial em momento.

O reconhecimento da pensão especial ficará condicionado à desistência de ação judicial que tenha por objeto pedido idêntico sobre o qual versa o processo administrativo, sendo realizado exame pericial por perito médico federal para constatar a relação entre a síndrome congênita adquirida e a contaminação pelo vírus da Zika.

Coube ao Ofício Circular SEI nº 1.369/2020/ME fixar os parâmetros da perícia médica:

> "1. A pensão especial de que trata a Lei nº 13.985, de 7 de abril de 2020, é destinada a crianças com Síndrome Congênita do Zika Vírus, nascidas entre 1º de janeiro de 2015 e 31 de dezembro de 2019. Será mensal, vitalícia e intransferível, e terá o valor de um salário mínimo.
>
> 2. A análise médico pericial visa constatar a relação entre a síndrome congênita adquirida e a infecção pelo Zika Vírus ocorrida durante o período gestacional.
>
> 3. O vírus Zika é uma causa de microcefalia e outras complicações neurológicas que, em conjunto, constituem a Síndrome Congênita do Zika Vírus1. Embora a microcefalia congênita seja o achado inicial para o reconhecimento da síndrome, algumas manifestações neurológicas podem ocorrer sem a microcefalia associada e só se tornarem evidentes após o nascimento.
>
> 4. A definição de síndrome congênita deve considerar os critérios do Ministério da Saúde, publicados no documento *"Orientações Integradas de Vigilância e Atenção à Saúde no âmbito da Emergência de Saúde Pública de Importância Nacional – Procedimentos para o monitoramento das alterações no crescimento e desenvolvimento a partir da gestação até a primeira infância, relacionadas à infecção pelo vírus Zika e outras etiologias infecciosas dentro da capacidade operacional do SUS"*.
>
> 5. Todos os anexos a este ofício constituem fonte de consulta para a análise médico pericial. Os Anexos I a X baseiam-se no documento citado no item 3. Os Anexos XI e XII são os gráficos da Organização Mundial de Saúde com o perímetro cefálico por sexo e idade até os 5 anos.
>
> 6. Na avaliação médico pericial para fins de enquadramento técnico na Pensão de que trata a Lei nº 13.985, de 7 de abril de 2020, é necessária a comprovação de contaminação pelo Zika Vírus através do diagnóstico clínico/epidemiológico, visando correlacionar o diagnóstico da infecção e a síndrome congênita adquirida, não se tratando de avaliação da deficiência.
>
> 7. Os dados utilizados para avaliação do enquadramento legal deverão ser registrados nos campos disponíveis no sistema".

De acordo com a MP 1.287/2025, foi instituído apoio financeiro à pessoa nascida entre 1º de janeiro de 2015 e 31 de dezembro de 2024, com deficiência decorrente de síndrome congênita causada pela infecção da genitora pelo vírus Zika durante a gestação, no valor de R$ 60.000,00.

NORMATIZAÇÃO DO INSS - INSTRUÇÃO NORMATIVA 128/2022:

Seção V

Da Pensão Especial destinada a crianças com Síndrome Congênita do Zika Vírus - Lei nº 13.985, de 7 de abril de 2020

Art. 508. É assegurado o direito à pensão especial destinada a crianças com Síndrome Congênita do Zika Vírus, nascidas entre 1º de janeiro de 2015 e 31 de dezembro de 2019, beneficiárias do Benefício de Prestação Continuada (BPC) de que trata o art. 20 da Lei nº 8.742, de 1993, conforme disposto na Medida Provisória nº 894, de 4 de setembro de 2019, convertida na Lei nº 13.985, de 2020.

§ 1º A pensão especial de que trata o caput será mensal, vitalícia e intransferível.

§ 2º A RMI da pensão especial destinada a crianças com Síndrome Congênita do Zika Vírus será no valor de um salário mínimo.

§ 3º A pensão especial não poderá ser acumulada com indenizações pagas pela União em razão de decisão judicial sobre os mesmos fatos ou com o BPC, de que trata o art. 20 da Lei nº 8.742, de 1993.

§ 4º A pensão especial será devida a partir do dia posterior à cessação do BPC ou dos benefícios referidos no § 3º deste artigo, que não poderão ser acumulados com a pensão.

§ 5º A pensão especial destinada a crianças com Síndrome Congênita do Zika Vírus não gera direito ao abono anual previsto no art. 40 da Lei nº 8.213, de 1991, e no art. 120 do RPS.

§ 6º O benefício é vitalício e intransferível, não gerando pensão a qualquer eventual dependente ou resíduo de pagamento a seus familiares.

§ 7º O reconhecimento da pensão especial ficará condicionado à desistência de ação judicial que tenha por objeto pedido idêntico sobre o qual versa o processo administrativo.

Art. 509. A constatação da relação entre a síndrome congênita adquirida e a contaminação pelo Zika Vírus será feita em exame médico pericial realizado por perito médico federal.

Art. 510. No caso de mães de crianças nascidas até 31 de dezembro de 2019, acometidas por sequelas neurológicas decorrentes da Síndrome Congênita do Zika Vírus, o salário-maternidade de que trata o art. 358 será devido por 180 (cento e oitenta) dias.

NORMATIZAÇÃO DO INSS - PORTARIA PRES/INSS Nº 1745 DE 06/09/2024

Art. 1º Esta Portaria disciplina, no âmbito do INSS, as regras e os procedimentos para requerimento e concessão da pensão especial mensal, vitalícia e intransferível, destinada às crianças com Síndrome Congênita do Zika Vírus, nascidas entre 1º de janeiro de 2015 e 31 de dezembro de 2019, beneficiárias do Benefício de Prestação Continuada previsto na Lei Orgânica de Assistência Social - BPC/LOAS. **(Redação do caput do artigo dada pela Portaria PRES/INSS Nº 1791 DE 02/12/2024).**

§ 1º Somente terá direito à pensão especial o requerente que seja beneficiário de BPC/LOAS ativo ou válido na data do requerimento.

§ 2º O BPC/LOAS será considerado válido ainda que esteja suspenso ou cessado por não recebimento dos pagamentos, ou outro motivo que permita a reativação do benefício com direito ao recebimento dos valores até a data do requerimento da pensão especial.

Art. 2º O requerimento da pensão especial de que trata esta Portaria será operacionalizado pelas unidades descentralizadas do INSS, utilizando-se a espécie 60 - "Benefício indenizatório a cargo da União", mediante realização de exame médico-pericial, que avaliará a relação entre a síndrome congênita adquirida e a contaminação pelo vírus Zika. **(Redação do caput do artigo dada pela Portaria PRES/INSS Nº 1791 DE 02/12/2024).**

Parágrafo único. Para obter direito à concessão da pensão especial, o interessado deverá concordar com a cessação do BPC/LOAS, sob pena de indeferimento por impossibilidade de acumulação de benefícios.

Art. 3º A pensão especial não poderá ser acumulada com indenizações pagas pela União obtidas administrativa e judicialmente decorrentes deste mesmo fato gerador ou com o Benefício de Prestação Continuada, de que trata o art. 20 da Lei nº 8.742, de 7 de dezembro de 1993.

Parágrafo único. O reconhecimento da pensão especial ficará condicionado à desistência de ação judicial que tenha por objeto pedido idêntico sobre o qual versa o processo administrativo, sob pena de indeferimento do pedido.

Art. 4º A pensão especial não gera direito ao abono ou à pensão por morte, sendo:

I - devida a partir do dia posterior à cessação dos benefícios dispostos no art. 3º, que não podem ser acumulados com a pensão; e

II - paga no valor equivalente a um salário mínimo.

Art. 5º A operacionalização da pensão especial está disponibilizada para requerimentos realizados a partir de 4 de novembro de 2019.

Art. 6º Fica revogada a Portaria nº 66/DIRBEN/INSS, de 30 de janeiro de 2020, publicada no Diário Oficial da União nº 22, de 31 de janeiro de 2020.

Art. 7º Esta Portaria entra em vigor na data de sua publicação.

ALESSANDRO ANTONIO STEFANUTTO

7.13. Titular do BPC como segurado facultativo do RGPS

Vale registrar que **nada impede que o beneficiário do BPC/LOAS recolha ao RGPS na condição de segurado facultativo**. Isso permitirá a sua inclusão previdenciária e dos seus dependentes, ressaltando que o BPC não pode ser acumulado com qualquer benefício da seguridade social, exceto pensões com natureza indenizatórias.

Assim, será possível ao titular do BPC obter aposentadoria por idade, se realizada a carência de 15 anos, observada a renúncia ao BPC, ou mesmo instituir pensão por morte a algum dependente.

Nesse sentido, de acordo 29 da Portaria Conjunta MDS nº 3 DE 21/09/2018, "**a contribuição do beneficiário como segurado facultativo da Previdência Social não acarretará a suspensão do pagamento do BPC**", razão pela qual há expressa permissão administrativa da tese aqui proposta.

Ademais, o artigo 8º do citado ato regulamentar ainda prevê que "o salário de contribuição não integra a renda mensal bruta familiar quando o requerente do BPC, o beneficiário ou os demais membros do grupo familiar contribuírem como segurados facultativos do Regime Geral da Previdência Social – RGPS".

No entanto, **não poderá ser feito o recolhimento simplificado sobre 5% do salário mínimo**, conquanto haja inscrição no CadÚnico.

É que o artigo 21, §2º, II, "b", da Lei 8.212/91, exige que o segurado facultativo não possua renda própria. Considerando **que a percepção do BPC/LOAS caracteriza uma renda mensal**, o seu titular somente poderá recolher na alíquota de 11% ou mesmo de 20% do salário de contribuição declarado.

7.14. BPC e pensão por morte

É muito comum que **o falecido recebesse BPC/LOAS na data do óbito** e seu dependente busque a concessão de **pensão por morte**, que, **em regra**, deve ser **indeferida** por se tratar de benefício assistencial, inexistindo previsão legal de instituição de pensão por morte.

Excepcionalmente, na hipótese de demonstração do **direito adquirido a um benefício previdenciário até o dia da morte**, é juridicamente **correta a concessão da pensão por morte** na hipótese, cabendo o ônus da prova ao dependente.

Suponha-se que José recebia BPC/LOAS desde os 65 anos de idade e que não exercia nenhuma atividade laboral e nem recolhia como segurado facultativo, tendo falecido aos 75 anos de idade sem a qualidade de segurado do RGPS.

Considere ainda que José exerceu atividade rural em regime de subsistência por mais de 180 meses até os 62 anos idade, tendo adquirido o direito à aposentadoria por idade de segurado especial aos 60 anos de idade, pois neste aniversário já possuía a carência de 15 anos.

No entanto, por desconhecimento, José requereu ao INSS somente o BPC/LOAS e não juntou documentos que atestassem a qualidade de segurado especial, impedindo o INSS de avaliar o benefício por idade na condição de segurado especial (melhor benefício).

Nesse caso, **mesmo inexistindo erro administrativo da autarquia**, considerando o direito adquirido à aposentadoria por idade do segurado especial (idade de 60 anos e carência de 180 meses implementados em conjunto), se o dependente fizer a prova adequada (autodeclaração e demais exigências legais), **é de direito a concessão da pensão por morte**.

Isto porque o fato de o segurado não inscrito no INSS como segurado especial e de não ter requerido o benefício de segurado especial e nem mesmo apresentado a documentação pertinente **não irá desconstituir o direito adquirido à aposentadoria por idade, que fará com que seja conservada a qualidade de segurado até o óbito do idoso, dando azo ao deferimento da pensão por morte.**

Ao julgar o Tema 225, em 20/11/2020, a TNU admitiu a concessão de pensão por morte quando o instituidor, apesar de titular de benefício assistencial, tinha direito adquirido a benefício previdenciário não concedido pelo INSS:

Tema	225	Situação do tema	Julgado		Ramo do direito	DIREITO PREVIDENCIÁRIO
Questão submetida a julgamento		É possível a concessão de pensão por morte quando instituidor, apesar de titular de benefício assistencial, tinha direito adquirido a benefício previdenciário?				
Tese firmada		É possível a concessão de pensão por morte quando o instituidor, apesar de titular de benefício assistencial, tinha direito adquirido a benefício previdenciário não concedido pela Administração.				
Processo		Decisão de afetação	Relator (a)	Julgado em	Acórdão publicado em	Trânsito em julgado
PEDILEF 0029902-86.2012.4.01.3500/GO		18/09/2019	Juiz Federal Atanair Nasser Ribeiro Lopes	20/11/2020	20/11/2020	-

A segunda possibilidade de o titular do BPC instituir pensão por morte é se for segurado facultativo do RGPS, conforme visto no item anterior.

Assim, excepcionalmente, o falecimento de idoso ou deficiente beneficiário do BPC/LOAS poderá gerar a instituição de pensão por morte no RGPS nas seguintes situações peculiares:

A) Se o INSS não concedeu o melhor benefício, tendo havido erro administrativo ao não conceder o benefício previdenciário cabível na época do requerimento administrativo, a exemplo do cabimento de aposentadoria por idade ao segurado especial idoso ou de aposentadoria incapacidade permanente do segurado deficiente;

B) Se o beneficiário do BPC/LOAS também era segurado do RGPS na data do óbito, a exemplo dos recolhimentos na condição de segurado facultativo perpetrados pelo idoso ou deficiente.

Não raro, se demonstrado com segurança o erro administrativo, plenamente cabível a conversão do BPC/LOAS em aposentadoria com o consequente deferimento da pensão por morte.

Veja-se a correta jurisprudência:

> "PREVIDENCIÁRIO. PENSÃO POR MORTE. INACUMULABILIDADE COM BENEFÍCIO DE AMPARO ASSISTENCIAL. POSSIBILIDADE DE CONVERSÃO DESTE EM APOSENTADORIA RURAL POR IDADE. JULGADO ANULADO. NECESSIDADE DE REABERTURA DA INSTRUÇÃO PROBATÓRIA.

INCIDENTE PROVIDO EM PARTE. **1. O benefício de renda mensal vitalícia, instituído pela Lei nº 6.179/74 e posteriormente substituído pela Lei nº 8.742/93, é inacumulável com qualquer benefício previdenciário, ressalvado o direito à opção. 2. Havendo elementos que permitam o entendimento de pretensão de conversão de amparo assistencial em aposentadoria rural por idade, esta sim, cumulável com pensão por morte de rurícola, impõe-se a reabertura da instrução probatória, para melhor aplicação do direito à espécie.** 3. Pedido de Uniformização de Jurisprudência provido em parte" (TRU 1ª Região, processo 0031222-68.2007.4.01.3300, de 10/4/2012).

"PREVIDENCIÁRIO. **ALEGAÇÃO DE EXISTÊNCIA DE ERRO ADMINISTRATIVO AO CONCEDER BENEFÍCIO ASSISTENCIAL DE PRESTAÇÃO CONTINUADA AO IDOSO AO PASSO QUE LHE DEVERIA TER SIDO DEFERIDO BENEFÍCIO POR INCAPACIDADE. CONCLUSÃO DE QUE A AUTORA OSTENTAVA QUALIDADE DE SEGURADO ESPECIAL (RURAL) QUANDO DA CONCESSÃO DO BENEFÍCIO ASSISTENCIAL** CONJUNTO PROBATÓRIO FAVORÁVEL À CONCESSÃO DE APOSENTADORIA POR INVALIDEZ COM A INCIDÊNCIA DO ADICIONAL DE 25%. AUTORA DOENTE RENAL CRÔNICA. SENTENÇA DE IMPROCEDÊNCIA REFORMADA. RECURSO DA PARTE AUTORA PROVIDO PARA DETERMINAR A CONCESSÃO DA APOSENTADORIA POR INVALIDEZ COM O ADICIONAL DESDE A DATA DE CONCESSÃO EQUIVOCADA DO LOAS. PRESCRIÇÃO QUINQUENAL" (Turma Recursal de Sergipe, processo 0500375-14.2016.4.05.8501, de 27/7/2016).

De acordo com a TNU, "nada obstante se trate de benefício de natureza personalíssima, o óbito daquele que postula benefício assistencial de prestação continuada não gera a automática extinção do feito sem a resolução de seu mérito, devendo ser analisado o direito dos herdeiros ou sucessores ao recebimento dos valores residuais, compreendidos no período que vai da data do requerimento do benefício até o óbito do postulante" (informativo 9 – processo 0003238-80.2011.4.03.6318, de 14/9/2016).

No mesmo sentido o STJ:

PREVIDENCIÁRIO. RECURSO ESPECIAL. ENUNCIADO ADMINISTRATIVO 2/STJ. BENEFÍCIO ASSISTENCIAL. FALECIMENTO DO TITULAR DO BENEFÍCIO NO CURSO DO PROCESSO. HABILITAÇÃO DOS HERDEIROS PARA O RECEBIMENTOS DOS VALORES NÃO PAGOS EM VIDA. POSSIBILIDADE. ARTIGOS 20 E 21 DA LEI 8.742/1993. ARTIGO 23 DO DECRETO 6.214/2007. RECURSO ESPECIAL PROVIDO. 1. No caso de benefício assistencial de prestação continuada, previsto na Lei 8.742/1993, não obstante o seu caráter personalíssimo, eventuais créditos existentes em nome do beneficiário no momento de seu falecimento, devem ser pagos aos seus herdeiros, porquanto, já integravam o patrimônio jurídico do de cujus. Precedentes. 2. O caráter personalíssimo do benefício impede a realização de pagamentos posteriores ao óbito, mas não retira do patrimônio jurídico do seu titular as parcelas que lhe eram devidas antes de seu falecimento, e que, por questões de ordem administrativa e processual, não lhe foram pagas em momento oportuno. 3. No âmbito regulamentar, o artigo 23 do Decreto nº 6.214/2007, garante expressamente aos herdeiros ou sucessores o valor residual não recebido em vida pelo beneficiário, 4. Portanto, no caso de falecimento do beneficiário no curso do processo em que ficou reconhecido o direito ao benefício assistencial, é possível a habilitação de herdeiros do beneficiário da assistencial social, para o recebimento dos valores não recebidos em vida pelo titular (REsp 1568117, 2ª Turma, de 21/3/2017).

7.15. Concessão judicial e revisão administrativa

Por força de regra expressa na **Lei 14.176/2021**, o beneficiário em gozo de benefício de prestação continuada concedido **judicial ou administrativamente** poderá ser **convocado** para avaliação das condições que ensejaram sua concessão ou manutenção, sendo-lhe exigida a presença dos requisitos previstos na legislação. No mesmo sentido previu a da **Lei 15.077/2024** que a concessão administrativa **ou judicial** do BPC/LOAS a pessoa com deficiência fica sujeita a avaliação, nos termos de regulamento.

Trata-se de regra declaratória, considerando que a revisão administrativa já estava prevista no *caput* do artigo 21[34] da Lei 8.742/93, bem como a revisão administrativa da concessão judicial é possível se restar alterada a situação fática da época da concessão.

Vale frisar que a revisão administrativa decorrente de concessão judicial do BPC/LOAS é regida pela Portaria INSS/AGU 04, de 10 de setembro de 2014, que revogou expressamente a famosa Orientação Interna INSS/PFE/DIRBEN 76/2003, que disciplinou o tema por mais de uma década.

É certo que o INSS não poderá descumprir a coisa julgada, mas é igualmente certo que a coisa julgada submete-se à cláusula *rebus sic stantibus*, pois a alteração fática permite a revisão administrativa pelo INSS nos casos de elevação da renda familiar e da cessação da deficiência.

Nesse sentido, as ações de assistência técnica e de revisão administrativa dos benefícios judiciais deverão ser coordenadas regionalmente por Perito Médico Previdenciário, Supervisor Médico Pericial ou Médico Perito da Previdência Social especificamente indicado para o encargo.

Com efeito, os benefícios implantados por força de decisão judicial devem ser revisados preferencialmente após 2 (dois) anos da implantação judicial ou trânsito em julgado para o benefício de prestação continuada da assistência social, salvo fato novo.

34 Art. 21. O benefício de prestação continuada deve ser revisto a cada 2 (dois) anos para avaliação da continuidade das condições que lhe deram origem.

Demais disso, em se tratando de benefício concedido por decisão judicial ainda não transitada em julgado, uma vez constatada a existência de alguma causa que enseja a cessação do benefício, como a recuperação da capacidade laborativa ou o retorno à atividade laboral, dentre outras, o INSS encaminhará relatório circunstanciado da situação, acompanhado dos documentos necessários à compreensão do caso, ao órgão de execução da Procuradoria-Geral Federal, para manifestação.

Se da análise dos documentos encaminhados pelo INSS restar constatada a existência de alguma causa que enseja a cessação do benefício, caberá ao órgão de execução da PGF solicitar ao juízo competente a cessação do benefício, ou, se for o caso, comunicar ao juízo competente a cessação do benefício, caso exista posicionamento jurisdicional local pela possibilidade de cessação administrativa na hipótese verificada no caso concreto, orientando o INSS a adotar as providências necessárias.

Nesse sentido, a atual posição do STJ:

INFORMATIVO 536 – "DIREITO PREVIDENCIÁRIO. PRINCÍPIO DO PARALELISMO DAS FORMAS NA REVISÃO DE BENEFÍCIO ASSISTENCIAL.

O INSS pode suspender ou cancelar benefício de prestação continuada concedido judicialmente, desde que conceda administrativamente o contraditório e a ampla defesa ao beneficiário, não se aplicando o princípio do paralelismo das formas. O STJ, por meio da Sexta Turma, aplicou o entendimento de que era necessário respeitar o princípio do paralelismo das formas, ou seja, concedido o benefício por meio de decisão judicial, somente por outra decisão judicial seria possível a autarquia fazer a revisão para suspender ou cancelar o benefício, nos termos do art. 471, I, do CPC (REsp 1.201.503-RS, DJe 26/11/2012). No entanto, esse princípio não é de observância obrigatória, devendo-se impedir, entretanto, o cancelamento ou suspensão unilateral do benefício por parte da autarquia, sem dar oportunidade ao beneficiário de apresentar provas que entender necessárias. Efetivamente, não se exige o paralelismo de formas por três motivos: 1) a legislação previdenciária, que é muito prolixa, não faz essa exigência, não podendo o Poder Judiciário exigir ou criar obstáculos à autarquia não previstos em lei; 2) foge da razoabilidade e proporcionalidade, uma vez que, por meio do processo administrativo, respeitando-se o devido processo legal, o contraditório e a ampla defesa, é possível extrair elementos suficientes para apurar a veracidade ou não dos argumentos para a suspensão ou cancelamento do benefício, o que não impede posterior revisão judicial; 3) a grande maioria dos benefícios sociais concedidos pela Lei Orgânica da Assistência Social (Lei 8.742/1993) são deferidos por meio de decisão judicial, o que acarretaria excessiva demanda judicial, afetando em demasia o Poder Judiciário, bem como o departamento jurídico da autarquia, além da necessidade de defesa técnica, contratada pelo cidadão, sempre que houver motivos para a revisão do benefício. Precedente citado do STJ: AgRg no Ag 1.105.324-BA, Quinta Turma, DJe 17/8/2009. Precedente citado do STF: RE 469.657 AgR, Segunda Turma, DJe 13/8/2012". **REsp 1.429.976-CE, Rel. Min. Humberto Martins, julgado em 18/2/2014.**

Entretanto, a cessação do benefício de prestação continuada concedido à pessoa com deficiência não impede nova concessão do benefício, desde que atendidos os requisitos definidos em regulamento.

7.16. Temas finais

De acordo com a Súmula 79, da TNU, "nas ações em que se postula benefício assistencial, é necessária a comprovação das condições socioeconômicas do autor por laudo de assistente social, por auto de constatação lavrado por oficial de justiça ou, sendo inviabilizados os referidos meios, por prova testemunhal".

Nota-se que este enunciado da Turma Nacional prioriza a demonstração da miserabilidade através da produção de perícia social judicial, colocando em segundo e terceiro planos, respectivamente, o auto de constatação a ser lavrado por oficial de justiça e a prova testemunhal.

O **Enunciado 168, do FONAJEF**, aduz que "a produção de auto de constatação por oficial de justiça, determinada pelo Juízo, não requer prévia intimação das partes, sob pena de frustrar a eficácia do ato, caso em que haverá o contraditório diferido" (aprovado no XIII FONAJEF), pois justamente se busca a surpresa para evitar fraudes na apresentação do núcleo familiar.

Nos termos do **Enunciado 167, do FONAJEF**, "nas ações de benefício assistencial, não há nulidade na dispensa de perícia socioeconômica quando não identificado indício de deficiência, a partir de seu conceito multidisciplinar" (aprovado no XIII FONAJEF).

Ademais, a concessão do benefício de prestação continuada independerá da interdição judicial do idoso ou da pessoa com deficiência[35], ao passo que a interdição, por si só, não vinculará o INSS, haja vista as suas causas não serem exatamente idênticas aos pressupostos do benefício[36], não tendo o condão de vincular a autarquia federal previdenciária, que não foi parte no processo gracioso de interdição.

Nos termos da Súmula 22 da TNU, "se a prova pericial realizada em juízo dá conta de que a incapacidade já existia na data do requerimento administrativo, esta é o termo inicial do benefício assistencial".

Logo, caso o INSS indefira o benefício assistencial, alegando a inexistência de deficiência de longo prazo do requerente, mas a perícia judicial aponta a existência da deficiência deste a data de entrada do requerimento administrativo, a condenação judicial deverá ser retroativa à postulação administrativa.

Veja-se enunciado aprovado na **I Jornada de Direito da Seguridade Social do Conselho da Justiça Federal** sobre o tema:

---

[35] Artigo 18 do Decreto 6.214/07.

[36] Como exemplo, o pródigo poderá ser interditado, mas tem plenas condições de trabalhar.

ENUNCIADO 36: A data de início do benefício assistencial é a data do requerimento administrativo (DER), quando nela já estiverem presentes os requisitos legais, independentemente de a propositura da ação ter ocorrido após ultrapassado o prazo bienal de revisão do art. 21 da Lei n. 8.742/1993.

Por outro lado, não se exige na visão da TNU (Tema 10) que haja a renovação bienal do requerimento administrativo do BPC como condição para propor ação judicial:

Tema	10	Situação do tema	Julgado - TEMA 350/STF		Ramo do direito	DIREITO PREVIDENCIÁRIO
Questão submetida a julgamento		Saber se há necessidade de renovação do requerimento administrativo para concessão de benefício assistencial.				
Tese firmada		**O ajuizamento de ações visando o recebimento do benefício previsto no art. 203, V, da Constituição Federal não exige a renovação bienal do requerimento administrativo, afastada a indevida analogia ao art. 21, da Lei n. 8.742/93.** RE 914797 - DECISÃO STF: determino a devolução dos autos ao Juízo de origem para que seja observada a decisão do Supremo no precedente RE 631.240 - TEMA 350.				
Processo		Decisão de afetação	Relator (a)	Julgado em	Acórdão publicado em	Trânsito em julgado
PEDILEF 0504108-62.2009.4.05. 8200/ PB		-	Juiz Federal Paulo Ricardo Arena Filho	02/08/2011	21/10/2011	12/09/2018

Apesar de ser um benefício assistencial, é gerido pelo Instituto Nacional do Seguro Social - INSS, por questões de otimização administrativa, competindo à União arcar com o seu pagamento, conforme previsto no artigo 29, parágrafo único, da Lei 8.742/93.

No caso das lides judiciais, o STJ vem reconhecendo a legitimidade passiva exclusiva do INSS, não devendo a União ser ré no processo:

> "AGRAVO REGIMENTAL EM RECURSO ESPECIAL. PREVIDENCIÁRIO. ASSISTÊNCIA SOCIAL. BENEFÍCIO DE PRESTAÇÃO CONTINUADA. **UNIÃO. ILEGITIMIDADE.**
>
> 1. **"O benefício de prestação continuada previsto no artigo 203 da Constituição da República, regulamentado pela Lei nº 8.742/93, muito embora não dependa de recolhimento de contribuições mensais, deverá ser executado e**

> **mantido pela Previdência Social, que tem legitimidade para tal mister**." (REsp 308.711/SP, da minha Relatoria, in DJ 10/3/2003)" (AgRg no REsp 735.447, de 29.08.2005).

Por fim, da decisão de indeferimento do requerimento pelo INSS podem os interessados interpor recurso ordinário às Juntas de Recursos do Conselho de Recursos da Previdência Social – JR/CRPS no prazo de 30 (trinta) dias contados da data da ciência da decisão.

Nos termos do Ofício-Circular nº 15 /DIRBEN/INSS, de 13 de março de 2019, em obediência ao teor do PARECER nº 01130/2018/CONJUR-MDS/CGU/AGU, de 09 de dezembro de 2018, Anexo I, relativo à aplicabilidade do art. 49 do Decreto nº 9.462, de 08 de agosto de 2018, que altera o Regulamento do Benefício de Prestação Continuada – BPC, aprovado pelo Decreto nº 6.214, de 26 de setembro de 2007, deverão ser observadas as orientações contidas neste Ofício-Circular, quanto à cobrança administrativa de valores recebidos indevidamente em BPC.

Identificado o recebimento indevido de valores por parte do titular do BPC, caberá a cobrança administrativa somente para os casos em que houver comprovação de materialidade da conduta de má-fé do beneficiário, independente do período em que tenha ocorrido a situação fática que deu causa à alteração das condições de elegibilidade ao direito ao BPC, do tempo de percepção irregular do benefício assistencial e do montante do valor recebido indevidamente.

Por fim, no caso do BPC/LOAS, até o advento da MP 871/2019, convertida na Lei 13.846/2019, o INSS não cobrava as parcelas recebidas de boa-fé pelo beneficiário fruto de erro administrativo de concessão revisto em decorrência do dever poder de autotutela com lastro no Decreto 6.214/2007:

> *"Art. 49. Cabe ao INSS, sem prejuízo da aplicação de outras medidas legais, adotar as providências necessárias à restituição do valor do benefício pago indevidamente, **ressalvados os casos de recebimento de boa-fé**. **(Redação dada pelo Decreto nº 9.462, de 2018)**".*

No entanto, com a nova redação do artigo 115, II, da Lei 8.213/91, esse dispositivo regulamentar não foi recepcionado, tendo a Portaria INSS/DIRBEN 633, de 27/08/2020 modificado a posição da autarquia em razão da posição do consultivo do Ministério da Cidadania (PARECER n. 00579/2020/CONJUR-MC/CGU/AGU), passando a Autarquia a fazer a cobrança das parcelas indevidamente pagas de BPC/LOAS ao beneficiário mesmo nas situações de boa-fé subjetiva.

Nesse sentido, com a publicação da Portaria Conjunta MC/MTP/INSS 22, de 30.12.2022, foi previsto que é devida a cobrança de ressarcimento de valores recebidos do BPC quando constatada a ocorrência de ao menos uma das hipóteses de cessação do benefício previstas no art. 48 do anexo ao Decreto nº 6.214, de 2007.

8. AUXÍLIO-INCLUSÃO

8.1. Regras gerais

O Estatuto da Pessoa com Deficiência (Lei 13.146/2019), previu (art. 94) a criação de um benefício denominado **AUXÍLIO-INCLUSÃO** em favor das pessoas com **deficiência moderada ou grave** que:

> I - recebam o BPC/LOAS e que passem a exercer atividade remunerada que as enquadre como segurados obrigatórios do RGPS;
>
> II - tenham recebido, nos últimos 5 (cinco) anos, o BPC/LOAS e que exerçam atividade remunerada que as enquadre como segurados obrigatórios do RGPS.

Diante da generalidade legal, se o requerente estiver em gozo do BPC IDOSO (B 88), e não do B 87 (Amparo assistencial ao portador de deficiência), mas também possuir deficiência moderada ou grave, também fará jus ao auxílio-inclusão.

Dessa forma, talvez pela primeira vez no ordenamento jurídico brasileiro, foi criado um **benefício híbrido**, que ao mesmo tempo que detém **natureza previdenciária e assistencial**.

Isso porque requer a qualidade de segurado da previdência e a percepção do BPC/LOAS ao menos dos últimos 5 anos, sendo que a sua regulamentação de deu dentro da LOAS, através da **Lei 14.176/2021**, com vigência para o benefício em questão em **outubro de 2021**.

Compete ao Ministério do Desenvolvimento e Assistência Social, Família e Combate à Fome a gestão do auxílio-inclusão, e ao **INSS** a sua operacionalização e pagamento. As despesas decorrentes do pagamento do auxílio-inclusão correrão à conta do orçamento do citado Ministério.

Nos termos da Lei 14.176/2021, terá direito à concessão do auxílio-inclusão a pessoa com deficiência moderada ou grave que, cumulativamente:

> I – receba o BPC/LOAS e passe a exercer atividade:
>
> a) que tenha remuneração limitada a 2 (dois) salários-mínimos; e
>
> b) que enquadre o beneficiário como segurado obrigatório do Regime Geral de Previdência Social ou como filiado a regime próprio de previdência social da União, dos Estados, do Distrito Federal ou dos Municípios;
>
> II – tenha inscrição atualizada no CadÚnico no momento do requerimento do auxílio-inclusão;
>
> III – tenha inscrição regular no CPF; e

IV – atenda aos critérios de manutenção do BPC/LOAS, incluídos os critérios relativos à renda familiar mensal *per capita* exigida para o acesso ao benefício (serão desconsideradas as remunerações obtidas pelo requerente em decorrência de exercício de atividade laboral, desde que o total recebido no mês seja igual ou inferior a 2 (dois) salários-mínimos e a as rendas oriundas dos rendimentos decorrentes de estágio supervisionado e de aprendizagem).

Dessa forma, a Lei 14.176/2021 ampliou o benefício para os segurados do RPPS das entidades federativas e passou a exigir que a pessoa com deficiência moderada ou grave estivesse com o BPC/LOAS ativo.

Não haverá direito ao auxílio-inclusão quando a remuneração da atividade laboral superar a 2 salários mínimos ou quando a renda *per capita* familiar não indicar miserabilidade.

Ademais, o auxílio-inclusão poderá ainda ser concedido, mediante requerimento e sem retroatividade no pagamento, **ao beneficiário que tenha recebido o benefício de prestação continuada nos 5 (cinco) anos imediatamente anteriores** ao exercício da atividade remunerada ou ainda na situação de suspensão quando a pessoa com deficiência exercer atividade remunerada, inclusive na condição de microempreendedor individual.

O valor do auxílio-inclusão percebido por um membro da família não será considerado no cálculo da renda familiar mensal *per capita* para aferição de miserabilidade do BPC/LOAS, para fins de concessão e de manutenção de outro auxílio-inclusão no âmbito do mesmo grupo familiar.

Outrossim, o valor do auxílio-inclusão e o da remuneração do beneficiário do auxílio-inclusão percebidos por um membro da família não serão considerados no cálculo da renda familiar mensal *per capita* para fins de manutenção de BPC/LOAS concedido anteriormente a outra pessoa do mesmo grupo familiar.

O auxílio-inclusão **será devido a partir da data do requerimento** (DER), e o seu valor corresponderá a 50% (cinquenta por cento) do valor do benefício de prestação continuada em vigor (**renda de metade do salário mínimo**), caracterizando autorização para a suspensão do BPC/LOAS, nos termos do art. 21-A da Lei 8.742/93.

A **Lei 14.441/2022** previu que o auxílio-inclusão será **concedido automaticamente** pelo INSS, observado o preenchimento dos demais requisitos, mediante constatação, pela própria autarquia ou pelo Ministério do Desenvolvimento e Assistência Social, Família e Combate à Fome, de acumulação do benefício de prestação continuada com o exercício de atividade remunerada, sendo devido a partir do primeiro dia da competência em que se identificou a ocorrência de acumulação do benefício de prestação continuada com o exercício de atividade remunerada, e o titular deverá ser notificado quanto à alteração do benefício e suas consequências administrativas.

Essa regra finalmente foi regulamentada com a edição da **Portaria Conjunta MC/MTP/INSS 22, de 30.12.2022.** Nesse sentido, caso o beneficiário pessoa com deficiência que esteja em exercício de atividade remunerada atenda aos requisitos dispostos no art. 26-A da Lei nº 8.742, de 1993, **o INSS deverá conceder automaticamente o auxílio-inclusão** de que trata o art. 94 da Lei nº 13.146, de 6 de julho de 2015.

Estou convicto que **a vinculação da renda mensal do auxílio-inclusão à metade do salário mínimo é inconstitucional.** Isso porque a Constituição veda que o salário mínimo seja utilizado como indexador (art. 7º, inciso IV), salvo se houver previsão no texto da Lei Maior, a exemplo do BPC/LOAS vinculado ao salário mínimo (art. 203, inciso V).

Dessa forma, após a concessão, deveria a legislação ter previsto outro critério de reajuste, a exemplo da aplicação da variação do INPC, mas jamais a vinculação à metade do salário mínimo.

Veja-se a jurisprudência remansosa do STF:

> **ADI 4726 / AP - AMAPÁ**
>
> **AÇÃO DIRETA DE INCONSTITUCIONALIDADE**
>
> **Relator(a): Min. MARCO AURÉLIO**
>
> **Julgamento: 11/11/2020**
>
> **Publicação: 30/11/2020**
>
> **Órgão julgador: Tribunal Pleno**
>
> **Publicação**
>
> PROCESSO ELETRÔNICO DJe-282 DIVULG 27-11-2020 PUBLIC 30-11-2020
>
> **Partes**
>
> REQTE.(S) : GOVERNADOR DO ESTADO DO AMAPÁ PROC.(A/S)(ES) : PROCURADOR-GERAL DO ESTADO DO AMAPÁ INTDO.(A/S) : ASSEMBLEIA LEGISLATIVA DO ESTADO DO AMAPA
>
> **Ementa**
>
> PROCESSO LEGISLATIVO – INICIATIVA. Ao Chefe do Executivo estadual compete a iniciativa de projetos de lei versando estrutura administrativa, a teor dos artigos 61, § 1º, inciso II, alínea "e", e 84, inciso VI, alínea "a", da Constituição Federal, aplicáveis, por simetria, às unidades federativas. BENEFÍCIO – PARÂMETRO – SALÁRIO MÍNIMO – VINCULAÇÃO – IMPOSSIBILIDADE – INTERPRETAÇÃO CONFORME À CONSTITUIÇÃO FEDERAL. É constitucional referência ao salário mínimo contida em norma de regência de benefício assistencial como a fixar valor unitário na data da edição da lei, **vedada vinculação futura como mecanismo de indexação.**

O pagamento do auxílio-inclusão **não será acumulado** com o pagamento do BPC/LOAS, prestações a título de aposentadoria, de pensões (e do auxílio-reclusão, que possui as regras da pensão por morte) ou de benefícios por incapacidade pagos por qualquer regime de previdência social, bem como com o seguro-desemprego.

Dessa forma, **será possível a sua acumulação** com o salário-família, salário--maternidade e auxílio-acidente, pois não se amoldam à vedação legal.

O auxílio-inclusão não está sujeito a desconto de qualquer contribuição e não gera direito a pagamento de abono anual.

Embora o mais indicado fosse a edição de decreto presidencial de regulamentação, coube à **Portaria Conjunta MDC/INSS 13, de 07/10/2021**, dispor sobre regras e procedimentos de requerimento, concessão, manutenção e revisão do auxílio-inclusão, prevendo que **será aplicado ao auxílio-inclusão, no que couber, o disposto na Portaria Conjunta MDS/INSS nº 3, de 2018**, que rege o BPC/LOAS.

Tal como ocorre com o BPC/LOAS, o auxílio-inclusão poderá ser requerido junto aos canais de atendimento do INSS **ou nos equipamentos públicos da assistência social**, desde que pactuados nas instâncias do Sistema Único de Assistência Social (SUAS).

Constituem **etapas de operacionalização** do auxílio-inclusão à pessoa com deficiência:

> I - requerimento;
>
> II - reconhecimento de direito;
>
> III - manutenção; e
>
> IV - revisão.
>
> No processo de análise o INSS deverá:
>
> I - analisar o requerimento;
>
> II - decidir quanto ao deferimento ou indeferimento; e
>
> III - comunicar ao requerente, por meio dos canais disponíveis, quanto ao resultado do requerimento.

Caso o auxílio-inclusão seja deferido, o prazo para realização da revisão bienal prevista no art. 21 da Lei nº 8.742, de 1993, será suspenso, voltando a correr, se for o caso, a partir do restabelecimento do BPC.

Enquanto não estiver regulamentado o instrumento de avaliação de que tratam os §§ 1º e 2º do art. 2º da Lei nº 13.146, de 6 de julho de 2015 (Estatuto da

Pessoa com Deficiência), **o grau da deficiência moderado ou grave será presumido** quando o requerente se encontrar com o **BPC ativo ou em suspensão** nos termos do art. 21-A da Lei nº 8.742, de 1993.

Dessa forma, **provisoriamente,** mesmo as pessoas com **deficiência leve** que estiverem com o benefício ativo ou suspenso em decorrência do exercício do labor remunerado **farão jus ao auxílio-inclusão.**

O atendimento aos critérios de manutenção do BPC relativos à renda familiar mensal *per capita* deverá ser:

> I - presumido, para os requerentes titulares de BPC ativo; ou
>
> II - comprovado, para os demais requerentes.

Para o acesso ao auxílio-inclusão deverá ser verificada a manutenção dos critérios relativos à renda familiar mensal *per capita* exigidos para acesso ao BPC, conforme definidos na Portaria Conjunta MDS/INSS nº 3, de 21 de setembro de 2018, observando ainda que serão **desconsideradas no cálculo:**

> I - as remunerações obtidas pelo requerente em decorrência de exercício de atividade laboral, desde que o total recebido no mês seja igual ou inferior a 2 (dois) salários mínimos; e
>
> II - as rendas oriundas dos rendimentos decorrentes de estágio supervisionado e de aprendizagem.

Os valores recebidos do BPC em competência posterior a do início da atividade deverão ser descontados do auxílio-inclusão em valor que não exceda 5% (cinco por cento) da importância da renda mensal do benefício, observado o disposto no inciso II do art. 154 do Decreto nº 3.048, de 6 de maio de 1999.

O benefício era indeferido quando o requerente vier a óbito durante o processo de análise, dispensando-se a plena avaliação dos requisitos necessários para o reconhecimento do direito.

Trata-se de regra não prevista na Lei 14.176/2021 e introduzida pela Portaria Conjunta MDC/INSS 13, de 07/10/2021, da mesma forma que a na Portaria Conjunta MDS/INSS nº 3, de 2018 prevê para o BPC/LOAS, com rejeição judicial.

De acordo com a TNU, "nada obstante se trate de benefício de natureza personalíssima, o óbito daquele que postula benefício assistencial de prestação continuada não gera a automática extinção do feito sem a resolução de seu mérito, devendo ser analisado o direito dos herdeiros ou sucessores ao recebimento dos valores residuais, compreendidos no período que vai da data do requerimento do benefício até o óbito do postulante" (informativo 9 – processo 0003238-80.2011.4.03.6318, de 14/9/2016).

No mesmo sentido o STJ:

> PREVIDENCIÁRIO. RECURSO ESPECIAL. ENUNCIADO ADMINISTRATIVO 2/STJ. BENEFÍCIO ASSISTENCIAL. FALECIMENTO DO TITULAR DO BENEFÍCIO NO CURSO DO PROCESSO. HABILITAÇÃO DOS HERDEIROS PARA O RECEBIMENTOS DOS VALORES NÃO PAGOS EM VIDA. POSSIBILIDADE. ARTIGOS 20 E 21 DA LEI 8.742/1993. ARTIGO 23 DO DECRETO 6.214/2007. RECURSO ESPECIAL PROVIDO. 1. No caso de benefício assistencial de prestação continuada, previsto na Lei 8.742/1993, não obstante o seu caráter personalíssimo, eventuais créditos existentes em nome do beneficiário no momento de seu falecimento, devem ser pagos aos seus herdeiros, porquanto, já integravam o patrimônio jurídico do de cujus. Precedentes. 2. O caráter personalíssimo do benefício impede a realização de pagamentos posteriores ao óbito, mas não retira do patrimônio jurídico do seu titular as parcelas que lhe eram devidas antes de seu falecimento, e que, por questões de ordem administrativa e processual, não lhe foram pagas em momento oportuno. 3. No âmbito regulamentar, o artigo 23 do Decreto nº 6.214/2007, garante expressamente aos herdeiros ou sucessores o valor residual não recebido em vida pelo beneficiário, 4. Portanto, no caso de falecimento do beneficiário no curso do processo em que ficou reconhecido o direito ao benefício assistencial, é possível a habilitação de herdeiros do beneficiário da assistencial social, para o recebimento dos valores não recebidos em vida pelo titular (REsp 1568117, 2ª Turma, de 21/3/2017).

Mas tivemos uma **mudança de posicionamento administrativo neste tema.** Com o advento da Portaria Conjunta MC/MTP/INSS 22, de 30.12.2022, a análise do requerimento será interrompida e o benefício será indeferido caso o INSS identifique que o requerente veio a óbito antes da comprovação dos requisitos para acessar o BPC. **Mas, caso o requerente que comprovadamente atendeu a todos os requisitos do benefício venha a óbito antes da concessão ou do pagamento da primeira prestação do BPC, os valores devidos poderão ser pagos aos herdeiros.**

Os interessados poderão interpor recurso contra a decisão de indeferimento do benefício nos canais de atendimento disponibilizados, no prazo de 30 (trinta) dias contados da data da ciência da decisão.

O procedimento revisional aplicado ao BPC será igualmente aplicado ao auxílio-inclusão quanto à forma, à frequência e aos prazos.

Em caso de **cessação do auxílio-inclusão**, o beneficiário, mediante requerimento, poderá ter o **BPC restabelecido**:

> I - a partir do dia imediatamente posterior, quando requerido em até 90 (noventa) dias, conforme o caso, da cessação do contrato de trabalho, do encerramento da atividade empresarial, da última competência de contribuição previdenciária recolhida como contribuinte individual ou do encerramento do prazo de pagamento do seguro-desemprego; ou

> II - a partir da data do protocolo do requerimento, quando requerido após 90 (noventa) dias, conforme o caso, da cessação do contrato de trabalho, da última competência de contribuição previdenciária recolhida como contribuinte individual ou do encerramento do prazo de pagamento do seguro-desemprego.

Trata-se de regra regulamentar inovadora em favor do requerente, pois permitiu o pagamento de atrasados do BPC/LOAS se entre a cessação da atividade laboral e o requerimento administrativo de reativação não se passaram mais de 90 dias.

Deverão ser **descontados do BPC** restabelecido em valor que não exceda 10% (dez por cento) da importância da renda mensal do benefício, observado o disposto no inciso II do art. 154 do Decreto nº 3.048, de 1999, os valores recebidos do auxílio-inclusão:

> I - durante período de suspensão do contrato de trabalho sem remuneração ou de licença não remunerada; e
>
> II - após a cessação do contrato de trabalho, o encerramento da atividade empresarial, a última competência de contribuição previdenciária recolhida como contribuinte individual ou o encerramento do prazo de pagamento do seguro-desemprego.

IMPORTANTE!

Por força da Portaria INSS/DIRBEN 1.211, de 11/06/2024, aplicam-se ao requerimento do Auxílio-Inclusão à Pessoa com Deficiência (B 18) as Ações Civis Públicas vigentes para o Benefício Assistencial à Pessoa com Deficiência (B 87) em relação à avaliação do critério de miserabilidade, bem como a relativa à concessão de benefício assistencial previsto na Loas ao estrangeiro em situação regular no País, conforme decisão judicial proferida na Ação Civil Pública nº 0006972-83.2012.4.01.3400 DF.

8.2. Normatização do INSS

Para operacionalizar os requerimentos do auxílio-inclusão o INSS editou a PORTARIA DIRBEN/INSS Nº 933, DE 29 DE SETEMBRO DE 2021 com o **Código B-18:**

> *"Art. 1º Disponibilizar o requerimento do benefício Auxílio-Inclusão à Pessoa com Deficiência, espécie B18, ao cidadão, a partir de 01 de outubro de 2021, de forma atender ao contido nas Leis nº 13.146, de 6 julho de 2015, e nº 14.146, de 22 de junho de 2021.*
>
> *Art. 2º Os seguintes **serviços foram criados no catálogo de serviços do SAG Gestão:***
>
> *I - Auxílio-Inclusão à Pessoa com Deficiência, código 14835, sigla AINCLUSAO;*

> *II - Auxílio-Inclusão à Pessoa com Deficiência – AI, código 14836, sigla AUXINCLUS; e*
>
> *III - Acertos para análise, código 14875, sigla TACERANA.*
>
> *Art. 3º A solicitação do benefício deverá ser realizada através do serviço "Auxílio-Inclusão à Pessoa com Deficiência", sigla AINCLUSAO, do tipo "tarefa".*
>
> *Art. 4º Durante o requerimento do benefício, quando o solicitante possuir Benefício Assistencial à Pessoa com Deficiência - B87 cessado ou suspenso por exercício de atividade remunerada, o sistema modificará a solicitação para o serviço "Auxílio-Inclusão à Pessoa com Deficiência - AI", sigla AUXINCLUS, para que sejam prestadas informações adicionais necessárias à análise da solicitação.*
>
> *Parágrafo único. A transição entre os serviços, de que trata o caput, ocorrerá automaticamente.*
>
> *Art. 5º No ato do requerimento, o solicitante dará ciência de que a concessão do Auxílio-Inclusão suspenderá o Benefício Assistencial à Pessoa com Deficiência (B87), se alvo, e que haverá encontro de contas dos valores recebidos do B87 em concomitância com os da atividade remunerada.*
>
> *Art. 6º O serviço "Acerto para integração - SIBE" será utilizado como subtarefa, criada automaticamente pelo sistema, nos casos em que não for possível a geração de número de benefício - NB no sistema SIBE PU imediatamente após a formalização do requerimento.*
>
> *Art. 7º Nos casos em que o sistema não conseguir processar automaticamente o benefício após a integração, será criada de forma automática a subtarefa "Acertos para análise".*
>
> *Art. 8º Os procedimentos para análise dos requerimentos não processados automaticamente e a forma da análise das tarefas e subtarefas citadas nesta Portaria serão definidos e divulgados em ato próprio.*
>
> *Art. 9º Esta Portaria entra em vigor na data de sua publicação, com produção dos efeitos a partir de 01 de outubro de 2021".*

Em seguida, no DOU de 19 de novembro de 2021, o INSS fez publicar a **Portaria INSS/DIRBEN Nº 949 de 18/11/2021**, que dispõe sobre as regras e os procedimentos para análise do direito ao Benefício de Auxílio-Inclusão à Pessoa com Deficiência.

> *"Art. 1º Dispor sobre as regras e os procedimentos gerais para requerimento, análise, concessão e indeferimento do Benefício de Auxílio-Inclusão à Pessoa com Deficiência.*
>
> *Art. 2º O Auxílio-Inclusão à Pessoa com Deficiência é um benefício assistencial destinado à pessoa com deficiência moderada ou grave, previsto no art. 94 da Lei 13.146, Estatuto da Pessoa com Deficiência, de 6 de julho de 2015, e regulamentado pela Lei 8.742, de 7 de dezembro de 1993, a partir da alteração dada pela Lei 14.176, de 22 de junho de 2021.*

Art. 3º O Auxílio-inclusão à Pessoa com Deficiência será operacionalizado pelo Instituto Nacional do Seguro Social - INSS por meio da espécie 18.

Art. 4º No ato do requerimento, o solicitante dará ciência de que o requerimento do Auxílio-Inclusão à Pessoa com Deficiência (B-18) ***poderá acarretar a suspensão do Benefício Assistencial à Pessoa com Deficiência (B-87), se ativo****, e o possível encontro de contas dos valores recebidos em concomitância com os da atividade remunerada.*

Art. 5º Assim que o cidadão concluir o requerimento, será criada a tarefa no sistema Gerenciador de Tarefas - GET e gerado o número de benefício no SIBEPU.

§ 1º O sistema criará automaticamente a subtarefa «Acertos para Integração - SIBE», quando, por algum motivo, não ocorrer a integração com o SIBE-PU para geração do número do benefício.

§ 2º Caberá ao servidor administrativo promover os ajustes necessários e concluir a subtarefa «Acertos para Integração - SIBE», ocasião em que o sistema tentará novamente a integração e geração do número do benefício. Não obtendo êxito, a subtarefa será reaberta.

Art. 6º Nos casos em que a integração tiver ocorrido e não for possível o reconhecimento automático do direito ao benefício, será criada automaticamente pelo sistema a subtarefa "Acertos para Análise".

§ 1º Caberá ao servidor administrativo a análise do benefício, realizando os ajustes necessários diretamente no SIBE-PU. Após conclusão do benefício no SIBE-PU, o servidor deverá concluir no GET a subtarefa «Acertos para Análise».

§ 2º O sistema GET reabrirá automaticamente a subtarefa, caso o benefício não tenha sido finalizado no SIBE-PU.

Art. 7º A concessão do benefício de Auxílio-Inclusão à Pessoa com Deficiência (B-18) dependerá do preenchimento simultâneo dos seguintes requisitos:

I - ser titular de Benefício Assistencial à Pessoa com Deficiência (B-87) suspenso/cessado há menos de 5 (cinco) anos imediatamente anteriores ao exercício da atividade remunerada ou ativo na Data de Entrada do Requerimento - DER do Auxílio-Inclusão à Pessoa com Deficiência (B-18);

II - exercer, na Data de Entrada do Requerimento - DER do Auxílio-Inclusão à Pessoa com Deficiência (B-18), atividade remunerada que a enquadre como segurado obrigatório do Regime Geral de Previdência Social ou como filiado a Regime Próprio de Previdência Social da União, dos Estados, do Distrito Federal ou dos Municípios, inclusive regime de previdência militar; ***(Redação do inciso dada pela Portaria DIRBEN/INSS Nº 1047 DE 10/08/2022).***

III - ter remuneração mensal limitada a 2 (dois) salários-mínimos;

IV - possuir inscrição atualizada no Cadastro Único do Governo Federal - CadÚnico no momento do requerimento do auxílio-inclusão, excetuando-se as situações elencadas no art. 42 da Portaria Conjunta MDS/INSS nº 3, de 21 de setembro de 2018;

V - ter inscrição regular no Cadastro de Pessoa Física - CPF; e

VI - atender aos critérios de manutenção do benefício de prestação continuada, incluídos os critérios relativos à renda familiar mensal per capita exigida para o acesso ao benefício, inclusive aqueles decorrentes das ações civis públicas aplicáveis. ***(Redação do inciso dada pela Portaria DIRBEN/INSS Nº 1047 DE 10/08/2022).***

(Redação do parágrafo dada pela Portaria DIRBEN/INSS Nº 1047 DE 10/08/2022):

§ 1º Para fins de direito ao Auxílio-Inclusão à Pessoa com Deficiência (B-18), os motivos de suspensão ou cessação do Benefício Assistencial à Pessoa com Deficiência (B-87) considerados para reconhecimento do direito conforme inciso I do caput, são os dispostos no art. 21-A da Lei 8.742, de 7 de dezembro de 1993 :

I - 7 (BPC>2 ANOS - APRENDIZ C/DEFIC), cessação;

II - 116 (CESS. B87 APOS ANALISE REQUERIMENTO B18), cessação; e

III - 86 (SUSP. BPC EXERCE ATIVIDADE REMUNERADA), suspensão.

§ 2º Na hipótese de benefício assistencial anterior com motivo de suspensão ou cessação diverso do definido no parágrafo 1º, quando possível, caberá a alteração para possibilitar o reconhecimento do direito ao auxílio-inclusão. ***(Parágrafo acrescentado pela Portaria DIRBEN/INSS Nº 1047 DE 10/08/2022).***

Art. 8º Para fins do disposto no caput do art. 7º, a deficiência será presumida quando o requerente estiver com Benefício Assistencial à Pessoa com Deficiência (B-87) ativo, suspenso ou cessado em conformidade com o previsto nos §§ 1º e 2º do artigo 7º. ***(Redação do caput dada pela Portaria DIRBEN/INSS Nº 1047 DE 10/08/2022).***

Art. 9º Presumir-se-ão cumpridos os critérios de manutenção do benefício de prestação continuada, relativos à renda familiar mensal per capita, para os requerentes que possuírem o Benefício Assistencial à Pessoa com Deficiência (B 87) ativo no momento da análise do Auxílio-Inclusão à Pessoa com Deficiência (B 18).

§ 1º Para os casos em que o interessado possuir Benefício Assistencial à Pessoa com Deficiência (B-87) precedente, suspenso ou cessado há menos de 5 (cinco) anos imediatamente anteriores ao exercício da atividade, nos moldes do art. 21-A da Lei 8.742, de 1993, será necessário nova avaliação quanto ao enquadramento no critério de miserabilidade previsto no art. 20, § 3º, desta mesma Lei, excluindo-se a remuneração obtida pelo requerente em decorrência de exercício de atividade laboral, desde que o total recebido no mês seja igual ou inferior a 2 (dois) salários-mínimos, bem como as rendas oriundas dos rendimentos de estágio supervisionado e de aprendizagem.

§ 2º Devem ser observados, para aferição da renda familiar per capita, os critérios previstos na Portaria Conjunta MDS/INSS nº 3, de 21 de setembro de 2018.

Art. 10. Para caracterização na condição de segurado obrigatório do RGPS, serão aplicados os mesmos parâmetros comprobatórios da filiação e do exercício de atividade previstos nas normas internas do INSS, inclusive o disposto no art. 19 do Regulamento da Previdência Social, aprovado pelo Decreto 3.048, de 6 de maio de 1999, reconhecendo-se o direito ao B 18 aos seguintes filiados:

I - Empregado;

II - Empregado Doméstico;

III - Contribuinte Individual;

IV - Trabalhador Avulso;

V - Segurado Especial.

§ 1º A comprovação da filiação e da remuneração percebida na atividade vinculada ao RPPS será realizada por meio da apresentação de declaração emitida pelo órgão de vinculação do requerente.

*§ 2º A concessão do Auxílio-Inclusão à Pessoa com Deficiência (B-18), em decorrência de sua natureza assistencial, independe de carência, devendo o requerimento ser indeferido quando, na DER, não restarem comprovados a filiação ao RGPS ou RPPS, **inclusive originário de vínculo militar**, ou ainda, o exercício da atividade remunerada. **(Redação do parágrafo dada pela Portaria DIRBEN/INSS Nº 1047 DE 10/08/2022).***

§ 3º O requerente poderá exercer mais de uma atividade remunerada na DER do Auxílio-Inclusão à Pessoa com Deficiência (B-18), independentemente do regime de previdência vinculado, nos moldes do preconizado no caput deste artigo, desde que a soma das remunerações mensalmente percebidas não ultrapasse 2 (dois) salários mínimos.

§ 4º Quando o requerente informar, no requerimento, que exerce atividade remunerada, mas inexistir informação de seu exercício no CNIS, caberá ao servidor administrativo, por meio de emissão de exigência, requerer documentos que comprovem o exercício de atividade e a remuneração recebida, nos moldes do art. 19-B do RPS, aprovado pelo Decreto 3.048, de 6 de maio de 1999.

§ 5º Ficarão sobrestadas, aguardando regulamentação específica, as seguintes situações:

I - requerimento em que o interessado informe exercer atividade como:

a) contribuinte individual, inclusive o prestador de serviço;

(Revogado pela Portaria DIRBEN/INSS Nº 1047 DE 10/08/2022):

~~b) trabalhador avulso; e~~

c) segurado especial.

II - requerimento em que conste, no CadÚnico do interessado, valor no campo "Renda bruta de trabalho no último mês", sem que haja informação de filiação ao RPPS ou ao RGPS no CNIS, alegando o interessado ser ela decorrente de trabalho informal; e

(Revogado pela Portaria INSS Nº 954 DE 06/12/2021):

~~§ 6º O previsto no inciso I do parágrafo anterior não se aplica ao Contribuinte Individual prestador de serviço.~~

Art. 11. Entende-se por remuneração mensal o valor do salário de contribuição descrito nos termos do art. 28 da Lei 8.212, de 24 de julho de 1991.

§ 1º O valor da remuneração considerado será o auferido à época da Data de Entrada do Requerimento - DER do Auxílio-Inclusão da Pessoa com Deficiência (B-18). ***(Redação do parágrafo dada pela Portaria DIRBEN/INSS Nº 1047 DE 10/08/2022).***

§ 2º O limite de até 2 (dois) salários-mínimos de remuneração pelo exercício de atividade remunerada é válido para todas as categorias de trabalhadores e, para o contribuinte individual ou segurado especial que contribuir facultativamente, deverá ser aferido pelo valor da contribuição previdenciária recolhida na competência de entrada do requerimento do auxílio-inclusão, se houver, ou, na imediatamente anterior à apresentação do pedido. ***(Parágrafo acrescentado pela Portaria DIRBEN/INSS Nº 1047 DE 10/08/2022).***

§ 3º Para o segurado especial sem contribuição facultativa, o valor de remuneração auferido a ser considerado será de 1 (um) salário-mínimo. ***(Parágrafo acrescentado pela Portaria DIRBEN/INSS Nº 1047 DE 10/08/2022).***

§ 4º Para o segurado especial que contribui facultativamente não será exigida a continuidade das contribuições previdenciárias para manutenção do direito ao Auxílio-Inclusão, cabendo entretanto, a comprovação da continuidade do exercício da atividade remunerada no período de manutenção do Auxílio-Inclusão. ***(Parágrafo acrescentado pela Portaria DIRBEN/INSS Nº 1047 DE 10/08/2022).***

(Artigo acrescentado pela Portaria DIRBEN/INSS Nº 1047 DE 10/08/2022):

Art. 11-A . Para fins de análise do requerimento ao Auxílio-Inclusão à Pessoa com Deficiência (B-18), a data a ser considerada como sendo do início da atividade remunerada será:

§ 1º Para o segurado especial com ou sem contribuição facultativa, de acordo com a data da documentação apresentada visando a comprovação do exercício da atividade laborativa de natureza rural nos moldes da legislação previdenciária;

§ 2º Para o trabalhador avulso, o primeiro dia da competência em que foi efetuada a primeira contribuição previdenciária sem que se verifique interrupção nos recolhimentos, anterior a DER do Auxílio-inclusão.

§ 3º Caberá a devolução de valores recebidos a título de Benefício Assistencial à Pessoa com Deficiência (B-87) em concomitância com o exercício de atividade remunerada, observado o disposto nos § 1º e § 2º deste artigo.

Art. 12. Não serão automaticamente indeferidos os casos em que a situação da inscrição no CPF esteja diferente de regular, sendo de responsabilidade do servidor administrativo a emissão de exigência específica ao requerente, para sua regularização junto à Receita Federal do Brasil.

Art. 13. A concessão do Auxílio-Inclusão à Pessoa com Deficiência (B-18) acarretará a suspensão da revisão bienal do Benefício Assistencial à Pessoa com Deficiência (B-87) prevista no art. 21 da Lei 8.742, de 7 de dezembro de 1993, enquanto o Auxílio-Inclusão à Pessoa com Deficiência se mantiver ativo.

Art. 14. A Data de Início do Benefício (DIB) e a Data de Início do Pagamento (DIP) do Auxílio-Inclusão à Pessoa com Deficiência (B-18) serão sempre fixadas na DER, independentemente da data de início da atividade remunerada e/ou da data de suspensão ou cessação do Benefício Assistencial à Pessoa com Deficiência (B-87) instituidor.

Parágrafo único. Não é devida a concessão administrativa de Auxílio-Inclusão à Pessoa com Deficiência (B-18) com Data de Início do Benefício (DIB) anterior a 1º de outubro de 2021, data em que passou a vigorar a alteração da Lei 8.742, de 7 de dezembro de 1993, com a inclusão dos arts. 26-A ao 26-H pela Lei 14.176, de 22 de junho de 2021.

Art. 15. A renda mensal do benefício corresponderá a 50% (cinquenta por cento) do valor do Benefício Assistencial à Pessoa com Deficiência (B-87) vigente na DER do Auxílio-Inclusão à Pessoa com Deficiência (B-18).

Art. 16. Aplicam-se ao requerimento do Auxílio-Inclusão à Pessoa com Deficiência (B 18) as Ações Civis Públicas vigentes para o Benefício Assistencial à Pessoa com Deficiência (B 87) em relação à avaliação do critério de miserabilidade.

Art. 17. O Auxílio-Inclusão à Pessoa com Deficiência (B 18) não pode ser acumulado:

I - benefício de prestação continuada da Lei 8.742, de 7 de dezembro de 1993;

II - com benefícios previdenciários pagos por qualquer regime de previdência social; ou

III - seguro-desemprego.

Parágrafo único. As exceções de acumulação previstas para os Benefícios de Prestação Continuada - BPC/LOAS serão igualmente aplicadas ao Auxílio-Inclusão à Pessoa com Deficiência (B-18).

Art. 18. Será devido o pagamento de apenas um Auxílio-Inclusão à Pessoa com Deficiência (B-18) para o mesmo titular, independente do número de atividades exercidas.

Art. 19. O Auxílio-Inclusão à Pessoa com Deficiência (B-18) será indeferido quando não restarem atendidos critérios previstos no art. 7º, bem como quando o requerente vier a óbito durante o processo de análise, dispensando-se a avaliação dos requisitos necessários para o reconhecimento do direito.

Art. 20. O Auxílio-Inclusão à Pessoa com Deficiência (B-18) será indeferido se, na DER, o contrato de trabalho estiver suspenso sem remuneração ou o requerente estiver em gozo de licença não remunerada, sendo indevido o recebimento do auxílio durante os períodos de afastamento que gerem suspensão ou interrupção do contrato laboral.

Art. 21. Para o requerente que possui vínculo de aprendiz e não tenham sido ultrapassados os dois anos de concomitância entre o Benefício Assistencial à Pessoa com Deficiência (B-87) e o referido vínculo, será garantido a manutenção do referido benefício por ser mais vantajoso, nos termos do art. 21-A, § 2º, da Lei 8.742, de 7 de dezembro de 1993.

Art. 22. O segurado facultativo não fará jus ao Auxílio-Inclusão à Pessoa com Deficiência (B-18).

Art. 23. O Auxílio-Inclusão à Pessoa com Deficiência (B 18) será pago enquanto as condições que deram origem a sua concessão se mantiverem vigentes.

Art. 24. Verificada a superação de qualquer dos requisitos previstos no art. 7º, o Auxílio-Inclusão à Pessoa com Deficiência (B-18) deverá ser cessado, facultando-se ao interessado interpor recurso ao Conselho de Recursos da Previdência Social.

§ 1º A reaquisição do direito ao Auxílio-Inclusão à Pessoa com Deficiência (B-18) não acarretará reativação do auxílio anteriormente cessado, devendo o interessado requerer novo benefício, com exceção dos casos em que sua cessação tenha decorrido da concessão de benefício por incapacidade temporária, circunstância em que o B-18 deverá ser automaticamente reativado um dia depois da data de cessação (DCB) do auxílio por incapacidade temporária.

§ 2º É indevido o recebimento de Auxílio-Inclusão à Pessoa com Deficiência (B-18) durante a suspensão sem remuneração do contrato de trabalho ou do gozo de licença não remunerada, acarretando, além da cessação do benefício, a cobrança dos valores recebidos pelo beneficiário.

Art. 25. Cessado o Auxílio-Inclusão à Pessoa com Deficiência (B-18), poderá ser reativado o Benefício Assistencial à Pessoa com Deficiência anterior, suspenso ou cessado nos termos do art. 21-A da Lei 8.742, de 7 de dezembro de 1993, independentemente de nova avaliação da deficiência e de nova avaliação do critério de miserabilidade.

§ 1º O Benefício Assistencial à Pessoa com Deficiência (B-87) também poderá ser reativado nos casos em que o interessado estiver com seu contrato de trabalho suspenso, sem remuneração, ou em gozo de licença não remunerada, condição que acarretará também a cessação do Auxílio-Inclusão à Pessoa com Deficiência (B-18), observado o disposto no § 2º do art. 24.

§ 2º A reativação do Benefício Assistencial à Pessoa com Deficiência (B-87) será realizada mediante requerimento efetuado pelo beneficiário, pelos canais remotos, por meio da tarefa «Reativar Benefício Assistencial Suspenso por Inclusão no Mercado de Trabalho - TREATB87»

§ 3º Não caberá reativação do B-87 nos casos em que o B-18 tenha sido cessado por superação da deficiência ou do critério de miserabilidade da renda mensal familiar.

Art. 26. Os efeitos financeiros decorrentes da reativação prevista no art. 25, ocorrerão conforme a data do requerimento do restabelecimento do benefício, observado o disposto no § 5º do art. 10:

I - um dia após o encerramento da atividade, quando o requerimento de reativação for realizado até 90 (noventa) dias após o término desta atividade, sendo verificado para fins de encerramento:

a) a data de rescisão do contrato de trabalho do segurado empregado ou empregado doméstico;

b) a competência da última remuneração, caso o empregado ou empregado doméstico esteja com seu contrato de trabalho suspenso, sem remuneração, ou em gozo de licença não remunerada; ou

c) a competência da última parcela recebida de pagamento do seguro-desemprego.

II - a partir da data do requerimento de reativação, quando o requerimento for realizado após 90 (noventa) dias do encerramento.

Art. 27. Se, após o restabelecimento do Benefício Assistencial à Pessoa com Deficiência (B-87), o período entre a data de cessação (DCB) e a data de sua reativação ultrapassar dois anos, deverá ser agendada a avaliação de deficiência para manutenção do BPC, suspensa em decorrência da concessão do Auxílio-Inclusão à Pessoa com Deficiência (B-18), como disciplinado no art. 14.

Parágrafo único. A revisão bienal deverá ser agendada para que se realize a avaliação de deficiência para manutenção do BPC.

Art. 28. O Auxílio-Inclusão à Pessoa com Deficiência (B-18) será cessado quando o interessado tiver direito a auxílio por incapacidade temporária, nos termos do § 1º do art. 24.

Art. 29. Os valores indevidamente recebidos no Auxílio-Inclusão à Pessoa com Deficiência (B-18) devem ser descontados no Benefício Assistencial à Pessoa com Deficiência (B-87) restabelecido, respeitando-se o limite percentual previsto na Portaria Conjunta/MC/MTP/INSS nº 13, de 7 de outubro de 2021, ou de outro benefício assistencial concedido pelo INSS.

Art. 30. O valor recebido do Auxílio-Inclusão à Pessoa com Deficiência (B-18) não será considerado na aferição da renda familiar mensal per capita para fins de análise do direito ao BPC ou de outro B-18 no âmbito do mesmo grupo familiar.

Art. 31. O Auxílio-Inclusão à Pessoa com Deficiência (B-18) não está sujeito a desconto de qualquer contribuição e não gera direito a pagamento de abono anual ou a pensão por morte, além de não integrar o período básico de cálculo de benefícios previdenciários.

Art. 32. Esta Portaria entra em vigor na data de sua publicação.

GUILHERME GASTALDELLO PINHEIRO SERRANO"

Na **Portaria INSS/DIRBEN Nº 949 DE 18/11/2021** destaco as seguintes posições do INSS:

A) A posição do INSS abarca filiação da pessoa com deficiências ao regime militar;

B) Presumir-se-ão cumpridos os critérios de manutenção do benefício de prestação continuada, relativos à renda familiar mensal per capita, para os requerentes que possuírem o Benefício Assistencial à Pessoa com Deficiência (B 87) ativo no momento da análise do Auxílio-Inclusão à Pessoa com Deficiência (B 18);

C) O requerente poderá exercer mais de uma atividade remunerada na DER do Auxílio-Inclusão à Pessoa com Deficiência (B-18), independentemente do regime de previdência vinculado, desde que a soma das remunerações mensalmente percebidas não ultrapasse 2 (dois) salários mínimos;

D) Ficarão sobrestadas, aguardando regulamentação específica, as situações de requerimento em que o interessado informe exercer atividade como contribuinte individual, inclusive o prestador de serviço, bem como como segurado especial;

E) Ficarão sobrestadas, aguardando regulamentação específica, as situações de requerimento em que conste, no CadÚnico do interessado, valor no campo "Renda bruta de trabalho no último mês", sem que haja informação de filiação ao RPPS ou ao RGPS no CNIS, alegando o interessado ser ela decorrente de trabalho informal;

F) O limite de até 2 (dois) salários-mínimos de remuneração pelo exercício de atividade remunerada é válido para todas as categorias de trabalhadores e, para o contribuinte individual ou segurado especial que contribuir facultativamente, deverá ser aferido pelo valor da contribuição previdenciária recolhida na competência de entrada do requerimento do auxílio-inclusão, se houver, ou, na imediatamente anterior à apresentação do pedido;

G) Para o segurado especial sem contribuição facultativa, o valor de remuneração auferido a ser considerado será de 1 (um) salário-mínimo

H) Não serão automaticamente indeferidos os casos em que a situação da inscrição no CPF esteja diferente de regular, sendo de responsabilidade do servidor administrativo a emissão de exigência específica ao requerente, para sua regularização junto à Receita Federal do Brasil.

I) A Data de Início do Benefício (DIB) e a Data de Início do Pagamento (DIP) do Auxílio-Inclusão à Pessoa com Deficiência (B-18) serão sempre fixadas na DER, independentemente da data de início da atividade remunerada e/ou da data de suspensão ou cessação do Benefício Assistencial à Pessoa com Deficiência (B-87) instituidor.

J) As exceções de acumulação previstas para os Benefícios de Prestação Continuada - BPC/LOAS serão igualmente aplicadas ao Auxílio-Inclusão à Pessoa com Deficiência (B-18);

K) Será devido o pagamento de apenas um Auxílio-Inclusão à Pessoa com Deficiência (B-18) para o mesmo titular, independentemente do número de atividades exercidas;

L) O segurado facultativo não fará jus ao Auxílio-Inclusão à Pessoa com Deficiência (B-18).

9. BENEFÍCIOS EVENTUAIS E SERVIÇOS

Os ***benefícios eventuais*** são as provisões suplementares e provisórias que integram organicamente as garantias do SUAS e são prestadas aos cidadãos e às famílias em virtude de nascimento, morte, situações de vulnerabilidade temporária e de calamidade pública.

A sua concessão e o valor dos benefícios de que trata este artigo serão definidos pelos Estados, Distrito Federal e Municípios e previstos nas respectivas leis orçamentárias anuais, com base em critérios e prazos definidos pelos respectivos Conselhos de Assistência Social.

O CNAS, ouvidas as respectivas representações de Estados e Municípios dele participantes, poderá propor, na medida das disponibilidades orçamentárias das 3 (três) esferas de governo, a instituição de benefícios subsidiários no valor de até 25% (vinte e cinco por cento) do salário-mínimo para cada criança de até 6 (seis) anos de idade.

Os benefícios eventuais subsidiários **não poderão ser cumulados** com aqueles instituídos pelas Leis no 10.954, de 29 de setembro de 2004 (Programa de Resposta aos Desastres, o Auxílio Emergencial Financeiro) e 10.458, de 14 de maio de 2002 (Programa Bolsa-Renda para atendimento a agricultores familiares atingidos pelos efeitos da estiagem nos Municípios em estado de calamidade pública ou situação de emergência).

Os ***serviços socioassistenciais*** são as atividades continuadas que visem à melhoria de vida da população e cujas ações, voltadas para as necessidades básicas, observem os objetivos, princípios e diretrizes estabelecidos na Lei 8.742/93, cabendo ao Regulamento instituí-los.

Na organização dos serviços da assistência social serão criados programas de amparo, entre outros:

> I - às crianças e adolescentes em situação de risco pessoal e social, em cumprimento ao disposto no art. 227 da Constituição Federal e na Lei nº 8.069, de 13 de julho de 1990 (Estatuto da Criança e do Adolescente);
>
> II - às pessoas que vivem em situação de rua;
>
> III - às pessoas idosas carentes residentes em instituições de longa permanência, nas quais o poder público apoiará o atendimento integral à saúde, na forma do regulamento.

10. PROGRAMAS DE ASSISTÊNCIA SOCIAL E PROJETOS DE ENFRENTAMENTO DA POBREZA

Os ***programas de assistência social*** compreendem ações integradas e complementares com objetivos, tempo e área de abrangência definidos para qualificar, incentivar e melhorar os benefícios e os serviços assistenciais.

Serão definidos pelos respectivos Conselhos de Assistência Social, obedecidos os objetivos e princípios que regem a Lei 8.742/93, com prioridade para a inserção profissional e social.

Os programas voltados para o idoso e a integração da pessoa com deficiência serão devidamente articulados com o benefício de prestação continuada da pessoa idosa e com deficiência.

Coube à Lei 12.435/2011 instituir o ***Serviço de Proteção e Atendimento Integral à Família (Paif)***, que integra a proteção social básica e consiste na oferta de ações e serviços socioassistenciais de prestação continuada, nos Cras, por meio do trabalho social com famílias em situação de vulnerabilidade social, com o objetivo de prevenir o rompimento dos vínculos familiares e a violência no âmbito de suas relações, garantindo o direito à convivência familiar e comunitária.

Outrossim, a mesma Lei instituiu o ***Serviço de Proteção e Atendimento Especializado a Famílias e Indivíduos (Paefi)***, que integra a proteção social especial e consiste no apoio, orientação e acompanhamento a famílias e indivíduos em situação de ameaça ou violação de direitos, articulando os serviços socioassistenciais com as diversas políticas públicas e com órgãos do sistema de garantia de direitos.

Ademais, a Lei 12.435/2021 instituiu o ***Programa de Erradicação do Trabalho Infantil (Peti)***, de caráter intersetorial, integrante da Política Nacional de Assistência Social, que, no âmbito do Suas, compreende transferências de renda, trabalho social com famílias e oferta de serviços socioeducativos para crianças e adolescentes que se encontrem em situação de trabalho.

O Peti tem abrangência nacional e será desenvolvido de forma articulada pelos entes federados, com a participação da sociedade civil, e tem como objetivo contribuir para a retirada de crianças e adolescentes com idade inferior a 16 (dezesseis) anos em situação de trabalho, ressalvada a condição de aprendiz, a partir de 14 (quatorze) anos.

As crianças e os adolescentes em situação de trabalho deverão ser identificados e ter os seus dados inseridos no Cadastro Único para Programas Sociais do Governo Federal (CadÚnico), com a devida identificação das situações de trabalho infantil.

11. FINANCIAMENTO DA ASSISTÊNCIA SOCIAL

Coube à Lei 8.742/93 transformar o Fundo Nacional de Ação Comunitária (Funac), instituído pelo Decreto nº 91.970, de 22 de novembro de 1985, ratificado pelo Decreto Legislativo nº 66, de 18 de dezembro de 1990, no **Fundo Nacional de Assistência Social (FNAS)**.

O financiamento dos benefícios, serviços, programas e projetos far-se-á com os recursos da União, dos Estados, do Distrito Federal e dos Municípios, das demais contribuições sociais previstas no artigo 195 da Constituição Federal, além daqueles que compõem o Fundo Nacional de Assistência Social (FNAS).

Cabe ao órgão da Administração Pública responsável pela coordenação da Política de Assistência Social nas 3 (três) esferas de governo gerir o Fundo de Assistência Social, sob orientação e controle dos respectivos Conselhos de Assistência Social.

O financiamento da assistência social no Suas deve ser efetuado mediante cofinanciamento dos 3 (três) entes federados, devendo os recursos alocados nos fundos de assistência social ser voltados à operacionalização, prestação, aprimoramento e viabilização dos serviços, programas, projetos e benefícios desta política.

Os recursos de responsabilidade da União destinados à assistência social serão automaticamente repassados ao Fundo Nacional de Assistência Social (FNAS), à medida que se forem realizando as receitas.

Os recursos de responsabilidade da União destinados ao financiamento dos benefícios de prestação continuada do idoso e pessoa com deficiência poderão ser repassados pelo Ministério do Desenvolvimento Social diretamente ao INSS, órgão responsável pela sua execução e manutenção.

É condição para os repasses, aos Municípios, aos Estados e ao Distrito Federal, dos recursos de que trata esta lei, a efetiva instituição e funcionamento de:

> I - Conselho de Assistência Social, de composição paritária entre governo e sociedade civil;
>
> II - Fundo de Assistência Social, com orientação e controle dos respectivos Conselhos de Assistência Social;
>
> III - Plano de Assistência Social.

É, ainda, condição para transferência de recursos do FNAS aos Estados, ao Distrito Federal e aos Municípios a comprovação orçamentária dos recursos próprios destinados à Assistência Social, alocados em seus respectivos Fundos de Assistência Social, a partir do exercício de 1999.

O cofinanciamento dos serviços, programas, projetos e benefícios eventuais, no que couber, e o aprimoramento da gestão da política de assistência social no Suas se efetuam por meio de transferências automáticas entre os fundos de assistência social e mediante alocação de recursos próprios nesses fundos nas 3 (três) esferas de governo.

As transferências automáticas de recursos entre os fundos de assistência social efetuadas à conta do orçamento da seguridade social, conforme o artigo 204 da Constituição Federal, caracterizam-se como despesa pública com a seguridade social, na forma do artigo 24 da Lei Complementar no 101, de 4 de maio de 2000.

Caberá ao ente federado responsável pela utilização dos recursos do respectivo Fundo de Assistência Social o controle e o acompanhamento dos serviços, programas, projetos e benefícios, por meio dos respectivos órgãos de controle, independentemente de ações do órgão repassador dos recursos.

A utilização dos recursos federais descentralizados para os fundos de assistência social dos Estados, dos Municípios e do Distrito Federal será declarada pelos entes recebedores ao ente transferidor, anualmente, mediante relatório de gestão submetido à apreciação do respectivo Conselho de Assistência Social, que comprove a execução das ações na forma de regulamento.

Os entes transferidores poderão requisitar informações referentes à aplicação dos recursos oriundos do seu fundo de assistência social, para fins de análise e acompanhamento de sua boa e regular utilização.

Coube ao Decreto 7.788/2012 regulamentar o Fundo Nacional de Assistência Social (FNAS), fundo público de gestão orçamentária, financeira e contábil, instituído pela Lei nº 8.742, de 7 de dezembro de 1993, tem como objetivo proporcionar recursos para cofinanciar gestão, serviços, programas, projetos e benefícios de assistência social.

Caberá ao Ministério do Desenvolvimento Social, enquanto órgão responsável pela coordenação da Política Nacional de Assistência Social, gerir o FNAS, sob orientação e acompanhamento do Conselho Nacional de Assistência Social – CNAS.

A proposta orçamentária do FNAS constará das políticas e programas anuais e plurianuais do Governo federal e será submetida à apreciação e à aprovação do CNAS. O orçamento do FNAS integrará o orçamento do Ministério do Desenvolvimento Social.

Constituem recursos do FNAS:

> I - os consignados a seu favor na Lei Orçamentária Anual;
>
> II - as receitas provenientes de alienação de bens móveis e imóveis da União destinados à assistência social;
>
> II - as receitas provenientes de aluguéis de bens imóveis da União destinados à assistência social; e
>
> IV - outras fontes que vierem a ser instituídas.

Os recursos repassados pelo FNAS destinam-se ao:

> I - cofinanciamento dos serviços de caráter continuado e de programas e projetos de assistência social, destinado ao custeio de ações e ao investimento em equipamentos públicos da rede socioassistencial dos Estados, do Distrito Federal e dos Municípios;

II - cofinanciamento da estruturação da rede socioassistencial dos Estados, do Distrito Federal e dos Municípios, incluindo ampliação e construção de equipamentos públicos, para aprimorar a capacidade instalada e fortalecer o Sistema Único da Assistência Social - SUAS;

III - atendimento, em conjunto com os Estados, o Distrito Federal e os Municípios, às ações assistenciais de caráter de emergência;

IV - aprimoramento da gestão de serviços, programas, projetos e benefícios de assistência social, por meio do Índice de Gestão Descentralizada - IGD do SUAS, para a utilização no âmbito dos Estados, do Distrito Federal e dos Municípios, conforme legislação específica;

V - apoio financeiro às ações de gestão e execução descentralizada do Programa Bolsa Família pelos Estados, pelo Distrito Federal e pelos Municípios, por meio do Índice de Gestão Descentralizada do Programa Bolsa Família - IGD, conforme legislação específica;

VI - pagamento, operacionalização, gestão, informatização, pesquisa, monitoramento e avaliação do benefício de prestação continuada e de renda mensal vitalícia; e

VII - atendimento das despesas de operacionalização que visem implementar ações de assistência social.

São condições para transferência de recursos do FNAS aos Estados, ao Distrito Federal e aos Municípios:

I - a instituição e o funcionamento de Conselho de Assistência Social;

II - a instituição e o funcionamento de Fundo de Assistência Social, devidamente constituído como unidade orçamentária;

III - a elaboração de Plano de Assistência Social; e

IV - a comprovação orçamentária de recursos próprios destinados à assistência social, alocados em seus respectivos fundos de assistência social.

Os recursos transferidos do FNAS aos fundos dos Estados, Distrito Federal e Municípios serão aplicados segundo prioridades estabelecidas em planos de assistência social, aprovados por seus respectivos conselhos, observada, no caso de transferência a fundos municipais, a compatibilização com o plano estadual e o respeito ao princípio da equidade.

O cofinanciamento federal de serviços, programas e projetos de assistência social e de sua gestão, no âmbito do SUAS, poderá ser realizado por meio de blocos de financiamento.

A prestação de contas da utilização de recursos federais repassados para os fundos de assistência social dos Estados, dos Municípios e do Distrito Federal, será realizada por meio de declaração anual dos entes recebedores ao ente transferidor, mediante relatório de gestão submetido à apreciação do respectivo conselho de assistência social, que comprovará a execução das ações.

12. DISPOSIÇÕES FINAIS DA LEI ORGÂNICA DE ASSISTÊNCIA SOCIAL

Com a implantação do BPC/LOAS, extinguiram-se a renda mensal vitalícia, o auxílio-natalidade e o auxílio-funeral existentes no âmbito da Previdência Social, conforme o disposto na Lei nº 8.213, de 24 de julho de 1991.

Enquanto não estiver regulamentado o instrumento de avaliação de que tratam os §§ 1º e 2º do art. 2º da Lei nº 13.146, de 6 de julho de 2015 (Estatuto da Pessoa com Deficiência), a concessão do benefício de prestação continuada a pessoa com deficiência ficará sujeita à avaliação do grau da deficiência e do impedimento de que trata o § 2º do art. 20 desta Lei, composta de avaliação médica e avaliação social realizadas, respectivamente, pela perícia médica federal e pelo serviço social do INSS, com a utilização de instrumentos desenvolvidos especificamente para esse fim, e será obrigatório o registro, nos sistemas informacionais utilizados para a concessão do benefício, do código da Classificação Internacional de Doenças (CID), garantida a preservação do sigilo.

Os eventuais débitos do beneficiário decorrentes de recebimento irregular do benefício de prestação continuada ou do auxílio-inclusão poderão ser consignados no valor mensal desses benefícios, nos termos do regulamento.

13. POLÍTICA NACIONAL DE ASSISTÊNCIA SOCIAL (PNAS)

13.1. Introdução

Coube à **Resolução 145, de 15/10/2004**, da lavra do Conselho Nacional de Assistência Social, publicada no DOU de 28/10/2004, aprovar a **Política Nacional de Assistência Social**, nos termos do seu Anexo I. Eis a sua APRESENTAÇÃO:

> *"A decisão do Ministério do Desenvolvimento Social e Combate à Fome - MDS, por intermédio da Secretaria Nacional de Assistência Social - SNAS e do Conselho Nacional de Assistência Social - CNAS, de elaborar, aprovar e tornar pública a presente Política Nacional de Assistência Social - PNAS, demonstra a intenção de construir coletivamente o redesenho desta política, na perspectiva de implementação do Sistema Único de Assistência Social - SUAS. Esta iniciativa, decididamente, traduz o cumprimento das deliberações da IV Conferência Nacional de Assistência Social, realizada em Brasília, em dezembro de 2003, e denota o compromisso do MDS/SNAS e do CNAS em materializar as diretrizes da Lei Orgânica da Assistência Social - LOAS.*

A versão preliminar foi apresentada ao CNAS, em 23 de junho de 2004, pelo MDS/SNAS, tendo sido amplamente divulgada e discutida em todos os Estados brasileiros nos diversos encontros, seminários, reuniões, oficinas e palestras que garantiram o caráter democrático e descentralizado do debate envolvendo um grande contingente de pessoas em cada Estado deste País. Este processo culminou com um amplo debate na Reunião Descentralizada e Participativa do CNAS realizada entre os dias 20 e 22 de setembro de 2004, onde foi aprovada, por unanimidade, por aquele colegiado.

Ressalta-se a riqueza desse processo, com inúmeras contribuições recebidas dos Conselhos de Assistência Social, do Fórum Nacional de Secretários de Assistência Social – FONSEAS, do Colegiado de Gestores Nacional, Estaduais e Municipais de Assistência Social, Associações de Municípios, Fóruns Estaduais, Regionais, Governamentais e Não governamentais, Secretarias Estaduais, do Distrito Federal e Municipais de Assistência Social, Universidades e Núcleos de Estudos, entidades de assistência social, estudantes de Escolas de Serviço Social, Escola de gestores da assistência social, além de pesquisadores, estudiosos da área e demais sujeitos anônimos.

Tal conquista, em tão breve tempo, leva a uma rápida constatação: a disponibilidade e o anseio dos atores sociais em efetivá-la como política pública de Estado, definida em Lei. Muitos, às vezes e ainda, confundem a assistência social com clientelismo, assistencialismo, caridade ou ações pontuais, que nada têm a ver com políticas públicas e com o compromisso do Estado com a sociedade. O MDS/SNAS e o CNAS estão muito empenhados em estabelecer políticas permanentes e agora com a perspectiva prioritária de implantar o SUAS, para integrar o Governo Federal com os Estados, Distrito Federal e Municípios em uma ação conjunta. Com isso, busca se impedir políticas de protecionismo, garantindo aquelas estabelecidas por meio de normas jurídicas universais. Este é o compromisso do MDS, que integra três frentes de atuação na defesa do direito à renda, à segurança alimentar e à assistência social, compromisso também do CNAS.

A Política Nacional de Assistência Social ora aprovada expressa exatamente a materialidade do conteúdo da Assistência Social como um pilar do Sistema de Proteção Social Brasileiro no âmbito da Seguridade Social.

Este é um momento histórico e assim devemos concebê-lo, ensejando todos os esforços na operacionalização desta política. Trata-se, portanto, de transformar em ações diretas os pressupostos da Constituição Federal de 1988 e da LOAS, por meio de definições, de princípios e de diretrizes que nortearão sua implementação, cumprindo uma urgente, necessária e nova agenda para a cidadania no Brasil".

A Política Nacional de Assistência Social – PNAS busca incorporar as demandas presentes na sociedade brasileira no que tange à responsabilidade política, objetivando tornar claras suas diretrizes na efetivação da assistência social como direito de cidadania e responsabilidade do Estado.

A gestão proposta pela PNAS pauta-se no pacto federativo, no qual devem ser detalhadas as atribuições e competências dos três níveis de governo na provisão das ações socioassistenciais, em conformidade com o preconizado na LOAS e NOB1, a partir das indicações e deliberações das Conferências, dos Conselhos e das Comissões de Gestão Compartilhada (Comissões Intergestoras Tripartite e Bipartites – CIT e CIBs), as quais se constituem em espaços de discussão, negociação e pactuação dos instrumentos de gestão e formas de operacionalização da Política de Assistência Social.

A Política Nacional de Assistência Social na perspectiva do Sistema Único de Assistência Social ressalta o campo da informação, monitoramento e avaliação, salientando que as novas tecnologias da informação e a ampliação das possibilidades de comunicação contemporânea têm um significado, um sentido técnico e político, podendo e devendo ser consideradas como veios estratégicos para uma melhor atuação no tocante às políticas sociais e a nova concepção do uso da informação, do monitoramento e da avaliação no campo da política de assistência social.

Eis a ANÁLISE SITUACIONAL que foi promovida:

> *"A Assistência Social como política de proteção social configura-se como uma nova situação para o Brasil. Ela significa garantir a todos, que dela necessitam, e sem contribuição prévia a provisão dessa proteção. Esta perspectiva significaria aportar quem, quantos, quais e onde estão os brasileiros demandatários de serviços e atenções de assistência social. Numa nova situação, não dispõe de imediato e pronto a análise de sua incidência.*
>
> *A opção que se construiu para exame da política de assistência social na realidade brasileira parte então da defesa de um certo modo de olhar e quantificar a realidade, a partir de:*
>
> *• Uma visão social inovadora, dando continuidade ao inaugurado pela Constituição Federal de 1988 e pela Lei Orgânica da Assistência Social de 1993, pautada na dimensão ética de incluir "os invisíveis", os transformados em casos individuais, enquanto de fato são parte de uma situação social coletiva; as diferenças e os diferentes, as disparidades e as desigualdades.*
>
> *• Uma visão social de proteção, o que supõe conhecer os riscos, as vulnerabilidades sociais a que estão sujeitos, bem como os recursos com que conta para enfrentar tais situações com menor dano pessoal e social possível. Isto supõe conhecer os riscos e as possibilidades de enfrentá-los.*
>
> *• Uma visão social capaz de captar as diferenças sociais, entendendo que as circunstâncias e os requisitos sociais circundantes do indivíduo e dele em sua família são determinantes para sua proteção e autonomia. Isto exige confrontar a leitura macro social com a leitura micro social.*
>
> *• Uma visão social capaz de entender que a população tem necessidades, mas também possibilidades ou capacidades que devem e podem ser desenvolvidas. Assim, uma análise de situação não pode ser só das ausências, mas também das presenças até mesmo como desejos em superar a situação atual.*

• *Uma visão social capaz de identificar forças e não fragilidades que as diversas situações de vida possua.*

Tudo isso significa que a situação atual para a construção da política pública de assistência social precisa levar em conta três vertentes de proteção social: as pessoas, as suas circunstâncias e dentre elas seu núcleo de apoio primeiro, isto é, a família.

A proteção social exige a capacidade de maior aproximação possível do cotidiano da vida das pessoas, pois é nele que riscos, vulnerabilidades se constituem. Sob esse princípio é necessário relacionar as pessoas e seus territórios, no caso os municípios que, do ponto de vista federal, são a menor escala administrativa governamental.

O município, por sua vez, poderá ter territorialização intra-urbanas, já na condição de outra totalidade que não é a nação.

A unidade sociofamiliar, por sua vez, permite o exame da realidade a partir das necessidades, mas também dos recursos de cada núcleo/domicílio. O conhecimento existente sobre as demandas por proteção social é genérico, pode medir e classificar as situações do ponto de vista nacional, mas não explicá-las. Este objetivo deverá ser parte do alcance da política nacional em articulação com estudos e pesquisas. A nova concepção de assistência social como direito à proteção social, direito à seguridade social tem duplo efeito: o de suprir sob dado padrão pré-definido um recebimento e o de desenvolver capacidades para maior autonomia. Neste sentido ela é aliada ao desenvolvimento humano e social e não tuteladora ou assistencialista, ou ainda, tão só provedora de necessidades ou vulnerabilidades sociais. O desenvolvimento depende também de capacidade de acesso, vale dizer da redistribuição, ou melhor, distribuição dos acessos a bens e recursos, isto implica incremento das capacidades de famílias e indivíduos.

A Política Nacional de Assistência Social se configura necessariamente na perspectiva socioterritorial, tendo os mais de 5.500 municípios brasileiros como suas referências privilegiadas de análise, pois se trata de uma política pública, cujas intervenções se dão essencialmente nas capilaridades dos territórios. Essa característica peculiar da política tem exigido cada vez mais um reconhecimento da dinâmica que se processa no cotidiano das populações.

Por sua vez, ao agir nas capilaridades dos territórios e se confrontar com a dinâmica do real, no campo das informações, essa política inaugura uma outra perspectiva de análise ao tornar visíveis aqueles setores da sociedade brasileira tradicionalmente tidos como invisíveis ou excluídos das estatísticas – população em situação de rua, adolescentes em conflito com a lei, indígenas, quilombolas, idosos, pessoas com deficiência.

Nessa direção, tendo como base informações do Censo Demográfico de 2000 e da Síntese de Indicadores Sociais - 2003, elaborado a partir das informações da Pesquisa Nacional por Amostra de Domicílios PNAD de 2002, do Instituto Brasileiro de Geografia e Estatística – IBGE, bem como o Atlas de Desenvolvimento Humano 2002, e tendo a Política de Assistência Social assumido a centralidade sociofamiliar no âmbito de suas ações, cabe reconhecer a dinâmica demográfica e socioeconômica associadas aos processos de exclusão/inclusão social, vulnerabilidade aos riscos pessoais e sociais em curso no Brasil, em seus diferentes territórios.

> *Tendo em vista que normalmente essas informações permitem no máximo o reconhecimento por Estado brasileiro, e considerando o fato de que o modelo de desigualdade socioterritorial do País se reproduz na dinâmica das cidades, também se faz necessário um panorama desses territórios, espaços privilegiados de intervenção da política de assistência social. Dessa forma, a presente análise situacional buscará também compreender algumas características desse universo de mais de 5.500 cidades brasileiras.*
>
> *Os dados gerais do País permitem uma análise situacional global e sugerem, ao mesmo tempo, a necessidade de confrontá-los com a realidade que se passa no âmbito dos municípios brasileiros, considerando pelo menos seus grandes grupos:*
>
> - *Municípios pequenos 1: com população até 20.000 habitantes*
> - *Municípios pequenos 2: com população entre 20.001 a 50.000 habitantes*
> - *Municípios médios: com população entre 50.001 a 100.000 habitantes*
> - *Municípios grandes: com população entre 100.001 a 900.000 habitantes*
> - *Metrópoles: com população superior a 900.000 habitantes".*

13.2. Política pública de assistência social

Constitui o **público usuário** da Política de Assistência Social, cidadãos e grupos que se encontram em situações de vulnerabilidade e riscos, tais como: famílias e indivíduos com perda ou fragilidade de vínculos de afetividade, pertencimento e sociabilidade; ciclos de vida; identidades estigmatizadas em termos étnico, cultural e sexual; desvantagem pessoal resultante de deficiências; exclusão pela pobreza e, ou, no acesso às demais políticas públicas; uso de substâncias psicoativas; diferentes formas de violência advinda do núcleo familiar, grupos e indivíduos; inserção precária ou não inserção no mercado de trabalho formal e informal; estratégias e alternativas diferenciadas de sobrevivência que podem representar risco pessoal e social.

A **proteção social básica** tem como objetivos prevenir situações de risco por meio do desenvolvimento de potencialidades e aquisições, e o fortalecimento de vínculos familiares e comunitários. Destina-se à população que vive em situação de vulnerabilidade social decorrente da pobreza, privação (ausência de renda, precário ou nulo acesso aos serviços públicos, dentre outros) e, ou, fragilização de vínculos afetivos – relacionais e de pertencimento social (discriminações etárias, étnicas, de gênero ou por deficiências, dentre outras).

Prevê o desenvolvimento de serviços, programas e projetos locais de acolhimento, convivência e socialização de famílias e de indivíduos, conforme identificação da situação de vulnerabilidade apresentada. Deverão incluir as pessoas com deficiência e ser organizados em rede, de modo a inseri-las nas diversas ações ofertadas. Os benefícios, tanto de prestação continuada como os eventuais, compõem a proteção social básica, dada a natureza de sua realização.

O Centro de Referência da Assistência Social – CRAS é uma unidade pública estatal de base territorial, localizado em áreas de vulnerabilidade social, que abrange um total de até 1.000 famílias/ano. Executa serviços de proteção social básica, organiza e coordena a rede de serviços socioassistenciais locais da política de assistência social. O CRAS atua com famílias e indivíduos em seu contexto comunitário, visando a orientação e o convívio sociofamiliar e comunitário.

Neste sentido é responsável pela oferta do Programa de Atenção Integral às Famílias. Na proteção básica, o trabalho com famílias deve considerar novas referências para a compreensão dos diferentes arranjos familiares, superando o reconhecimento de um modelo único baseado na família nuclear, e partindo do suposto de que são funções básicas das famílias: prover a proteção e a socialização dos seus membros; constituir-se como referências morais, de vínculos afetivos e sociais; de identidade grupal, além de ser mediadora das relações dos seus membros com outras instituições sociais e com o Estado.

São considerados **serviços de proteção básica de assistência social** aqueles que potencializam a família como unidade de referência, fortalecendo seus vínculos internos e externos de solidariedade, através do protagonismo de seus membros e da oferta de um conjunto de serviços locais que visam a convivência, a socialização e o acolhimento, em famílias cujos vínculos familiar e comunitário não foram rompidos, bem como a promoção da integração ao mercado de trabalho, tais como:

- Programa de Atenção Integral às Famílias.
- Programa de inclusão produtiva e projetos de enfrentamento da pobreza.
- Centros de Convivência para Idosos.
- Serviços para crianças de 0 a 6 anos, que visem o fortalecimento dos vínculos familiares, o direito de brincar, ações de socialização e de sensibilização para a defesa dos direitos das crianças.
- Serviços socioeducativos para crianças, adolescentes e jovens na faixa etária de 6 a 24 anos, visando sua proteção, socialização e o fortalecimento dos vínculos familiares e comunitários.
- Programas de incentivo ao protagonismo juvenil, e de fortalecimento dos vínculos familiares e comunitários.
- Centros de informação e de educação para o trabalho, voltados para jovens e adultos.

A ênfase da **proteção social especial** deve priorizar a reestruturação dos serviços de abrigamento dos indivíduos que, por uma série de fatores, não contam mais com a proteção e o cuidado de suas famílias, para as novas modalidades de atendimento. A história dos abrigos e asilos é antiga no Brasil.

A colocação de crianças, adolescentes, pessoas com deficiência e idosos em instituições para protegê-los ou afastá-los do convívio social e familiar foi, durante muito tempo, materializada em grandes instituições de longa permanência, ou seja, espaços que atendiam a um grande número de pessoas, que lá permaneciam por longo período – às vezes a vida toda. São os chamados, popularmente, como orfanatos, internatos, educandários, asilos, entre outros.

São destinados, por exemplo, às crianças, aos adolescentes, aos jovens, aos idosos, às pessoas com deficiência e às pessoas em situação de rua que tiverem seus direitos violados e, ou, ameaçados e cuja convivência com a família de origem seja considerada prejudicial a sua proteção e ao seu desenvolvimento. No caso da proteção social especial, à população em situação de rua serão priorizados os serviços que possibilitem a organização de um novo projeto de vida, visando criar condições para adquirirem referências na sociedade brasileira, enquanto sujeitos de direito.

A proteção social especial é a modalidade de atendimento assistencial destinada a famílias e indivíduos que se encontram em situação de risco pessoal e social, por ocorrência de abandono, maus tratos físicos e, ou, psíquicos, abuso sexual, uso de substâncias psicoativas, cumprimento de medidas socioeducativas, situação de rua, situação de trabalho infantil, entre outras. São serviços que requerem acompanhamento individual e maior flexibilidade nas soluções protetivas. Da mesma forma, comportam encaminhamentos monitorados, apoios e processos que assegurem qualidade na atenção protetiva e efetividade na reinserção almejada.

Os **serviços de proteção especial** têm estreita interface com o sistema de garantia de direito exigindo, muitas vezes, uma gestão mais complexa e compartilhada com o Poder Judiciário, Ministério Público e outros órgãos e ações do Executivo. Vale destacar programas que, pactuados e assumidos pelos três entes federados, surtiram efeitos concretos na sociedade brasileira, como o Programa de Erradicação do Trabalho Infantil – PETI e o Programa de Combate à Exploração Sexual de Crianças e Adolescentes.

São considerados **serviços de média complexidade** aqueles que oferecem atendimentos às famílias e indivíduos com seus direitos violados, mas cujos vínculos familiar e comunitário não foram rompidos. Neste sentido, requerem maior estruturação técnico operacional e atenção especializada e mais individualizada, e, ou, de acompanhamento sistemático e monitorado, tais como:

- Serviço de orientação e apoio sociofamiliar.
- Plantão Social.
- Abordagem de Rua.
- Cuidado no Domicílio.
- Serviço de Habilitação e Reabilitação na comunidade das pessoas com deficiência.
- Medidas socioeducativas em meio-aberto (Prestação de Serviços à Comunidade - PSC e Liberdade Assistida - LA).

A proteção especial de média complexidade envolve também o Centro de Referência Especializado da Assistência Social, visando a orientação e o convívio sociofamiliar e comunitário. Difere-se da proteção básica por se tratar de um atendimento dirigido às situações de violação de direitos.

Os **serviços de proteção social especial de alta complexidade** são aqueles que garantem proteção integral - moradia, alimentação, higienização e trabalho protegido para famílias e indivíduos que se encontram sem referência e, ou, em situação de ameaça, necessitando ser retirados de seu núcleo familiar e, ou, comunitário.

São exemplos:

- Atendimento Integral Institucional.
- Casa Lar.
- República.
- Casa de Passagem.
- Albergue.
- Família Substituta.
- Família Acolhedora.
- Medidas socioeducativas restritivas e privativas de liberdade (semiliberdade, internação provisória e sentenciada).
- Trabalho protegido.

13.3. Gestão da política nacional de assistência social na perspectiva do Sistema Único de Assistência Social - SUAS

O SUAS, cujo modelo de gestão é descentralizado e participativo, constitui-se na regulação e organização em todo o território nacional das ações socioassistenciais. Os serviços, programas, projetos e benefícios têm como foco prioritário a atenção às famílias, seus membros e indivíduos e o território como base de organização, que passam a ser definidos pelas funções que desempenham, pelo número de pessoas que deles necessitam e pela sua complexidade.

Pressupõe, ainda, gestão compartilhada, cofinanciamento da política pelas três esferas de governo e definição clara das competências técnico-políticas da União, Estados, Distrito Federal e Municípios, com a participação e mobilização da sociedade civil, e estes têm o papel efetivo na sua implantação e implementação. O SUAS materializa o conteúdo da LOAS, cumprindo no tempo histórico dessa política as exigências para a realização dos objetivos e resultados esperados que devem consagrar direitos de cidadania e inclusão social.

Trata das condições para a extensão e universalização da proteção social aos brasileiros através da política de assistência social e para a organização, responsabilidade e funcionamento de seus serviços e benefícios nas três instâncias de gestão governamental. O SUAS define e organiza os elementos essenciais e imprescindíveis à execução da política de assistência social possibilitando a normatização dos padrões nos serviços, qualidade no atendimento, indicadores de avaliação e resultado, nomenclatura dos serviços e da rede socioassistencial e, ainda, os eixos estruturantes e de subsistemas conforme aqui descritos:

- Matricialidade Sociofamiliar.
- Descentralização político-administrativa e Territorialização.
- Novas bases para a relação entre Estado e Sociedade Civil.
- Financiamento.
- Controle Social.
- O desafio da participação popular/cidadão usuário.
- A Política de Recursos Humanos.
- A Informação, o Monitoramento e a Avaliação.

Os serviços socioassistenciais no SUAS são organizados segundo as seguintes referências: **vigilância social, proteção social e defesa social e institucional:**

> *"**Vigilância Social:** refere-se à produção, sistematização de informações, indicadores e índices territorializados das situações de vulnerabilidade e risco pessoal e social que incidem sobre famílias/pessoas nos diferentes ciclos da vida (crianças, adolescentes, jovens, adultos e idosos); pessoas com redução da capacidade pessoal, com deficiência ou em abandono; crianças e adultos vítimas de formas de exploração, de violência e de ameaças; vítimas de preconceito por etnia, gênero e*

opção pessoal; vítimas de apartação social que lhes impossibilite sua autonomia e integridade, fragilizando sua existência; vigilância sobre os padrões de serviços de assistência social em especial aqueles que operam na forma de albergues, abrigos, residências, semi-residências, moradias provisórias para os diversos segmentos etários. Os indicadores a serem construídos devem mensurar no território as situações de riscos sociais e violação de direitos.

*• **Proteção Social:** • segurança de sobrevivência ou de rendimento e de autonomia: através de benefícios continuados e eventuais que assegurem: proteção social básica a idosos e pessoas com deficiência sem fonte de renda e sustento; pessoas e famílias vítimas de calamidades e emergências; situações de forte fragilidade pessoal e familiar, em especial às mulheres chefes de família e seus filhos. • segurança de convívio ou vivência familiar: através de ações, cuidados e serviços que restabeleçam vínculos pessoais, familiares, de vizinhança, de segmento social, mediante a oferta de experiências socioeducativas, lúdicas, socioculturais, desenvolvidas em rede de núcleos socioeducativos e de convivência para os diversos ciclos de vida, suas características e necessidades. • segurança de acolhida: através de ações, cuidados, serviços e projetos operados em rede com unidade de porta de entrada destinada a proteger e recuperar as situações de abandono e isolamento de crianças, adolescentes, jovens, adultos e idosos, restaurando sua autonomia, capacidade de convívio e protagonismo mediante a oferta de condições materiais de abrigo, repouso, alimentação, higienização, vestuário e aquisições pessoais desenvolvidas através de acesso às ações socioeducativas.*

*• **Defesa Social e Institucional:** a proteção básica e a especial devem ser organizadas de forma a garantir aos seus usuários o acesso ao conhecimento dos direitos socioassistenciais e sua defesa. São direitos socioassistenciais a serem assegurados na operação do SUAS a seus usuários: • Direito ao atendimento digno, atencioso e respeitoso, ausente de procedimentos vexatórios e coercitivos. • Direito ao tempo, de modo a acessar a rede de serviço com reduzida espera e de acordo com a necessidade. • Direito à informação, enquanto direito primário do cidadão, sobretudo àqueles com vivência de barreiras culturais, de leitura, de limitações físicas. • Direito do usuário ao protagonismo e manifestação de seus interesses. • Direito do usuário à oferta qualificada de serviço. • Direito de convivência familiar e comunitária".*

São BASES ORGANIZACIONAIS do processo de gestão do SUAS:

– **Matricialidade Sociofamiliar** - O reconhecimento da importância da família no contexto da vida social está explícito no artigo 226, da Constituição Federal do Brasil, quando declara que a: "família, base da sociedade, tem especial proteção do Estado", endossando, assim, o artigo 16, da Declaração dos Direitos Humanos, que traduz a família como sendo o núcleo natural e fundamental da sociedade, e com direito à proteção da sociedade e do Estado. No Brasil, tal reconhecimento se reafirma nas legislações específicas da Assistência Social – Estatuto da Criança e do Adolescente – ECA, Estatuto do Idoso e na própria Lei Orgânica da Assistência Social – LOAS, entre outras. Assim, essa perspectiva de análise, reforça a importância da política de Assistência Social no conjunto protetivo da Seguridade Social, como direito de cidadania, articulada à lógica da universalidade. Além disso, há que considerar a diversidade sociocultural das famílias, na medida em que estas são, muitas vezes, movidas por hierarquias consolidadas e por uma solidariedade coativa que redundam em desigualdades e opressões. Sendo assim, a política de Assistência Social possui papel fundamental no processo de emancipação destas, enquanto sujeito coletivo. Postula-se, inclusive, uma interpretação mais ampla do estabelecido na legislação, no sentido de reconhecer que a concessão de benefícios está condicionada à impossibilidade não só do beneficiário em prover sua manutenção, mas também de sua família. Dentro do princípio da universalidade, portanto, objetiva-se a manutenção e a extensão de direitos, em sintonia com as demandas e necessidades particulares expressas pelas famílias.

– **Descentralização Político-Administrativa e Territorialização** - A política de assistência social tem sua expressão em cada nível da Federação na condição de comando único, na efetiva implantação e funcionamento de um Conselho de composição paritária entre sociedade civil e governo, do Fundo, que centraliza os recursos na área, controlado pelo órgão gestor e fiscalizado pelo Conselho, do Plano de Assistência Social que expressa a política e suas inter-relações com as demais políticas setoriais e ainda com a rede socioassistencial. Portanto, Conselho, Plano e Fundo são os elementos fundamentais de gestão da Política Pública de Assistência Social.

– **Novas bases para a relação entre o Estado e a Sociedade Civil** - O legislador constituinte de 1988 foi claro no art. 204, ao destacar a participação da sociedade civil tanto na execução dos programas através das entidades beneficentes e de assistência social, bem como na participação, na formulação e no controle das ações em todos os níveis. A Lei Orgânica de Assistência Social propõe um conjunto integrado de ações e iniciativas do governo e da sociedade civil para garantir proteção social para quem dela necessitar. 46 A gravidade dos problemas sociais brasileiros exige que o Estado assuma a primazia da responsabilidade em cada esfera de governo na condução da política. Por outro lado, a sociedade civil participa como parceira, de forma complementar na oferta de serviços, programas, projetos e benefícios de Assistência Social. Possui, ainda, o papel de exercer o controle social sobre a mesma.

– **Financiamento** - O financiamento da Seguridade Social está previsto no art. 195, da Constituição Federal de 1988, instituindo que, através de orçamento próprio, as fontes de custeio das políticas que compõem o tripé devem ser financiadas por toda a sociedade, mediante recursos provenientes dos orçamentos da União, dos Estados, do Distrito Federal, dos Municípios e das contribuições sociais.

– **Controle Social** - A participação popular foi efetivada na LOAS (artigo 5º, inciso II), ao lado de duas outras diretrizes, a descentralização político-administrativa para Estados, Distrito Federal e Municípios, o comando único em cada esfera de governo (artigo 5º, inciso I), e a primazia da responsabilidade do Estado na condução da política de assistência social em cada esfera de governo (artigo 5º, inciso III)). O controle social tem sua concepção advinda da Constituição Federal de 1988, enquanto instrumento de efetivação da participação popular no processo de gestão político administrativa-financeira e técnico-operativa, com caráter democrático e descentralizado. Dentro dessa lógica, o controle do Estado é exercido pela sociedade na garantia dos direitos fundamentais e dos princípios democráticos balizados nos preceitos constitucionais.

– A Política de Recursos Humanos - É sabido que a produtividade e a qualidade dos serviços oferecidos à sociedade no campo das políticas públicas estão relacionados com a forma e as condições como são tratados os recursos humanos. O tema recursos humanos não tem sido matéria prioritária de debate e formulações, a despeito das transformações ocorridas no mundo do trabalho e do encolhimento da esfera pública do Estado, implicando precarização das condições de trabalho e do atendimento à população. A inexistência de debate sobre os recursos humanos tem dificultado também a compreensão acerca do perfil do servidor da assistência social, da constituição e composição de equipes, dos atributos e qualificação necessários às ações de planejamento, formulação, execução, assessoramento, monitoramento e avaliação de serviços, programas, projetos e benefícios, do sistema de informação e do atendimento ao usuário desta política.

– A Informação, o Monitoramento e a Avaliação - A formulação e a implantação de um sistema de monitoramento e avaliação e um sistema de informação em assistência social são providências urgentes e ferramentas essenciais a serem desencadeadas para a consolidação da Política Nacional de Assistência Social e para a implementação do Sistema Único de Assistência Social – SUAS. Trata-se, pois, de construção prioritária e fundamental que deve ser coletiva e envolver esforços dos três entes da federação. A necessidade de implantação de sistemáticas de monitoramento e avaliação e sistemas de informações para a área também remontam aos instrumentos de planejamento institucional, onde aparecem como componente estrutural do sistema descentralizado e participativo, no que diz respeito aos recursos e sua alocação, aos serviços prestados e seus usuários. Desta forma, esta requisição começa a ser reconhecida nos documentos normativos básicos da área que estabelecem os fundamentos do processo político administrativo da Assistência Social, no âmbito da União, dos Estados, do Distrito Federal e dos Municípios. A Política Nacional de Assistência Social de 1999 reconheceu, ao realizar a avaliação sobre as situações circunstanciais e conjunturais deste campo, a dificuldade de identificação de informações precisas sobre os segmentos usuários da política de Assistência Social, e atribuiu a este fato, a abordagem preliminar sobre algumas destas situações, a serem atendidas por essa política pública

Por fim, eis as CONSIDERAÇÕES FINAIS da PNAE:

"A aprovação desta Política pelo CNAS, enseja a adoção de um conjunto de medidas mediante planejamento estratégico do processo de implementação da mesma. Portanto, faz-se necessário uma agenda de prioridades entre a Secretaria Nacional de Assistência Social e o Conselho Nacional de Assistência Social, contemplando medidas de ordem regulatória, bem como medidas de ordem operacional, as quais deverão ser articuladas e objetivadas em um conjunto de iniciativas, sendo:

- *Planejamento de transição da implantação do SUAS, como estratégias que respeitam as diferenças regionais e as particularidades da realidade brasileira.*

• Elaboração, apresentação e aprovação do Plano Nacional de Assistência Social na perspectiva da transição do modelo atual para o SUAS.

• Reelaboração, apresentação e aprovação da Norma Operacional Básica da Assistência Social, que disciplina a descentralização político-administrativa, o financiamento e a relação entre as três esferas de governo.

• Elaboração, apresentação e aprovação da Política Nacional de Regulação da Assistência Social (Proteção Social Básica e Especial) pactuada com as comissões intergestoras bi e tripartite.

• Elaboração e apresentação ao CNAS de uma Política Nacional de Recursos Humanos da Assistência Social.

• Elaboração e apresentação ao CNAS da Norma Operacional Básica de Recursos Humanos da Assistência Social.

• Conclusão da Regulamentação da LOAS, priorizando os artigos 2º e 3º.

• Elaboração de uma metodologia de construção de índices territorializados de vulnerabilidade ou exclusão/inclusão social de todos os municípios brasileiros, que comporá o Sistema Nacional de Assistência.

• Realização, em 2005, da V Conferência Nacional de Assistência Social;

• Realização de reuniões conjuntas do CNAS e conselhos setoriais e de direitos;.

Tendo em vista que a política de Assistência Social sempre foi espaço privilegiado para operar benefícios, serviços, programas e projetos de enfrentamento à pobreza, considera-se a erradicação da fome componente fundamental nesse propósito. A experiência acumulada da área mostra que é preciso articular distribuição de renda com trabalho social e projetos de geração de renda com as famílias.

É nessa perspectiva que se efetiva a interface entre o SUAS, novo modelo de gestão da política de assistência social, com a política de segurança alimentar e a política de transferência de renda, constituindo-se, então, uma Política de Proteção Social no Brasil de forma integrada a partir do território, garantindo sustentabilidade e compromisso com um novo pacto de democracia e civilidade".

APÊNDICE – NORMA OPERACIONAL BÁSICA DO SUAS (NOB/SUAS)

Coube inicialmente à Resolução 130, de 15/07/2005, da lavra da Conselho Nacional da Assistência Social, aprovar a **Norma Operacional Básica da Assistência Social – NOB/SUAS**. Posteriormente tivemos uma atualização através da **Resolução CNAS 33, de 12/12/2012**, que atualmente é o ato em vigor.

Transcrevemos abaixo o seu inteiro teor:

CNAS
Conselho Nacional de Assistência Social

SUAS

DIÁRIO OFICIAL DA UNIÃO
República Federativa do Brasil - Imprensa Nacional
Em circulação desde 1º de outubro de 1862
Ano CL Nº 2
Brasília - DF, quinta-feira, 3 de janeiro de 2013

SEÇÃO 1

Nº 2, quinta-feira, 3 de janeiro de 2013 Diário Oficial da União - Seção 1 ISSN 1677-7042 155

RESOLUÇÃO Nº 33, DE 12 DE DEZEMBRO DE 2012

Aprova a Norma Operacional Básica do Sistema Único de Assistência Social -NOB/SUAS.

O **CONSELHO NACIONAL DE ASSISTÊNCIA SOCIAL - CNAS**, em reunião ordinária realizada nos dias 10, 11, 12 e 13 de dezembro de 2012, no uso da competência que lhe conferem os incisos I, II, V, IX e XIV do artigo 18 da Lei n.º 8.742, de 7 de dezembro de 1993 - Lei Orgânica da Assistência Social - LOAS,

RESOLVE:

Art. 1º Aprovar a Norma Operacional Básica da Assistência Social - NOB/SUAS, anexa, apresentada pela Comissão Intergestores Tripartite - CIT, apreciada e deliberada pelo Conselho Nacional de Assistência Social - CNAS.

Art. 2º O CNAS divulgará a NOB/SUAS amplamente nos diversos meios de comunicação e a enviará à Presidência da República, ao Congresso Nacional e demais entes federados para conhecimento, observância e providências cabíveis.

Art. 3º O CNAS recomenda as seguintes ações referentes à NOB/SUAS.

I - ao Ministério do Desenvolvimento Social e Combate à Fome:

a) divulgá-la amplamente nos diversos meios de comunicação;
b) incluí-la como conteúdo do Plano Nacional de Capacitação;
c) publicá-la em meio impresso e distribuí-la, inclusive em braile e em meio digital acessível;
d) regulamentar os blocos de financiamento em tempo hábil para que os municípios possam elaborar os seus Planos Plurianuais - PPA.
e) regulamentar os processos e procedimentos de acompanhamento disposto no art. 36 e da aplicação das medidas administrativas definidas no art. 42.

II - aos órgãos gestores da Política de Assistência Social e aos conselhos de assistência social:

a) divulgá-la e publicizá-la amplamente nos diversos meios de comunicação;
b) incluí-la como conteúdo dos Planos de Capacitação.

Art. 4º Revoga-se a Resolução CNAS nº 130, de 15 de julho de 2005, publicada no Diário Oficial da União de 25 de julho de 2005, que aprova a NOB/SUAS 2005.

Art. 5º Esta Resolução entra em vigor na data de sua publicação.

LUZIELE MARIA DE SOUZA TAPAJÓS
Presidenta do Conselho

CNAS
Conselho Nacional de Assistência Social

SUAS

ANEXO
RESOLUÇÃO Nº 33, DE 12 DE DEZEMBRO DE 2012

CAPÍTULO I
SISTEMA ÚNICO DE ASSISTÊNCIA SOCIAL

Art. 1º A política de assistência social, que tem por funções a proteção social, a vigilância socioassistencial e a defesa de direitos, organiza-se sob a forma de sistema público não contributivo, descentralizado e participativo, denominado Sistema Único de Assistência Social - SUAS.

Parágrafo único. A assistência social ocupa-se de prover proteção à vida, reduzir danos, prevenir a incidência de riscos sociais, independente de contribuição prévia, e deve ser financiada com recursos previstos no orçamento da Seguridade Social.

Art. 2º São objetivos do SUAS:

I - consolidar a gestão compartilhada, o cofinanciamento e a cooperação técnica entre a União, os Estados, o Distrito Federal e os Municípios que, de modo articulado, operam a proteção social não contributiva e garantem os direitos dos usuários;

II - estabelecer as responsabilidades da União, dos Estados, do Distrito Federal e dos Municípios na organização, regulação, manutenção e expansão das ações de assistência social;

III - definir os níveis de gestão, de acordo com estágios de organização da gestão e ofertas de serviços pactuados nacionalmente;

IV - orientar-se pelo princípio da unidade e regular, em todo o território nacional, a hierarquia, os vínculos e as responsabilidades quanto à oferta dos serviços, benefícios, programas e projetos de assistência social;

V - respeitar as diversidades culturais, étnicas, religiosas, socioeconômicas, políticas e territoriais;

VI - reconhecer as especificidades, iniquidades e desigualdades regionais e municipais no planejamento e execução das ações;

VII - assegurar a oferta dos serviços, programas, projetos e benefícios da assistência social;

VIII - integrar a rede pública e privada, com vínculo ao SUAS, de serviços, programas, projetos e benefícios de assistência social;

IX - implementar a gestão do trabalho e a educação permanente na assistência social;

X - estabelecer a gestão integrada de serviços e benefícios;

XI - afiançar a vigilância socioassistencial e a garantia de direitos como funções da política de assistência social.

Art. 3º São princípios organizativos do SUAS:

I - universalidade: todos têm direito à proteção socioassistencial, prestada a quem dela necessitar, com respeito à dignidade e à autonomia do cidadão, sem discriminação de qualquer espécie ou comprovação vexatória da sua condição;

II - gratuidade: a assistência social deve ser prestada sem exigência de contribuição ou contrapartida, observado o que dispõe o art. 35, da Lei nº 10.741, de 1º de outubro de 2003 - Estatuto do Idoso;

III - integralidade da proteção social: oferta das provisões em sua completude, por meio de conjunto articulado de serviços, programas, projetos e benefícios socioassistenciais;

IV – intersetorialidade: integração e articulação da rede socioassistencial com as demais políticas e órgãos setoriais;

V – equidade: respeito às diversidades regionais, culturais, socioeconômicas, políticas e territoriais, priorizando aqueles que estiverem em situação de vulnerabilidade e risco pessoal e social.

Art. 4º São seguranças afiançadas pelo SUAS:

I - acolhida: provida por meio da oferta pública de espaços e serviços para a realização da proteção social básica e especial, devendo as instalações físicas e a ação profissional conter:

a)condições de recepção;
b)escuta profissional qualificada;
c)informação;
d)referência;
e)concessão de benefícios;
f)aquisições materiais e sociais;
g)abordagem em territórios de incidência de situações de risco;
h) oferta de uma rede de serviços e de locais de permanência de indivíduos e famílias sob curta, média e longa permanência.

II - renda: operada por meio da concessão de auxílios financeiros e da concessão de benefícios continuados, nos termos da lei, para cidadãos não incluídos no sistema contributivo de proteção social, que apresentem vulnerabilidades decorrentes do ciclo de vida e/ou incapacidade para a vida independente e para o trabalho;

III - convívio ou vivência familiar, comunitária e social: exige a oferta pública de rede continuada de serviços que garantam oportunidades e ação profissional para:
a)a construção, restauração e o fortalecimento de laços de pertencimento, de natureza geracional, intergeracional, familiar, de vizinhança e interesses comuns e societários;
b)o exercício capacitador e qualificador de vínculos sociais e de projetos pessoais e sociais de vida em sociedade.

IV - desenvolvimento de autonomia: exige ações profissionais e sociais para:
a) o desenvolvimento de capacidades e habilidades para o exercício do protagonismo, da cidadania;
b) a conquista de melhores graus de liberdade, respeito à dignidade humana, protagonismo e certeza de proteção social para o cidadão e a cidadã, a família e a sociedade;
c) conquista de maior grau de independência pessoal e qualidade, nos laços sociais, para os cidadãos e as cidadãs sob contingências e vicissitudes.

V - apoio e auxílio: quando sob riscos circunstanciais, exige a oferta de auxílios em bens materiais e em pecúnia, em caráter transitório, denominados de benefícios eventuais para as famílias, seus membros e indivíduos.

Art. 5º São diretrizes estruturantes da gestão do SUAS:
I - primazia da responsabilidade do Estado na condução da política de assistência social;
II - descentralização político-administrativa e comando único das ações em cada esfera de governo;
III - financiamento partilhado entre a União, os Estados, o Distrito Federal e os Municípios;
IV - matricialidade sociofamiliar;
V - territorialização;
VI - fortalecimento da relação democrática entre Estado e sociedade civil;
VII – controle social e participação popular.

Art. 6º São princípios éticos para a oferta da proteção socioassistencial no SUAS:
I - defesa incondicional da liberdade, da dignidade da pessoa humana, da privacidade, da cidadania, da integridade física, moral e psicológica e dos direitos socioassistenciais;
II – defesa do protagonismo e da autonomia dos usuários e a recusa de práticas de caráter clientelista, vexatório ou com intuito de benesse ou ajuda;
III - oferta de serviços, programas, projetos e benefícios públicos gratuitos com qualidade e continuidade, que garantam a oportunidade de convívio para o fortalecimento de laços familiares e sociais;
IV - garantia da laicidade na relação entre o cidadão e o Estado na prestação e divulgação das ações do SUAS;
V - respeito à pluralidade e diversidade cultural, socioeconômica, política e religiosa;
VI - combate às discriminações etárias, étnicas, de classe social, de gênero, por orientação sexual ou por deficiência, dentre outras;

CNAS Conselho Nacional de Assistência Social

SUAS Sistema Único de Assistência Social

VII – garantia do direito a receber dos órgãos públicos e prestadores de serviços o acesso às informações e documentos da assistência social, de interesse particular, ou coletivo, ou geral - que serão prestadas dentro do prazo da Lei nº 12.527, de 18 de novembro de 2011 - Lei de Acesso à Informação - LAI, e a identificação daqueles que o atender;

VIII - proteção à privacidade dos usuários, observando o sigilo profissional, preservando sua intimidade e opção e resgatando sua história de vida;

IX - garantia de atenção profissional direcionada para a construção de projetos pessoais e sociais para autonomia e sustentabilidade do usuário;

X - reconhecimento do direito dos usuários de ter acesso a benefícios e à renda;

XI – garantia incondicional do exercício do direito à participação democrática dos usuários, com incentivo e apoio à organização de fóruns, conselhos, movimentos sociais e cooperativas populares, potencializando práticas participativas;

XII - acesso à assistência social a quem dela necessitar, sem discriminação social de qualquer natureza, resguardando os critérios de elegibilidade dos diferentes benefícios e as especificidades dos serviços, programas e projetos;

XIII - garantia aos profissionais das condições necessárias para a oferta de serviços em local adequado e acessível aos usuários, com a preservação do sigilo sobre as informações prestadas no atendimento socioassistencial, de forma a assegurar o compromisso ético e profissional estabelecidos na Norma Operacional Básica de Recurso Humanos do SUAS - NOB-RH/SUAS;

XIV - disseminação do conhecimento produzido no âmbito do SUAS, por meio da publicização e divulgação das informações colhidas nos estudos e pesquisas aos usuários e trabalhadores, no sentido de que estes possam usá-las na defesa da assistência social, de seus direitos e na melhoria das qualidade dos serviços, programas, projetos e benefícios;

XV – simplificação dos processos e procedimentos na relação com os usuários no acesso aos serviços, programas, projetos e benefícios, agilizando e melhorando sua oferta;

XVI – garantia de acolhida digna, atenciosa, equitativa, com qualidade, agilidade e continuidade;

XVII – prevalência, no âmbito do SUAS, de ações articuladas e integradas, para garantir a integralidade da proteção socioassistencial aos usuários dos serviços, programas, projetos e benefícios;

XVIII – garantia aos usuários do direito às informações do respectivo histórico de atendimentos, devidamente registrados nos prontuários do SUAS.

Art. 7º A garantia de proteção socioassistencial compreende:

I - precedência da proteção social básica, com o objetivo de prevenir situações de risco social e pessoal;

II - não submissão do usuário a situações de subalternização;

III - desenvolvimento de ofertas de serviços e benefícios que favoreçam aos usuários do SUAS a autonomia, resiliência, sustentabilidade, protagonismo, acesso a oportunidades, condições de convívio e socialização, de acordo com sua capacidade, dignidade e projeto pessoal e social;

IV – dimensão proativa que compreende a intervenção planejada e sistemática para o alcance dos objetivos do SUAS com absoluta primazia da responsabilidade estatal na condução da política de assistência social em cada esfera de governo;

V – reafirmação da assistência social como política de seguridade social e a importância da intersetorialidade com as demais políticas públicas para a efetivação da proteção social.

CAPÍTULO II
GESTÃO DO SISTEMA ÚNICO DE ASSISTÊNCIA SOCIAL

Art. 8º O SUAS se fundamenta na cooperação entre a União, os Estados, o Distrito Federal e os Municípios e estabelece as respectivas competências e responsabilidades comuns e específicas.

§1º As responsabilidades se pautam pela ampliação da proteção socioassistencial em todos os seus níveis, contribuindo para a erradicação do trabalho infantil, o enfrentamento da pobreza, da extrema pobreza e das desigualdades sociais, e para a garantia dos direitos, conforme disposto na Constituição Federal e na legislação relativa à assistência social.

§2º O SUAS comporta quatro tipos de Gestão:
I - da União
II - dos Estados;
III - do Distrito Federal;
IV - dos Municípios.

§3º O SUAS é integrado pelos entes federativos, pelos respectivos conselhos de assistência social e pelas entidades e organizações de assistência social abrangidas pela Lei nº 8.742, de 7 de Dezembro de 1993, Lei Orgânica da Assistência Social – LOAS.

Art. 9º A União, os Estados, o Distrito Federal e os Municípios, conforme suas competências, previstas na Constituição Federal e na LOAS, assumem responsabilidades na gestão do sistema e na garantia de sua organização, qualidade e resultados na prestação dos serviços, programas, projetos e benefícios socioassistenciais que serão ofertados pela rede socioassistencial.
Parágrafo único. Considera-se rede socioassistencial o conjunto integrado da oferta de serviços, programas, projetos e benefícios de assistência social mediante articulação entre todas as unidades de provisão do SUAS.

Art. 10. Os Municípios que não aderiram ao SUAS na forma da NOB SUAS, aprovada pela Resolução nº 130, de 15 de julho de 2005, do Conselho Nacional de Assistência Social – CNAS, farão a adesão por meio da apresentação à Comissão Intergestores Bipartite - CIB de seu Estado dos documentos comprobatórios da instituição e funcionamento do conselho, plano e fundo de assistência social, bem como da alocação de recursos próprios no fundo.

§1º A criação e o funcionamento do conselho de assistência social deverão ser demonstrados por:
I - cópia da lei de sua criação;
II - cópia das atas das suas 3 (três) últimas reuniões ordinárias;
III - cópia da publicação da sua atual composição; e
IV - cópia da ata que aprova o envio destes documentos à CIB.

§2º A criação e existência do fundo de assistência social, assim como a alocação de recursos próprios, deverão ser demonstradas por:
I - cópia da lei de criação do fundo e de sua regulamentação;
II - cópia da Lei Orçamentária Anual - LOA;
III - balancete do último trimestre do fundo; e
IV - cópia da resolução do conselho de assistência social de aprovação da prestação de contas do ano anterior.

Art. 11. Serão pactuados pela Comissão Intergestores Tripartite - CIT parâmetros para a consolidação da rede de serviços, de equipamentos, da gestão do SUAS e do funcionamento adequado dos conselhos de assistência social.

SEÇÃO I
RESPONSABILIDADES DOS ENTES

Art. 12. Constituem responsabilidades comuns à União, Estados, Distrito Federal e Municípios:
I - organizar e coordenar o SUAS em seu âmbito, observando as deliberações e pactuações de suas

CNAS
Conselho Nacional de Assistência Social

SUAS

respectivas instâncias;
II - estabelecer prioridades e metas visando à prevenção e ao enfrentamento da pobreza, da desigualdade, das vulnerabilidades e dos riscos sociais;
III - normatizar e regular a política de assistência social em cada esfera de governo, em consonância com as normas gerais da União;
IV - elaborar o Pacto de Aprimoramento do SUAS, contendo:
a) ações de estruturação e aperfeiçoamento do SUAS em seu âmbito;
b)planejamento e acompanhamento da gestão, organização e execução dos serviços, programas, projetos e benefícios socioassistenciais;
V - garantir o comando único das ações do SUAS pelo órgão gestor da política de assistência social, conforme preconiza a LOAS;
VI - atender aos requisitos previstos no art. 30 e seu parágrafo único, da LOAS, com a efetiva instituição e funcionamento do:
a) conselho de assistência social, de composição paritária entre governo e sociedade civil;
b) fundo de assistência social constituído como unidade orçamentária e gestora, vinculado ao órgão gestor da assistência social, que também deverá ser o responsável pela sua ordenação de despesas, e com alocação de recursos financeiros próprios;
c) Plano de Assistência Social;
VII - prover a infraestrutura necessária ao funcionamento do conselho de assistência social, garantindo recursos materiais, humanos e financeiros, inclusive para as despesas referentes a passagens e diárias de conselheiros representantes do governo ou da sociedade civil, no exercício de suas atribuições;
VIII - realizar, em conjunto com os conselhos de assistência social, as conferências de assistência social;
IX - estimular a mobilização e organização dos usuários e trabalhadores do SUAS para a participação nas instâncias de controle social da política de assistência social;
X - promover a participação da sociedade, especialmente dos usuários, na elaboração da política de assistência social;
XI - instituir o planejamento contínuo e participativo no âmbito da política de assistência social;
XII - assegurar recursos orçamentários e financeiros próprios para o financiamento dos serviços tipificados e benefícios assistenciais de sua competência, alocando-os no fundo de assistência social;
XIII - garantir que a elaboração da peça orçamentária esteja de acordo com os Planos de Assistência Social e compromissos assumidos no Pacto de Aprimoramento do SUAS;
XIV – dar publicidade ao dispêndio dos recursos públicos destinados à assistência social;
XV - formular diretrizes e participar das definições sobre o financiamento e o orçamento da assistência social;
XVI - garantir a integralidade da proteção socioassistencial à população, primando pela qualificação dos serviços do SUAS, exercendo essa responsabilidade de forma compartilhada entre a União, Estados, Distrito Federal e Municípios;
XVII - garantir e organizar a oferta dos serviços socioassistenciais conforme Tipificação Nacional de Serviços Socioassistenciais;
XVIII – definir os serviços socioassistenciais de alto custo e as responsabilidades dos entes de financiamento e execução;
XIX- estruturar, implantar e implementar a Vigilância Socioassistencial;
XX - definir os fluxos de referência e contrarreferência do atendimento nos serviços socioassistenciais, com respeito às diversidades em todas as suas formas de modo a garantir a atenção igualitária.
XXI – aprimorar a gestão do Programa Bolsa Família e do Cadastro Único para Programas Sociais do Governo Federal - Cadastro Único;
XXII – gerir, de forma integrada, os serviços, benefícios e programas de transferência de renda de sua competência;
XXIII - regulamentar os benefícios eventuais em consonância com as deliberações do CNAS;
XXIV - implementar os protocolos pactuados na CIT;

XXV - promover a articulação intersetorial do SUAS com as demais políticas públicas e o sistema de garantia de direitos;
XXVI - desenvolver, participar e apoiar a realização de estudos, pesquisas e diagnósticos relacionados à política de assistência social, em especial para fundamentar a análise de situações de vulnerabilidade e risco dos territórios e o equacionamento da oferta de serviços em conformidade com a tipificação nacional;
XXVII - implantar sistema de informação, acompanhamento, monitoramento e avaliação para promover o aprimoramento, qualificação e integração contínuos dos serviços da rede socioassistencial, conforme Pacto de Aprimoramento do SUAS e Plano de Assistência Social;
XXVIII - manter atualizado o conjunto de aplicativos do Sistema de Informação do Sistema Único de Assistência Social – Rede SUAS;
XXIX - definir, em seu nível de competência, os indicadores necessários ao processo de acompanhamento, monitoramento e avaliação;
XXX - elaborar, implantar e executar a política de recursos humanos, de acordo com a NOB/RH - SUAS;
XXXI - implementar a gestão do trabalho e a educação permanente;
XXXII - instituir e garantir capacitação para gestores, trabalhadores, dirigentes de entidades e organizações, usuários e conselheiros de assistência social;
XXXIII - criar ouvidoria do SUAS, preferencialmente com profissionais do quadro efetivo;
XXXIV - atender às ações socioassistenciais de caráter de emergência;
XXXV – assessorar e apoiar as entidades e organizações visando à adequação dos seus serviços, programas, projetos e benefícios de assistência social às normas do SUAS.

Art. 13. São responsabilidades da União:
I - responder pela concessão e manutenção do Benefício de Prestação Continuada - BPC definido no art. 203 da Constituição Federal;
II - coordenar a gestão do BPC, promovendo estratégias de articulação com os serviços, programas e projetos socioassistenciais e demais políticas setoriais;
III – regulamentar e cofinanciar, em âmbito nacional, por meio de transferência regular e automática, na modalidade fundo a fundo, o aprimoramento da gestão, dos serviços, programas e projetos de proteção social básica e especial, para prevenir e reverter situações de vulnerabilidade social e riscos;
IV - realizar o monitoramento e a avaliação da política de assistência social e assessorar os Estados, o Distrito Federal e os Municípios para seu desenvolvimento;
V - garantir condições financeiras, materiais e estruturais para o efetivo funcionamento da CIT e do CNAS;
VI - regular o acesso às seguranças de proteção social, conforme estabelecem a Política Nacional de Assistência Social – PNAS e esta NOB SUAS;
VII - definir as condições e o modo de acesso aos direitos socioassistenciais, visando à sua universalização;
VIII - propor diretrizes para a prestação dos serviços socioassistenciais, pactuá-las com os Estados, o Distrito Federal e os Municípios e submetê-las à aprovação do CNAS;
IX – orientar, acompanhar e monitorar a implementação dos serviços socioassistenciais tipificados nacionalmente, objetivando a sua qualidade;
X - apoiar técnica e financeiramente os Estados, o Distrito Federal e os Municípios na implementação dos serviços, programas, projetos e benefícios de proteção social básica e especial, dos projetos de enfrentamento da pobreza e das ações socioassistenciais de caráter emergencial;
XI - coordenar e gerir a Rede SUAS;
XII – coordenar em nível nacional o Cadastro Único e o Programa Bolsa Família;
XIII - apoiar técnica e financeiramente os Estados, e o Distrito Federal e Municípios na implantação da vigilância socioassistencial;
XIV - elaborar plano de apoio aos Estados e Distrito Federal com pendências e irregularidades junto ao SUAS, para cumprimento do plano de providências;
XV – coordenar e manter atualizado cadastro de entidades de assistência social, de que trata o inciso XI, do art. 19, da LOAS, em articulação com os Estados, o Distrito Federal e os Municípios;

XVI – decidir sobre a concessão e renovação da certificação de entidade beneficente de assistência social no âmbito da assistência social;
XVII – reconhecer as entidades e organizações integrantes da rede socioassistencial, por meio do vínculo SUAS;
XVIII – apoiar técnica e financeiramente as entidades de representação nacional dos secretários estaduais e municipais de assistência social;
XIX - normatizar o §3º do art. 6º- B da LOAS.

Art. 14. A União apoiará financeiramente o aprimoramento à gestão descentralizada do Programa Bolsa Família e dos serviços, programas, projetos e benefícios de assistência social, respectivamente, por meio do Índice de Gestão Descentralizada do Programa Bolsa Família – IGD PBF e do Índice de Gestão Descentralizada do Sistema Único de Assistência Social - IGDSUAS, para a utilização no âmbito dos Estados, do Distrito Federal e dos Municípios, conforme definido no §2º, art. 8º da Lei 10.836, de 9 de janeiro de 2004, e no art. 12-A da Lei nº 8.742, de 1993.

Art. 15. São responsabilidades dos Estados:
I - destinar recursos financeiros aos Municípios, a título de participação no custeio do pagamento dos benefícios eventuais de que trata o art. 22, da LOAS, mediante critérios estabelecidos pelo Conselho Estadual de Assistência Social – CEAS;
II - cofinanciar, por meio de transferência regular e automática, na modalidade fundo a fundo os serviços, programas, projetos e benefícios eventuais e o aprimoramento da gestão, em âmbito regional e local;
III - estimular e apoiar técnica e financeiramente as associações e consórcios municipais na prestação de serviços de assistência social;
IV - organizar, coordenar e prestar serviços regionalizados da proteção social especial de média e alta complexidade, de acordo com o diagnóstico socioterritorial e os critérios pactuados na CIB e deliberados pelo CEAS;
V - realizar o monitoramento e a avaliação da política de assistência social em sua esfera de abrangência e assessorar os Municípios para seu desenvolvimento;
VI - garantir condições financeiras, materiais e estruturais para o funcionamento efetivo da CIB e do CEAS;
VII - apoiar técnica e financeiramente os Municípios na implantação e na organização dos serviços, programas, projetos e benefícios socioassistenciais;
VIII - apoiar técnica e financeiramente os Municípios para a implantação e gestão do SUAS, Cadastro Único e Programa Bolsa Família;
IX - apoiar técnica e financeiramente os Municípios na implantação da vigilância socioassistencial;
X - municipalizar os serviços de proteção social básica executados diretamente pelos Estados, assegurando seu cofinanciamento, com exceção dos serviços socioassistenciais prestados no distrito estadual de Pernambuco, Fernando de Noronha, até que este seja emancipado;
XI - coordenar o processo de definição dos fluxos de referência e contrarreferência dos serviços regionalizados, acordado com os Municípios e pactuado na CIB;
XII - organizar, coordenar, articular, acompanhar e monitorar a rede socioassistencial nos âmbitos estadual e regional;
XIII - instituir ações preventivas e proativas de acompanhamento aos Municípios no cumprimento das normativas do SUAS, para o aprimoramento da gestão, dos serviços, programas, projetos e benefícios socioassistenciais pactuados nacionalmente;
XIV - participar dos mecanismos formais de cooperação intergovernamental que viabilizem técnica e financeiramente os serviços de referência regional, definindo as competências na gestão e no cofinanciamento, a serem pactuadas na CIB;
XV - elaborar plano de apoio aos Municípios com pendências e irregularidades junto ao SUAS, para cumprimento do plano de providências acordado nas respectivas instâncias de pactuação e deliberação;
XVI - elaborar e cumprir o plano de providências, no caso de pendências e irregularidades do Estado junto

ao SUAS, aprovado no CEAS e pactuado na CIT;
XVII - prestar as informações necessárias para a União no acompanhamento da gestão estadual;
XVIII – zelar pela boa e regular execução dos recursos da União transferidos aos Estados, executados direta ou indiretamente por este, inclusive no que tange à prestação de contas;
XIX - aprimorar os equipamentos e serviços socioassistenciais, observando os indicadores de monitoramento e avaliação pactuados;
XX – alimentar o Censo do Sistema Único de Assistência Social – Censo SUAS;
XXI - instituir plano estadual de capacitação e educação permanente;
XXII - acompanhar o sistema de cadastro de entidades e organizações de assistência social, de que trata o inciso XI, do art. 19, da LOAS, em articulação com os Municípios de sua área de abrangência;
XXIII - apoiar técnica e financeiramente entidade de representação estadual dos secretários municipais de assistência social.
XXIV – normatizar, em seu âmbito, o financiamento integral dos serviços, programas, projetos e benefícios de assistência social ofertados pelas entidades vinculadas ao SUAS, conforme §3º do art. 6º- B da LOAS e sua regulamentação em âmbito federal.

Art. 16. São responsabilidades do Distrito Federal:
I - destinar recursos financeiros para custeio dos benefícios eventuais de que trata o art. 22, da LOAS, mediante critérios e prazos estabelecidos pelo Conselho de Assistência Social do Distrito Federal - CASDF;
II - efetuar o pagamento do auxílio-natalidade e o auxílio-funeral;
III - executar os projetos de enfrentamento da pobreza, incluindo a parceria com organizações da sociedade civil;
IV - atender às ações socioassistenciais de caráter de emergência;
V - prestar os serviços socioassistenciais de que trata o art. 23, da LOAS;
VI - cofinanciar o aprimoramento da gestão, dos serviços, programas e projetos de assistência social em âmbito local;
VII - realizar o monitoramento e a avaliação da política de assistência social em seu âmbito;
VIII - aprimorar os equipamentos e serviços socioassistenciais, observando os indicadores de monitoramento e avaliação pactuados;
IX - organizar a oferta de serviços de forma territorializada, em áreas de maior vulnerabilidade e risco, de acordo com o diagnóstico socioterritorial, construindo arranjo institucional que permita envolver os Municípios da Região Integrada de Desenvolvimento do Distrito Federal e Entorno - RIDE;
X - organizar, coordenar, articular, acompanhar e monitorar a rede de serviços da proteção social básica e especial;
XI - participar dos mecanismos formais de cooperação intergovernamental que viabilizem técnica e financeiramente os serviços de referência regional, definindo as competências na gestão e no cofinanciamento, a serem pactuadas na CIT;
XII - realizar a gestão local do BPC, garantindo aos seus beneficiários e famílias o acesso aos serviços, programas e projetos da rede socioassistencial;
XIII – alimentar o Censo SUAS;
XIV - gerir, no âmbito do Distrito Federal, o Cadastro Único e o Programa Bolsa Família, nos termos do §1º do art. 8° da Lei nº 10.836, de 2004;
XV - elaborar e cumprir o plano de providências, no caso de pendências e irregularidades junto ao SUAS, aprovado pelo CASDF e pactuado na CIT;
XVI - prestar as informações necessárias para a União no acompanhamento da gestão do Distrito Federal;
XVII - instituir plano de capacitação e educação permanente do Distrito Federal;
XVIII – zelar pela boa e regular execução, direta ou indireta, dos recursos da União transferidos ao Distrito Federal, inclusive no que tange à prestação de contas;
XIX - proceder o preenchimento do sistema de cadastro de entidades e organizações de assistência social de que trata o inciso XI do art. 19 da LOAS;

XX - viabilizar estratégias e mecanismos de organização, reconhecendo o pertencimento das entidades de assistência social como integrantes da rede socioassistencial em âmbito local.

XXI – normatizar, em seu âmbito, o financiamento integral dos serviços, programas, projetos e benefícios de assistência social ofertados pelas entidades vinculadas ao SUAS, conforme §3º do art. 6-B da LOAS e sua regulamentação em âmbito federal.

Art. 17. São responsabilidades dos Municípios:

I - destinar recursos financeiros para custeio dos benefícios eventuais de que trata o art. 22, da LOAS, mediante critérios estabelecidos pelos Conselhos Municipais de Assistência Social - CMAS;

II - efetuar o pagamento do auxílio-natalidade e o auxílio-funeral;

III - executar os projetos de enfrentamento da pobreza, incluindo a parceria com organizações da sociedade civil;

IV - atender às ações socioassistenciais de caráter de emergência;

V - prestar os serviços socioassistenciais de que trata o art. 23, da LOAS;

VI - cofinanciar o aprimoramento da gestão e dos serviços, programas e projetos de assistência social, em âmbito local;

VII - realizar o monitoramento e a avaliação da política de assistência social em seu âmbito;

VIII - aprimorar os equipamentos e serviços socioassistenciais, observando os indicadores de monitoramento e avaliação pactuados;

IX - organizar a oferta de serviços de forma territorializada, em áreas de maior vulnerabilidade e risco, de acordo com o diagnóstico socioterritorial;

X - organizar, coordenar, articular, acompanhar e monitorar a rede de serviços da proteção social básica e especial;

XI – alimentar o Censo SUAS;

XII - assumir as atribuições, no que lhe couber, no processo de municipalização dos serviços de proteção social básica;

XIII - participar dos mecanismos formais de cooperação intergovernamental que viabilizem técnica e financeiramente os serviços de referência regional, definindo as competências na gestão e no cofinanciamento, a serem pactuadas na CIB;

XIV - realizar a gestão local do BPC, garantindo aos seus beneficiários e famílias o acesso aos serviços, programas e projetos da rede socioassistencial;

XV - gerir, no âmbito municipal, o Cadastro Único e o Programa Bolsa Família, nos termos do §1º do art. 8º da Lei nº 10.836 de 2004;

XVI - elaborar e cumprir o plano de providências, no caso de pendências e irregularidades do Município junto ao SUAS, aprovado pelo CMAS e pactuado na CIB;

XVII - prestar informações que subsidiem o acompanhamento estadual e federal da gestão municipal;

XVIII – zelar pela execução direta ou indireta dos recursos transferidos pela União e pelos Estados aos Municípios, inclusive no que tange a prestação de contas;

XIX - proceder o preenchimento do sistema de cadastro de entidades e organizações de assistência social de que trata o inciso XI do art. 19 da LOAS;

XX - viabilizar estratégias e mecanismos de organização para aferir o pertencimento à rede socioassistencial, em âmbito local, de serviços, programas, projetos e benefícios socioassistenciais ofertados pelas entidades e organizações de acordo com as normativas federais.

XXI – normatizar, em âmbito local, o financiamento integral dos serviços, programas, projetos e benefícios de assistência social ofertados pelas entidades vinculadas ao SUAS, conforme §3º do art. 6º B da LOAS e sua regulamentação em âmbito federal.

CAPÍTULO III
PLANOS DE ASSISTÊNCIA SOCIAL

Art. 18. O Plano de Assistência Social, de que trata o art. 30 da LOAS, é um instrumento de planejamento estratégico que organiza, regula e norteia a execução da PNAS na perspectiva do SUAS.

§1º A elaboração do Plano de Assistência Social é de responsabilidade do órgão gestor da política que o submete à aprovação do conselho de assistência social.

§2º A estrutura do plano é composta por, dentre outros:
I - diagnóstico socioterritorial;
II - objetivos gerais e específicos;
III - diretrizes e prioridades deliberadas;
IV - ações e estratégias correspondentes para sua implementação;
V - metas estabelecidas;
VI - resultados e impactos esperados;
VII - recursos materiais, humanos e financeiros disponíveis e necessários;
VIII - mecanismos e fontes de financiamento;
IX - cobertura da rede prestadora de serviços;
X - indicadores de monitoramento e avaliação;
XI - espaço temporal de execução;

Art. 19. A União, os Estados, o Distrito Federal e os Municípios deverão elaborar os respectivos Planos de Assistência Social a cada 4 (quatro) anos, de acordo com os períodos de elaboração do Plano Plurianual - PPA.

Art. 20. A realização de diagnóstico socioterritorial, a cada quadriênio, compõe a elaboração dos Planos de Assistência Social em cada esfera de governo.
Parágrafo único. O diagnóstico tem por base o conhecimento da realidade a partir da leitura dos territórios, microterritórios ou outros recortes socioterritoriais que possibilitem identificar as dinâmicas sociais, econômicas, políticas e culturais que os caracterizam, reconhecendo as suas demandas e potencialidades.

Art. 21. A realização de diagnóstico socioterritorial requer:
I - processo contínuo de investigação das situações de risco e vulnerabilidade social presentes nos territórios, acompanhado da interpretação e análise da realidade socioterritorial e das demandas sociais que estão em constante mutação, estabelecendo relações e avaliações de resultados e de impacto das ações planejadas;
II - identificação da rede socioassistencial disponível no território, bem como de outras políticas públicas, com a finalidade de planejar a articulação das ações em resposta às demandas identificadas e a implantação de serviços e equipamentos necessários;
III – reconhecimento da oferta e da demanda por serviços socioassistenciais e definição de territórios prioritários para a atuação da política de assistência social.
IV – utilização de dados territorializados disponíveis nos sistemas oficiais de informações.
Parágrafo único. Consideram-se sistemas oficiais de informações aqueles utilizados no âmbito do SUAS, ainda que oriundos de outros órgãos da administração pública.

Art. 22. Os Planos de Assistência Social, além do que estabelece o §2º do art. 18 desta Norma, devem observar:
I - deliberações das conferências de assistência social para a União, os Estados, o Distrito Federal e os Municípios;
II – metas nacionais pactuadas, que expressam o compromisso para o aprimoramento do SUAS para a União, os Estados, o Distrito Federal e os Municípios;
III – metas estaduais pactuadas que expressam o compromisso para o aprimoramento do SUAS para

Estados e Municípios;
IV – ações articuladas e intersetoriais;
V- ações de apoio técnico e financeiro à gestão descentralizada do SUAS.
Parágrafo único. O apoio técnico e financeiro compreende, entre outras ações:
I - capacitação;
II - elaboração de normas e instrumentos;
III - publicação de materiais informativos e de orientações técnicas;
IV – assessoramento e acompanhamento;
V - incentivos financeiros.

CAPÍTULO IV
PACTO DE APRIMORAMENTO DO SISTEMA ÚNICO DE ASSISTÊNCIA SOCIAL

Art. 23. O Pacto de Aprimoramento do SUAS firmado entre a União, os Estados, o Distrito Federal e os Municípios é o instrumento pelo qual se materializam as metas e as prioridades nacionais no âmbito do SUAS, e se constitui em mecanismo de indução do aprimoramento da gestão, dos serviços, programas, projetos e benefícios socioassistenciais.

§1º A periodicidade de elaboração do Pacto será quadrienal, com o acompanhamento e a revisão anual das prioridades e metas estabelecidas.

§2º A pactuação das prioridades e metas se dará no último ano de vigência do PPA de cada ente federativo.

§3º A União deverá pactuar na CIT, no último ano de vigência do PPA de cada ente federativo, a cada 4 (quatro anos), as prioridades e metas nacionais para Estados, Distrito Federal e Municípios.

§4º Os Estados deverão pactuar nas CIBs, no último ano de vigência do PPA dos Municípios, a cada 4 (quatro) anos, as prioridades e metas regionais e estaduais para os municípios, que devem guardar consonância com as prioridades e metas nacionais.

§5º A revisão das prioridades e metas ocorrerá anualmente, sob proposição do Ministério do Desenvolvimento Social e Combate à Fome - MDS, pactuadas na CIT, a partir de alterações de indicadores identificados nos sistemas nacionais de estatística, Censo SUAS, Rede SUAS e outros sistemas do MDS.
§6º O Pacto e o Plano de Assistência Social devem guardar correlação entre si.
§7º A União e os Estados acompanharão a realização das prioridades e das metas contidas no Pacto.
§8º A primeira pactuação das prioridades e metas se dará para:
I – Os Estados e o Distrito Federal no exercício de 2015, com vigência para o quadriênio de 2016/2019.
II - Os Municípios no exercício de 2013, com vigência para o quadriênio de 2014/2017.

Art. 24. O Pacto de Aprimoramento do SUAS compreende:
I - definição de indicadores;
II – definição de níveis de gestão;
III - fixação de prioridades e metas de aprimoramento da gestão, dos serviços, programas, projetos e benefícios socioassistenciais do SUAS;
IV – planejamento para o alcance de metas de aprimoramento da gestão, dos serviços, programas, projetos e benefícios socioassistenciais do SUAS;
V - apoio entre a União, os Estados, o Distrito Federal e os Municípios, para o alcance das metas pactuadas; e
VI – adoção de mecanismos de acompanhamento e avaliação.

Art. 25. A realização do Pacto de Aprimoramento do SUAS se dará a partir da definição das prioridades e metas nacionais para cada quadriênio e do preenchimento do instrumento que materializa o planejamento para o alcance das metas.

Art. 26. As prioridades e metas nacionais referentes a públicos, vulnerabilidade e riscos específicos poderão ser objeto de pactuação própria.

SEÇÃO I
INDICADORES

Art. 27. Os indicadores que orientam o processo de planejamento para o alcance de metas de aprimoramento do SUAS serão apurados anualmente, a partir das informações prestadas nos sistemas oficiais de informações e sistemas nacionais de estatística.
§1º Os indicadores nacionais serão instituídos pelo MDS.
§2º Serão incorporados progressivamente novos indicadores e dimensões, na medida em que ocorrerem novas pactuações.

SEÇÃO II
NÍVEIS DE GESTÃO

Art. 28. Os Estados, o Distrito Federal e os Municípios serão agrupados em níveis de gestão, a partir da apuração do Índice de Desenvolvimento do SUAS - ID SUAS, consoante ao estágio de organização do SUAS em âmbito local, estadual e distrital.
Parágrafo único. O ID SUAS será composto por um conjunto de indicadores de gestão, serviços, programas, projetos e benefícios socioassistenciais apurados a partir do Censo SUAS, sistemas da Rede SUAS e outros sistemas do MDS.

Art. 29. Os níveis de gestão correspondem à escala de aprimoramento, na qual a base representa os níveis iniciais de implantação do SUAS e o ápice corresponde aos seus níveis mais avançados, de acordo com as normativas em vigor.

Art. 30. Os níveis de gestão são dinâmicos e as mudanças ocorrerão automaticamente na medida em que o ente federativo, quando da apuração anual do ID SUAS, demonstrar o alcance de estágio mais avançado ou o retrocesso a estágio anterior de organização do SUAS.

SEÇÃO III
PRIORIDADES E METAS DE APRIMORAMENTO DO SUAS

Art. 31. As prioridades e metas nacionais serão pactuadas a cada 4 (quatro) anos na CIT, conforme prevê o §1º do art.23, com base nos indicadores apurados anualmente, a partir das informações prestadas nos sistemas de informações oficiais do MDS e sistemas nacionais de estatística, que nortearão a elaboração dos Pactos de Aprimoramento do SUAS.

SEÇÃO IV
ALCANCE DAS METAS DE APRIMORAMENTO DO SUAS

Art. 32. O planejamento para alcance das metas de aprimoramento do SUAS será realizado por meio de ferramenta informatizada, a ser disponibilizada pela União.

§1º Os conselhos de assistência social deliberarão acerca do planejamento para o alcance das metas.

§2º A resolução do respectivo conselho de assistência social referente à aprovação ou revisão do planejamento para alcance de metas deverá ser publicada em diário oficial ou jornal de grande circulação.

SEÇÃO V
ACOMPANHAMENTO E AVALIAÇÃO DO ALCANCE DAS METAS DE APRIMORAMENTO DO SUAS

Art. 33. O acompanhamento e a avaliação do Pacto de Aprimoramento do SUAS tem por objetivo observar o cumprimento do seu conteúdo e a efetivação dos compromissos assumidos entre a União, os Estados, o Distrito Federal e os Municípios para a melhoria contínua da gestão, dos serviços, programas, projetos e benefícios socioassistenciais, visando à sua adequação gradativa aos padrões estabelecidos pelo SUAS.

Art. 34. O acompanhamento e a avaliação possibilitam o acesso às informações sobre a execução das ações planejadas, as dificuldades encontradas e os resultados alcançados, favorecendo a revisão e a tomada de decisões pelo gestor.

Art. 35. As informações referentes ao acompanhamento e à avaliação serão atualizadas anualmente pela União, pelos Estados, pelo Distrito Federal e pelos Municípios, para aferição da execução do planejamento que visa o alcance das respectivas metas.
Parágrafo único. O acompanhamento dos Pactos de Aprimoramento do SUAS, que estará a cargo da União e dos Estados, deverá orientar o apoio técnico e financeiro à gestão descentralizada para o alcance das metas de aprimoramento da gestão, dos serviços, programas, projetos e benefícios socioassistenciais do SUAS.

CAPÍTULO V
PROCESSO DE ACOMPANHAMENTO NO SUAS

Art. 36. O processo de acompanhamento da gestão, dos serviços, programas, projetos e benefícios socioassistenciais do SUAS, realizado pela União, pelos Estados, pelo Distrito Federal e pelos Municípios objetiva a verificação:
I – do alcance das metas de pactuação nacional e estadual e dos indicadores do SUAS, visando ao reordenamento e à qualificação da gestão, dos serviços, programas, projetos e benefícios socioassistenciais;
II – da observância das normativas do SUAS.

§1º O processo de acompanhamento se dará pela União aos Estados e Distrito Federal e pelos Estados aos respectivos Municípios.

§2º O processo de acompanhamento de que trata o caput se dará por meio do:
I - monitoramento do SUAS;
II - visitas técnicas;
III - análise de dados do Censo SUAS, da Rede SUAS e de outros sistemas do MDS ou dos Estados;
IV - apuração de denúncias;
V - fiscalizações e auditorias;
VI - outros que vierem a ser instituídos.

§3º A União realizará o monitoramento e a avaliação da política de assistência social e assessorará os Estados, o Distrito Federal e os Municípios para seu desenvolvimento.

Art. 37. Os processos de acompanhamento desencadearão ações que objetivam a resolução de dificuldades encontradas, o aprimoramento e a qualificação da gestão, dos serviços, programas, projetos e benefícios socioassistenciais do SUAS, quais sejam:

I - proativas e preventivas;

II - de superação das dificuldades encontradas;

III – de avaliação da execução do plano de providências e medidas adotadas.

Parágrafo único. As ações de que trata o caput destinam-se à União, aos Estados, ao Distrito Federal, aos Municípios e à rede socioassistencial.

Art. 38. As ações de acompanhamento proativas e preventivas consistem em procedimentos adotados na prestação de apoio técnico para o aprimoramento da gestão, dos serviços, programas, projetos e benefícios socioassistenciais, conforme previsto nas normativas do SUAS e nas pactuações nacionais e estaduais, prevenindo a ocorrência de situações inadequadas.

§1º Os procedimentos adotados no acompanhamento proativo e preventivo poderão desencadear:

I - o contato periódico, presencial ou não, da União com o Distrito Federal e os Estados e destes com os respectivos Municípios;

II - o monitoramento presencial sistemático da rede socioassistencial dos Municípios e do Distrito Federal;

III - a verificação anual do alcance de metas e de indicadores do SUAS e da observância das normativas vigentes;

IV – outros procedimentos.

§2º Os órgãos gestores da política de assistência social deverão, como parte do processo proativo e preventivo, elaborar instrumentos informativos e publicizá-los amplamente, para subsidiar o aprimoramento do SUAS.

Art. 39. As ações para a superação das dificuldades dos Estados, do Distrito Federal e dos Municípios na execução do previsto nas normativas vigentes, no alcance das metas de pactuação nacional e na melhoria dos indicadores do SUAS objetivam solucionar as falhas identificadas e completar o ciclo do processo de acompanhamento.

§1º O processo de acompanhamento adotará como instrumentos de assessoramento os planos de providências e de apoio.

§2º As ações para a superação de dificuldades dos entes federativos consistem no planejamento que envolva o gestor local, o Estado e a União na resolução definitiva dos problemas.

Art. 40. O Plano de Providências constitui-se em instrumento de planejamento das ações para a superação de dificuldades dos entes federados na gestão e execução dos serviços, programas, projetos e benefícios socioassistenciais, a ser elaborado pelos Estados, Distrito Federal e Municípios, com atribuições, dentre outras, de:

I - identificar as dificuldades apontadas nos relatórios de auditorias, nas denúncias, no Censo SUAS, entre outros;

II - definir ações para superação das dificuldades encontradas;

III - indicar os responsáveis por cada ação e estabelecer prazos para seu cumprimento.

§1º Os Estados, o Distrito Federal e os Municípios elaborarão seus Planos de Providências, que serão:

I - aprovados pelos CMAS e pactuados nas CIBs no âmbito dos Municípios;

II - aprovados pelos CEAS e pactuados na CIT no âmbito dos Estados;

III - aprovado pelo CASDF e pactuado na CIT no âmbito do Distrito Federal.

§2º A execução dos Planos de Providências será acompanhada:
I - pelos respectivos conselhos de assistência social e pelo Estado quanto aos seus Municípios;
II - pelos respectivos conselhos de assistência social e pela União quanto aos Estados e Distrito Federal;

§3º O prazo de vigência do Plano de Providências será estabelecido de acordo com cada caso, sendo considerado concluído após a realização de todas as ações previstas.

§4º A União acompanhará a execução do Plano de Providências dos Estados, do Distrito Federal e dos Municípios por meio de aplicativos informatizados.

Art. 41. O Plano de Apoio decorre do Plano de Providências dos Estados, do Distrito Federal e dos Municípios e consiste no instrumento de planejamento do assessoramento técnico e, quando for o caso, financeiro, para a superação das dificuldades dos entes federados na gestão e execução dos serviços, programas, projetos e benefícios socioassistenciais.

§1º O Plano de Apoio contém as ações de acompanhamento, assessoramento técnico e financeiro prestadas de acordo com as metas estabelecidas no Plano de Providências e deve ser:
I - elaborado:
a) pelo Estado quanto aos seus Municípios;
b) pela União quanto aos Estados e ao Distrito Federal.
II - encaminhado para pactuação na CIB ou CIT, de acordo com o envolvimento e a responsabilidade de cada ente federativo.

Art. 42. O descumprimento do Plano de Providências e de Apoio pelos Estados, Distrito Federal e Municípios será comunicado aos respectivos conselhos de assistência social e acarretará a aplicação de medidas administrativas pela União na forma a ser definida em norma específica.

§1º Constituem medidas administrativas:
I - comunicação ao Ministério Público para tomada de providências cabíveis;
II - exclusão das expansões de cofinanciamento dos serviços socioassistenciais e equipamentos públicos;
III – bloqueio ou suspensão dos recursos do cofinanciamento;
IV - descredenciamento do equipamento da rede socioassistencial.

§2º O gestor federal comunicará ao gestor estadual, do Distrito Federal ou municipal as medidas administrativas adotadas pelo não cumprimento das metas e ações do Plano de Providências.

§3º O Fundo Nacional de Assistência Social - FNAS comunicará as Câmaras de Vereadores e às Assembleias Legislativas os casos de suspensão de recursos financeiros.

Art. 43. A CIT pactuará as normas complementares necessárias para a execução do processo de acompanhamento pela União, pelos Estados, pelo Distrito Federal e pelos Municípios.

CAPÍTULO VI

GESTÃO FINANCEIRA E ORÇAMENTÁRIA DO SISTEMA ÚNICO DE ASSISTÊNCIA SOCIAL

Art. 44. São instrumentos da gestão financeira e orçamentária do SUAS o orçamento da assistência social e os fundos de assistência social.

Art. 45. A gestão financeira e orçamentária da assistência social implica na observância dos princípios da administração pública, em especial: a legalidade, a impessoalidade, a moralidade, a publicidade e a eficiência.

SEÇÃO I
ORÇAMENTO DA ASSISTÊNCIA SOCIAL

Art. 46. O orçamento é instrumento da administração pública indispensável para a gestão da política de assistência social e expressa o planejamento financeiro das funções de gestão e da prestação de serviços, programas, projetos e benefícios socioassistenciais à população usuária.
Parágrafo único. A elaboração da peça orçamentária requer:
I – a definição de diretrizes, objetivos e metas;
II – a previsão da organização das ações;
III – a provisão de recursos;
IV – a definição da forma de acompanhamento das ações; e
V – a revisão crítica das propostas, dos processos e dos resultados.

Art. 47. Constituem princípios do orçamento público:
I - anualidade: o orçamento público deve ser elaborado pelo período de um ano, coincidente com o ano civil;
II - clareza: o orçamento público deve ser apresentado em linguagem clara e compreensível a todos;
III - especialidade: as receitas e as despesas devem constar de maneira discriminada, pormenorizando a origem dos recursos e a sua aplicação;
IV - exclusividade: o orçamento público não deve conter matéria estranha à previsão da receita e à fixação da despesa, ressalvadas as exceções legais;
V - legalidade: a arrecadação de receitas e a execução de despesas pelo setor público devem ser precedidas de expressa autorização legislativa;
VI - publicidade: deve ser permitido o amplo acesso da sociedade a todas as informações relativas ao orçamento público;
VII - unidade: o orçamento público deve ser elaborado com base numa mesma política orçamentária, estruturado de modo uniforme, sendo vedada toda forma de orçamentos paralelos;
VIII - universalidade: todas as receitas e despesas devem ser incluídas na lei orçamentária;
IX - equilíbrio: o orçamento público deve possuir equilíbrio financeiro entre receita e despesa;
X - exatidão: as estimativas orçamentárias devem ser tão exatas quanto possível, a fim de se dotar o orçamento da consistência necessária, para que possa ser empregado como instrumento de gerência, programação e controle;
XI - flexibilidade: possibilidade de ajuste na execução do orçamento público às contingências operacionais e à disponibilidade efetiva de recursos;
XII - programação: o orçamento público deve expressar o programa de trabalho detalhado concernente à atuação do setor público durante a execução orçamentária;
XIII - regionalização: o orçamento público deve ser elaborado sobre a base territorial com o maior nível de especificação possível, de forma a reduzir as desigualdades inter-regionais, segundo critério populacional.

SEÇÃO II
FUNDOS DE ASSISTÊNCIA SOCIAL

Art. 48. Os fundos de assistência social são instrumentos de gestão orçamentária e financeira da União, dos Estados, do Distrito Federal e dos Municípios, nos quais devem ser alocadas as receitas e executadas as despesas relativas ao conjunto de ações, serviços, programas, projetos e benefícios de assistência social.

§1º Cabe ao órgão da administração pública responsável pela coordenação da Política de Assistência Social na União, nos Estados, no Distrito Federal e nos Municípios gerir o Fundo de Assistência Social, sob orientação e controle dos respectivos Conselhos de Assistência Social.

§2º Caracterizam-se como fundos especiais e se constituem em unidades orçamentárias e gestoras, na forma da Lei nº 4.320, de 17 de março de 1964, cabendo o seu gerenciamento aos órgãos responsáveis pela coordenação da política de assistência social.

§3º Devem ser inscritos no Cadastro Nacional de Pessoa Jurídica – CNPJ, na condição de Matriz, na forma das Instruções Normativas da Receita Federal do Brasil em vigor, com o intuito de assegurar maior transparência na identificação e no controle das contas a eles vinculadas, sem, com isso, caracterizar autonomia administrativa e de gestão.

§4º Os recursos previstos no orçamento para a política de assistência social devem ser alocados e executados nos respectivos fundos.

§5º Todo o recurso repassado aos Fundos seja pela União ou pelos Estados e os recursos provenientes dos tesouros estaduais, municipais ou do Distrito Federal deverão ter a sua execução orçamentária e financeira realizada pelos respectivos fundos.

Art. 49. As despesas realizadas com recursos financeiros recebidos na modalidade fundo a fundo devem atender às exigências legais concernentes ao processamento, empenho, liquidação e efetivação do pagamento, mantendo-se a respectiva documentação administrativa e fiscal pelo período legalmente exigido.

Parágrafo único. Os documentos comprobatórios das despesas de que trata o caput, tais como notas fiscais, recibos, faturas, dentre outros legalmente aceitos, deverão ser arquivados preferencialmente na sede da unidade pagadora do Estado, Distrito Federal ou Município, em boa conservação, identificados e à disposição do órgão repassador e dos órgãos de controle interno e externo.

SEÇÃO III
COFINANCIAMENTO NO SISTEMA ÚNICO DE ASSISTÊNCIA SOCIAL

Art. 50. O modelo de gestão preconizado pelo SUAS prevê o financiamento compartilhado entre a União, os Estados, o Distrito Federal e os Municípios e é viabilizado por meio de transferências regulares e automáticas entre os fundos de assistência social, observando-se a obrigatoriedade da destinação e alocação de recursos próprios pelos respectivos entes.

Art. 51. O cofinanciamento na gestão compartilhada do SUAS tem por pressupostos:
I - a definição e o cumprimento das competências e responsabilidades dos entes federativos;
II - a participação orçamentária e financeira de todos os entes federativos;
III - a implantação e a implementação das transferências de recursos por meio de repasses na modalidade fundo a fundo, de forma regular e automática;
IV - o financiamento contínuo de benefícios e de serviços socioassistenciais tipificados nacionalmente;
V - o estabelecimento de pisos para os serviços socioassistenciais e de incentivos para a gestão;
VI - a adoção de critérios transparentes de partilha de recursos, pactuados nas Comissões Intergestores e deliberados pelos respectivos Conselhos de Assistência Social;
VII - o financiamento de programas e projetos.

Art. 52. São requisitos mínimos para que os Estados, o Distrito Federal e os Municípios recebam os

recursos referentes ao cofinanciamento federal, de acordo com o art. 30, da LOAS:
I - conselho de assistência social instituído e em funcionamento;
II - plano de assistência social elaborado e aprovado pelo conselho de assistência social;
III - fundo de assistência social criado em lei e implantado; e
IV - alocação de recursos próprios no fundo de assistência social.

Art. 53. Os Municípios e o Distrito Federal devem destinar recursos próprios para o cumprimento de suas responsabilidades, em especial:
I - custeio dos benefícios eventuais;
II - cofinanciamento dos serviços, programas e projetos socioassistenciais sob sua gestão;
III - atendimento às situações emergenciais;
IV - execução dos projetos de enfrentamento da pobreza;
V - provimento de infraestrutura necessária ao funcionamento do Conselho de Assistência Social Municipal ou do Distrito Federal.
Parágrafo único. Os Municípios e o Distrito Federal, quando instituírem programas de transferência de renda, poderão fazê-lo, preferencialmente, integrados ao Programa Bolsa Família.

Art. 54. Os Estados devem destinar recursos próprios para o cumprimento de suas responsabilidades, em especial para:
I – a participação no custeio do pagamento de benefícios eventuais referentes aos respectivos municípios;
II – o apoio técnico e financeiro para a prestação de serviços, programas e projetos em âmbito local e regional;
III – o atendimento às situações emergenciais;
IV – a prestação de serviços regionalizados de proteção social especial de média e alta complexidade, quando os custos e a demanda local não justificarem a implantação de serviços municipais;
V – o provimento da infraestrutura necessária ao funcionamento do Conselho Estadual de Assistência Social;
Parágrafo único. Os Estados, quando instituírem programas de transferência de renda, poderão fazê-lo, preferencialmente, integrados ao Programa Bolsa Família.

Art. 55. A União tem por responsabilidade:
I - o financiamento do Benefício de Prestação Continuada – BPC;
II - o financiamento do Programa Bolsa Família – PBF;
III - o apoio técnico para os Estados, o Distrito Federal e os Municípios;
IV - o cofinanciamento dos serviços, programas e projetos socioassistenciais, inclusive em casos emergenciais e de calamidade pública.
Parágrafo único. O cofinanciamento federal poderá se dar sem a realização de convênios, ajustes ou congêneres, desde que seja cumprido o art.30, da LOAS.

Art. 56. O cofinanciamento federal de serviços, programas e projetos de assistência social e de sua gestão, no âmbito do SUAS, poderá ser realizado por meio de Blocos de Financiamento.
Parágrafo único. Consideram-se Blocos de Financiamento o conjunto de recursos destinados aos serviços, programas e projetos, devidamente tipificados e agrupados, e à sua gestão, na forma definida em ato do Ministro de Estado do Desenvolvimento Social e Combate à Fome.

Art. 57. Os Blocos de Financiamento se destinam a cofinanciar:
I - as Proteções Sociais Básica e Especial, em seu conjunto de serviços socioassistenciais tipificados nacionalmente;
II - a gestão do SUAS;
III - a gestão do Programa Bolsa Família e do Cadastro Único; e

IV – outros, conforme regulamentação específica.

§1º Os recursos referentes a cada Bloco de Financiamento somente devem ser aplicados nas ações e nos serviços a eles relacionados, incluindo as despesas de custeio e de investimento em equipamentos públicos, observados os planos de assistência social e a normatização vigente.

§2º Os repasses fundo a fundo serão efetuados para cada Bloco de Financiamento, considerando a especificidade de seus componentes, com exceção dos recursos destinados a acordos específicos de cooperação interfederativa e a programas específicos que contenham regulação própria.

§3º Os Blocos de Financiamento poderão ser desdobrados para facilitar a identificação dos serviços socioassistenciais para os quais se destinavam originariamente.

Art. 58. O detalhamento da forma de aplicação dos repasses do cofinanciamento, dos critérios de partilha, da prestação de contas do cofinanciamento dos serviços socioassistenciais regionalizados de média e alta complexidade e de outras questões afetas à operacionalização do cofinanciamento será objeto de ato normativo específico.

Art. 59. Os recursos dos Blocos de Financiamento dos serviços socioassistenciais tipificados nacionalmente devem ser aplicados no mesmo nível de proteção social, básica ou especial, desde que componham a rede socioassistencial e que a matéria seja deliberada pelo respectivo conselho de assistência social.

§1º A prestação dos serviços que der origem à transferência dos recursos deve estar assegurada dentro dos padrões e condições normatizados e aferida por meio dos indicadores definidos pelo SUAS.

§2º Os recursos que formam cada Bloco e seus respectivos componentes, respeitadas as especificidades, devem ser expressos em forma de memória de cálculo para registro histórico e monitoramento.

Art. 60. O controle e o acompanhamento das ações e serviços subsidiados pelos Blocos de Financiamento devem ser efetuados por meio dos instrumentos específicos adotados pelo MDS no âmbito do SUAS, cabendo aos Estados, ao Distrito Federal e aos Municípios a prestação das informações de forma regular e sistemática.

SUBSEÇÃO I
COFINANCIAMENTO DOS SERVIÇOS SOCIOASSISTENCIAIS

Art. 61. O cofinanciamento dos serviços socioassistenciais se dará por meio do Bloco de Financiamento da Proteção Social Básica e do Bloco de Financiamento da Proteção Social Especial.

§1º Os Blocos de Financiamento de que trata o caput serão compostos pelo conjunto de pisos relativos a cada proteção, de acordo com a Tipificação Nacional dos Serviços Socioassistenciais.

§2º Os recursos transferidos pelos Blocos de Financiamento de que trata o caput, permitem a organização da rede de serviços local e regional, com base no planejamento realizado.

§3º Não compõem a forma de repasse por Blocos de Financiamento de que trata o caput os recursos destinados ao cofinanciamento por acordos de cooperação interfederativa ou equivalente, para os quais serão aplicadas regras específicas de transferência, a serem pactuadas e deliberadas nas instâncias competentes.

Art. 62. O cofinanciamento dos serviços socioassistenciais de proteção social básica e especial deverá considerar fatores que elevam o custo dos serviços na Região Amazônica, além de outras situações e especificidades regionais e locais pactuadas na CIT e deliberados pelo CNAS.

Art. 63. O cofinanciamento da Proteção Social Básica tem por componentes o Piso Básico Fixo e o Piso Básico Variável.

Art. 64. O Piso Básico Fixo destina-se ao acompanhamento e atendimento à família e seus membros, no desenvolvimento do Serviço de Proteção e Atendimento Integral à Família - PAIF, necessariamente ofertado pelo Centro de Referência da Assistência Social – CRAS.

§1º O repasse do Piso de que trata o caput deve se basear no número de famílias referenciadas ao CRAS.

§2º A capacidade de referenciamento de um CRAS está relacionada:
I - ao número de famílias do território;
II - à estrutura física da unidade; e
III - à quantidade de profissionais que atuam na unidade, conforme referência da NOB RH.

§3º Os CRAS serão organizados conforme o número de famílias a ele referenciadas, observando-se a seguinte divisão:
I - até 2.500 famílias;
II - de 2.501 a 3.500 famílias;
III - de 3.501 até 5.000 famílias;

§4º Outras classificações poderão ser estabelecidos, pactuadas na CIT e deliberadas pelo CNAS.

Art. 65. O Piso Básico Variável destina-se:
I - ao cofinanciamento dos serviços complementares e inerentes ao PAIF;
II - ao atendimento de demandas específicas do território;
III - ao cofinanciamento de outros serviços complementares que se tornem mais onerosos em razão da extensão territorial e das condições de acesso da população;
IV - ao cofinanciamento de serviços executados por equipes volantes, vinculadas ao CRAS;
V - a outras prioridades ou metas pactuadas nacionalmente.

§1º O Piso Básico Variável poderá ser desdobrado para permitir o atendimento de situações ou particularidades, a partir da análise de necessidade, prioridade ou ainda em razão de dispositivos legais específicos.

§2º Os valores para repasse do Piso de que trata o caput serão definidos com base em informações constantes no Cadastro Único, utilizando-se como referência o número de famílias com presença de idosos, crianças, adolescentes, jovens, incluindo as pessoas com deficiência, para atenção aos ciclos de vida em serviços que complementam a proteção à família no território.

§3º Durante o período de migração dos beneficiários do BPC para o Cadastro Único, os dados dos sistemas de informação próprios do BPC também serão considerados.

§4º Outras fontes de informação e parâmetros de cálculo poderão ser utilizados, inclusive para novos serviços tipificados nacionalmente, desde que previamente pactuados e deliberados.

§5º Cabe à União e aos Estados, em atenção aos princípios da corresponsabilidade e cooperação que regem

CNAS Conselho Nacional de Assistência Social

SUAS

o SUAS, a regulação, o monitoramento e o apoio técnico e financeiro para a execução desses serviços.

§6º Os valores do Piso de que trata o caput, destinados à manutenção de embarcações, de outros meios de transporte e das equipes que prestam serviços volantes, serão objeto de normatização pela União.

Art. 66. O cofinanciamento da Proteção Social Especial tem por componentes:
I - Média Complexidade:
a)o Piso Fixo de Média Complexidade;
b)o Piso Variável de Média Complexidade; e
c)o Piso de Transição de Média Complexidade;

II - Alta Complexidade:
a)o Piso Fixo de Alta Complexidade; e
b)o Piso Variável de Alta Complexidade.

Parágrafo único. Os recursos que compõem o cofinanciamento de que trata o caput devem ser aplicados segundo a perspectiva socioterritorial, assegurando-se a provisão de deslocamentos quando necessário.

Art. 67. O Piso Fixo de Média Complexidade destina-se ao cofinanciamento dos serviços tipificados nacionalmente que são prestados exclusivamente no Centro de Referência Especializado para População em Situação de Rua - CENTRO POP e no Centro de Referência Especializado de Assistência Social – CREAS, como o Serviço de Proteção e Atendimento Especializado a Famílias e Indivíduos – PAEFI.

Art. 68. O Piso Variável de Média Complexidade destina-se ao cofinanciamento dos serviços tipificados nacionalmente, tais como:
I - Serviço Especializado em Abordagem Social;
II - Serviço de Proteção Social Especial para Pessoas com Deficiência, Idosas e suas Famílias;
III - Serviço de Proteção Social a Adolescentes em Cumprimento de Medidas Socioeducativas de Liberdade Assistida e de Prestação de Serviços à Comunidade; e
IV - outros que venham a ser instituídos, conforme as prioridades ou metas pactuadas nacionalmente e deliberadas pelo CNAS.

§1º O Piso de que trata o caput poderá incluir outras ações ou ser desdobrado para permitir o atendimento de situações ou particularidades, a partir da análise de necessidade, prioridade ou dispositivos legais específicos.

§2º Os critérios para definição de valores diferenciados de cofinanciamento de serviços que atendam às especificidades regionais deverão ser objeto de pactuação na CIT e deliberação no CNAS.

§3º Os valores de referência a serem adotados para o cofinanciamento dos diferentes tipos de agravos de média complexidade e das situações que envolvam a prestação de serviços para públicos determinados serão submetidos à pactuação na CIT e deliberação no CNAS.

Art. 69. O Piso de Transição de Média Complexidade será objeto de regulação específica.

Art. 70. O Piso Fixo de Alta Complexidade destina-se ao cofinanciamento dos serviços tipificados nacionalmente, voltados ao atendimento especializado a indivíduos e famílias que, por diversas situações, necessitem de acolhimento fora de seu núcleo familiar ou comunitário de origem.

Art. 71. O Piso Variável de Alta Complexidade destina-se ao cofinanciamento dos serviços tipificados nacionalmente a usuários que, devido ao nível de agravamento ou complexidade das situações vivenciadas, necessitem de atenção diferenciada e atendimentos complementares.
Parágrafo único. O Piso de trata o caput poderá ser utilizado para o:
I - atendimento a especificidades regionais, prioridades nacionais, incentivos à implementação de novas modalidades de serviços de acolhimento e equipes responsáveis pelo acompanhamento dos serviços de acolhimento e de gestão de vagas, de acordo com critérios nacionalmente definidos, com base em legislação própria ou em necessidades peculiares.
II - cofinanciamento de serviços de atendimento a situações emergenciais, desastres ou calamidades, observadas as provisões e os objetivos nacionalmente tipificados, podendo ser especificadas as condições de repasse, dos valores e do período de vigência em instrumento legal próprio.

SUBSEÇÃO II
INCENTIVOS FINANCEIROS À GESTÃO

Art. 72. O apoio à gestão descentralizada do SUAS e do Programa Bolsa Família se dará por meio do Bloco de Financiamento da Gestão do SUAS, do Programa Bolsa Família e do Cadastro Único.

Art. 73. O incentivo à gestão do SUAS tem como componentes o Índice de Gestão Descentralizada Estadual do Sistema Único de Assistência Social – IGDSUAS-E e o Índice de Gestão Descentralizada Municipal do Sistema Único de Assistência Social – IGDSUAS-M;

Art. 74. O incentivo à gestão do Programa Bolsa Família tem como componente o Índice de Gestão Descentralizada Estadual do Programa Bolsa Família – IGD PBF-E e o Índice de Gestão Descentralizada Municipal do Programa Bolsa Família – IGD PBF-M, instituído pelo art. 8º da Lei nº 10.836 de 2004.

Art. 75. Os incentivos à gestão descentralizada visam oferecer o aporte financeiro necessário ao incremento dos processos de:
I - gestão e prestação de serviços, programas, projetos e benefícios socioassistenciais em âmbito local e regional, tendo por fundamento os resultados alcançados e os investimentos realizados pelos entes federativos, no caso do IGDSUAS; e
II - gestão do Programa Bolsa Família e do Cadastro Único, em âmbito municipal, estadual e distrital, tendo por fundamento os resultados alcançados pelos respectivos entes federativos no caso do IGD PBF, conforme previsto na Lei nº 10.836 de 2004, e sua regulamentação.

Art. 76. Os incentivos financeiros com base nos resultados serão calculados por meio dos Índices de Gestão Descentralizada do SUAS – IGDSUAS e do Programa Bolsa Família - IGDPBF instituídos, respectivamente, na Lei nº 8.742, de 7 de dezembro de 1993, e na Lei nº 10.836, de 9 de janeiro de 2004.

SUBSEÇÃO III
COFINANCIAMENTO DE PROGRAMAS E PROJETOS SOCIOASSISTENCIAIS

Art. 77. Os critérios para repasses do cofinanciamento de programas e projetos socioassistenciais constituem objeto de normatização específica.
Parágrafo único. As metas dos programas e projetos serão pactuadas na CIT e deliberadas no CNAS.

SUBSEÇÃO IV
CRITÉRIOS DE PARTILHA PARA O COFINANCIAMENTO

Art. 78. O cofinanciamento dos serviços socioassistenciais, observada a disponibilidade

orçamentária e financeira de cada ente federativo, efetivar-se-á a partir da adoção dos seguintes objetivos e pressupostos:
I - implantação e oferta qualificada de serviços socioassistenciais nacionalmente tipificados;
II - implantação e oferta qualificada de serviços em territórios de vulnerabilidade e risco social, de acordo com o diagnóstico das necessidades e especificidades locais e regionais, considerando os parâmetros do teto máximo estabelecido para cofinanciamento da rede de serviços e do patamar existente;
III – atendimento das prioridades nacionais e estaduais pactuadas;
IV - equalização e universalização da cobertura dos serviços socioassistenciais.

§1º Para a aferição do disposto no inciso I serão utilizadas as informações constantes no Censo SUAS e nos demais sistemas informatizados do MDS.

§2º Para implantação de que trata o inciso II serão considerados os dados do diagnóstico socioterritorial e da Vigilância Socioassistencial, por meio do cruzamento de indicadores, com o objetivo de estabelecer prioridades progressivas até o alcance do teto a ser destinado a cada ente federativo, por nível de proteção.

§3º O atendimento das prioridades de que trata o inciso III levará em consideração informações e cruzamento de indicadores, a partir da análise global das situações que demandem esforço concentrado de financiamento, sendo que as prioridades estaduais e regionais devem ser objeto de pactuação na CIB e deliberação nos Conselhos Estaduais de Assistência Social, à luz da normatização nacional, e no caso das prioridades de âmbito municipal e do Distrito Federal, debatidas e deliberadas em seus respectivos Conselhos de Assistência Social.

§4º Para a equalização e universalização da cobertura de que trata o inciso IV, levar-se-ão em conta os diagnósticos e os planejamentos intraurbanos e regionais, devendo ser objeto de pactuação nas respectivas Comissões Intergestores quando se tratar de definições em âmbito nacional e estadual e de deliberação nos Conselhos de Assistência Social de cada esfera de governo.

Art. 79. Na Proteção Social Básica, os critérios de partilha de cofinanciamento de serviços socioassistenciais basear-se-ão:
I - no número de famílias existentes no Município ou Distrito Federal, de acordo com os dados de população levantados pelo IBGE;
II - no número de famílias constantes do Cadastro Único, tomando como referência os cadastros válidos de cada Município e do Distrito Federal;
III - na extensão territorial;
IV - nas especificidades locais ou regionais;
V - na cobertura de vulnerabilidades por ciclo de vida; e
VI - em outros indicadores que vierem a ser pactuados na CIT.

Art. 80. Na proteção social especial, os critérios de partilha para o cofinanciamento de serviços socioassistenciais terão como base as situações de risco pessoal e social, por violação de direitos, que subsidiam a elaboração de parâmetros e o estabelecimento de teto para o repasse de recursos do cofinanciamento federal, considerando a estruturação de unidades ou equipes de referência para operacionalizar os serviços necessários em determinada realidade e território.

Parágrafo único. As unidades de oferta de serviços de proteção social especial poderão ter distintas capacidades de atendimento e de composição, em função das dinâmicas territoriais e da relação entre estas unidades e as situações de risco pessoal e social, as quais deverão estar previstas nos planos de assistência social.

Art. 81. O cofinanciamento da gestão adotará como referência os resultados apurados a partir da mensuração de indicadores, das pactuações nas Comissões Intergestores e das deliberação nos Conselhos de Assistência Social.

Art.82. Os critérios de partilha para cofinanciamento federal destinado a construção de equipamentos públicos utilizará como referência os dados do Censo SUAS e as orientações sobre os espaços de cada equipamento para a oferta do serviço.
Parágrafo único: Tendo em vista o efeito indutor da estruturação da rede de serviços, o critério de partilha priorizará, sempre que possível, os Estados, o Distrito Federal e os Municípios que estiverem com a execução de serviços em conformidade com as normativas e orientações do SUAS.

SEÇÃO V
PENALIDADES

Art. 83. Serão aplicadas medidas administrativas e o processo de acompanhamento de que trata o Capítulo V desta Norma quando:
I - não forem alcançadas as metas de pactuação nacional e os indicadores de gestão, serviços, programas, projetos e benefícios socioassistenciais;
II - não forem observadas as normativas do SUAS.

§1º Cabem as seguintes medidas administrativas para as transferências relativas ao cofinanciamento federal dos serviços, incentivos, programas e projetos socioassistenciais:
I - bloqueio temporário, que permitirá o pagamento retroativo após regularização dos motivos que deram causa; ou
II – suspensão.

§2º A aplicação das medidas administrativas e do processo de acompanhamento se dará na forma definida em norma específica.

SEÇÃO VI
FISCALIZAÇÃO DOS FUNDOS DE ASSISTÊNCIA SOCIAL PELOS CONSELHOS DE ASSISTÊNCIA SOCIAL

Art. 84. Os Conselhos de Assistência Social, em seu caráter deliberativo, têm papel estratégico no SUAS de agentes participantes da formulação, avaliação, controle e fiscalização da política, desde o seu planejamento até o efetivo monitoramento das ofertas e dos recursos destinados às ações a serem desenvolvidas.

Parágrafo único. É responsabilidade dos Conselhos de Assistência Social a discussão de metas e prioridades orçamentárias, no âmbito do Plano Plurianual, da Lei de Diretrizes Orçamentárias e da Lei Orçamentária Anual, podendo para isso realizar audiências públicas.

Art. 85. Incumbe aos Conselhos de Assistência Social exercer o controle e a fiscalização dos Fundos de Assistência Social, mediante:
I - aprovação da proposta orçamentária;
II - acompanhamento da execução orçamentária e financeira, de acordo com a periodicidade prevista na Lei de instituição do Fundo ou em seu Decreto de regulamentação, observando o calendário elaborado pelos respectivos conselhos;
III - análise e deliberação acerca da respectiva prestação de contas.

CNAS
Conselho Nacional de Assistência Social

SUAS

Art. 86. No controle do financiamento, os Conselhos de Assistência Social devem observar:
I - o montante e as fontes de financiamento dos recursos destinados à assistência social e sua correspondência às demandas;
II - os valores de cofinanciamento da política de assistência social em nível local;
III - a compatibilidade entre a aplicação dos recursos e o Plano de Assistência Social;
IV - os critérios de partilha e de transferência dos recursos;
V - a estrutura e a organização do orçamento da assistência social e do fundo de assistência social, sendo este na forma de unidade orçamentária, e a ordenação de despesas deste fundo em âmbito local;
VI - a definição e aferição de padrões e indicadores de qualidade na prestação dos serviços, programas, projetos e benefícios socioassistenciais e os investimentos em gestão que favoreçam seu incremento;
VII - a correspondência entre as funções de gestão de cada ente federativo e a destinação orçamentária;
VIII - a avaliação de saldos financeiros e sua implicação na oferta dos serviços e em sua qualidade;
IX – a apreciação dos instrumentos, documentos e sistemas de informações para a prestação de contas relativas aos recursos destinados à assistência social;
X - a aplicação dos recursos transferidos como incentivos de gestão do SUAS e do Programa Bolsa Família e a sua integração aos serviços;
XI - a avaliação da qualidade dos serviços e das necessidades de investimento nessa área;
XII - a aprovação do plano de aplicação dos recursos destinados às ações finalísticas da assistência social e o resultado dessa aplicação;
XIII - o acompanhamento da execução dos recursos pela rede prestadora de serviços socioassistenciais, no âmbito governamental e não governamental, com vistas ao alcance dos padrões de qualidade estabelecidos em diretrizes, pactos e deliberações das Conferências e demais instâncias do SUAS.

CAPÍTULO VII
VIGILÂNCIA SOCIOASSISTENCIAL

Art. 87. A Vigilância Socioassistencial é caracterizada como uma das funções da política de assistência social e deve ser realizada por intermédio da produção, sistematização, análise e disseminação de informações territorializadas, e trata:
I – das situações de vulnerabilidade e risco que incidem sobre famílias e indivíduos e dos eventos de violação de direitos em determinados territórios;
II – do tipo, volume e padrões de qualidade dos serviços ofertados pela rede socioassistencial.

SEÇÃO I
OPERACIONALIZAÇÃO DA VIGILÂNCIA SOCIOASSISTENCIAL

Art. 88. A Vigilância Socioassistencial deve manter estreita relação com as áreas diretamente responsáveis pela oferta de serviços socioassistenciais à população nas Proteções Sociais Básica e Especial.

§1º As unidades que prestam serviços de Proteção Social Básica ou Especial e Benefícios socioassistenciais são provedoras de dados e utilizam as informações produzidas e processadas pela Vigilância Socioassistencial sempre que estas são registradas e armazenadas de forma adequada e subsidiam o processo de planejamento das ações.

§2º A Vigilância Socioassistencial deverá cumprir seus objetivos, fornecendo informações estruturadas que:
I - contribuam para que as equipes dos serviços socioassistenciais avaliem sua própria atuação;
II - ampliem o conhecimento das equipes dos serviços socioassistenciais sobre as características da população e do território de forma a melhor atender às necessidades e demandas existentes;
III - proporcionem o planejamento e a execução das ações de busca ativa que assegurem a oferta de serviços e benefícios às famílias e indivíduos mais vulneráveis, superando a atuação pautada

exclusivamente pela demanda espontânea.

Art. 89. A Vigilância Socioassistencial deve analisar as informações relativas às demandas quanto às:
I - incidências de riscos e vulnerabilidades e às necessidades de proteção da população, no que concerne à assistência social; e
II - características e distribuição da oferta da rede socioassistencial instalada vistas na perspectiva do território, considerando a integração entre a demanda e a oferta.

Art. 90. A União, os Estados, o Distrito Federal e os Municípios devem instituir a área da Vigilância Socioassistencial diretamente vinculada aos órgãos gestores da política de assistência social, dispondo de recursos de incentivo à gestão para sua estruturação e manutenção.
Parágrafo único. A Vigilância Socioassistencial constitui como uma área essencialmente dedicada à gestão da informação, comprometida com:
I - o apoio efetivo às atividades de planejamento, gestão, monitoramento, avaliação e execução dos serviços socioassistenciais, imprimindo caráter técnico à tomada de decisão; e
II - a produção e disseminação de informações, possibilitando conhecimentos que contribuam para a efetivação do caráter preventivo e proativo da política de assistência social, assim como para a redução dos agravos, fortalecendo a função de proteção social do SUAS.

Art. 91. Constituem responsabilidades comuns à União, aos Estados, ao Distrito Federal e aos Municípios acerca da área de Vigilância Socioassistencial:
I - elaborar e atualizar periodicamente diagnósticos socioterritoriais que devem ser compatíveis com os limites territoriais dos respectivos entes federados e devem conter as informações espaciais referentes:
a)às vulnerabilidades e aos riscos dos territórios e da consequente demanda por serviços socioassistenciais de Proteção Social Básica e Proteção Social Especial e de benefícios;
b)ao tipo, ao volume e à qualidade das ofertas disponíveis e efetivas à população.
II - contribuir com as áreas de gestão e de proteção social básica e especial na elaboração de diagnósticos, planos e outros.
III - utilizar a base de dados do Cadastro Único como ferramenta para construção de mapas de vulnerabilidade social dos territórios, para traçar o perfil de populações vulneráveis e estimar a demanda potencial dos serviços de Proteção Social Básica e Especial e sua distribuição no território;
IV - utilizar a base de dados do Cadastro Único como instrumento permanente de identificação das famílias que apresentam características de potenciais demandantes dos distintos serviços socioassistenciais e, com base em tais informações, planejar, orientar e coordenar ações de busca ativa a serem executas pelas equipes dos CRAS e CREAS;
V – implementar o sistema de notificação compulsória contemplando o registro e a notificação ao Sistema de Garantia de Direitos sobre as situações de violência intrafamiliar, abuso ou exploração sexual de crianças e adolescentes e trabalho infantil, além de outras que venham a ser pactuadas e deliberadas;
VI – utilizar os dados provenientes do Sistema de Notificação das Violações de Direitos para monitorar a incidência e o atendimento das situações de risco pessoal e social pertinentes à assistência social;
VII - orientar quanto aos procedimentos de registro das informações referentes aos atendimentos realizados pelas unidades da rede socioassistencial, zelando pela padronização e qualidade dos mesmos;
VIII - coordenar e acompanhar a alimentação dos sistemas de informação que provêm dados sobre a rede socioassistencial e sobre os atendimentos por ela realizados, mantendo diálogo permanente com as áreas de Proteção Social Básica e de Proteção Social Especial, que são diretamente responsáveis pela provisão dos dados necessários à alimentação dos sistemas específicos ao seu âmbito de atuação;
IX - realizar a gestão do cadastro de unidades da rede socioassistencial pública no CadSUAS;
X - responsabilizar-se pela gestão e alimentação de outros sistemas de informação que provêm dados sobre a rede socioassistencial e sobre os atendimentos por ela realizados, quando estes não forem específicos de

um programa, serviço ou benefício;
XI - analisar periodicamente os dados dos sistemas de informação do SUAS, utilizando-os como base para a produção de estudos e indicadores;
XII - coordenar o processo de realização anual do Censo SUAS, zelando pela qualidade das informações coletadas;
XIII - estabelecer, com base nas normativas existentes e no diálogo com as demais áreas técnicas, padrões de referência para avaliação da qualidade dos serviços ofertados pela rede socioassistencial e monitorá-los por meio de indicadores;
XIV – coordenar, de forma articulada com as áreas de Proteção Social Básica e de Proteção Social Especial, as atividades de monitoramento da rede socioassistencial, de forma a avaliar periodicamente a observância dos padrões de referência relativos à qualidade dos serviços ofertados;
XV - estabelecer articulações intersetoriais de forma a ampliar o conhecimento sobre os riscos e as vulnerabilidades que afetam as famílias e os indivíduos em um dado território, colaborando para o aprimoramento das intervenções realizadas.

Art. 92. Constituem responsabilidades específicas da União acerca da área da Vigilância Socioassistencial:
I - apoiar tecnicamente a estruturação da Vigilância Socioassistencial nos estados, DF e municípios;
II - organizar, normatizar e gerir nacionalmente, no âmbito da Política de Assistência Social, o sistema de notificações para eventos de violência e violação de direitos, estabelecendo instrumentos e fluxos necessários à sua implementação e ao seu funcionamento;
III - planejar e coordenar, em âmbito nacional, o processo de realização anual do Censo SUAS, zelando pela qualidade das informações coletadas;
IV - propor parâmetros nacionais para os registros de informações no âmbito do SUAS;
V - propor indicadores nacionais para o monitoramento no âmbito do SUAS.

Art. 93. Constituem responsabilidades específicas dos Estados acerca da área da Vigilância Socioassistencial:
I - desenvolver estudos para subsidiar a regionalização dos serviços de proteção social especial no âmbito do estado;
II - apoiar tecnicamente a estruturação da Vigilância Socioassistencial nos municípios do estado;
III - coordenar, em âmbito estadual, o processo de realização anual do Censo SUAS, apoiando tecnicamente os municípios para o preenchimento dos questionários e zelando pela qualidade das informações coletadas.

Art. 94. Constituem responsabilidades específicas dos Municípios e do Distrito Federal acerca da área da Vigilância Socioassistencial:
I - elaborar e atualizar, em conjunto com as áreas de proteção social básica e especial, os diagnósticos circunscritos aos territórios de abrangência dos CRAS e CREAS;
II – colaborar com o planejamento das atividades pertinentes ao cadastramento e à atualização cadastral do Cadastro Único em âmbito municipal;
III - fornecer sistematicamente às unidades da rede socioassistencial, especialmente aos CRAS e CREAS, informações e indicadores territorializados, extraídos do Cadastro Único, que possam auxiliar as ações de busca ativa e subsidiar as atividades de planejamento e avaliação dos próprios serviços;
IV - fornecer sistematicamente aos CRAS e CREAS listagens territorializadas das famílias em descumprimento de condicionalidades do Programa Bolsa Família, com bloqueio ou suspensão do benefício, e monitorar a realização da busca ativa destas famílias pelas referidas unidades e o registro do acompanhamento que possibilita a interrupção dos efeitos do descumprimento sobre o benefício das famílias;
V - fornecer sistematicamente aos CRAS e CREAS listagens territorializadas das famílias beneficiárias do BPC

e dos benefícios eventuais e monitorar a realização da busca ativa destas famílias pelas referidas unidades para inserção nos respectivos serviços;
VI - realizar a gestão do cadastro de unidades da rede socioassistencial privada no CadSUAS, quando não houver na estrutura do órgão gestor área administrativa específica responsável pela relação com a rede socioassistencial privada;
VII - coordenar, em âmbito municipal ou do Distrito Federal, o processo de preenchimento dos questionários do Censo SUAS, zelando pela qualidade das informações coletadas.

SEÇÃO II
INFORMAÇÃO

Art. 95. A gestão da informação, por meio da integração entre ferramentas tecnológicas, torna-se um componente estratégico para:
I – a definição do conteúdo da política e seu planejamento;
II – o monitoramento e a avaliação da oferta e da demanda de serviços socioassistenciais.

Parágrafo único. Na União, nos Estados, no Distrito Federal e nos Municípios, a gestão da informação e a organização de sistemas de informação devem ser priorizadas no âmbito da gestão, com destinação de recursos financeiros e técnicos para a sua consolidação.

Art. 96. Constituem-se diretrizes para a concepção dos sistemas de informação no SUAS:
I - compartilhamento da informação na esfera federal, estadual, do Distrito Federal e municipal e entre todos os atores do SUAS - trabalhadores, conselheiros, usuários e entidades;
II - compreensão de que a informação no SUAS não se resume à informatização ou instalação de aplicativos e ferramentas, mas afirma-se também como uma cultura a ser disseminada na gestão e no controle social;
III - disponibilização da informação de maneira compreensível à população;
IV - transparência e acessibilidade;
V - construção de aplicativos e subsistemas flexíveis que respeitem as diversidades e particularidades regionais;
VI - interconectividade entre os sistemas.

Art. 97. A Rede SUAS operacionaliza a gestão da informação do SUAS por meio de um conjunto de aplicativos de suporte à gestão, ao monitoramento, à avaliação e ao controle social de serviços, programas, projetos e benefícios da assistência social e ao seu respectivo funcionamento.
Parágrafo único. São consideradas ferramentas de gestão, que orientam o processo de organização do SUAS, além dos aplicativos da Rede SUAS:
I - o Cadastro Único para Programas Sociais do Governo Federal;
II - os sistemas e base de dados relacionados à operacionalização do Programa Bolsa Família e do Benefício de Prestação Continuada, observadas as normas sobre sigilo de dados dos respectivos Cadastros;
III - os sistemas de monitoramento;
IV - o Censo SUAS;
V - outras que vierem a ser instituídas.

Art. 98. A União, os Estados, o Distrito Federal e os Municípios possuem responsabilidades específicas na gestão da informação do SUAS.

§1º Constituem responsabilidades relativas à gestão da informação do SUAS no âmbito da União:
I - coletar, armazenar, processar, analisar e divulgar dados e informações nacionais relativas ao SUAS;
II - organizar e manter a Rede SUAS;
III - desenvolver, manter e aperfeiçoar ferramentas e aplicativos nacionais para a gestão do SUAS e para os

serviços socioassistenciais;
IV - propor a padronização e os protocolos nacionais de registro e trânsito das informações no âmbito do SUAS;
V - produzir informações, estudos e pesquisas que subsidiem o monitoramento e avaliação da rede socioassistencial e da qualidade dos serviços e benefícios prestados aos usuários;
VI - disseminar o conhecimento produzido pelo órgão gestor federal para os demais entes da federação;
VII - elaborar o plano nacional de capacitação para a área;
VIII - disponibilizar bancos de dados do órgão gestor federal do SUAS para os Estados, o Distrito Federal e os Municípios;
IX - criar e manter canais nacionais de comunicação entre gestores, trabalhadores, conselheiros e usuários da assistência social.

§2º Constituem responsabilidades relativas à gestão da informação do SUAS no âmbito dos Estados:
I - coletar, armazenar, processar, analisar e divulgar dados e informações estaduais relativas ao SUAS;
II - organizar e manter o sistema estadual de informações do SUAS;
III - compatibilizar, em parceria com a União, os sistemas estaduais de informação com a Rede SUAS;
IV - propor a padronização e os protocolos estaduais de registro e trânsito da informação no âmbito do SUAS;
V - alimentar e responsabilizar-se pela fidedignidade das informações inseridas no sistema nacional de informação;
VI - produzir informações, estudos e pesquisas que subsidiem o monitoramento e avaliação da rede socioassistencial e da qualidade dos serviços e benefícios prestados aos usuários;
VII - disseminar o conhecimento produzido pelo órgão gestor estadual para os Municípios, usuários, trabalhadores, conselheiros e entidades de assistência social;
VIII - criar e manter canais estaduais de comunicação entre gestores, técnicos, conselheiros, usuários e entidades de assistência social;
IX - prestar apoio técnico e financeiro aos Municípios na estruturação dos sistemas de informações locais;
X - disponibilizar os bancos de dados ao órgão gestor dos Municípios.

§3º Constituem responsabilidades relativas à gestão da informação do SUAS no âmbito dos Municípios e do Distrito Federal:
I - coletar, armazenar, processar, analisar e divulgar dados e informações municipais ou do Distrito Federal relativas ao SUAS;
II - desenvolver, implantar e manter sistemas locais de informação;
III - compatibilizar, em parceria com Estados e/ou União, os sistemas locais de informação com a Rede SUAS;
IV - alimentar e responsabilizar-se pela fidedignidade das informações inseridas nos sistemas estaduais e nacional de informações;
V - propor a padronização e os protocolos locais de registro e trânsito da informação no âmbito do SUAS;
VI - disseminar o conhecimento produzido pelo órgão gestor municipal e do Distrito Federal para os usuários, trabalhadores, conselheiros e entidades de assistência social;
VII - produzir informações que subsidiem o monitoramento e a avaliação da rede socioassistencial e da qualidade dos serviços e benefícios prestados aos usuários.

SEÇÃO III
MONITORAMENTO

Art. 99. O monitoramento do SUAS constitui função inerente à gestão e ao controle social, e consiste no acompanhamento contínuo e sistemático do desenvolvimento dos serviços, programas, projetos e benefícios socioassistenciais em relação ao cumprimento de seus objetivos e metas.

Parágrafo único. Realiza-se por meio da produção regular de indicadores e captura de informações:
I - in loco;
II - em dados provenientes dos sistemas de informação;
III - em sistemas que coletam informações específicas para os objetivos do monitoramento.

Art. 100. Os indicadores de monitoramento visam mensurar as seguintes dimensões:
I - estrutura ou insumos;
II - processos ou atividades;
III - produtos ou resultados.

Art. 101. O modelo de monitoramento do SUAS deve conter um conjunto mínimo de indicadores pactuados entre os gestores federal, estaduais, do Distrito Federal e municipais, que permitam acompanhar:
I - a qualidade e o volume de oferta dos serviços, programas, projetos e benefícios de proteção social básica e proteção social especial;
II - o cumprimento do Protocolo de Gestão Integrada de Serviços, Benefícios e Transferência de Renda;
III - o desempenho da gestão de cada ente federativo;
IV - o monitoramento do funcionamento dos Conselhos de Assistência Social e das Comissões Intergestores.

Art. 102. Para o monitoramento do SUAS em âmbito nacional, as principais fontes de informação são:
I - censo SUAS;
II - sistemas de registro de atendimentos;
III - cadastros e sistemas gerenciais que integram o SUAS;
IV – outros que vierem a ser instituídos e pactuados nacionalmente.

Art. 103. Em âmbito estadual, o monitoramento do SUAS deve conjugar a captura e verificação de informações in loco junto aos Municípios e a utilização de dados secundários, fornecidos pelos indicadores do sistema nacional de monitoramento do SUAS ou provenientes dos próprios sistemas de informação estaduais.

Art. 104. Em âmbito municipal e do Distrito Federal, o monitoramento do SUAS deve capturar e verificar informações in loco, junto aos serviços prestados pela rede socioassistencial, sem prejuízo da utilização de fontes de dados secundárias utilizadas pelo monitoramento em nível nacional e estadual.

SEÇÃO IV
AVALIAÇÃO

Art. 105. Caberá à União as seguintes ações de avaliação da política, sem prejuízo de outras que venham a ser desenvolvidas:
I - promover continuamente avaliações externas de âmbito nacional, abordando a gestão, os serviços, os programas, os projetos e os benefícios socioassistenciais;
II - estabelecer parcerias com órgãos e instituições federais de pesquisa visando à produção de conhecimentos sobre a política e o Sistema Único de Assistência Social;
III - realizar, em intervalos bianuais, pesquisa amostral de abrangência nacional com usuários do SUAS para avaliar aspectos objetivos e subjetivos referentes à qualidade dos serviços prestados.

Art. 106. Os Estados poderão realizar avaliações periódicas da gestão, dos serviços e dos benefícios socioassistenciais em seu território, visando subsidiar a elaboração e o acompanhamento dos planos estaduais de assistência social.

Art. 107. O Distrito Federal e os Municípios poderão, sem prejuízo de outras ações de avaliação que venham a ser desenvolvidas, instituir práticas participativas de avaliação da gestão e dos serviços da rede socioassistencial, envolvendo trabalhadores, usuários e instâncias de controle social.

Art. 108. Para a realização das avaliações a União, os Estados, o Distrito Federal e os Municípios poderão utilizar a contratação de serviços de órgãos e instituições de pesquisa, visando à produção de conhecimentos sobre a política e o sistema de assistência social.

CAPÍTULO VIII
GESTÃO DO TRABALHO NO SISTEMA ÚNICO DE ASSISTÊNCIA SOCIAL

Art. 109. A gestão do trabalho no SUAS compreende o planejamento, a organização e a execução das ações relativas à valorização do trabalhador e à estruturação do processo de trabalho institucional, no âmbito da União, dos Estados, do Distrito Federal e dos Municípios.

§1º Compreende-se por ações relativas à valorização do trabalhador, na perspectiva da desprecarização da relação e das condições de trabalho, dentre outras:
I - a realização de concurso público;
II - a instituição de avaliação de desempenho;
III - a instituição e implementação de Plano de Capacitação e Educação Permanente com certificação;
IV - a adequação dos perfis profissionais às necessidades do SUAS;
V – a instituição das Mesas de Negociação;
VI - a instituição de planos de cargos, carreira e salários (PCCS);
VII - a garantia de ambiente de trabalho saudável e seguro, em consonância às normativas de segurança e saúde dos trabalhadores;
VIII - a instituição de observatórios de práticas profissionais.

§2º Compreende-se por ações relativas à estruturação do processo de trabalho institucional a instituição de, dentre outras:
I - desenhos organizacionais;
II - processos de negociação do trabalho;
III - sistemas de informação;
IV - supervisão técnica.

Art. 110. As ações de gestão do trabalho na União, nos Estados, no Distrito Federal e nos Municípios devem observar os eixos previstos na Norma Operacional Básica de Recursos Humanos do SUAS - NOB-RH/SUAS, nas resoluções do CNAS e nas regulamentações específicas.

Art. 111. Cabe a cada ente federativo instituir ou designar, em sua estrutura administrativa, setor ou equipe responsável pela gestão do trabalho no âmbito do SUAS.

Art. 112. As despesas que envolvem a gestão do trabalho devem estar expressas no orçamento e no financiamento da política de assistência social.
Parágrafo único. Os entes federativos deverão assegurar recursos financeiros específicos para o cumprimento das responsabilidades compartilhadas.

CAPÍTULO IX

CNAS Conselho Nacional de Assistência Social

SUAS

CONTROLE SOCIAL DO SISTEMA ÚNICO DE ASSISTÊNCIA SOCIAL

Art. 113. São instâncias de deliberação do SUAS:
I - o Conselho Nacional de Assistência Social;
II - os Conselhos Estaduais de Assistência Social;
III - o Conselho de Assistência Social do Distrito Federal;
IV - os Conselhos Municipais de Assistência Social.
Parágrafo único. As Conferências de Assistência Social deliberam as diretrizes para o aperfeiçoamento da Política de Assistência Social.

Art. 114. A participação social deve constituir-se em estratégia presente na gestão do SUAS, por meio da adoção de práticas e mecanismos que favoreçam o processo de planejamento e a execução da política de assistência social de modo democrático e participativo.

Art. 115. São estratégias para o fortalecimento dos conselhos e das conferências de assistência social e a promoção da participação dos usuários:
I - fixação das responsabilidades da União, dos Estados, do Distrito Federal e dos municípios para com o controle social;
II - planejamento das ações do conselho de assistência social;
III - participação dos conselhos e dos usuários no planejamento local, municipal, estadual, distrital, regional e nacional;
IV - convocação periódica das conferências de assistência social;
V - ampliação da participação popular;
VI - valorização da participação dos trabalhadores do SUAS;
VII - valorização da participação das entidades e organizações de assistência social.

SEÇÃO I
CONFERÊNCIAS DE ASSISTÊNCIA SOCIAL

Art. 116. As conferências de assistência social são instâncias que têm por atribuições a avaliação da política de assistência social e a definição de diretrizes para o aprimoramento do SUAS, ocorrendo no âmbito da União, dos Estados, do Distrito Federal e dos Municípios.

Art. 117. A convocação das conferências de assistência social pelos conselhos de assistência social se dará ordinariamente a cada 4 (quatro) anos.

§1º Poderão ser convocadas Conferências de Assistência Social extraordinárias a cada 02 (dois) anos, conforme deliberação da maioria dos membros dos respectivos conselhos.

§2º Ao convocar a conferência, caberá ao conselho de assistência social:
I - elaborar as normas de seu funcionamento;
II - constituir comissão organizadora;
III - encaminhar as deliberações da conferência aos órgãos competentes após sua realização;
IV - desenvolver metodologia de acompanhamento e monitoramento das deliberações das conferências de assistência social;
V - adotar estratégias e mecanismos que favoreçam a mais ampla inserção dos usuários, por meio de linguagem acessível e do uso de metodologias e dinâmicas que permitam a sua participação e manifestação.

Art. 118. Para a realização das conferências, os órgãos gestores de assistência social da União, dos

Estados, do Distrito Federal e dos Municípios deverão prever dotação orçamentária e realizar a execução financeira, garantindo os recursos e a infraestrutura necessários.

§1º A participação dos delegados governamentais e não governamentais nas conferências estaduais e nacional deve ser assegurada de forma equânime, incluindo o deslocamento, a estadia e a alimentação.

§2º Podem ser realizadas etapas preparatórias às conferências, mediante a convocação de pré-conferências, reuniões ampliadas do conselho ou audiências públicas, entre outras estratégias de ampliação da participação popular.

SEÇÃO II
CONSELHOS DE ASSISTÊNCIA SOCIAL

Art. 119. Os conselhos de assistência social são instâncias deliberativas colegiadas do SUAS, vinculadas à estrutura do órgão gestor de assistência social da União, dos Estados, do Distrito Federal e dos Municípios, com caráter permanente e composição paritária entre governo e sociedade civil.

§1º A União, os Estados, o Distrito Federal e os Municípios deverão instituir os conselhos por meio de edição de lei específica, conforme a LOAS.

§2º A lei de criação dos conselhos deve garantir a escolha democrática da representação da sociedade civil, permitindo uma única recondução por igual período.

§3º No exercício de suas atribuições, os conselhos normatizam, disciplinam, acompanham, avaliam e fiscalizam a gestão e a execução dos serviços, programas, projetos e benefícios de assistência social prestados pela rede socioassistencial.

SUBSEÇÃO I
PLANEJAMENTO DAS RESPONSABILIDADES DOS CONSELHOS DE ASSISTÊNCIA SOCIAL

Art. 120. Os conselhos devem planejar suas ações de forma a garantir a consecução das suas atribuições e o exercício do controle social, primando pela efetividade e transparência das suas atividades.

§1º O planejamento das ações do conselho deve orientar a construção do orçamento da gestão da assistência social para o apoio financeiro e técnico às funções do Conselho.

§2º O gestor federal deverá disponibilizar ferramenta informatizada para o planejamento das atividades dos conselhos, contendo as atividades, metas, cronograma de execução e prazos.

Art. 121. No planejamento das ações dos conselhos de assistência social devem ser observadas as seguintes atribuições precípuas:

I - aprovar a política de assistência social, elaborada em consonância com as diretrizes estabelecidas pelas conferências;
II - convocar as conferências de assistência social em sua esfera de governo e acompanhar a execução de suas deliberações;
III - aprovar o plano de assistência social elaborado pelo órgão gestor da política de assistência social;
IV - aprovar o plano de capacitação, elaborado pelo órgão gestor;
V - acompanhar, avaliar e fiscalizar a gestão do Programa Bolsa Família (PBF);
VI - fiscalizar a gestão e execução dos recursos do Índice de Gestão Descentralizada do Programa Bolsa Família – IGD PBF e do Índice de Gestão Descentralizada do Sistema Único de Assistência Social – IGDSUAS;

CNAS
Conselho Nacional de Assistência Social

VII - planejar e deliberar sobre os gastos de no mínimo 3% (três por cento) dos recursos do IGD PBF e do IGDSUAS destinados ao desenvolvimento das atividades do conselho;
VIII – participar da elaboração e aprovar as propostas de Lei de Diretrizes Orçamentárias, Plano Plurianual e da Lei Orçamentária Anual no que se refere à assistência social, bem como o planejamento e a aplicação dos recursos destinados às ações de assistência social, nas suas respectivas esferas de governo, tanto os recursos próprios quanto os oriundos de outros entes federativos, alocados nos respectivos fundos de assistência social;
IX - acompanhar, avaliar e fiscalizar a gestão dos recursos, bem como os ganhos sociais e o desempenho dos serviços, programas, projetos e benefícios socioassistenciais do SUAS;
X - aprovar critérios de partilha de recursos em seu âmbito de competência, respeitados os parâmetros adotados na LOAS;
XI - aprovar o aceite da expansão dos serviços, programas e projetos socioassistenciais, objetos de cofinanciamento;
XII - deliberar sobre as prioridades e metas de desenvolvimento do SUAS em seu âmbito de competência;
XIII - deliberar sobre planos de providência e planos de apoio à gestão descentralizada;
XIV - normatizar as ações e regular a prestação de serviços públicos estatais e não estatais no campo da assistência social, em consonância com as normas nacionais;
XV – inscrever e fiscalizar as entidades e organizações de assistência social, bem como os serviços, programas, projetos e benefícios socioassistenciais, conforme parâmetros e procedimentos nacionalmente estabelecidos.
XVI - estabelecer mecanismos de articulação permanente com os demais conselhos de políticas públicas e de defesa e garantia de direitos;
XVII - estimular e acompanhar a criação de espaços de participação popular no SUAS;
XVIII - elaborar, aprovar e divulgar seu regimento interno, tendo como conteúdo mínimo:
a)competências do Conselho;
b)atribuições da Secretaria Executiva, Presidência, Vice-Presidência e Mesa Diretora;
c)criação, composição e funcionamento de comissões temáticas e de grupos de trabalho permanentes ou temporários;
d)processo eletivo para escolha do conselheiro-presidente e vice-presidente;
e)processo de eleição dos conselheiros representantes da sociedade civil, conforme prevista na legislação;
f)definição de quórum para deliberações e sua aplicabilidade;
g)direitos e deveres dos conselheiros;
h)trâmites e hipóteses para substituição de conselheiros e perda de mandatos;
i)periodicidade das reuniões ordinárias do plenário e das comissões e os casos de admissão de convocação extraordinária;
j)casos de substituição por impedimento ou vacância do conselheiro titular;
k)procedimento adotado para acompanhar, registrar e publicar as decisões das plenárias.

Art. 122. O Conselho Nacional de Assistência Social deve zelar pela aplicação de suas normas e resoluções junto aos Conselhos Estaduais do Distrito Federal e dos Municipais.

§1º O Conselho Nacional de Assistência Social deve prestar assessoramento aos Conselhos de Assistência Social dos Estados e do Distrito Federal.

§2º O Conselho Nacional de Assistência Social, em conformidade com o princípio da descentralização, deverá, sempre que solicitado, prestar assessoramento aos conselhos municipais, em parceria com os conselhos estaduais de Assistência Social.

§3º Os Conselhos Estaduais deverão prestar assessoramento aos conselhos municipais.

CNAS Conselho Nacional de Assistência Social

SUAS

SUBSEÇÃO II
RESPONSABILIDADES DOS ENTES FEDERATIVOS COM O CONTROLE SOCIAL

Art. 123. Cabe aos órgãos gestores da política de assistência social, em cada esfera de governo, fornecer apoio técnico e financeiro aos conselhos e às conferências de assistência social e à participação social dos usuários no SUAS.

§1º Os órgãos gestores da assistência social devem:

I - prover aos conselhos infraestrutura, recursos materiais, humanos e financeiros, arcando com as despesas inerentes ao seu funcionamento, bem como arcar com despesas de passagens, traslados, alimentação e hospedagem dos conselheiros governamentais e não governamentais, de forma equânime, no exercício de suas atribuições, tanto nas atividades realizadas no seu âmbito de atuação geográfica ou fora dele;

II - destinar aos conselhos de assistência social percentual dos recursos oriundos do Índice de Gestão Descentralizada do SUAS – IGDSUAS e do Índice de Gestão Descentralizada do Programa Bolsa Família – IGD PBF, na forma da Lei.

III - subsidiar os conselhos com informações para o cumprimento de suas atribuições e para a deliberação sobre o cofinanciamento dos serviços, programas, projetos e benefícios socioassistenciais;

§2º Os conselhos serão dotados de secretaria executiva, com profissional responsável de nível superior, e apoio técnico e administrativo para exercer as funções pertinentes ao seu funcionamento.

§3º Os órgãos gestores devem promover e incentivar a capacitação continuada dos conselheiros, conforme planos de capacitação do SUAS.

Art. 124. Aos conselheiros devem ser encaminhados, com a antecedência necessária para a devida apreciação, os seguintes documentos e informações do órgão gestor da política de assistência social:

I - plano de assistência social;

II - propostas da Lei de Diretrizes Orçamentárias, Lei Orçamentária Anual e do Plano Plurianual, referentes à assistência social;

III - relatórios trimestrais e anuais de atividades e de realização financeira dos recursos;

IV - balancetes, balanços e prestação de contas ao final de cada exercício;

V - relatório anual de gestão;

VI - plano de capacitação;

VII - plano de providências e plano de apoio à gestão descentralizada;

VIII - pactuações das comissões intergestores.

SEÇÃO III
PARTICIPAÇÃO DOS USUÁRIOS NO SISTEMA ÚNICO DE ASSISTÊNCIA SOCIAL

Art. 125. O estímulo à participação e ao protagonismo dos usuários nas instâncias de deliberação da política de assistência social, como as conferências e os conselhos, é condição fundamental para viabilizar o exercício do controle social e garantir os direitos socioassistenciais.

Art. 126. Para ampliar o processo participativo dos usuários, além do reforço na articulação com movimentos sociais e populares, diversos espaços podem ser organizados, tais como:

I - coletivo de usuários junto aos serviços, programas e projetos socioassistenciais;

II - comissão de bairro;

III - fórum;

IV - entre outros.

Parágrafo único. Os espaços de que trata o caput devem desencadear o debate permanente sobre os problemas enfrentados, o acompanhamento das ações desenvolvidas e a discussão das estratégias mais adequadas para o atendimento das demandas sociais, com vistas a assegurar o constante aprimoramento das ofertas e prestações do SUAS.

Art. 127. Constituem-se estratégias para o estímulo à participação dos usuários no SUAS:
I - a previsão no planejamento do conselho ou do órgão gestor da política de assistência social;
II - a ampla divulgação do cronograma e pautas de reuniões dos conselhos, das audiências públicas, das conferências e demais atividades, nas unidades prestadoras de serviços e nos meios de comunicação local;
III - a garantia de maior representatividade dos usuários no processo de eleição dos conselheiros não governamentais, de escolha da delegação para as conferências, e de realização das capacitações;
IV - a constituição de espaços de diálogos entre gestores, trabalhadores e usuários, garantindo o seu empoderamento.

CAPÍTULO X
INSTÂNCIAS DE NEGOCIAÇÃO E PACTUAÇÃO DO SISTEMA ÚNICO DE ASSISTÊNCIA SOCIAL

Art. 128. As instâncias de negociação e pactuação entre gestores quanto aos aspectos operacionais do SUAS são:
I – Comissão Intergestores Tripartite – CIT, no âmbito nacional;
II – Comissão Intergestores Bipartite – CIB, no âmbito estadual;

§1º Os órgãos gestores federal e estaduais devem prover às respectivas comissões intergestores: infraestrutura e recursos materiais, humanos e financeiros para viabilizar o seu efetivo funcionamento, inclusive arcando com as despesas de passagens, traslados, alimentação e hospedagem de seus membros quando da realização de reuniões, câmaras técnicas ou comissões e de sua representação em eventos.

§2º As comissões intergestores devem ser dotadas de secretaria executiva, com a atribuição de exercer as funções administrativas pertinentes ao seu funcionamento, contando com quadro técnico e administrativo do órgão gestor correspondente.

Art. 129. A CIT é integrada pelos seguintes entes federativos:
I – União, representada pelo Órgão Gestor Federal da política de assistência social;
II - Estados e Distrito Federal, representados pelo Fórum Nacional de Secretários(as) de Estado de Assistência Social – FONSEAS;
III – Municípios, representados pelo Colegiado Nacional de Gestores Municipais de Assistência Social – CONGEMAS.

Art. 130. A CIB é integrada pelos seguintes entes federativos:
I – Estado, representado pelo Órgão Gestor Estadual da política de assistência social;
II – Municípios, representados pelo Colegiado Estadual de Gestores Municipais de Assistência Social – COEGEMAS.

Art. 131. O FONSEAS e o CONGEMAS são reconhecidos como entidades sem fins lucrativos que representam, respectivamente, os secretários estaduais e do Distrito Federal, e os secretários municipais de assistência social, responsáveis pela indicação dos seus representantes na CIT.

Art. 132. Os COEGEMAS são reconhecidos como as entidades sem fins lucrativos que representam os secretários municipais de assistência social no âmbito do Estado, responsáveis pela indicação das suas representações nas CIBs.
Parágrafo único. Os COEGEMAS devem estar vinculados institucionalmente ao CONGEMAS, na forma que

dispuser seus estatutos.

Art. 133. Entende-se por pactuações na gestão da política de assistência social as negociações e acordos estabelecidos entre os entes federativos envolvidos por meio de consensos para a operacionalização e o aprimoramento do SUAS.

§1º As pactuações de que trata o caput devem ser formalizadas por meio da publicação do respectivo ato administrativo, cabendo aos gestores ampla divulgação das mesmas, em especial na rede articulada de informações para a gestão da assistência social.

§2º As cópias das publicações de que trata o §1º devem ser encaminhadas às secretarias executivas da CIT e CIB e por estas arquivadas, incondicional e regularmente.

§3º As pactuações da CIT e das CIBs devem ser encaminhadas aos respectivos Conselhos de Assistência Social para conhecimento e deliberação dos assuntos de sua competência.

SEÇÃO I
COMISSÃO INTERGESTORES TRIPARTITE – CIT

Art. 134. A CIT é um espaço de articulação e interlocução entre os gestores federal, estaduais, do Distrito Federal e municipais, para viabilizar a política de assistência social, caracterizando-se como instância de negociação e pactuação quanto aos aspectos operacionais da gestão do SUAS, com a seguinte composição:
I - 5 (cinco) membros titulares e seus respectivos suplentes, representando a União, indicados pelo Órgão Gestor Federal da política de assistência social;
II - 5 (cinco) membros titulares e seus respectivos suplentes, representando os Estados e o Distrito Federal, indicados pelo FONSEAS;
III - 5 (cinco) membros titulares e seus respectivos suplentes, representando os Municípios, indicados pelo CONGEMAS.

§1º Os membros titulares e suplentes representantes dos:
I – Estados e Distrito Federal deverão contemplar as cinco regiões do país;
II – Municípios deverão contemplar as cinco regiões do país e os portes dos municípios.

§2º Quando da substituição das representações dos entes federativos na CIT, deverá ser observada a rotatividade:
I – entre os Estados da respectiva região do país;
II – entre os Municípios da respectiva região do país e dos portes de município.

§3º A representação dos Estados, Distrito Federal e Municípios na CIT poderá ser excepcionalizada quando não for possível contemplar na composição a integralidade das regiões e dos portes de municípios.

§4º Os membros titulares e suplentes da CIT serão nomeados por ato normativo do Ministro de Estado responsável pela gestão da Política de Assistência em âmbito nacional.

Art. 135. Compete à CIT:
I - pactuar estratégias para a implantação, a operacionalização e o aprimoramento do SUAS;
II - estabelecer acordos acerca de questões operacionais relativas à implantação e qualificação dos serviços, programas, projetos e benefícios socioassistenciais que compõem o SUAS;
III - pactuar instrumentos, parâmetros e mecanismos de implementação e regulamentação do SUAS;

IV - pactuar critérios de partilha e procedimentos de transferência de recursos para o cofinanciamento de serviços, programas, projetos e benefícios da assistência social para os Estados, o Distrito Federal e os Municípios;
V - pactuar planos de providência e planos de apoio aos Estados e ao Distrito Federal;
VI - pactuar prioridades e metas nacionais de aprimoramento do SUAS, de prevenção e enfrentamento da pobreza, da desigualdade, das vulnerabilidades sociais e dos riscos sociais;
VII - pactuar estratégias e procedimentos de contato permanente e assessoramento técnico às CIBs e gestores de assistência social;
VIII - pactuar seu regimento interno e as estratégias para sua divulgação;
IX - publicar e publicizar suas pactuações;
X - informar ao CNAS sobre suas pactuações;
XI - encaminhar ao CNAS os assuntos que forem de sua competência para deliberação;
XII - pactuar as orientações para estruturação e funcionamento das CIBs;
XIII – pactuar os serviços socioassistenciais de alto custo e as responsabilidades de financiamento e execução.

SEÇÃO II
COMISSÃO INTERGESTORES BIPARTITE - CIB

Art. 136. A CIB constitui-se como espaço de articulação e interlocução dos gestores municipais e estaduais da política de assistência social, caracterizando-se como instância de negociação e pactuação quanto aos aspectos operacionais da gestão do SUAS,

§1º É requisito para sua constituição a representatividade do Estado e dos municípios, levando em conta o porte dos municípios e sua distribuição regional, com a seguinte composição:
I - 06 (seis) representantes do Estado e seus respectivos suplentes, indicados pelo gestor estadual da política de assistência social;
II - 06 (seis) representantes dos Municípios e seus respectivos suplentes, indicados pelo COEGEMAS, observando a representação regional e o porte dos municípios, de acordo com o estabelecido na Política Nacional de Assistência Social – PNAS, sendo:
a) 02 (dois) representantes de municípios de pequeno porte I;
b) 01 (um) representante de municípios de pequeno porte II;
c) 01 (um) representante de municípios de médio porte;
d) 01 (um) representante de municípios de grande porte; e
e) 01 (um) representante da capital do Estado.

§2º Os representantes titulares e suplentes deverão ser de regiões diferentes, de forma a contemplar as diversas regiões do Estado, e observar a rotatividade, quando da substituição das representações dos municípios.

§3º A composição da CIB poderá ser alterada de acordo com as especificidades estaduais, podendo ser ampliada, contemplando uma maior representação estadual e municipal, e modificada, nos casos em que não seja possível contemplar a proporção de porte de municípios descrita no inciso II do §1º.

§4º É vedada a redução do número de representantes de cada ente federativo definido nos incisos I e II do §1º.

§5º Os membros titulares e suplentes da CIB serão nomeados por ato normativo do Secretário de Estado responsável pela gestão da Política de Assistência Social.

CNAS
Conselho Nacional de Assistência Social

SUAS

§6º Cada CIB definirá em regimento interno o quórum mínimo qualificado que assegure a paridade entre os entes federativos para a realização de suas reuniões.

Art. 137. Compete à CIB:

I - pactuar a organização do Sistema Estadual de Assistência Social proposto pelo órgão gestor estadual, definindo estratégias para implementar e operacionalizar a oferta da proteção social básica e especial no âmbito do SUAS na sua esfera de governo;

II - estabelecer acordos acerca de questões operacionais relativas à implantação e ao aprimoramento dos serviços, programas, projetos e benefícios que compõem o SUAS;

III - pactuar instrumentos, parâmetros e mecanismos de implementação e regulamentação complementar à legislação vigente, nos aspectos comuns às duas esferas de governo;

IV - pactuar medidas para o aperfeiçoamento da organização e do funcionamento do SUAS no âmbito regional;

V - pactuar a estruturação e a organização da oferta de serviços de caráter regional;

VI - pactuar critérios, estratégias e procedimentos de repasse de recursos estaduais para o cofinanciamento de serviços, programas, projetos e benefícios socioassistenciais aos municípios;

VII - pactuar o plano estadual de capacitação;

VIII - estabelecer acordos relacionados aos serviços, programas, projetos e benefícios a serem implantados pelo Estado e pelos Municípios enquanto rede de proteção social integrante do SUAS no Estado;

IX - pactuar planos de providência e planos de apoio aos municípios;

X - pactuar prioridades e metas estaduais de aprimoramento do SUAS;

XI - pactuar estratégias e procedimentos de interlocução permanente com a CIT e as demais CIBs para aperfeiçoamento do processo de descentralização, implantação e implementação do SUAS;

XII - observar em suas pactuações as orientações emanadas pela CIT;

XIII - pactuar seu regimento interno e as estratégias para sua divulgação;

XIV - publicar as pactuações no Diário Oficial estadual;

XV - enviar cópia das publicações das pactuações à Secretaria Técnica da CIT;

XVI - publicar e publicizar as suas pactuações;

XVII - informar ao Conselho Estadual de Assistência Social - CEAS sobre suas pactuações;

XVIII - encaminhar ao Conselho Estadual de Assistência Social os assuntos de sua competência para deliberação.

CAPÍTULO XI
REGRAS DE TRANSIÇÃO

Art. 138. A aplicação das Subseções I e II da Seção III do Capítulo VI desta NOB SUAS fica condicionada à edição de ato normativo complementar referente aos Blocos de Financiamento.

Parágrafo único. Os repasses de recursos continuarão a ser efetuados com base na sistemática implementada pela NOB SUAS de 2005 e portarias posteriores até a regulamentação dos blocos de financiamento.

Art. 139. A aplicação do Capítulo IV se dará a partir da implantação efetiva do sistema de informação que permita o planejamento dos entes federativos para o alcance das prioridades e metas do Pacto Aprimoramento do SUAS e o respectivo acompanhamento.

§1º No período de implantação efetiva do sistema de que trata o caput, aplicar-se-á:

I – aos municípios: o capítulo II da NOB SUAS/2005, aprovada pela Resolução nº 130 de 2005 do CNAS, que trata dos Tipos e Níveis de Gestão do Sistema Único de Assistência Social – SUAS, que instituiu o modelo de habilitação ao SUAS e os níveis de gestão inicial, básica e plena;

II - aos Estados e ao Distrito Federal: o Pacto de Aprimoramento da Gestão dos Estados e do Distrito Federal, de que trata a resolução n.º 17 de 2010 da CIT, com as prioridades instituídas para o quadriênio 2011 – 2014;

§2º O Pacto a que se refere o inciso II do §1º será revisto em 2013, conforme pactuação na CIT de prioridades e metas nacionais para os Estados e o Distrito Federal, permanecendo em vigor até o exercício de 2015.

§3º Quando da disponibilização do sistema de informação de que trata o caput, os Estados e o Distrito Federal deverão inserir o planejamento para alcance das prioridades e metas de que trata o inciso II do §1º.
§4º No interstício entre a publicação desta Norma e a primeira pactuação dos municípios na forma do inciso II do §5º do art. 18, poderão ser pactuadas as prioridades e metas específicas.

Art. 140. Os Estados, o Distrito Federal e os Municípios que aderiram ao SUAS na forma da NOB SUAS/2005, aprovada pela Resolução nº 130 de 2005, passarão automaticamente a respeitar as regras estabelecidas nesta Norma.

Art. 141. O Plano Nacional de Assistência Social referente ao período que compreende a publicação desta Norma até o ano 2015 consistirá na revisão do Plano Decenal, em consonância com o PPA e as prioridades e metas nacionais do Pacto de Aprimoramento do SUAS.

EDITORA
JusPODIVM
www.editorajuspodivm.com.br

Impresso por:

Docuprint

CNPJ 01.036.332/0001-99

JUS4588